现代教育技术

（第三版）

薛庆文　主编

科学出版社
北　京

内 容 简 介

本书结合信息技术的新发展及教师教育的特点，以培养职前教师的信息技术能力为目标，兼顾在职中小学教师教育技术培训和终身学习的需要确定内容体系，教材内容精练而实用，注重知识学习与技能训练的同步结合。

本书共分为9章：现代教育技术理论基础、信息化教学设计、教学媒体及应用环境、数字化学习资源的检索与管理、多媒体素材的处理与制作、多媒体课件的设计与制作、微课的设计与制作、慕课的设计与制作、现代教育技术技能实验，并有配套的教学资源。

本书可作为高等学校本、专科生“现代教育技术”课程的教材，也可作为各级各类学校教师继续教育课程的教材，还可供从事教育技术、信息技术教学与管理的相关人员阅读参考。

图书在版编目（CIP）数据

现代教育技术 / 薛庆文主编．—3版．—北京：科学出版社，2016
ISBN 978-7-03-049883-0

Ⅰ．①现…　Ⅱ．①薛…　Ⅲ．①教育技术学-高等学校-教材
Ⅳ．①G40-057

中国版本图书馆CIP数据核字（2016）第218014号

责任编辑：王　彦　许艳玲 / 责任校对：王万红
责任印制：吕春珉 / 封面设计：东方人华平面设计部

科学出版社 出版
北京东黄城根北街16号
邮政编码：100717
http://www.sciencep.com

三河市中晟雅豪印务有限公司印刷
科学出版社发行　各地新华书店经销
*
2007年9月第 一 版　2024年1月第三十一次印刷
2011年7月第 二 版　开本：787×1092　1/16
2016年9月第 三 版　印张：18
字数：418 000

定价：55.00元

（如有印装质量问题，我社负责调换〈中晟雅豪〉）
销售部电话 010-62136230　编辑部电话 010-62130750

前　言

本书在 2007 年第一版，2011 年第二版的基础上，根据教学实践和教材使用反馈情况，在吸取国内外教育技术理论研究成果、结合信息技术最新发展的基础上，以培养职前教师的教育技术能力为目标，兼顾在职中小学教师教育技术培训和终身学习的需要，重新构建了课程内容体系，对大部分内容进行了更新和调整。

本书基于基础教育改革，结合教师教育的特点，内容精练而实用，注重知识学习与技能训练的同步结合。通过本课程的学习，学习者能够了解现代教育技术的基本理论，理解信息技术环境下教与学的内涵和规律，具备一定的信息化教学资源的设计与开发的能力，能对基于各种信息化环境的教学进行设计并实施，并将这些技术与学科专业相融合，有效地促进教师的教学和学生的学习。

与本书第二版相比，此次再版按基础理论、教学设计、素材处理与制作的思路调整了章节顺序，更新了现代教育技术基础理论的部分内容，添加了《中小学教师信息技术能力标准》的内容解读，更新了一些新技术和新设备、数字化资源的检索与管理、多媒体素材的处理与制作、课件的设计与制作等相关知识，增加了微课和慕课的设计与制作内容；同时明确了对技能实践训练的要求。

全书由主编薛庆文拟订编写提纲并做最后统稿。全书共分为 9 章，具体编写分工如下：第一章由王春莲编写；第二章由袁金光编写；第三章、第九章的实验一至实验四由张爱民编写；第四章由张婷编写；第五章、第九章实验五由田萌编写；第六章、第九章的实验六至实验八由辛允东编写；第七章由贾英侠编写；第八章由姚颖编写。本书建议教学时数为 72 学时，其中理论学时 36 学时，实验学时 36 学时。

本书在编写过程中参考了大量的研究资料、诸多学者的著作，引用了不少论文和网上资源，在此对这些资料的作者表示感谢。

希望本书的出版，能对广大从事“现代教育技术”公共课教学的教师、各级各类学校的一线教师和教育技术从业者有所帮助。由于编者的学识与经验有限，书中不足之处在所难免，敬请使用本书的师生及其他读者，把使用过程中的意见和建议告诉我们（e-mail: xueqw88@163.com），以便再版时进行修改。

编　者

2016 年 6 月

目录

第一章

现代教育技术理论基础

【问题提出】

教育技术是指运用各种理论及技术，通过对教与学过程及相关资源的设计、开发、利用、管理和评价，实现教育教学优化的理论与实践。教育技术从研究对象看，包括两个部分，即教与学的过程和资源；从研究范畴看，包括设计、开发、利用、管理和评价 5 个方面；从应用目的看，旨在运用技术支持与优化教学过程，达到优化教育教学的目的。

教师在教学过程中，要想有效利用现代教育技术进行课堂教学，提高课堂教学效率，就需要了解现代教育技术的基本知识，掌握一定的学习理论、教育传播理论、视听教育理论、系统科学理论等，理解《中小学教师信息技术应用能力标准》等，这正是本章需要解决的问题。

【学习引导】

学习者在认识理解教育技术时，可利用丰富的网络教学资源，结合案例观摩与研讨、真实的设计任务等丰富多样的自主学习和合作学习活动，通过对现代教育技术的基本知识、基本理论的学习，加深对现代教育技术课程的基本理论的理解，为以后在教学中能更好地应用现代教育技术手段去教学，优化教学过程，提高学习绩效，打下良好的基础。

【本章知识点】

- 现代教育技术的基本概念
- 现代教育技术的发展历程
- 现代教育技术的基本理论
- 我国中小学教师教育技术能力标准
- 我国中小学教师信息技术应用能力标准

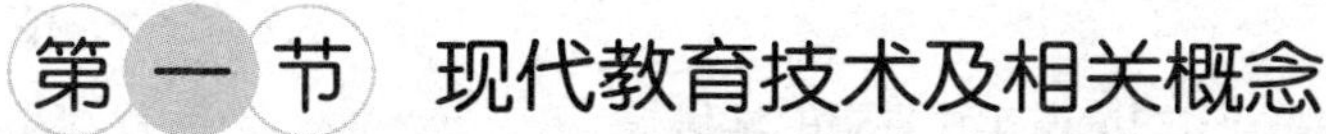

第一节 现代教育技术及相关概念

教育是人类的一种社会实践活动。教育主要指学校教育，即教育者根据一定的社会或阶级的要求，有目的、有计划、有组织地对受教育者身心施加影响并把他们培养成为社会所需要的人的活动。自从教育诞生以来，在教育过程中总伴随着一定的教育方式和教育手段。

“教育技术”一词在20世纪60年代初首先出现在美国，然后传入日本和其他西方国家，80年代初才引入我国。

教育技术是人类在教育活动中所采用的一切技术手段和方法的总和。这里所说的“技术”既包括有形（物化形态）的技术也包括无形（智能形态）的技术；既包括现代技术，也包括传统技术。

物化形态的技术是指凝固或体现在有形物体中的科学知识，它包括硬件技术和软件技术，即包括从黑板、粉笔等传统的教具到计算机、卫星通信等一些可以用于教育的器材、设施、设备及相关的软件和资源。例如，计算机（硬件）和计算上安装的程序及承载的资源（软件）。

智能形态的技术是指那些以抽象形式表现出来，以功能形式作用于教育实践的科学知识，如系统方法，通常指在解决教育、教学问题的过程中起重要作用的技巧、方法和理论等。例如，教学中运用录音手段进行语音听说训练称为录音教学方法。

从教育产生的那一天起就有了教育技术，它随着教育理论、实践和信息技术的发展而发展；而当教育技术发展到一定阶段时，才逐渐产生了专门用于研究教育技术现象及其规律的学科——教育技术学。

一、AECT 1994 教育技术定义

教育技术在20世纪初成为教育学科中的一门分支学科，到20世纪70年代，教育技术作为教育学科的一个专业术语被确定下来。1970年，美国教育传播与技术协会（Association for Educational Communication and Technology，简称AECT）成立，首次对教育技术进行了修正，此后又多次对它进行修正，但一直没有一个统一的定义。1994年，AECT对教育技术重新进行定义，该定义是在AECT的主持下，通过美国众多教育技术专家的参与，并由AECT正式批准使用的，所以该定义可以说是国际教育界基本认可的一个定义。

AECT 1994教育技术定义是：Instructional technology is the theory and practice of design，development，utilization，management，and evaluation of processes and resources for learning。我们一般译为：教学技术是为了促进学习，对有关的学习过程和学习资源进行设计、开发、应用、管理和评价的理论与实践。

该定义指出了教育技术的目的是促进学习，研究对象是学习过程和学习资源，研究范畴是设计、开发、利用、管理和评价，如图1-1所示。该结构图中关于媒体的表述说明教育技术关注的重点已经不再是硬件本身，而是愈来愈重视技术方法和方法论。该定义的内涵如下。

1. 教育技术是一门理论与实践并重的学科

教育技术在视听教育理论、学习理论、传播理论、系统科学理论的基础上形成并发展了自己的基本理论。教育技术以其理论指导教学实践活动，并且又在实践的基础上进一步发展教育技术自己的理论。

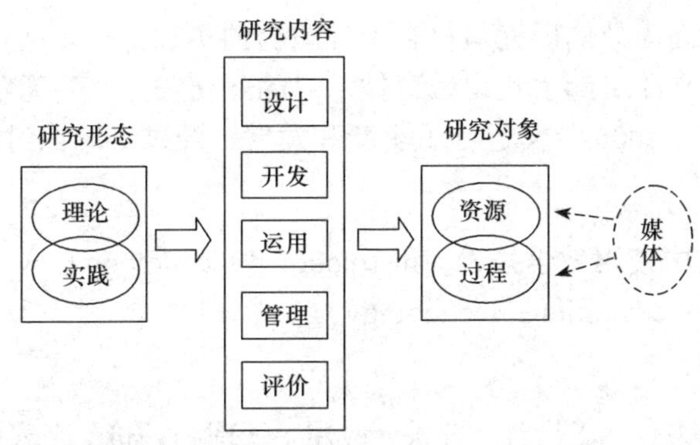

图 1-1 AECT 1994 关于教育技术的定义

2. 教育技术研究和实践的对象是学习过程和学习资源

研究学习过程就是研究人类学习新知识和掌握新技能的认知过程，建立认知科学，发展学习理论；研究学习资源就是探讨为人类各种各样的学习创建最优学习环境和条件的途径。

3. 教育技术研究和实践的领域是设计、开发、应用、管理和评价

学习过程与学习资源的设计：为达到既定的教学目标，首先要对学习者的特征进行分析，然后制定教学策略，在此基础上对教学信息和教学系统进行设计。

学习过程和学习资源的开发：将视听技术、计算机辅助技术，以及多种技术综合应用于教育教学过程的研究开发。

学习过程和学习资源的应用：对各种信息资源应用，并加以制度化和法规化，以保证教育技术手段的正常使用和不断革新。

学习过程和学习资源的管理：包括教学系统、教育信息、教育资源和教育研究计划与项目的管理。

学习过程和学习资源的评价：及时对教育、教学过程中存在的问题进行分析，并参照标准进行测量与比较，进行形成性评价和总结性评价，并以此作为质量衡量的主要依据。

4. 教育技术研究和实践的最终目的是优化教学，促进学习者的学习

教育技术研究的目的是优化学习资源和优化学习过程，以学习者为中心，最终实现教育教学效果的最优化。

二、AECT 2005 教育技术定义

2004 年 6 月，AECT 与术语委员会在充分讨论的基础上，提出了新的定义，由于定义的正式文本于 2005 年公布，所以又称为 AECT 2005 定义。AECT 2005 教育技术定义：Educational technology is the study and ethical practice of facilitating learning and improving performance by creating，using，and managing appropriate technological processes and resources。我们一般译为：教育技术是通过创造、使用和管理合适的技术性的过程和资

源，以促进学习和提高绩效的研究与符合伦理道德的实践。

该定义一面世，立即引起了我国教育技术界的热切关注。毫无疑问，相对于 AECT 1994 定义来说，AECT 2005 定义进行了更新和发展。经过专家探讨，发现以下变化。

1. 领域名称

AECT 1994 定义中使用教学技术（instructional technology）这一概念，AECT 2005 定义则使用教育技术（educational technology）。

2. 研究范畴

AECT 1994 定义中使用“设计、开发、应用、管理和评价”来表明研究的五大范畴，AECT 2005 定义使用“创造、使用和管理”来表明研究范畴。事实上，“创造”涵盖了设计和开发；“使用”涵盖了利用、推广革新、整合和制度化；“管理”表明了管理的动态化。而 AECT 1994 定义中的“评价”范畴则被整合在“创造、使用和管理”之中。

3. 研究对象

AECT 2005 定义中使用了“合适的技术性的过程和资源”。“合适的”表示要符合预期的目标，“技术性的过程和资源”表明是基于技术的过程和资源，从而避免了 AECT 1994 定义中对研究对象“过程和资源”的泛化。

4. 研究目标

AECT 2005 定义中使用“促进学习和提高绩效”的双重表述，表明使用教育技术不仅要支持和促进教学和学习过程，同时还要注重效率和效益的提高。

5. 研究领域

AECT 2005 定义中使用了“研究与符合伦理道德的实践”的说法。其中，“研究”代替了 AECT 1994 定义中的“理论”，表明当前教育技术的理论体系尚未成熟，还有待于进一步的发展；“道德”一词的使用则表明该定义对伦理道德的关注。

三、现代教育技术的内涵

“现代教育技术”是 20 世纪 90 年代以后在国内被人们大量使用的一个术语，它与“教育技术”在本质上是同一个概念。只不过它更加强调以计算机、多媒体、网络、数字音像、卫星广播、虚拟现实、人工智能等技术为代表的现代信息技术在教育中的运用。现代教育技术是现代科学技术在教育中的运用，是教育现代化的标志之一。目前，随着信息技术的发展，人们逐渐习惯于使用“现代教育技术”这个概念，这也使得教育技术具有了更加强烈的现代化、信息化色彩。

所谓现代教育技术，是指运用现代教育理论和现代信息技术，通过对教与学过程和教与学资源的设计、开发、利用、管理和评价，以实现教育最优化的理论与实践。

其内涵具体体现在：①现代教育技术的应用要以现代教育理论和思想为指导；②现代教育技术要充分运用现代信息技术及相关的技术或方法；③现代教育技术的研究对象是教与学的过程和教学资源的优化；④现代教育技术的具体工作内容是应用系统方法对

教与学的过程和教与学的资源进行设计、开发、应用、管理和评价；⑤应用现代教育技术的目的是追求教育的最优化。

四、教育技术与信息技术

教育技术与信息技术二者既有联系又有区别。教育技术，有时也被称为现代教育技术，是以信息技术为基础的。教育技术和信息技术属于不同的学科，并有各自不同的研究对象和研究范畴。

信息技术是指能够支持信息的获取、传递、加工、存储和呈现的一类技术，属于信息学科，其研究对象是与信息相关的技术，研究范畴是对信息的获取、存储、加工、传输与呈现；教育技术则属于教育学科，它关注技术在教育中的作用，其研究对象是教学过程与教学资源，研究范畴则是教学过程与教学资源的设计、开发、利用、管理与评价，即教育技术关注的是应用于教育教学过程或作为教学资源的技术。

应用在教育领域中的信息技术主要包括电子音像技术、卫星电视广播技术、多媒体计算机技术、人工智能技术、网络通信技术、仿真技术和虚拟现实技术等。

五、电化教育与教育技术

电化教育是我国的特有名词。电化教育是指在现代教育思想、理论的指导下，主要运用现代教育技术进行教育活动，以实现教育过程最优化。从 20 世纪 20 年代末至 30 年代初，播音技术、电影技术开始在我国的教育领域中尝试性使用。最初的几年，人们只是在使用这几种媒体，没有也不可能有概括这一新事物的名称出现。直到 1935 年，江苏镇江的“民众教育馆”由于使用和得益于这几种新媒体的缘故，率先将其名改为“电化教学讲映场”，这是我国最早出现的“电化教学”名词。1936 年，我国教育界人士在讨论为当时推行的电影、播音教育的定名问题时，提出并确立了“电化教育”这个名词。同年，南京教育部委托金陵大学举办“电化教育人员训练班”，第一次正式使用了这个名词。以后，“电化教育”这个名词便逐渐地被引用开来并沿用至 20 世纪 90 年代，到 90 年代以后，逐步使用“教育技术一词”。

教育技术与电化教育及信息化教育并不是相同的概念，没有可比性。教育技术有自己的特性，它代表的是教育中各种技术的集合。信息化教育或电化教育事实上就是一类教育的方式，在这类教育方式中，采用了“电化”或“信息化”的工具、手段和方法，而这些工具、手段和方法，指的就是教育技术。

第二节　教育技术的发展历程

现代教育技术的发展与现代教育和现代技术的发展历程息息相关。由于教育和信息技术发展水平的差异，教育技术在不同的国家经历了不同的发展阶段。

一、国外现代教育技术的发展历程

（一）依据媒体技术划分

依据媒体技术划分，发达国家教育技术的发展可以分为视觉教育、视听教育、视听传播和教育技术 4 个阶段。美国的教育技术产生最早，发展脉络清晰完整，在世界上影响最大，其他国家如日本、英国、加拿大等国均以美国的教育技术理论模式做借鉴，美国可作为研究教育技术发展历史的典型代表，其发展大致经历了以下几个阶段。

1. 视觉教育阶段（20 世纪初至 30 年代）

19 世纪末 20 世纪初，科学技术的迅速发展和科技成果被引入教育领域，对教育技术的发展产生了深刻的影响。照相、幻灯、无声电影等新媒体相继应用于教学，向学生提供了生动的视觉形象，使教学获得了不同以往的良好效果，现代教育技术开始了最早期的发展。1923 年美国成立了“全美教育协会视觉教学部”。

2. 视听教育阶段（20 世纪 30 年代至 50 年代）

20 世纪 30 年代末，无线电广播、有声电影、录音机先后在教学中获得应用，人们开始在文章中使用视听教育的术语。20 世纪 50 年代电视机的出现为视听教育提供了更好的技术手段。1947 年，“全美教育协会视觉教学部”改名为“视听教育部”，标志着现代教育技术已进入了对具有视、听双重特性的媒体进行研究的新阶段。

与此同时，关于视听教育理论的研究进一步推动了视听教育的发展，其中以美国视听教育家伊嘉·戴尔（Edgar Dale）的“经验之塔”（cone of experience）理论最具代表性，该理论对视听媒体在教学中的重要性和作用进行了分析和论证，为现代教育技术的进一步发展奠定了理论基础。

20 世纪 50 年代中期，美国心理学家斯金纳（Skinner）根据行为主义学习理论设计了新一代的教学机器，被称为斯金纳程序教学机，并由实验阶段转入实用阶段，在大学和军队中得到应用。

3. 视听传播阶段（20 世纪 50 年代至 60 年代）

20 世 60 年代以后，教育电视由实验阶段进入教学实用阶段，自动教学机器、程序教学迅速兴起并风靡一时，有力地推动了现代教育技术的发展。与此同时，拉斯韦尔、香农、韦弗等人的传播理论开始影响教育领域，有学者将教学过程作为信息传播过程加以研究。上述背景推动了人们对教育传播的重视，进而提出了视听传播（visual-audio communication）的概念。从原来的只把教育媒介作为教育传播的一个重要因素，扩大为研究教师（传者）、学生（受者）和整个教育传播过程。现代教育技术理论的研究也逐步深入，更加注重对各种媒体的综合利用和对学习过程的研究。

4. 教育技术阶段（20 世纪 70 年代至今）

20 世纪从 70 年代中期，微型计算机问世，计算机教育应用进入新的阶段。1970 年美国的“视听教育协会”正式改名为“教育传播与技术协会”（AECT），首次提出教育技术的概念并对其进行了定义。此后，AECT 多次对教育技术的定义进行修改，并把信息论、系统论、控制论等作为现代教育技术的理论基础。90年代以后，建构主义学习理论被引入现代教育技术领域，对现代教育技术理论与实践产生了重要影响。

20世纪90年代以后，计算机技术、多媒体技术、网络技术、通信技术、虚拟技术、智能技术、数字广播电视技术等现代信息技术日益发展成熟，标志着现代教育技术进入了网络发展阶段。基于互联网的远程多媒体传输系统是一个教育适应性很强、服务范围广的开放教育体系，它将使教育的全民化、终身化、多样化、自主化、全球化成为可能。

（二）依据发展进程划分

现代教育技术是以19世纪末以来发展起来的现代电子技术、现代信息技术等作为实施教育教学活动的主要物质技术手段，因此，其发展过程中一个明显的特点是具有电、光、声特性的教学机器在教育教学活动的广泛应用，直接推动了教育现代化的发展。从发展进程上划分，19世纪末至今大致经历了5个发展阶段，如表1-1所示。

表1-1　现代教育技术发展的五个阶段

阶段	时间	新媒体的介入	新理论的引入或产生
起步阶段	19世纪末至20世纪20年代	幻灯、无声电影、播音	学校中的视觉教育
初期发展阶段	20世纪30～40年代	有声电影、录音	戴尔的“经验之塔”
迅速发展阶段	20世纪50～60年代	电视机、程序教学机、电子计算机	斯金纳的操作条件反射理论
系统发展阶段	20世纪70～80年代	卫星电视教学系统、闭路电视教学系统、计算机教学系统	系统论、信息论、控制论
网络发展阶段	20世纪90年代以后	多媒体网络教育系统	建构主义学习理论

二、我国现代教育技术的发展历程

我国的教育技术萌芽于20世纪20年代，起步于30年代，至今已有近百年的历程。我国现代教育技术的发展基本上可以分成3个阶段。

1. 萌芽阶段

我国教育技术发展的萌芽阶段是指20世纪20年代到新中国成立之前，这一阶段主要是运用幻灯、播音、电影等媒体进行社会教育和学校教育活动，由此揭开了中国电化教育发展的序幕，并在教育发展中起到了积极的作用，但是始终处于自发的状态。

2. 初步发展阶段

新中国成立以后，我国教育技术的发展翻开了新的一页。1949年11月在文化部科技普及局成立了电化教育处，负责领导全国教育技术工作。在这一阶段：①播音教育和电视教育成为社会教育的重要形式；②学校电教促进教育改革。在高等教育方面，北京师范大学、西北大学等许多高校开设了“电化教育”“视听教育”等课程。从新中国成立后到“文化大革命”之前的16年，中国的电化教育取得了一定的成绩，促进了教育和社会的发展。但是在“文化大革命”期间，电化教育工作几乎处于停滞状态。

3. 重新起步和迅速发展阶段

“文化大革命”以后，中国的教育技术重新起步。从 20 世纪 20 年代视听教育引入中国并定名为“电化教育”以来（1993 年，原国家教委颁布了“高师本科专业目录”，正式将“电化教育”专业改为“教育技术学”专业），我国开展教育技术研究与实践已经有很长的历史，但真正意义上的大发展，还是在改革开放以后。

从 1979 年开始，教育部成立了电化教育局和中央电教馆，负责全国的电教管理工作和业务工作。在各级电教机构的积极组织和努力工作下，中小学和高等学校的电化教育工作迅速开展。由于国家和地方对发展教育技术的重视，我国用于现代化教育的设备、设施在 20 年间有了较大的更新，为教育现代化建设打下较好的物质基础，进一步推动了我国现代教育技术的发展。

以计算机应用为基础的信息技术正在成为现代教育技术的主流，发展计算机教育是当今世界范围内教育改革的重要内容。1978 年，北京师范大学率先成立了现代教育技术研究所，专门从事计算机辅助教育的研究工作。进入 20 世纪 90 年代后，教育领域多媒体计算机应用的需求日益高涨，使我国现代教育技术进入了快速发展的时期。

三、现代教育技术的发展趋势

随着计算机技术、卫星通信技术、网络技术、虚拟现实技术、人工智能技术等技术的迅速发展，现代教育技术将会朝着网络化、多媒体化、智能化、理论研究的深入化及应用模式的多样化方向发展。

1. 网络化

20 世纪 90 年代以来，随着全球性计算机网络的蓬勃兴起，信息传递的形式、速度、距离、范围等都发生了巨大的变化。网络的出现及其迅猛发展，将对未来的教育产生深远的影响。它不仅表现在教学手段和教学方法的改变，而且将引起教学模式和教学体制的根本变革。在网络环境下，既可以进行个别化学习，又可以进行协作型学习，并可按学习者的意愿进行学习，实施因材施教，创造了一种全新的网络教学模式。

2. 多媒体化

多媒体技术是指通过计算机对文字、数据、图形、图像、动画、声音等多种媒体信息进行综合处理和管理，使用户可以通过多种感官与计算机进行交互式的信息实时交流的一种技术，又称计算机多媒体技术。

多媒体技术的出现，促进了教育的发展，表现在以下方面：①电子出版物（electronic publication）的广泛应用；②教学信息的超文本组织结构方式；③虚拟现实技术的发展等。

3. 智能化

人工智能（artificial intelligence，AI）技术是研究如何以人造智能机器或智能系统来模拟人类智能活动能力的一门新兴学科。随着人工智能技术与计算机技术的结合，构成了智能化计算机辅助教学系统及智能化教学系统（intelligent tutoring system）。

智能化教学系统是以认识科学为理论基础，综合人工智能技术、计算机技术、教育心理学等多门学科，对学生实施有效教育的新兴教育技术。

4．理论研究深入化

随着现代教育技术的发展，对其自身理论的研究不断地深入，并且加强了将认知学习理论应用于教育技术实践的研究。

5．应用模式多样化

教育技术的应用模式，可概括为如下 4 种模式：①基于常规教学媒体（幻灯、投影、视听设备、语言实验室等）的“常规模式”；②基于多媒体计算机的“多媒体模式”；③基于互联网的“网络模式”；④基于计算机仿真技术的“虚拟现实模式”。

在广大中小学，常规模式仍是当前主要和大量使用的模式，多媒体模式和网络模式是当前中小学教育要追求的发展模式。无论采用何种模式，都应考虑是否适应学习目的，考虑以最低的成本获得最大的教学效果。

第三节　现代教育技术与教育发展

近年来，以计算机技术、多媒体技术和网络技术为核心的信息技术飞速发展，并以惊人的速度进入教育教学的各个领域和环节中，推动着教育教学的快速发展，促进了人们的教育观、学习观及教学理念的深刻变革。

一、现代教育技术与教学改革

教育的现代化离不开信息技术，教育改革需要现代教育技术的支持。现代教育技术在各类教育中广泛应用，正在改变教育的诸多方面。教育改革最终应落实到教学改革上，如何更加充分地发挥现代教育技术在教学改革中的作用，是教育技术学者们重要的研究和实践课题。

（一）促进了教育观念的变化

教育观念是人们形成的关于教育的比较稳定的世界观，是教育目的和手段、内容和方法的主体，一旦形成就不易改变。教育领域的变革总是从思想观念开始的，没有思想观念上的变革，真正的教育变革就不可能产生。现代教育技术能以手段新、模式新、方法新、过程新、环境新等特点有效地刺激师生的感官和使用的积极性，激发学生的求知欲望，突出学生的主体地位，为教育的改革和发展带来新的契机和活力。

人们通过学习和运用现代教育技术，发挥了现代教育技术的强大功能，使教育的许多理念和设想得以实施，形成对教育改革的动力；通过学习和运用现代教育技术，人们对现代教育技术应用前景产生了美好的设想，预感到未来教育的发展趋势，形成了教育思想观念改革的张力；通过学习和运用现代教育技术，广大教师感到教育的未来挑战，形成了教育改革的冲击力。因此，现代教育技术的运用，最终将会引发教育思想、教育观念乃至整个教育体制的根本变革。

（二）推动了教学模式的变革

教育改革的核心是教学改革，教学改革不能只注重教学内容、教学手段和方法的改革，同时应重视对教学模式的改革。

传统的教学系统由教师、学生和教材 3 个要素构成，过分强调知识的重要性和理论性，忽视学生的实际兴趣，淡化学生的学习思维、创造性和终身学习的一贯性。如何充分发挥学生在学习过程中的主动性、积极性和创造性，使学生真正成为信息加工的主体和知识意义的主动建构者，这对传统的教育模式提出了挑战。

现代教育技术的运用，除原有的教师、学生和教材 3 个要素外还增加了教学媒体。这 4 个要素并非简单、孤立地拼凑在一起，而是彼此联系、相互作用而形成的有机整体。教师以丰富的教学方式和教学手段使原先难以讲清讲透的知识和概念形象地展现在大家面前，教学效率大大提高，教师的角色、学生的地位、媒体的作用以及教学过程发生变革，在此基础上构建了适应现代教育的多种新型教学模式。

（三）实现了教学方法的创新

1．传统教学方法的缺陷

传统的教学方法由于受到落后观念的支配，教师更为注重自己的教授过程，通过反复一味地灌输和强化作业达到让学生掌握知识的目的，这种教学方法主要存在以下缺陷。

1）注重教学，忽视启发学生思维。

2）教学信息由教师向学生单向传递，师生之间和学生之间的多边互动严重不足。

3）教学方法的综合运用欠缺，方法单一。

4）重教法、轻学法，重课内教学、轻课外实践。

这些问题和不足很大程度上影响了学生学习的积极性和主动性，影响了教学效果的全面提高。

信息时代需要敏锐的创造性，获取信息能力与创造能力的培养成为当今世界教育发展的趋势。未来社会以网络化方式沟通，摆在教师和学生面前的知识总量已呈几何级增加。显然，传统的教学方法已经无法适应信息时代的发展和人们对知识学习的要求，因此，必须创新教学方法。

2．现代教学方法的创新

现代教育技术手段的普遍采用使教学方法不断地变化和创新，具体表现在以下几个方面。

1）教学手段。教师可以根据教材、课程标准等实际需要，灵活地采用重点培养学生自我控制能力的自主学习方式，培养学生合作、协调、相互信任、相互依赖的合作学习方式，采用符合新课程理念的体验式、网络学习、微格教学等其他教学方式。

2）知识呈现。除使用传统的黑板、粉笔呈现学习内容外，还可以通过影音视频技术、各种类型的网络资源平台传递和呈现形式多样、内容丰富的知识信息。

3）交互方式。现代教育技术手段的运用颠覆了传统、单调、沉闷的交互局面，使师生之间的教学交互从单一向多元发展，拓宽了交流渠道，开拓了交互形式，增加了交互内容。

4）评价体系。变革传统的评价手段，激励学生、教师、教学督导、管理部门及社会机构等参与教学评价的主动性，实现了开放性评价。创建全面、客观、科学的评价体系，更加深刻地、广泛地、灵活地和有创造性地全面评价教学质量、学习效果和管理水平，更符合新课程的理念。

（四）拓展了信息传递的途径

传统教学中，教师教学的内容和信息主要来源于教材和参考书，学生的知识主要来源于教师的课堂教学。现代教育技术为教学信息的传递增加了新的维度和方向，形成了整体化、多通道、全方位的教育信息加工、传输模式，具体表现如下。

1）在传统的教材、参考书及教具的基础上拓展了电话、广播、电视、各类传播网络。

2）在传统的文字、图像基础上拓展了声音、视频、动画、影音综合体及多媒体。

3）在传统的课堂教学的基础上拓展了广播、电视、网络等教学方式。

4）在传统教室的基础上拓展了语音教室、多媒体教室、网络教室、微格教室及其他教室平台。

5）在传统的集体教学的基础上拓展了个别化学习、小组学习。

（五）构建了新型的教学环境

良好的教学环境使人思路开阔、思维敏捷，构建和优化教学环境，对提高学生的学习效率有着非常重要的意义。

现代教育技术对优化教学环境具有积极作用，无论是课前教学设计时资源的获取与加工、教师之间的互助与合作、经验与借鉴，或是教学过程实施时情境的创设、学习材料的呈现，还是教学结束后的讨论与交流、评价与反思，运用现代教育技术手段构建和创设的教学环境使教学更具灵活性，既可以在课堂教学中运用，也可以在课外学习中运用，既可以集体学习，也可以个别学习，呈现的形象化的学习材料使教学过程更具生动性，多样化的表现方法使教学过程更具有深刻性，从而营造出愉快的合作学习的氛围，有利于学生积极参与学习和主动获取知识，使学校成为虚拟、开放、社会化的学校。

（六）打造了高效的教学效率

传统教学中教学信息的呈现过程不仅枯燥，教学效率也比较低下。

作为现代教育技术的重要组成部分，教学媒体与教学设计都有助于激发学生的学习积极性，合理使用教学媒体，使呈现的教学内容形象、生动、感染力强，最能引起学生的兴趣。通过教学过程与媒体组合的设计，可进一步激发学生的求知欲；利用现代教育技术，相同时间内可以提供丰富的音像教材等学习资源，学科教学过程中辅助使用这些内容和资源，有利于帮助学生形成概念、掌握规律，方便教师在课堂教学过程中实现重点、突破难点，提高学生对知识的巩固程度。合理使用教学媒体不但大大提高了教学效率，全面提高了教学效果，还进一步改变了学生的学习方式，同时使教师多角度、多方位地了解知识，迅速地借用别人的知识和成果，使教学水平有所提高。

二、现代教育技术与教师专业发展

教师专业发展是指教师追求职业知识、职业技能和职业态度的全面发展，可以分为职前和职后两个阶段。职前教师专业发展阶段是教师获得职业基本知识、技能和态度的重要时期，职后教师专业发展阶段是职业教师获得成长并成熟的主要时期。

现代教师的发展采用的是一个专业化发展模式，其越来越严格的专业化技能评估，逐渐将“教师”从一种大众化职业提升为一种具有高级专业技能的专有职业。现代教育技术不再仅仅作为普遍意义上的技术与技能，而是作为教师及教育从业者的专有技术和技能，对教师专业发展起着重要作用。现代教育技术促进教师专业化发展主要体现在以下几个方面。

1）为处于不同时空的教师提供交流机会。例如，专门为教师交流而开发的教师联盟网站、教育教学论坛等，为不同地区、不同年龄的各个职业发展阶段的教师提供了相互交流的场所，拓宽了教师交流的范围，丰富了教师交流的方式。

2）为教师提供有效学习方式。专业化发展过程中，教师不仅要使用教育技术促进教学，也应该有效利用教育技术促进自己的学习，不断发展自我，从而成长为专家型教师。

3）为教学研究提供手段和方法。教师专业化发展提倡做研究型教师，而发现教学问题、分析教学问题、解决教学问题是研究型教师的必备技能。现代教育技术为研究型教师提供了有效的研究工具、手段和方法。

2004 年 12 月，教育部颁布了《中小学教师教育技术能力标准（试行）》，其中明确指出，教师专业化是指教师在整个职业生涯中，通过专门训练和终身学习，逐步习得教育专业的知识与技能并在教育专业实践中不断提高自身的从教素质，从而成为一名合格的专业教育工作者的过程。

2005 年 4 月，教育部启动实施“全国中小学教师教育技术能力建设计划”项目，以《中小学教师教育技术能力标准（试行）》为依据，以全面提高教师教育技术应用能力，促进技术在教学中的有效运用为目的，建立教师教育技术培训和考试认证体系，组织开展以信息技术与学科教学有效整合为主要内容的教育技术培训，全面提高广大教师实施素质教育的能力水平。

2013 年 10 月，教育部启动实施“全国中小学教师信息技术应用能力提升工程”，将教师信息技术应用能力作为教师资格认定、资格定期注册、职务（职称）评聘和考核奖励等活动的必备条件，列入中小学办学水平评估和校长考评的指标体系。

2014 年 5 月，为全面提升中小学教师信息技术应用能力，促进信息技术与教育教学深度融合，教育部颁布了《中小学教师信息技术应用能力标准（试行）》，该标准根据我国中小学校信息技术实际条件的不同、师生信息技术应用情境的差异，对教师在教育教学和专业发展中应用信息技术提出了基本要求和发展性要求。

以下对《中小学教师教育技术能力标准（试行）》和《中小学教师信息技术应用能力标准（试行）》进行简单的解读。

（一）《中小学教师教育技术能力标准》（以下简称《能力标准》）

1.《能力标准》的制定背景

随着信息社会的到来和不断发展，教育信息化作为教育发展的一项重要任务越来越多地受到人们的关注和重视。为了促进教育信息化，2002 年教育部颁布了《关于推进教师教育信息化建设的意见》，为了落实文件精神，在充分调研与论证的基础上，国内的一些单位和部门开始了我国中小学教师教育技术标准的研究。2003 年 4 月，教育部师范司正式启动了制定“中国中小学教师教育技术规范（标准）”项目，并将该项目列入教育部的重大研究课题，委托全国教师教育信息化专家委员会组织实施。北京师范大学、华南师范大学、西南师范大学、中央电教馆等单位承担了具体研究工作。

标准研制组经过多次讨论、修改，几易其稿，在 2004 年 11 月完成我国《中小学教师教育技术能力标准》的正式文本。2004 年 12 月 25 日，教育部正式颁布了《中小学教师教育技术能力标准（试行）》。这是我国中小学教师的第一个专业能力标准。

2.《能力标准》的内容结构

（1）《能力标准》的内容概述

《能力标准》主要内容包括教学人员教育技术能力标准、管理人员教育技术能力标准、技术人员教育技术能力标准三部分。每部分内容都有意识与形态、知识与能力、应用与创新、社会责任 4 个能力维度，同时 3 个标准有针对中小学教师、管理人员、技术人员进行考核、认证的组织与机构。

“教学人员子标准”的适用对象：中小学普通教师，即一般学科教师，不包括从事学校教育信息管理系统的设计、开发与维护人员。其主要职责：教学环境的设计与管理、教学资源的设计与管理、教学活动的组织与开展。

“管理人员子标准”的适用对象：中小学教育教学管理人员。其主要职责：在实际工作中应用技术、增强工作效率，以及利用技术服务于教育的管理工作。

“技术人员子标准”的适用对象：基础教育系统中从事技术支持的人员，包括各级各类中小学校网络管理人员、电教人员、各级电化教育馆、各级教育信息中心等从事中小学信息技术支持的人员。其主要职责：信息基础设施的建设、管理与维护，中小学信息技术教学系统的设计、开发、应用、管理与评价，教学资源的设计与开发，以及信息技术教育应用的研究等方面。

在 3 个子标准中，又划分为四大模块：意识与态度（重要性的认识、应用意识、评价与反思、终身学习等），知识与技能（基本知识、基本技能等），应用与创新（教学设计与实施、教学支持与管理、科研与发展、合作与交流等），社会责任（公平利用、有效应用、健康使用、规范行为）。其中，“应用与创新”是整个《能力标准》的核心，“意识与态度”是“应用与创新”的前提，“知识与技能”是“应用与创新”的基础，而“社会责任”规范了教师使用教育技术的道德。

（2）《能力标准》（教学人员子标准）解读

《能力标准》（教学人员子标准）四部分内容共 42 条。下面就教学人员子标准进行解读。

1）“意识与态度”部分。这是《能力标准》的第一部分，它规定教学人员在对教育技术的认识和应用方面的意识与态度。具体内容为：重要性的认识、应用意识、评价与反思、终身学习，共 12 条。实现目标：它用于规定教学人员对教育技术的认识、应用意识、反思意识和终身学习等方面要求，强调应从教学角度认识到教育技术的重要性及其价值所在，只有意识到教育技术的重要性，才能在教学设计、教学资源、教学活动、教学评价中自觉使用教育技术，而具有终身学习的意识是教师专业发展的必然要求。

2）“知识与技能”部分。“知识与技能”是《能力标准》的重要组成部分，分为基本知识与基本技能，在 4 个部分中起到承上启下的作用。它用于规定教学人员所应掌握的教育技术基本知识和基本技能。实现目标：只有了解和掌握了教育技术基本知识和技能，教师才能更好地应用教育技术实现在教学、管理、科研和合作的创新。其中，基本知识是基本技能的基础和前提，教师只有具备展示的教育技术基本知识，才能掌握并形成良好的教育技术基本技能，同时，基本技能又能促进基本知识的理解，它们是一个密不可分的有机整体。

按照《能力标准》的要求，教学人员应该认真学习行为主义、认知主义和建构主义理论，掌握信息的检索、分类、比较、综合、重构等信息加工能力，并形成利用这些信息进行教学设计的能力。

3）“应用与创新”部分。“应用与创新”部分是《能力标准》的核心部分，它分为教学设计与实施、教学支持与管理、科研与发展、合作与交流 4 块内容，用于规定相关人员在应用教育技术的行为方式及如何寻求进一步的创新与提高。

教学人员的首要任务是教学工作，教育技术应用的对象也主要是教师的教学工作，因此教学设计与实施是“应用与创新”部分的重要内容。

教学支持与管理是教学人员在具体教学过程之外的最重要任务，有效的管理是教学成功的必要条件，没有管理的教学是不成功的教学，因此有教育家提出了“管理性教学”的思想。它是教学人员开展教学设计与实施的必要条件。

科研能力是新世纪教师必备的素质之一。教学人员是教学的真正实施者，他们最清楚教学中需要什么、缺少什么；能较好解决长期以来教学研究者与具体教学行动者之间脱节的现象，对于解决实际问题的教学实践研究有切实的作用（促进）。

合作与交流对教学设计与实施起重要影响，《能力标准》要求教学人员必须做好与家长、学生、同事、管理人员、技术人员等之间的合作与交流，进一步提升自己应用教育技术的能力。

4）“社会责任”部分。“社会责任”是《能力标准》的重要组成部分，与其他模块的内容相互联系、相互影响。标准从“公平利用”“有效应用”“健康使用”“规范使用”

四部分规定了相关人员应如何保证学生或教师良好利用技术进行学习或教学等的道德要求。其中，“公平利用”是指教学人员应努力使不同性别、不同经济状况的学生在学习资源的利用上享有均等的机会，即“为了一切学生”；“有效应用”在《能力标准》解读教育技术术语时就规定要实现最优化，是信息技术与课程整合的目的；“健康使用”是使用信息的道德，是课程整合实施的保障；而“规范使用”是教师以身作则、起到模范带头作用。

3. 实施《能力标准》的重要意义和作用

（1）有利于全面推进基础教育课程改革和加快教育信息化发展

一方面，当前我国基础教育新课程的改革全面推进和实施，迫切要求广大中小学教师提高教育技术应用能力，要求教师有能力将信息技术有效地运用到教学实践之中，去改革教学方式，进而推动学生学习方式的变革。另一方面，不断推进教育信息化也有赖于教师应用教育技术能力水平的提高。

（2）能够促进教师专业能力的提高和发展

教育技术应用能力是现代教师最重要的专业能力之一，对其开展高质量教学活动具有十分重要的作用。一名教师仅具有教育理论素养和学科教学知识是远远不够的，还必须掌握一定的教学方法和教育技术手段。教师教育技术能力是教师专业能力的重要组成部分，《能力标准》在这方面提出了明确要求。

（3）有利于指导和规范中小学教师的教育技术培训，增强培训的针对性和实效性

新技术培训的重点是要提高教师将信息技术与学科课程教学整合的能力，使教师有效利用教育技术优化教学过程，改进教学方法，从而达到提高教学效益和教学质量的目的。目前，有的部门组织的信息技术培训与教师教学实际脱节现象比较严重，针对性和实效性不强，一些培训流于形式。《能力标准》是当前和今后一个时期中小学教师教育技术培训的重要依据；是中小学教师教育技术培训课程资源建设的依据；是开展中小学教师教育技术考试和评估的依据。

（二）中小学教师信息技术应用能力标准

2014 年 5 月 27 日，教育部颁布了《中小学教师信息技术应用能力标准（试行）》（以下简称《应用能力标准》）。这一标准的颁布与其他教师能力标准有所不同：它是《教育部关于实施全国中小学教师信息技术应用能力提升工程的实施意见》中顶层设计的一部分，因而它的研制背景与实施路径，都与“能力提升工程”密不可分。“能力提升工程”既催化了《应用能力标准》的研制，又为《应用能力标准》的实施提供了绝好的平台。同时，作为一个全国中小学教师的专项能力标准，该标准的生命周期并不会受限于“能力提升工程”预期的实施时间跨度（2013 年 10 月～2017 年年底），而会对全国中小学及幼儿园教师具有长期的专项指导意义。

1.《应用能力标准》的制定背景

（1）从国家教育信息化发展需要来看，教师的信息技术应用能力至关重要

纵观世界，教育信息化已成为各国建设人力资源强国、实现经济社会快速发展

的前瞻性战略选择。在信息化浪潮的席卷下，我国政府意识到了必须把教育信息化上升到国家战略的层面，使教育信息化成为促进教育发展、变革的重要推动力量。因此，《国家中长期教育改革和发展规划纲要（2010—2020 年）》提出信息技术对教育发展具有革命性影响，必须予以高度重视，要通过教育信息化整体提升教育质量。随后，教育部制定了《教育信息化十年发展规划（2010—2020 年）》，全国各省市教育管理部门、各级各类教育机构也纷纷开始制定各自的教育信息化战略发展规划。在这些规划中，教师队伍建设的工作都被放在重要位置，教师的信息技术应用能力提升被认为是破解教育信息化发展瓶颈、推进基础教育课程改革和促进教师专业发展的重要软实力。

（2）从教师的信息技术应用现状来看，各级各类的教师均有提升空间

虽然我国中小学教师在不同程度上也接受了信息技术相关的培训（如办公自动化培训、教育技术培训等），但在信息技术教学应用能力方面仍有很大提升空间。这是因为：一方面信息技术不断发展，支持教与学的工具层出不穷，它所能够提供的支持已不仅仅在于提高教学效率，更能支持学习体验、知识建构和知识创新，教师在信息技术应用这条路径上学无止境；另一方面，信息技术与学科整合的学习与实践过于薄弱，教师在如何应用信息技术促进学生的自主、合作、探究学习方面的能力明显不足，新技术设备的优势并没有得到充分发挥。

（3）从国际相关标准发展的情况来看，我国的相应标准已不能适应新形势的要求

纵观国际上具有风向标意义的标准——《美国国家教师教育技术标准》（*National Educational Technology Standards for Teachers*）前后经历了 1993 年、1997 年、2000 年、2008 年 4 个版本的更新，其中以 2000～2008 年标准的变化最具质变意义，与以往版本把焦点放在教师所掌握的与技术相关的知识和技能上不同，新标准关注的是教师在一个日益数字化的时代里，如何提升学生的有效学习能力以及如何让学生富有成效地生活。与此相比，我国相关的信息技术应用标准只有 2004 年的《中小学教师教育技术能力标准》，所以我国相应标准的更新与发展势在必行。

（4）从教师培训专业化的角度来看，任何培训均需要标准的引领与规范

美国的培训专家加里·米切尔（Gary Mitchell）说过："弄清楚你所培训的对象，比你实际的培训内容要重要得多。"从中可以看到按需施训的重要性。虽然我国的教师培训一直强调按需施训，但在具体调研时往往趋于粗放，工具缺乏科学性。从客观角度讲，按需施训的"需"不能简单地理解为教师的需求，而要理解为教师的某项能力与应该达到的标准之间的距离。"能力提升工程"承担着培训改革的重担，因而，其中的很多举措都昭示着未来培训的发展方向。在培训开展前先明确标准，明确衡量教师信息技术应用专项能力的标尺，对于教师的自评自查、培训测评以及培训课程的开发与选用都将起到重要的指导作用。

2.《应用能力标准》的主要内容及特点

（1）《应用能力标准》的主要内容

根据我国中小学校信息技术实际条件的不同、师生信息技术应用情境的差异，对教

师在教育教学和专业发展中应用信息技术提出了基本要求和发展性要求。其中，应用信息技术优化课堂教学的能力为基本要求，主要包括教师利用信息技术进行讲解、启发、示范、指导、评价等教学活动应具备的能力；应用信息技术转变学习方式的能力为发展性要求，主要针对教师在学生具备网络学习环境或相应设备的条件下，利用信息技术支持学生开展自主、合作、探究等学习活动所应具有的能力。

（2）《应用能力标准》的特点

《应用能力标准》根据教师教育教学工作与专业发展的主线，将信息技术应用能力区分为技术素养、计划与准备、组织与管理、评估与诊断、学习与发展5个维度。它主要有以下几个方面的特点。

1）聚焦专项。在此标准中，中小学教师的信息技术应用能力定义为“中小学教师运用信息技术改进其工作效能、促进学生学习成效与能力发展，以及支持其自身持续发展的专业能力”，将它作为“教师专业能力”子集的范畴界定得更加清楚。我国2004年颁布的“中小学教师教育技术能力标准”，将教学系统设计等能力集纳其中。而在信息技术应用能力中，特别强调“不采用信息技术手段开展教育教学所应具备的教师专业能力不在本标准覆盖范围内”，由此可以看出，通过《应用能力标准》帮助教师聚焦专项、重点突破的意味十分明显。

2）面向应用。《应用能力标准》既要考虑到教育信息化发展远景，也要考虑我国教育信息化的发展现状，要有适合国情的立意和价值取向。在此次参与标准研制的专家中，教育技术专家占54%，教师培训专家占14%，一线教师教研员占23%，学科专家占9%。可以看到学科专家、一线教师、教研员占有相当高的比例，这为《应用能力标准》面向应用奠定了基础。

《应用能力标准》的研制立意于充分利用信息技术优化课堂教学、转变学习方式，以支持优质、创新的课堂实践与个性、灵活的学生学习为价值取向。除了《应用能力标准》中的条目充分考虑到应用指向外，在维度设计上，也特别关注了有助于教师应用的实践线索。

《应用能力标准》从技术素养、计划与准备、组织与管理、评估与诊断、学习与发展5个维度展开，其中的计划与准备、组织与管理、评估与诊断和教师的备课、上课与评价等教育教学的实践线索相吻合，便于教师理解与应用。

3）关注差异。在研制《应用能力标准》的过程中，参与研究的专家逐渐达成了一个共识，即“一个教师的信息技术应用能力所能达到的高度与他所处的信息化教学环境是密切相关的”。《应用能力标准》根据我国中小学校信息技术实际条件的不同、师生信息技术应用情境的差异，对中小学教师在教育教学和专业发展中应用信息技术的能力提出了基本要求和发展性要求。这种面向差异的考虑为《应用能力标准》因地制宜地实施和执行奠定了基础。

3.《应用能力标准》的实施

虽然《应用能力标准》已经公布，但从各国标准实施的经验可知，仅有文本形态的标准是远远不够的，必须借助特定的形式、途径和过程，使《应用能力标准》在教学实践中被理解、应用，这也就是《应用能力标准》的实施。

从有利于《应用能力标准》实施的角度来看，此次《应用能力标准》是伴随着“能力提升工程”被提出来的，在“能力提升工程”中明确提出了要“研制标准体系”。标准体系包括《应用能力标准》《中小学教师信息技术应用培训课程标准》（以下简称《培训课程标准》）和《中小学教师信息技术应用能力测评指南》（以下简称《能力测评指南》）。标准体系概念的提出具有规划的科学性，使得《应用能力标准》摆脱了“孤军奋战”的境地，系统的顶层设计为标准实施创造了绝佳的平台，主要体现在以下几个方面。

（1）《培训课程标准》为《应用能力标准》的实施提供了课程建设和自主选学的依据

《应用能力标准》实施的一个重要渠道就是通过培训来落实。什么课程有助于教师具备这种能力，不同主题的课程应该有怎样的评估要求，不同的课程应该落实怎样的实践内容……这些问题都在2014年6月16日由教育部颁布的《培训课程标准》中做了明确的说明。

（2）《能力测评指南》为《应用能力标准》的实施提供了保障

为规范指导各地组织实施中小学教师信息技术应用能力测评工作，教育部制定了《能力测评指南》。《能力测评指南》将测评分为诊断测评、培训测评、发展测评三部分的工作，这些测评方法与测评工具的依据都是《应用能力标准》。诊断测评的作用是涵盖能力标准各项指标，帮助教师找准能力发展短板，确定学习目标，为教师有效选学提供依据；培训测评的作用是衡量教师参训成效，包括网络研修与现场实践成效；发展测评的作用是为教师提供便捷有效的测评服务，帮助教师了解自身的能力提升程度，科学地评价能力发展水平。

系统全面的测评为各地实施信息技术应用能力的培训提供切实保障，也使得面向能力的评价从终结性评价（考试）为主，向过程性、动态性、发展性、基于证据的评价方向发展。

（3）学习与实践相结合的培训要求为《应用能力标准》的实施奠定了基础

在《应用能力标准》所涉及的知识中，很大一部分是隐性知识，这也意味着它的学习一定要有实践和体验的成分。在“能力提升工程”中，要求各地根据信息技术环境下教师学习特点，有效利用网络研修社区，推行网络研修与现场实践相结合的混合式培训；强化情境体验环节，确保实践成效，使教师边学习、边实践、边应用、边提升。这些要求将培训阵地扩展到学校、扩展到课堂，符合隐性知识的获取特点，为标准实施奠定了基础。

作为教师，全面运用现代教育技术手段，将现代信息技术整合运用到教育教学中是教师专业技能的重要组成部分。每一位教师都应按照教育的要求和特点，改革传统的教学方法、教学手段和教学组织形式，充分利用现代教育技术促进教学。同时，积极引导学生正确使用现代教育技术手段，科学地运用适合自己的学习形式、学习手段进行学习，真正变“教学”为“导学”。因此，全面学习掌握并熟练运用现代教育技术是成为一名合格教师的基本要求。

第四节 现代教育技术的基本理论

一、学习理论

学习理论是研究人类学习过程的心理机制的一门学问，旨在阐明学习的发生（实质）、学习的过程和规律、如何进行有效的学习等问题的理论。由于学习者是学习过程的主体，任何现代教育技术的目的都是促进学习者的学习，因此研究人类学习过程内在规律的学习理论，显然在现代教育技术的发展过程中起着关键性的指导作用。目前，具有一定影响力的学习理论有行为主义学习理论、认知主义学习理论、建构主义学习理论及人本主义学习理论等。

（一）行为主义学习理论

行为主义学习理论认为，学习是刺激与反应的联结，有机体接受外界的刺激，然后做出与此对应的反应，这种刺激与反应之间的联结（S-R）就是所谓的学习。这种学习理论不关心刺激引起的内部心理过程，早期的行为主义甚至完全否认内部心理活动的作用，认为学习与内部心理过程无关。行为主义理论早期的代表人物有华生（学习的刺激-反应学说）、桑代克（学习的联结说）、斯金纳（操作性条件反射说）等。

1. 行为主义学习理论的基本观点

（1）学习是刺激-反应的联结

巴甫洛夫（Pavlov）在1890年首先发现条件反射机理，从而开辟了高级神经活动的研究领域。华生（Watson）在巴甫洛夫条件反射的基础上，提出人的学习是塑造行为的过程，这种学习可以通过“刺激-反应（S-R）”的联结来实现，并提出“知道了反应就可以推测刺激，知道了刺激就可以预测反应”，从而形成刺激-反应学习理论。其基本公式为：S-R（S代表刺激，R代表反应）。

（2）学习过程是一种渐进的“尝试与错误”直至最后成功的过程

桑代克（Thorndike）是美国著名的心理学家，受达尔文进化论的影响，他认为人类是由动物进化来的，动物和人一样进行学习，只是复杂程度不同而已。因此，他通过动物实验来研究学习，提出了联结主义的刺激-反应学习理论。他所设计的最为成功的实验之一就是“猫开门”的实验。

（3）强化是学习成功的关键

行为主义的学习理论，主要解释学习是在既有行为之上学习新行为的历程，是关于由“行”而学到习惯性行为的看法。其代表主要有桑代克的学习联结-试误说与斯金纳的操作性条件反射学习理论。

2. 行为主义学习理论对教育技术的影响

行为主义学派曾经在心理学领域长期占据统治地位，并在教育方面有过极大影响。行为主义理论虽然受到各方面的指责，但行为主义方法所包含的许多合理部分如强化规律等，在教学中特别是语言教学中仍然在发挥着重要作用。在教育技术领域，斯金纳仍然是最受推崇的学习理论先驱之一。

（1）程序教学对计算机辅助教学的影响

斯金纳从操作性学习中提出了程序教学，并推动了程序教学运动。程序教学是一种个别化的自动教学的方式，由于经常用机器来进行，因此也称为机器教学。20 世纪 70 年代后，程序教学的思想和方法被广泛用于计算机辅助教学。程序教学原则如下。

1）积极反应原则。程序教学不主张完全由教师授课的方式进行教学，而是以问题的形式，通过教学机器或教材给学生呈现知识，使学生对一个个问题做出积极的反应，即要求学生通过程序教材和教学机器，能自己动脑，自己动手去学习。

2）小步子原则。教学内容按内在的联系分成若干小的步子编成程序。材料一步一步地呈现，步子由易到难排列，每步之间的难度通常是很小的。学生每次只走一步，做对了，才可走下一步，每完成一步就给予一次强化，这就使强化的次数提高到最大限度，从而能促使学生积极、主动地学习。

3）及时强化原则。斯金纳的操作性条件反射的规律认为，一个操作发生后，紧接着呈现一个强化刺激，那么这个操作力量就会得到增强。遵循这一规律，在教学中做到及时强化，也就成为程序教学中的一个原则。这一原则要求在每个学生做出反应后，必须使学生立即知道其反应是否正确。告知学生结果，也就是给予学生反应的及时强化，这也是程序教学中最常用的强化方式。

4）自定步调原则。以学习者为中心，不强求统一进度，鼓励每一个学生以他自己最适宜的速度进行学习。这样，学生可按各自不同的思维方式、速率来处理问题而不受其他人的影响，通过一次次的强化，能够激发学生的学习兴趣，使他们稳步前进。当然这一原则是以个别化教学方式为基本条件的。

5）低错误率原则。错误的反应会得到令人反感的刺激，过多的错误会影响学习者的情绪和学习的速度。少错误或无错误的学习可以增强学生学习的积极性，提高学习效率。因此，在教学过程中要求尽量避免学生出现错误的反应。

为了实现程序教学的思想，人们设计了各种各样的教学机器，但直到 20 世纪 60 年代末，由于技术水平跟不上、教学内容复杂而难以实施，程序教学落入低潮。到了 20 世纪 70 年代，随着计算机技术的迅速发展，计算机能够在程序的控制下自动工作，是实现程序教学思想和功能的最合适的程序教学机。因此，程序教学方法开始广泛应用于计算机辅助教学。

（2）程序教学对教学设计的影响

斯金纳从操作性学习中提出了程序教学，并推动了程序教学运动，从而促使了教学设计过程和理论的诞生与早期发展。程序教学运动产生了“教学设计者”，使教学设计理论的探索有了专业队伍，他们从事设计的范围也从对教学机器、个别媒体的设计拓展到对多媒体学习包乃至对整个教学系统的课程和教育项目的设计上来。这一切都促使教学设计理论得以发展。

（二）认知主义学习理论

认知主义学习理论认为学习并非是机械的、被动的“刺激-反应”的联结，是一个远比“刺激-反应”联结要复杂得多的过程。学习要通过外界刺激和认知主体内部心理过程相互作用来实现，即学习过程是内部认知变化的过程。根据这种观点，学习过程被解释为每个学习者根据自己的态度、需要、兴趣、爱好并利用过去的知识与经验对当前学习者的外界刺激（如教学内容）做出的主动的、有选择的信息加工过程。

教师不再是简单地向学习者灌输知识，而要先设法激发学习者的学习兴趣和学习动机，再将当前的教学内容与学习者原有的认知结构（过去的知识和经验）有机地联系起来。学习者不再是外界刺激的被动接收器，而是主动地对外界刺激提供的信息进行选择性加工的主体。

1. 认知主义学习理论的基本观点

（1）学习不是刺激与反应的简单联结，而是知识的重新组织

学习是认知结构的组织与再组织，其公式是：S-AT-R（A 代表同化，T 代表主体的认知结构）。客体刺激（S）只有被主体同化（A）于认知结构（T）之中，才能引起对刺激的行为反应（R），即学习才能发生。

柯勒（Koller）是早期认知学习理论的代表之一，他以黑猩猩为对象进行了实验研究，在此基础上于 1917 年撰写了《猩猩的智慧》一文，提出了顿悟说。柯勒认为，学习并非是简单的刺激-反应联结，而是通过对学习情景中事物关系的理解构成一种完形而实现的，是通过有目的的了解和顿悟而组织起来的一种完形。也就是说，学习是知觉的重新组织和构造完形的过程。

（2）学习不是通过尝试错误，而是顿悟来实现的

柯勒主张学习是一种突然的领悟和理解，是对情景全局的完形知觉，遵循从整体到局部的规律。在柯勒的实验研究中，黑猩猩是突然学会连接几根短棒以取得高处香蕉的，柯勒把这种突然的学会叫顿悟。学习是经过“突变”学会的，这种经验变化的过程不是盲目地尝试与发现错误的过程，而是凭智力与意义理解由不能到能的突然领悟和理解的过程，即顿悟的过程。

（3）学习是信息加工的过程

在认知主义学习理论学派看来，学习过程是对信息的接受和使用的过程，学习个体本身作用于环境，人的大脑的活动过程可以转化为具体的信息加工过程。随着计算机技术的发展，以西蒙（H. A. Simon）为代表的一些学者开始研究运用计算机模拟的方法来模拟人类解决问题的过程，即用计算机处理信息的过程来模拟人的心理过程，用计算机程序解释和理解人的学习行为，也就是借助计算机及计算机语言来描述人类信息加工的过程。

2. 认知主义学习理论对教育技术的影响

认知主义学习理论阐述了学习的内部心理过程，成为各种教学理论的基础，对教育技术中的教学设计产生了巨大的影响。教学设计中的教学任务分析、学习者分析、教学策略制定都离不开认知理论对学习的规律的描述。认知主义学习理论也促进了计算机辅助教学向智能教学系统的转化，通过对人类的思维过程和特征的研究，可以建立起人类认知思维活动的模型，使得计算机能够在一定程度上完成人类教学专家的工作。

（三）建构主义学习理论

建构主义学习理论是行为主义发展到认知主义以后的进一步发展，该理论发展了早期认知学习论中已有的关于“建构”的思想，强调学生在学习过程中主动建构知识的意义，并力图在更接近、更符合实际情况的情境性学习活动中，以个人原有的经验、心理结构和信念为基础来建构和理解新知识。所以它更加强调学习者的主体作用，强调学习的主动性、社会性和情境性，将有助于我们进一步深化对认知过程实质的认识。

在建构主义的学习论中，学习是学习者建构自己的知识的过程，这就意味着学习者不是被动地接受刺激，而是要对外部信息进行主动的选择与加工，主动地去建构信息的意义。外部信息的意义并不是由信息本身决定的，外部信息本身没有意义，意义是学习者通过新旧知识经验间反复、双向的相互作用过程而建构的。每个学习者都会以自己的原有经验为基础对新信息进行编码，建构自己的理解，原有知识又会因新经验的进入而发生调整和改变，所以信息也不是信息的简单积累，还包含新旧经验冲突所引发的观念和结构重组。

1. 建构主义学习者对学习的认识

尽管建构主义本身派别林立，但由于建构主义是认知主义发展的一个新阶段，因此大多数建构主义学者对学习存在以下几点共识：①以学习者为中心；②学习是学习者主动建构内部心理表征的过程，强调学习过程中要充分发挥学习者的主动性；③学习过程同时包括两方面的建构，既包括对旧知识的改组和重构，也包括对新信息的意义建构；④学习既是个别化行为，又是社会性行为，学习需要交流和合作；⑤强调学习的情景性，重视教学过程对情景的创设；⑥强调资源对意义建构的重要性。

2. 建构主义教学的实现途径

建构主义学习理论强调以学生为中心，不仅要求学生由外部刺激的被动接受者和知识的灌输对象转变为信息加工的主体、知识意义的主动建构者，而且要求教师要由知识的传授者、灌输者转变为学生主动建构意义的帮助者、促进者。这就意味着教师应当在教学过程中采用全新的教学模式（彻底摒弃以教师为中心、强调知识传授、把学生当作知识灌输对象的传统教学模式）、全新的教学方法和全新的教学设计思想。目前已开发出的比较成熟的教学方法主要有以下几种。

（1）支架式教学

支架式教学是建构主义的一种教学模式。它是一种以学生为中心，利用情境、协作、会话等学习环境要素充分发挥学生的主动性、积极性和首创精神，最终达到使学生有效地实现对当前所学知识的意义建构目的的教学方法。支架式教学中的“支架”应根据学生的“最近发展区”来建立，通过支架作用不停地将学生的智力从一个水平引导到另一个更高的水平。

（2）抛锚式教学

建构主义认为，学习者要想完成对所学知识的意义建构，即达到对该知识所反映的事物的性质、规律以及该事物与其他事物之间联系的深刻理解，最好的办法是让学习者到现实世界的真实环境中去感受、去体验（即通过获取直接经验来学习），而不是仅仅聆听别人（如教师）关于这种经验的介绍和讲解。由于抛锚式教学要以真实事例或问题为基础（作为“锚”），因此有时也被称为“实例式教学”或“基于问题的教学”。

（3）随机进入式教学

由于事物的复杂性和问题的多面性，要做到对事物内在性质和事物之间相互联系的全面了解和掌握，即真正达到对所学知识的全面而深刻的意义建构是很困难的。往往从不同的角度考虑可以得出不同的理解。为克服这方面的弊病，在教学中就要注意对同一教学内容，要在不同的时间、不同的情境下、为不同的教学目的、用不同的方式加以呈现。换句话说，学习者可以随意通过不同途径、不同方式进入同样教学内容的学习，从而获得对同一事物或同一问题的多方面的认识与理解，这就是所谓的“随机进入式教学”。

3. 建构主义学习理论在教育上的应用价值

随着多媒体和网络技术的发展，建构主义学习理论得到了强有力的支持和发展，为这一理论的实际应用提供了广阔的舞台。

建构主义学习理论关于学习过程的生成模式的解释，有助于中小学学科教育尤其是在理科教学中，教师把握并利用学生正规学习前的非正规学习，以及科学概念学习前的日常概念学习，来理解与建构新知识或信息，从而更好地保证理科教学所要达到的预期效果。

建构主义学习理论提倡情境性教学，这样便于学生对新知识的意义建构，对改变教学脱离实际，深化教学改革具有积极的意义。

建构主义学习理论重视教学中的师生、生生之间的社会性相互作用，所提倡的合作学习、交互式教学被广为采用，为基于计算机网络的协作学习，提供了理论基础。

（四）人本主义学习理论

人本主义心理学是20世纪50～60年代在美国兴起的一种心理学思潮，是心理学的一个重要学派。由此掀起了心理学领域内的一场深刻的革命，代表着未来心理学发展的新走向。人本主义心理学主要代表人物卡尔·罗杰斯（Carl Rogers），他对学习问题进行了专门的论述。

罗杰斯认为学习是个人潜能的充分发展，是人格的发展，是自我的发展。罗杰斯反对行为主义对学习实质的看法，认为学习不是刺激与反应间的机械联结，而是一个有意义的心理过程。这种意义学习，是指学习者所做出的一种自主、自觉的学习，要求学习者能够在相当大的范围内自行选择学习材料，自己安排适合自己的学习情境；这种意义学习，包含了价值、情绪的色彩，涉及的是整个的人而不是单纯认知成分的参与。这种学习以个体的积极参与和投入为特征，是从自我实现的倾向中产生的一种学习，学习者可以自由地去实现自己的潜能，求得自己更充分的发展。

人本主义心理学一方面反对行为主义把人看作动物或机器，不重视人类本身的特征；另一方面也批评认知心理学虽然重视人类的认知结构，但忽视了人类情感、价值、态度等方面对学习的影响。认为心理学应该探讨完整的人，而不是把人的各个侧面如行为表现、认知过程、情绪障碍等割裂开来加以分析，强调人的价值，强调人有发展的潜能，而且有发挥潜能的内在倾向即自我实现的倾向。

人本主义学习理论的基本观点可以归纳为：①强调人的价值，重视人的意识所具有的主观性、选择能力和意愿；②学习是人的自我实现，是丰满人性的形成；③学习者是学习的主体，必须受到尊重，任何正常的学习者都能自己教育自己；④人际关系是有效学习的重要条件，它在学与教的活动中创造了“接受”的气氛。

人本主义学习理论提倡真正的学习应以“人的整体性”为核心，强调“以学生为中心”的教育原则，学习的本质是促进学生成为全面发展的人。它关心学生的自尊和提高，学生是教学活动中的焦点，可以自主地选择学习课程、方式和教学时间。教师被看作促进者的角色，应具有高度的责任感。教师要创建合适的氛围，帮助学生成为全面发展的人。学校在社会中扮演着重要的角色。它把学生的创造和自我实现放在了很高的位置上，教育的目标就是帮助学生满足“自我实现”的需要。

除了以上提到的几种学习理论外，还有很多学习理论对当前教育技术的理论和实践有重要的影响，如认知灵活性理论、分布式认知理论、情境学习理论等。尽管各种学习理论的观点不一样，有的学习理论之间甚至存在较大分歧，但在教育技术领域内走向了融合，以促进人的发展为目标而各尽其力。人们不仅关注个体的学习心理，还对学生之间如何协同与合作、如何基于问题进行综合性学习等进行着系统的研究。在实际的应用当中，我们可以加以合理地综合和利用，来指导教育教学实践，提升教育教学质量和水平。

二、教育传播理论

传播（communication）是人类社会普遍存在的信息交流的社会现象，是由传播者运用适当的媒体，采用一定的形式向接受者进行信息传递和交流的一种社会活动。教育其实就是一种信息传播活动，它是按照确定的教学目标，通过教学媒体将相应内容传递给教学对象的过程。

（一）传播模式

传播是一种信息传递和交流的复杂过程。传播学者研究传播过程，往往先将这个过程简化为若干个组成要素，然后分析这些要素在传播过程中的地位和作用，以及这些要素之间的相互联系和相互作用，这样就构成了多种多样的传播模式。下面介绍当前比较有影响的几种传播模式。

1．拉斯韦尔的传播模式

1948 年，美国政治学家哈罗德·拉斯韦尔（Harold Lasswell）提出了一个用文字形式阐述的线性传播过程模式，如图 1-2 所示。

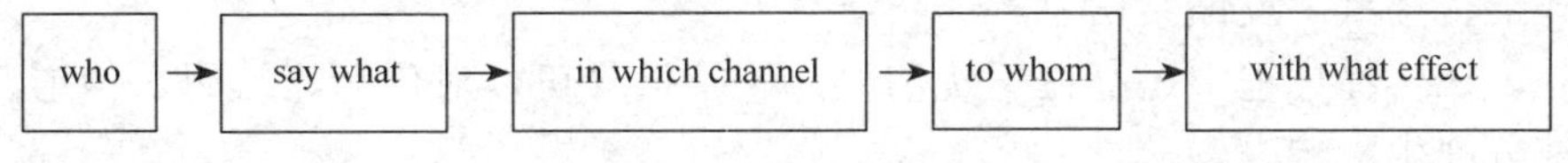

图 1-2　拉斯韦尔的传播模式

该模式简要阐述了传播行为包括的 5 个要素：谁（who）、说什么（say what）、通过什么渠道（in which channel）、对谁说（to whom）、有什么效果（with what effect），这就是著名的“五 W 模式”。

从拉斯韦尔传播模式的 5 个传播要素中，我们得到传播研究的 5 大内容。

1）控制分析：研究“谁”，也就是传播者，进而探讨传播行为的原动力。

2）内容分析：研究“说什么”（或称信息内容）以及怎样说的问题。

3）媒体分析：研究传播通道，除了研究媒体的性能外，还要探讨媒体与传播对象的关系。

4）受众（对象）分析：研究那庞大而又复杂的受传者，了解其一般的和个别的兴趣与需要。

5）效果分析：研究受传者对接收信息所产生的意见、态度与行为的改变等。

拉斯韦尔的传播模式在大众传播中获得了广泛的应用，对现代媒体教学有一定的指导作用，但这一模式过于简单，具有明显的缺陷。首先，它忽略了“反馈”的要素，它是一种单向的而不是双向的模式，受此模式的影响，过去的传播研究忽略了反馈过程的研究；其次，这个模式没有重视“为什么”或动机的研究问题。在动机方面，有两种值得重视的动机：一是受众为何使用传播媒体；二是传播者和传播组织为什么去传播。

2．香农、韦弗的传播模式

香农和韦弗（Shannon，Weaver）在研究电报通信问题时提出了一个传播的模式，这一模式原是单向直线式的，但是，他们不久就将这一模式加入了反馈系统，并引申其含义，用来解释一般的人类传播过程，如图 1-3 所示。

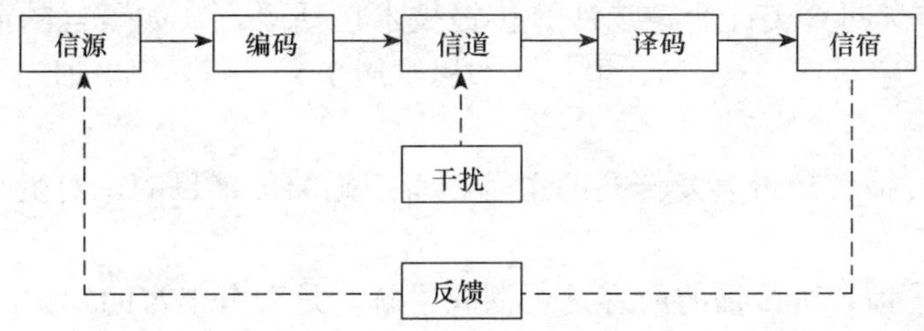

图 1-3　香农、韦弗的传播模式

香农、韦弗的传播模式把传播过程分成 7 个组成要素，即信源、编码、信道、译码、信宿、反馈、干扰。他们认为，传播的过程是“信源”即传播者，把要提供的信息经过

“编码”，即转变为某种符号，如声音、文字、图片、图像等，通过一种或多种媒体传出。“信宿”，即受播者，对经过“编码”的信息符号进行“译码”，即解释信息符号的意义，最后为受传者所接受利用。受传者收到信息后，必然在生理、心理上产生反应，并通过各种形式给传播者“反馈”信息。

此外，在传播过程中还存在干扰信号，干扰信号可以对信源、编码、信道、译码、信宿等部分产生影响。

3. 贝罗的传播模式

贝罗（D. Berlo）的传播模式综合了哲学、心理学、语言学、人类学、大众传播学、行为科学等新理论去解释在传播过程中的各个不同要素。这一模式把传播过程分解为 4 个基本要素：信源、信息、通道和受传者，如图 1-4 所示。

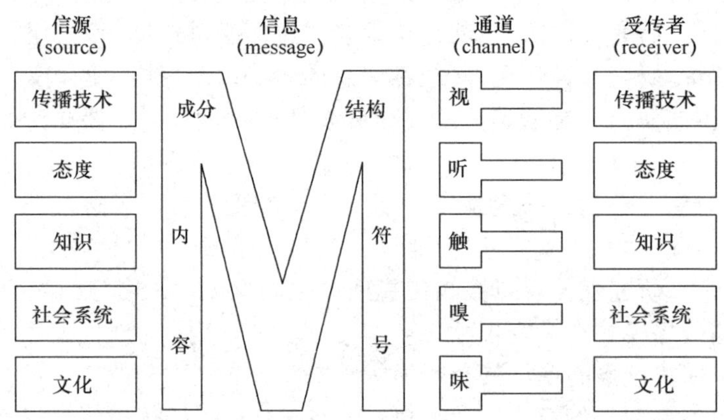

图 1-4　贝罗的传播模式（SMCR 模式）

（1）信源和编码者

研究信源和编码者，需要考虑他们的传播技术（对信源部分是指说话和写作，对受传者部分是指收听和阅读）、态度、知识水平、所处的社会系统及自身的文化背景等，现分述如下。

1）传播技术：信源与编码者不论以说话还是写作来传播，必须讲究传播的方式，才能保持信息本身的真实性和趣味性。传播技术包括语言（如语言的清晰和说话的技巧）、文字（如文字写作的技巧）、思想（如思维周密）、手势（如动作自然）、表情（如逼真）等。

2）态度：传播者是否喜爱传播的主题、有明确的传播目的，对受传者是否有足够的了解。

3）知识：传播者对传播的内容是否彻底了解，是否有丰富的知识。

4）社会系统：传播者在社会中的地位、影响与威信如何。

5）文化：传播者的学历、经历和文化背景怎样。

（2）受传者与译码者

信源、编码者与译码者、受传者，虽然在传播过程的两端，但是在传播过程中，信源——传播者可以变为受传者，受传者也可以变为传播者——信源。所以影响受传者与译码者的因素与传播者、编码者相同，也是传播技术、态度、知识、社会系统与文化背景诸项。

（3）信息

影响信息的因素有如下几项。

1）符号：包括语言、文字、图像与音乐等。

2）内容：为达到其传播目的而选取的材料，包括信息的成分与结构。

3）处理："传播者"对选择及安排符号和内容所做的种种决定。

（4）通道

传播信息的各种工具，如各种感觉器官，载送信息的声、光、空气、电波、报纸、杂志、播音、电影、电视、电话、唱片、图画、图表等。

在传播过程中，信息的内容、符号及处理方式，均会影响通道的选择，如哪些信息适合语言传送？哪些信息适合视觉方式传送？哪些信息适合触觉、嗅觉、味觉方式传送？总之，通道的选择会影响信息的传送与接收效果。

贝罗的传播模式适用于研究和解释教学传播系统的要素与结构，如S-M-C-R相当于教师-课业-手段-学生。我们还可以以其揭示的条件为依据，联系实际传播场合及要素的具体情况，预测教育传播的效果，发现可能存在的问题。

（二）教育传播要素

教育传播是由教育者按照一定的要求，选定合适的信息内容，通过有效的媒体通道，把知识、技能、思想、观点等传递给特定的教育对象的一种活动，是教育者和受教育者之间的信息交流活动。

1. 教育传播的特点

与其他传播活动相比，教育传播具有以下特点。

1）明确的目的性：教育传播是以培养人才为目的的活动。

2）内容的严格规定性：教育传播的内容是按照教学计划和教学大纲的要求严格规定的。

3）受者的特定性：教育传播有特定的受播者，那就是学习者。

4）媒体和传播通道的多样性：在教育传播中，教育者可以充分发挥各种各样的媒体和通道的优势进行面对面的传播和远距离的传播。

2. 教育传播的要素

教育传播的主要要素包括教育者、教育信息、受教育者、媒体、通道、传播环境等。

（1）教育者

教育者是教育传播系统中具备教育教学活动能力的要素，是教育信息的组织者、传播者和控制者，如学校中的教师、学生家长等。学校中直接面对学生进行教育教学活动的教师是最重要的教育者。"教师"并不局限于上讲台的教师，还包括教育管理者和教材编制者等，而且在特定条件下，教学机器也可以成为教师，即"电子教师"。在教育传播活动中，教师起着“把关人”的作用，传播什么内容、利用什么媒体，都是由教师决定的。因此，教师必须能实现教育传播系统的整体目标，使学生在德、智、体、美、劳诸方面都得到和谐的发展。而要完成这一重任，教师必须做好设计、组织、传递、评价等工作。

（2）教育信息

信息是教育传播系统的主要要素之一，是指以物理形式出现的教育信息。教育传播过程是一个信息交流的过程，自始至终充满了教育信息的获取、传递、交换、加工、储存和输出。在教育信息传播过程中，主要的信息是教学目标信息、预测学生信息、教师传送信息、实践教学信息、家庭教育信息、大众传媒信息、人际交往信息、学生接受信息和学生反馈信息等。

（3）受教育者

受教育者是施教的对象，一般是指接收教育信息的学生。在教育传播过程中，作为受传者的学生，他首先要接收传播信号，如阅读教科书和参考书、认真听取教师的课堂讲授、视听其他多种教学媒体、视听大众传播媒体、参加教学实践与社会活动等。然后，要对所接收的信息进行加工与储存，即将接收到的信号转换为语言符号或非语言符号，再将这些符号和已有的经验进行比较、分析、判断，得到符号的信息本义。在教育传播系统运行过程中，学生对教育信息的接收并不是机械的、被动的，在大多数情况下，学生是主动地接受教育信息，甚至是有选择地去接收与理解教育信息。

（4）媒体和通道

在教育传播通道中，教育传播媒体是必不可少的要素。教育传播媒体就是载有教育、教学信息的物体，是连接教育者与学习者双方的中介物，是人们用来传递和取得教育、教学信息的工具。各种教育、教学材料，如标本、直观教具、教科书、教学指导书、教学幻灯片、电影片、录音带、录像带、计算机课件等，都属于教育传播媒体。承载教育信息的所有物质形式都必须能为师生双方的感官所能感受到，这样才能沟通教育者与受教者之间的信息联系。

教育传播通道是教育信息传递的途径，教育信息只有经过一定的通道，才能完成传递任务，达到教育传播的目的。所谓教育传播通道，就是教育信息传递的途径。它的组成要素有各种教育媒体、教学环境、人的感觉器官、处理和传播信息的方式。按传递的信号形式来分，通道包括图像通道、声音通道和文字通道。

（5）传播环境

教育传播环境是影响教育传播效果的重要因素，其内容是复杂和多方面的。社会、经济、科技、文化背景、风俗习惯，以及各种自然物、人工物等，都是教育传播环境中不可忽视的因素，其中影响较大较直接的有校园环境、教室环境、社会信息、人际关系、校风、班风、电、光、声、色、空气、温度等。良好的教育传播环境能对教师的教学组织活动产生促进作用。

3. 教育传播的基本方式

根据教育传播中传者与受传者的关系结构，可以将教育传播分为以下 4 种方式。

（1）自学传播

自学传播是指没有专职教师当面传授的一种教育传播方式。自学者自定学习目标，从周围可能的环境中寻找合适的教师替身。平常较多的是选择自学的教材，即根据学习要求选购相应的书籍、录音带、录像带和 CAI（computer aided instruction，计算机辅助教学）课件等学习材料，自定步调学习。

（2）个别传播

最早的教育传播即采取这种方式，是传播者与受传者单独面授知识和经验的一种教育传播方式。尽管这种教育传播方式相当古老，但因为它的效果显著而沿用至今。现在则可以通过现代化的传播手段进行，如在语言实验室中教师利用主控台设备与隔音座上的学生单独通话讲授。目前国外开展的电话教学也可纳入这一范围。

（3）课堂传播

课堂传播是当前学校普遍采用的教育传播方式，学生的学习主要依据课本和教师的语言讲解，即主要通过语言和文字符号进行。这种传播方式有利于发挥教师的主导作用，教师能科学地组织教学过程，充分考虑情感因素在学习过程中的重要作用，学生能快速、有效地掌握知识技能，有利于培养学生的合作精神和竞争意识。但由于过分强调整齐划一，容易忽视学生的自主性和独特性，不利于发挥学生的全部潜力，不利于培养学生的兴趣、特长和发挥他们的个性才能。

课堂传播中虽然也有教育信息的沟通过程，但一般来说，其沟通程度较差，学生很少有发言的机会。目前的课堂上，一般是以教师讲解为主，灌输大量的信息，而学生提问、争辩则是极少的，学生之间的横向交流常常是被制止的，这样就导致学生过多地依赖教师，处于被动的地位。

（4）远程传播

远程传播是非面对面的传播活动，如函授、电视教学、网络教学等。这种教育传播方式随着广播、电视、录像、卫星广播、计算机和网络等现代通信传播和控制手段的推广而逐步得到普及，但还需要适当的辅导与之相配合。

在开展远程教育传播方面，特别是在举办电大、广播学校、网络学院等方面，我国取得了令人瞩目的成绩。美国教育传播和技术协会执行主任林·古布塞博士指出“在诸如教学设计、计算机辅助教学和交互式系统这样的专业领域里，美国有许多东西可供借鉴，而中国则在利用广播和电视进行公共教育方面有不少地方值得美国学习”。

三、视听教育理论

1946 年，美国教育技术专家戴尔在《视听教学法》一书中，研究了录音、广播等视听教学手段如何运用于教学，会产生怎样的教学效果等一系列问题，总结了视听教学方法，提出了视听教学理论。戴尔把人类获取知识的各种途径和方法用一个“经验之塔”来描述，称之为“经验之塔”理论。

（一）“经验之塔”

戴尔将人们获得的经验分为三大类：做的经验、观察的经验和抽象的经验，并将获

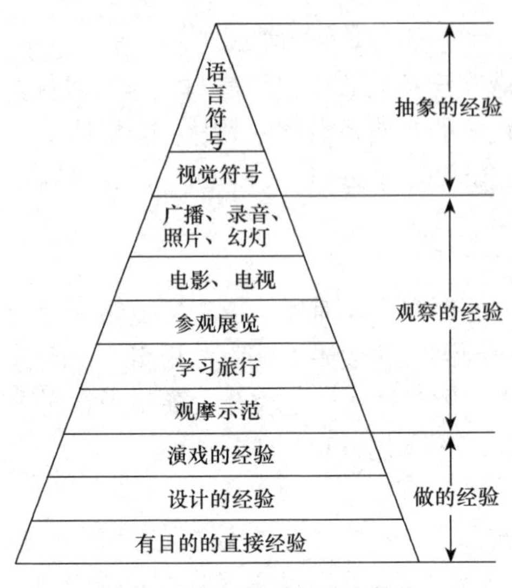

图 1-5 戴尔的“经验之塔”

得这 3 类经验的方法分为 10 种，如图 1-5 所示。

1. 做的经验

（1）有目的的直接经验

有目的的直接经验指直接与真实事物本身接触而获取的经验，是通过对真实事物的直接感知（即看、听、尝、嗅、触、做）取得的最丰富的具体经验。

（2）设计的经验

设计的经验指通过模型、标本等间接材料的学习获取的经验。模型、标本是通过人工设计、仿造的事物，多与真实事物的大小和复杂程度有所不同，它是“真实的改编”，这种改编，可以使人们对真实事物更容易理解和领会。

（3）演戏的经验

演戏的经验指让学生在戏剧中扮演某一角色，使他们在尽可能真实的情境中获得经验。通过演戏、表演，感受那些在正常情形下无法获得的感情上和观念上的体验。

以上 3 个方面的经验，都包含有亲自的活动，学习者不仅仅是活动的旁观者，更是活动的参与者，故称之为做的经验。

2. 观察的经验

（4）观摩示范

通过看别人怎么做，使学生知道一件事是怎样做成的，以后就可以动手模仿着去做。

（5）学习旅行

通过野外的学习旅行，看到真实事物和各种景象，从而进行学习，增长知识，获得经验。

（6）参观展览

通过参观展览，使学生通过观察来获得经验。

（7）电影、电视

通过观看电影、电视获得经验，屏幕上的事物是实际事物的代表，而不是它本身。通过看电影和电视，得到的是替代的经验。

（8）广播、录音、照片、幻灯

由静态图像、广播、录音等提供的信息，通常能为没有文字阅读能力的人所理解。这些视听手段可以为个人或小组所用，在班级教学中，常用它们作为教学的辅助手段。通过这种听觉或视觉方式获得的经验，不及前面讨论的视听经验直接，抽象层次要高一些。

3. 抽象的经验

（9）视觉符号

视觉符号主要指能表达一定含义的图表、地图等抽象符号，它们已看不到事物的实在形态，是一种抽象的代表，如地图上的曲线代表河流，线条代表铁路等。

（10）语言符号

语言符号是一种事物抽象化了的代表或观念的符号，包括口头语言和书面语言（文字符号）两种。口头语言是基本的，只要有听说能为的人，都能使用口头语言去进行思想交流和知识传播。书面语言是第二性的，是符号的符号，只有通过学习掌握了这种书面语言的人，才能使用这些符号。因此，口头语言的抽象层次要比书面语言低一些。

（二）“经验之塔”理论的要点

1．“塔”的经验分布

“塔”的最底层的经验最具体，越往上升则越抽象。这并不是说，求取任何经验，都必须经过从底层到顶层的阶梯，也不是说下层的经验比上层的经验更有用。划分阶层只是为了有利于说明各种经验的具体或抽象的程度。

2．学习方法

教育应从具体经验入手，逐步过渡到抽象，这是较有效的学习方法。

3．教育升华

教育、教学不能止于具体经验，而要向抽象和普遍发展，上升到理论，发展思维，形成概念。

4．替代经验

位于“塔”的中间部位的那些视听教材和视听经验是替代的经验，它比上层的语言和视觉符号具体、形象，又能突破时间和空间的限制，弥补下层各种直接经验方式的不足，且易于培养学生的观察能力。

5．形成科学的抽象

在学校中，应用各种教育媒体，使教学更为具体、直观，也能为抽象概括创造条件，从而形成科学的抽象。

“经验之塔”理论所阐述的是经验抽象程度的关系，符合人们认识事物由具体到抽象、由感性到理性、由个别到一般的认识规律；而位于塔的中部的广播、录音、照片、幻灯、电影、电视等介于做的经验与抽象经验之间，既能为学生学习提供必要的感性材料，容易理解，容易记忆，又便于借助于解说或教师的提示、概括、总结，从具体的画面上升到抽象的概念、定理，形成规律，是有效的学习手段。因此，它不仅是视听教育理论的基础，也是现代教育技术的重要理论之一。

四、系统科学理论

（一）系统和系统方法

系统科学是研究一切系统的模式、原理及规律的科学，是在系统论、信息论和控制论的基础上形成的，它是新兴的科学方法论，也是信息时代下的认识世界和改造世界的方法论，广泛应用于各领域和学科。系统科学的思想观点和方法对教育技术学科的形成和发展有着广泛和深远的影响，成为了现代教育技术重要的理论基础之一。

系统是由相互作用和相互依赖的若干组成部分结合成的具有特定功能的有机整体。世界上一切事物、现象和过程都是有机整体，它们自成系统，又互为系统。也就是说，一个系统可以包括若干子系统，但它本身又是另一个更高层次系统的子系统。任何系统都是在和环境发生物质、能量与信息的交换中变化、发展，所以保持动态稳定性和开放性是系统的本质特征。

系统方法是在运用系统科学的观点和方法研究和处理各种复杂的系统问题时形成的。系统方法是按照事物本身的系统性把对象放在系统的形式中加以考察的方法，它侧重于系统的整体性分析，从组成系统的各要素之间的关系和相互作用中去发现系统的规律性，从而指明解决复杂系统问题的一般步骤、程序和方法。

（二）系统方法的基本理论

系统科学理论是信息论、控制论、系统论的统称，又称“老三论”。

1. 信息论

信息论是由美国数学家香农创立的，他于 1948 年发表的《通信的数学理论》一书为信息论奠定了基础。信息论是用概率论和数理统计方法，从量的方面来研究如何获取、加工、处理、传输和控制系统信息的一门科学。

信息普遍存在于自然、社会和人类思维之中，是一切系统保持一定的结构、实现其功能的基础。信息就是指消息中所包含的新内容与新知识，其作用是减少和消除人们对于事物认识的不确定性。

狭义信息论是研究在通信系统中普遍存在的信息传递的共同规律，以及如何提高各信息传输系统的有效性和可靠性的一门通信理论。广义信息论被理解为运用狭义信息论的观点来研究一切问题的理论。信息论认为，系统正是通过获取、传递、加工与处理信息而实现其有目的的运动的。

信息论在教育领域中应用所形成的理论称为教育信息论，教育信息论是研究教学过程中教学信息如何传递、变换和反馈的理论。现代教育技术采用信息论的基本观点和方法，结合各种工具对教学信息进行分析与处理，对教学系统中信息传播的特点与规律进行分析。

2. 控制论

控制论是美国著名数学家维纳（N. Wiener）创立的，他在 1948 年发表的《控制论》一书中首次使用了“控制论”一词，他将控制论定义为：在机构、有机体和社会中的控制和通信的科学。控制论的研究对象是控制系统，这类系统的特点是其要根据周围环境的某些变化来决定和调整自己的运动，而系统与环境之间及系统内部的通信信息的传递，是实现系统目的的基础。

控制论是一门以揭示不同系统的共同的控制规律为理论目的的具有更普遍意义的理论，它不仅从事物的质的方面，而且着重从量的方面去发现各种控制系统的共同规律，并把反馈方法作为提高系统的稳定性，达到优化控制目的的有效方法。控制论观点对于我们实现教学过程的最优化及构建优化的教育教学系统有着重要的理论价值。

控制论在教育领域中应用所形成的理论称为教育控制论。教育控制论是以提高教学效率和教学质量为控制目标，以信息流为主要传输形式的系统。它是研究教育系统中运用信息反馈来控制和调节系统的行为，从而达到既定教学目标的理论。

3. 系统论

系统论是从系统的角度去研究事物的发展、运动规律的一门科学。系统论的创始人是美籍奥地利生物学家贝塔朗菲（V. Bertalanffy），他于1945年发表的《一般系统论》为系统论奠定了基础。系统论要求把事物当作一个整体或系统来研究，并用数学模型去描述和确定系统的结构和行为。

贝塔朗菲指出复杂事物功能远大于某组成因果链中各环节的简单总和，认为一切生命都处于积极运动状态，有机体作为一个系统能够保持动态稳定是系统向环境充分开放，获得物质、信息、能量交换的结果。系统论强调整体与局部、局部与局部、系统本身与外部环境之间互为依存、相互影响和制约的关系，具有目的性、动态性、有序性三大基本特征。

教育系统论把教育视为一个系统，教育系统的主要组成要素是教师、学生、教学内容和教学媒体等。系统论促使我们以整体的观点、综合的观点来考察教育教学过程与现象，运用系统的方法来解决教育教学问题。20世纪60年代以后，系统科学的思想已渗透到了教育技术中的各个领域，并促进教育技术中的各个分支融汇在一起，从而诞生了教育技术学。

思考与练习

1．谈谈你对现代教育技术含义的理解。
2．简述现代教育技术的发展历程。
3．谈谈你对教育技术 AECT 1994 定义的理解。
4．阐述学习理论的主要派别及其主要观点。
5．简述戴尔“经验之塔”理论的要点及其对教育技术的启示。
6．简述贝罗传播模式的主要内容。
7．简述系统理论的基本观点及对教育技术发展和应用的指导意义。

知识拓展

第二章

信息化教学设计

【问题提出】

在教学实践中是否存在一套程序化的步骤，根据不同的教学内容或教学目的，告诉教师何时做什么，怎样去做？本章总结了“以教为主”的教学设计过程和“以学为主”的课堂教学设计过程两大教学设计过程模式，指出教学设计的具体步骤和方法，主要关注设计过程。

【学习引导】

教学设计是于20世纪60年代以后形成与发展起来的一种应用型教育技术，是教育技术学领域中的一个重要分支。它以传播理论、学习理论、教学理论等为理论基础，以教学系统和教学过程为研究对象，以解决教学问题、优化学习为目的，是连接教学理论和教学实践的桥梁。

【本章知识点】

- 信息化教学设计的含义
- 教学设计的理论基础
- 几种主要的教学设计过程模式
- “以教为主”的课堂教学设计过程与方法
- “以学为主”的课堂教学设计过程与方法
- “双主”的课堂教学设计过程与方法

第一节　信息化教学设计概述

一、信息化教学设计的概念

教学设计是20世纪60年代以来，逐渐形成和发展起来的一门应用科学，是教育技术领域中的重要分支。教学设计（instructional design，简称ID）通常又称教学系统设计（instructional systems design，简称ISD），它是指运用系统方法分析教学问题和确定教学目标、建立解决教学问题的策略方案、试行解决方案、评价试行结果和对方案进行修改的过程。

信息化教学设计是信息时代的产物。随着多媒体和网络技术及其应用的发展，以及信息化教学的日益普及，信息化教学设计也逐渐发展起来。所谓信息化教学设计，是指以优化教学为目的，充分利用现在信息技术和信息资源，为学习者提供良好的信息化学习条件，对信息化教学过程的各个环节和要素进行科学的计划和安排。

二、教学设计的理论基础

教学是教师的教和学生的学组成的一种教学活动，是一种特殊的信息传播活动，因此，传播理论、学习理论、教学理论等共同构成了教学设计的理论基础。

20 世纪 40 年代兴起的传播学，通过对传播模式、传播者和受播者、传播的信息、传播的符号、传播的媒介、传播效果的研究，使人们对大众传播有了较清晰的认识，并给教育研究者带来启示。教学过程也是信息传播过程，是特殊的传播过程，它也遵从传播学的规律。所以，教学设计理论体系的重要方面是以传播理论为基础发展起来的。

学习理论是探究人类学习的本质及其形成机制的心理学理论，它是从学习的实际和实验研究中概括总结出来的。对教学设计影响较大的学习理论主要有行为主义、认知主义和建构主义等。

教学理论是为解决教学问题而研究教学一般规律的科学，而教学设计是科学地解决教学问题、提出解决问题的过程。为了解决好教学问题就必须遵循和应用教学客观规律，因此，教学问题离不开教学理论。

首先，教学设计的产生是教学理论发展的需要。教学设计可以完整地反映整个教学过程，克服教学理论研究和应用实践中的不良倾向，促进学生的全面发展，提高教学效果。

其次，教学理论的研究和发展为教学设计提供了丰富的科学依据。教学设计从其指导思想到教学目标、教学内容的确定和学习者的分析；从教学方法、教学活动程序、教学组织形式等一系列教学策略的选择和制定到教学评价，都从各种教学理论中吸取精华，综合运用并保证设计过程的成功。

最后，教学设计与教学理论相互影响、相互作用、共同发展。

三、教学设计的模式

模式是再现现实的一种理论性的简约形式。教学设计模式是在教学设计的实践中逐渐形成的，运用系统方法进行教学设计的理论简约形式。它主要包括三方面的内容：①教学设计过程的模式是对教学系统设计实践的再现；②它是理论性的，代表着教学系统设计的理论内容；③它是简化的形式，是对教学设计理论的精心简化。

20 世纪 60 年代以来，教学设计的模式流派纷呈，名目繁多，归结起来，从其理论基础和实施方法看，主要可分为三大类：“以教为主”的教学设计模式、“以学为主”的教学设计模式和“教师主导、学生主体”的教学设计模式。其中，“以教为主”的教学设计模式又可进一步划分为第一代教学设计模式（ID1）和第二代教学设计模式（ID2）。

ID1 主要以行为主义的联结学习（即刺激-反应）作为其理论基础，代表性模式为“肯普模式”；ID2 则以加涅（Gagné）的“联结-认知”学习作为其理论基础，代表性模式为“史密斯-雷根模式”。

（一）肯普模式

肯普（J. E. Kemp）认为，一个教学系统应包括 4 个基本要素，即学生、方法、目标和评价，这 4 个基本要素及其关系是组成教学系统开发的出发点和大致框架，并由此引申开去，于 1977 年提出了一个教学系统开发的椭圆形结构模型，后来又经过多次修改才逐步完善，形成如图 2-1 所示的肯普模式。

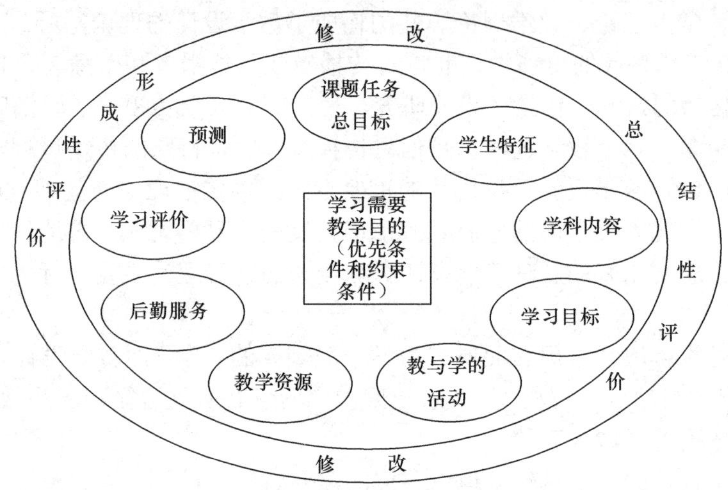

图 2-1　肯普模式示意图

肯普模式为反映各环节之间的相互联系、相互交叉，没有采用直线和箭头这种线性方式来连接各个教学环节，而是采用环形方式来表示 ID 模型。该模式的特色是将“学习需要和教学目的”置于中心地位，以强调教学设计过程中必须随机以这几个因素作为参考的依据；教学设计是很灵活的过程，可以根据实际情况和教师自己的教学风格从模式中的任一环节开始，并可按照任意的顺序进行；此外，“形成性评价”“总结性评价”和“修改”在环形圈内标出，表明评价与修改应该贯穿在整个教学过程的始终。

该模型的特点可用 3 句话概括：在教学设计过程中应强调 4 个基本要素，需着重解决 3 个主要问题，要适当安排 10 个教学环节。

1. 4 个基本要素

4 个基本要素是指学习目标、学生特征、教学资源和学习评价。肯普认为，这 4 个基本要素构成了整个教学设计模型的总体框架。

2. 3 个主要问题

①学生必须学习到什么（确定教学目标）；②为达到预期的目标应如何进行教学（即根据教学目标的分析确定教学内容和教学资源，根据学习者特征分析确定教学起点，并

在此基础上确定教学策略、教学方法)；③检查和评定预期的教学效果（进行教学评价)。

3. 10个教学环节

①确定学习需要和学习目的，为此应先了解教学条件(包括优先条件和限制条件)；②选择课题与任务；③分析学习者特征；④分析学科内容；⑤阐明教学目标；⑥实施教学活动；⑦利用教学资源；⑧提供辅助性服务；⑨进行教学评价；⑩预测学生的准备情况。

在10个教学环节中除环节⑥是在教师主讲或起主导作用的前提下由师生共同完成的之外，其他9个环节皆由教师自己完成，整个教学过程主要是靠教师向学生传递知识，其指导思想是通过教师促进和实现“刺激-反映”联结，学生在学习过程中的主动性、积极性较难发挥。因此，这是一个典型的以“教”为中心的、以行为主义学习理论为基础的ID模式。

（二）史密斯-雷根模式

ID2的代表性模式应推史密斯-雷根模式，如图2-2所示。它是由史密斯（P. L. Smith）和雷根（T. J. Ragan）于1993年提出的，并发表在他们两人合著的《教学设计》一书中。由于该模式较好地实现了行为主义与认知主义的结合，较充分地体现了“联结-认知”学习理论的基本思想，并且雷根本人又曾是美国AECT理论研究部主席，是当代著名的教育技术与教育心理学家，因此该模式在国际上有较大的影响。

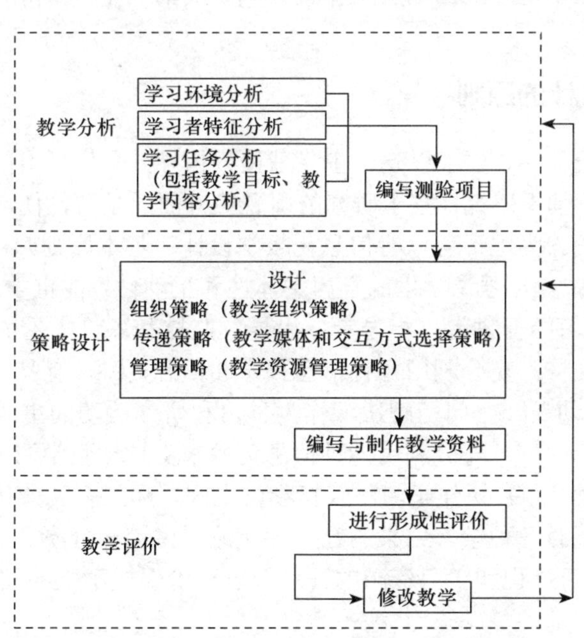

图2-2 史密斯-雷根模式示意图

史密斯-雷根模式把教学设计模式划分为3个阶段：教学分析、策略设计和教学评价。在第一阶段，分析学习环境、学习者、学习任务，制定初步的设计栏目；在第二阶段，确定组织策略、传递策略、管理策略，设计教学过程；在第三阶段，进行形成性评价，对设想的教学过程予以修正。

以史密斯-雷根模式为代表的第二代教学设计与第一代相比已有很大改进，其中最突出的是：明确指出应进行三类教学策略的设计，并把重点放在教学组织策略上，而教学内容的组织和有关策略的制定必须充分考虑学生原有的认知结构，这就与认知学习理论密切相关。由于教学组织策略可进一步分成“宏策略”和“微策略”两类，这两类策略目前均有较成熟的理论研究成果可直接引用，这就为以史密斯-雷根模式为代表的 ID2 的推广应用创造了条件。可见，理论基础较牢固是 ID2 的主要优点。三类教学策略具体如下。

1. 教学组织策略

教学组织策略是指有关教学内容应按何种方式组织、次序应如何排列，以及具体教学活动应如何安排（即如何做出教学处方）的策略。

2. 教学内容传递策略

为实现教学内容由教师向学生的有效传递，应仔细考虑教学媒体的选用和教学的交互方式。传递策略就是有关教学媒体的选择、使用，以及学生如何分组（个别化、双人组、小组或班级授课等不同交互方式）的策略。

3. 教学资源管理策略

教学资源管理策略是在上面两种策略已经确定的前提下，如何对教学资源进行计划与分配的策略。

四、信息化教学设计的原则

在信息化教学设计中，要求以建构主义理论为指导，充分利用信息技术手段进行基于资源、基于合作、基于研究、基于研究的问题等方面的学习，使学习者在意义丰富的情境中主动建构知识。为此，可以将信息化教学设计的基本原则归纳为以下几点。

1）强调以学为中心，强调学生的学习主体性和主动性，注重学生学习能力的培养。

2）教师作为学习的促进者、指导者，引导、监控和评价学生的学习进程，提供相关学习资源和技术支持。充分利用各种信息技术和信息资源，支持和促进学生的学习。

3）以“任务驱动”和“问题解决”作为学习和研究活动的主线，在相关的有具体意义的情境中开展活动，并充分利用各种信息资源来支持学生学习。

4）重视“协作学习”，协作学习不仅指学生之间、师生之间的协作，也包括教师之间的协作，以及重视对各种学习结果的社会性交流、讨论和分享。

5）强调针对学习过程和学习资源的评价，以评价促进学生的发展。

第二节　“以教为主”的课堂教学设计过程与方法

“以教为主”的课堂教学设计，强调教师的主导作用，突出循序渐进、按部就班、精细严密地运用系统方法对教学进行设计。通过综合相关文献介绍的各类“以教为主”的教学系统设计模式，可以总结出“以教为主”的课堂教学设计主要包括学习者分析、学习需要分析、教学目标的设计、教学内容的选择、教学媒体的选择、教学方法的选择、教学策略的选择和教学设计成果评价等要素，如图 2-3 所示。

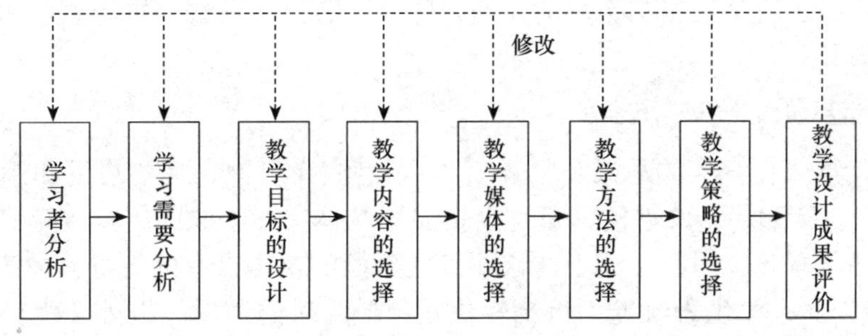

图 2-3 “以教为主”的课堂教学设计

一、学习者分析

（一）对学习者一般特征的分析

学习者一般特征是指对学习者学习有关学科内容产生影响的心智和社会特点。它们虽与具体的学科内容无直接联系，却影响着教学设计者对学习内容的选择和组织，影响教学方法、教学媒体和教学组织形式的选择和应用。

心理学家皮亚杰（Piaget）将儿童认知发展划分为感知运算阶段、前运算阶段、具体运算阶段、形式运算阶段 4 个阶段。由于后 3 个阶段与学校教育关系较密切，因此这里我们主要介绍后 3 个阶段。

1. 前运算阶段（2~7 岁）

此阶段处在入学前与入学初，在教育上尤其重要。所谓前运算，是指儿童遇到问题时会运用思维，但思维方式通常是不合逻辑的。此阶段儿童的各种感知运动图式开始内化为表象或形象图示，特别是语言的出现和发展，使儿童日益频繁地使用表象符号来代替外界事物，但他们的语词或其他符号还不能代表抽象的概念，思维仍受具体直觉表象的束缚，难以从知觉中解放出来。他们的思维特征有单维思维、不可逆思维、自我中心、反映静止的知觉状态、不合逻辑的推理等。

2. 具体运算阶段（7~11 岁）

此阶段儿童认知结构中已经具有了抽象概念，因而能够进行逻辑推理。这个阶段的标志是守恒观念的形成。所谓守恒，是指儿童认识到客体在外形或表面发生了变化，但其特有的属性不变。此阶段儿童的思维需要实际经验支持，需借助具体事物和形象的支持来进行逻辑推理。一般的，这个阶段的儿童的思维主要有如下特征：多思维、可逆思维、自我中心、反映事物的转化过程、进行具体逻辑推理等。

此阶段儿童一般处在小学阶段。小学生思维明显具有从具体形象思维到抽象逻辑思维的过渡性。小学低年级学生的思维具有明显的表象支持成分，同时又具有抽象概括的成分，小学高年级时，学生逐步学会独立进行逻辑论证，要注意提供直接和感性的经验。一般小学生智能由具体形象到抽象逻辑过程过渡的“关键年龄”为四年级（10～11 岁）。小学生在情感方面的自我意识、自居作用模范趋向发展较快，学习动机倾向于兴趣性，情绪发展的主要矛盾是勤奋与自卑的矛盾，此时意志比较薄弱，抗诱惑能力差，教师要注意辅助和教导。

3. 形式运算阶段（11～15 岁）

此阶段儿童或青少年的思维特征表现为假设-演绎思维、抽象思维和系统思维等。另外，此阶段，认知趋于成熟的儿童逐渐摆脱了具体实际经验的支持，能够理解并使用相互关联的抽象概念。因此，处于此认知发展阶段的学生具有的特征具体表现如下。

1）智能方面：学生思维能力得到较快发展，此时的逻辑思维处于优势地位，通常表现为：通过假设进行思维，思维具有目的性、预计性，思维趋于形式化；此时思维活动中的自我意识和监控能力明显化，思维具有创造性。

2）情感方面：自我意识更为明确，同一性、勤奋感是感情发展的主要方面，他们开始重视社会道德规范，意志行为日益增多，抗诱惑性日益增强。到了高中阶段，独立性、自立性是情感发展的主要特征。学生的意志行为愈来愈多，他们追求真理、正义、善良和美好的东西。

（二）学习者认知差异与教学设计

1. 认知方式差异

认知方式又称认知风格，是个体在知觉思维、记忆和解决问题等认知活动中加工和组织信息时所显示出来的独特而稳定的风格，主要表现有场独立与场依存、冲动型和沉思型、辐合型和发散型等。

2. 智力差异

由于智力是个体先天禀赋和后天环境相互作用的结果，个体智力的发展存在明显差异，包括个体差异和群体差异。智力并不影响学习的发生，它主要影响学习的速度、数量、巩固程度和学习的迁移。

3. 认知差异与教学设计

认知差异主要表现为认知方式差异和智力差异，对学生学习的影响不仅在程度上不同，起作用的方式也不同，认知方式没有优劣好坏之分，只是表现为学生对信息加工方式的某种偏好，主要影响学生的学习方式。因此，在进行教学设计时，必须根据学生认知差异的特点与作用，不断改革教学，努力因材施教。首先，创设适应学生认知差异的教学组织形式；其次，应采用适应认知差异的教学方式，努力使教学方式个别化；最后，运用适应认知差异的教学手段，如斯金纳等人提出的程序教学及之后的计算机辅助教学。

二、学习需要分析

（一）学习需要分析的含义

学习需要分析是指通过系统化的调查研究过程，发现教学中存在的问题，通过分析问题产生的原因，确定问题的性质，论证解决该问题的必要性和可行性。其核心是发现问题，而不是寻求解决问题的方法。

学习需要分析主要包括三方面的工作：一是通过调查研究，分析教学中是否存在要解决的问题；二是分析存在问题的性质，以判断教学系统设计是不是解决问题的合适途径；三是分析现有的资源及约束条件，以论证解决该问题的可能性。通过学习需要分析，可以获得有关“差距”的资料和数据，从而形成教学设计的总目标。

（二）学习需要分析的基本步骤和方法

1. 学习需要分析的基本步骤

（1）规划

确定分析对象、选择分析方法、确定收集数据的技术、选择参与学习需要分析的人员。

（2）收集数据

它包括样本的大小和结构，日程安排，以及分发、收集问卷等工作。

（3）分析数据

教学设计者对收集的数据进行分析，并根据经济价值、影响、呈现的频数、时间顺序等对分析的结果予以优化选择和排列。

（4）写出分析报告

分析报告应包括概括分析研究的目的、概括地描述分析的过程和分析的参与者、用表格或简单的描述说明分析的结果，并提出建议。

2. 学习需要分析的基本方法

（1）内部参照需要分析法

内部参照分析法是由学习者所在的组织机构内部以已经确定的教学目标（或工作要求）对学习者的期望与学习者学习（工作）现状做比较，找出两者之间存在的差距，从而鉴别学习需要的一种分析方法。这种方法是以接受既定的目标作为期望值来分析学习需要为前提的，通常比较普遍用于我国普通学校教育当中。

学校的培养目标体现在各科教学大纲和标准教材当中，因此往往以教学大纲作为对学生的期望标准，这就存在一个内部目标是否合理的问题。如果目标的制定充分反映了机构内、外环境对它的要求，充分考虑了学生自身发展的要求和特点，那么内部参照需要分析法是有效的，否则它不能揭示真正的需要，这是内部参照需要分析法中应注意的问题。

（2）外部参照需要分析法

根据机构外社会（或职业）的要求来确定对学习者的期望值，以此为标准来衡量学习者学习的现状，找出差距，从而确定学习需要的一种分析发法。

这种方法揭示的是学习者目前的状况与社会实际要求存在的差距，特点是把社会目前和未来发展的需要（超前性，需要科学预测）作为准则和根本价值尺度接受教育、教学中存在的问题，从而制定教育、教学的目标。因此，外部参照法是对机构内部目标合理性进行论证的有效方法。

（3）内外结合学习需要分析法

综合以上两种方法，可见其主要区别是期望值的参照系不同，由此带来的信息收集方法也略有差异。相对来说，内部参照分析法容易操作，省时省力，但无法保证机构目标的检测；而外部参照分析方法，操作上比较难，要耗费大量的精力和时间，但能使系统与社会需求直接发生联系，从而保证系统目标的合理性。在实际运行时，可采取内外结合的方法。也就是根据外部社会要求调整修改已有的教学目标，并以修改后的目标提出的期望值与学习者现状相比较找出差距。

三、教学目标的设计

（一）教学目标概述

教学目标是对学习者通过教学后应该表现出来的可见行为的具体的、明确的表述。教学目标也称行为目标，运用这个术语是为了强调教育结果的可观察性和可测量性。教学目标的可观察性和可测量性是系统研究方法的重要特征之一，所以在具体编写教学目标时，一般要求用明确、具体、详细的行为术语来描述。

（二）教学目标分类理论

教学目标分类理论是 20 世纪 50 年代以布卢姆（Bloom）为代表的美国心理学家提出的。在这个理论体系中，布卢姆等人将教学活动所要实现的整体目标分为认知、动作技能、情感三大领域，并从实现各个领域的最终目标出发，确定了一系列目标序列。

1. 认知学习领域目标分类

布卢姆将认知领域的目标分为识记、理解、运用、分析、综合和评价 6 个层次。

1）识记：对先前学习过的知识材料的记忆，包括具体事实、方法、过程、理论等的记忆，如记忆名词、事实、基本观念、原则等。

2）理解：把握知识材料意义的能力。

3）运用：把学到的知识应用于新的情境并解决实际问题的能力。

4）分析：把复杂的知识整体分解为组成部分并理解各部分之间联系的能力。

5）综合：将所学知识的各部分重新组合，形成一个新的知识整体。

6）评价：对材料（如论文、观点、研究报告等）做价值判断的能力。

2. 动作技能学习领域目标分类

动作技能涉及骨骼和肌肉的运用、发展和协调，在实验课、体育课、职业培训、军事训练等科目中，经常是主要的教学目标。1956 年布卢姆等人在创立教育目标分类理论时，仅仅意识到这一领域的存在，但未能制定出具体的目标体系。后来，辛普森（E. J.

Simpson）于 1972 年提出，将动作技能目标分为感知、准备、有指导的反应、机械动作、复杂的外显反应、适应和创新 7 级。其后，哈罗（A. J. Harrow）等人相继提出了几种不同的分类方法，但尚无公认的最好分类。

3. 情感学习领域目标分类

情感是人对外界刺激的肯定或否定的心理反应，如喜欢、厌恶等。人的情感会影响人做出的行为选择。情感学习与形成或改变态度、提高鉴赏能力、更新价值观念、培养高尚情操等密切相关。1964 年，克拉斯沃尔（D. R. Krathwohl）等人制定了情感领域的教育目标分类，他们依据价值内化的程度，将情感领域的目标共分为接受或注意、反应、评价、组织、价值与价值体系的性格化 5 级。

（三）国内对教学目标的研究

自 20 世纪 80 年代，布卢姆的教学目标的分类理论传入中国后，国内一些教育工作者结合我国教育国情和教学实际，对各个领域中的亚领域进行了调整，并对各个部分所达到的结果做出了具体的规定。以知识建构与能力生成为导向的教学设计的认知目标分类理论框架如图 2-4 所示。

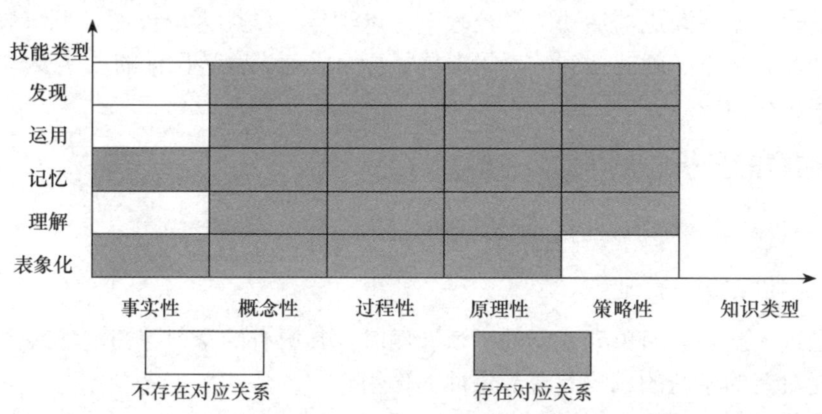

图 2-4　以知识建构与能力生成为导向的教学设计的认知目标分类理论框架

知识类型维度用来描述认知教学目标中学习内容的类型，包括事实性知识、概念性知识、过程性知识、原理性知识及策略性知识。技能类型维度用来描述在学习活动的执行环节中起控制活动程序执行作用的各种心理操作和动手操作，主要包括表象化、理解、记忆、运用、发现。技能类型维度用来描述在学习活动的执行环节中起控制活动程序执行作用的各种心理操作和动手操作类型。一般完整的学习者心理操作过程由表象化、理解、记忆、运用、发现这 5 个方面组成，它与学习者的信息加工过程（识别、转化、加工、存储、使用、改造与创新）基本一致，不同之处在于更加强调实践活动在学习者心理操作中的作用。

该目标分类框架比较突出的特点是在理论上将知识建构的过程和能力生成的过程分开讨论，在技能轴上把各类技能分为两个层级——知识建构和能力生成，层级之间具有先决一后继的关系，即知识建构层级的目标是能力生成层级目标的先决目标。区分两个层级的目的是要告诉设计者：不同层级的教学目标所需要的教学策略或教学模式是不同的，不同层级的教学目标对应着不同的学习活动，需要设计不同的学习环境。

（四）教学目标分析与编写中应注意的问题

针对教学目标分析与编写经常遇到的一些问题，在分析与编写教学目标时应注意以下几个方面。

1. 教学目标的整体性

教学目标是一个系统，由教学目的来决定，包括课程目标、单元目标和课时目标 3 个层次。通过逐层具体化，教学目标系统构成了一个上下贯通、有机联系的完整体系。

2. 教学目标的灵活性

由于学习者间存在差异，因此，课堂教学目标的设计必须具有一定的灵活性。这种目标一般分为 3 个层次：达到合格水平的目标、达到中等以上水平的目标和达到优秀水平的目标。

3. 教学目标的层次性

教育是一项循序渐进的活动。学校教育是以学年、学期为单位加以组织与实施的，不能期望学习者一下子就能达到教育的最终目标。因此，教学目标的层次要与学习者接受教育的层次相适应。

四、教学内容的分析

（一）分析教学内容的目的

1. 确定学生的原有基础

学生在进入新的学习单元或新的学习课题时，其原有的学习习惯、学习方法、相关知识和技能对新的学习的成败起着决定性的作用。

2. 分析使能目标和其他支持性条件

在起点状况确定之后，需鉴别从起点到终点之间所必须掌握的先行条件，包括必要条件和支持性条件两类。必要条件（即使能目标）是决定下一步学习必不可少的条件，支持性条件则像“催化剂”，有助于加快或减缓新的能力的出现。

（二）分析教学内容的方法

1. 归类分析法

归类分析法是研究对有关信息进行分类的方法，目的在于鉴别为实现教学目标所需学习的知识点。将与单元目标有关的教学内容进行恰当分类，然后用图示或提纲的方式把需要学习的知识归纳成若干方面，从而确定教学内容的范围。这种方法有助于考虑现有的选择是否包括了教学内容的所有要点，以及教学内容的现有组织安排是否合乎逻辑，是否有利于学生的学习。

2. 图解分析法

图解分析法是以直观形式揭示学习内容要素及其相互关系的内容分析法，适用于认知类教学内容的分析。图解分析是用一套图表或符号简明扼要地从内容和逻辑上高度概括教学内容，这种方法有助于使学习者觉察内容的残缺或多余部分以及相互联系中的割裂现象。

3. 层级分析法

层级分析法用来揭示教学目标所需要掌握的不同层次的从属技能的分析方法，是一个逆向分析的过程。从确定的教学目标开始考虑：要求学习者获得教学目标、规定的重点能力，他们必须具有哪些次一级的从属能力，而要培养这些次一级的从属能力，又需具备哪些再次一级的从属能力。依次类推，直到学习的起始点基础为止，分析才算完成。

4. 信息加工分析法

信息加工分析法是由美国教育心理学家加涅提出的，是将教学目标要求的心理操作过程揭示出来的一种分析方法，这种心理操作过程及其所涉及的能力最终构成学习内容。

在许多教学内容中，完成任务的操作并不是按“$1\rightarrow2\rightarrow3\rightarrow\cdots\rightarrow n$”的线性程序进行的。当某一步骤结束后，需根据出现的结果判断下一步怎么做。这种情况下，要使用流程图表现操作过程。流程图除直观地表现出整个操作过程及各步骤以外，还表现其中一系列决策点及可供选择的不同行为路线。

五、教学媒体的选择

（一）教学媒体的特性

1. 重现力

重现力指媒体不受时间、空间的限制，能将记录、存储的内容随时重新使用的能力。不同媒体的重现能力是不同的。

2. 表现力

表现力指各类媒体表现事物的时间、空间和运动特征的能力。由于信息不是事物本身而是事物的表征，而不同媒体用不同的符号去表征或描述事物，因而对事物运动状态与规律具有不同的表现力。

3. 传播力

传播力指媒体把信息传送到接受者的空间范围大小。

4. 参与性

参与性指在应用媒体教学时，学习者参与活动的机会。它可分为行为参与和感情参与。

5. 可控性

可控性指使用者对媒体操纵控制的难易程度。

（二）选择教学媒体的方法

1. 问题表

问题表就是列出一系列要求媒体选择者回答的问题，通过对这些问题的逐一回答，来比较清楚地发现适用于一定教学情境的媒体。

问题表的优点是方便灵活，所列的问题根据实际情况可多可少；可按逻辑排序，也可不按逻辑排序。它的缺点是列表时全凭教师的认识与经验，容易出现遗漏。

2. 矩阵式

矩阵式通常是两维排列，如以媒体的种类为一维，教学功能和其他考虑因素为另一维，然后用某种评判尺度反映两者之间的关系。评判尺度可用“适宜”与否、“高、中、低”等文字表示，也可用数字和字母符号表示。

例如，著名心理学家加涅以自己的九阶段教学事件作为矩阵式的一个维度，以媒体的种类为另一个维度，提出了媒体选择的矩阵，如表 2-1 所示。

表 2-1　矩阵式媒体选择表

种类 功能	实物演示	口头传播	印刷媒体	静止图像	活动图像	有声电影	教学机器
呈现刺激	Y	Li	Li	Y	Y	Y	Y
引导注意和其他活动	N	Y	Y	N	N	Y	Y
提供所期望行为的规范	Li	Y	Y	Li	Li	Y	Y
提供外部刺激	Li	Y	Y	Li	Li	Y	Y
指导思维	N	Y	Y	N	N	Y	Y
产生迁移	Li	Y	Li	Li	Li	Li	Li
评定成绩	N	Y	Y	N	N	Y	Y
提供反馈	Li	Y	Y	N	Li	Y	Y

注：Y——有此功能；N——无此功能；Li——功能有限。

3. 算法式

算法式是通过模糊的数值计算决定媒体选择的一种方法。运用此种方法时，一般先对备选媒体使用的代价、功能和管理上的可行性等诸多因素给一个定值，然后对备选媒体的效益指数运用公式加以运算，从而确定所选媒体。备选媒体的效益指数的计算公式为

$$\text{备选媒体的效益指数}=\frac{\text{功能（媒体）}}{\text{代价（媒体）}}$$

可通过对两种或两种以上备选媒体的效益指数的比较，最终确定所选媒体。例如，根据教学内容的要求，需要提供形象的展示教学信息，而挂图、幻灯、电影、录像及多媒体 CAI 都具备此功能，这时就需要对各媒体所能达到的教学功能与所要付出的代价进行计算，根据得出的效益指数，最终确定要选择的媒体。

4. 流程图

在进行教学媒体选择的过程中，将选择的过程分解成一套按顺序排列的步骤，每步都设有一个问题，在问题的下面又有一个个的分支，并将其以框图的形式呈现，由选择者回答“是”或“否”，然后按逻辑被引入不同的分支，直到问题结束，就基本确定一种或一组最适用于特定教学情景的媒体。

六、教学方法的选择

（一）几种主要的教学方法

1. 讲授法

所谓讲授法，是指教师通过口头语言，辅以板书、挂图、幻灯、投影或其他媒体的向学生传授语言信息的方法，主要是一种教师讲、学生听的活动。讲授法能在较短时间内让学生获得大量系统的科学知识，但在运用时，师生难以及时获得反馈信息，学习者间的相互作用少，如果教师运用不当，易变成注入式或填鸭式教学，难以调动学生学习的积极性。

2. 讨论法

讨论法是在教师组织和指导下，以小组或班级为单位，围绕某一问题和内容展开讨论、对话或辩论等，从而相互学习的方法。讨论法可以培养学生的合作精神，相互启发、相互学习、取长补短，加深对学习内容的理解，激发学生的学习兴趣，培养学生钻研问题的能力，提高学生学习的独立性。但通过这种方法，学生获得的知识缺乏系统性，实施起来比较困难，关键之处在于教师提出的问题是否能有效地引起学生的争论，是否具有启发性。

3. 训练和实践法

训练和实践法是让学习者通过一系列设计好的实践进行练习，运用所学知识解决同类任务，以增加技能的熟练程度或增加新能力的方法。使用训练和实践法的前提是假设学习者在练习之前已经掌握了与某种训练相关的概念、原理和技能。

4. 合作学习法

合作学习法的主要理论基础是社会性建构理论。该理论认为知识的发展是通过社会建构而激起的，而这种社会性建构是通过两个或两个以上的人进行持续谈话的社会环境进行的，使学习者在与其他人讨论的过程中学到新东西，扩大认知结构，更清楚地表达自己已有的概念，并检验那些与别人相左的观念，加以重新建构。信息技术的不断发展，尤其是网络技术的不断发展为合作学习的广泛运用提供了条件。

5. 演示法

演示法是教师借助各种实物、图片或使用幻灯、投影、电影、电视等将要感知的过程或要学习的技能记录下来播放、演示，通过不同形式，增强学生的感性认识或在已有理性认识的情况下，通过感性材料深化理性认识的教学方法。这种方法在自然科学的教学中被广泛采用，但它是一种辅助性的教学方法，常与其他教学方法结合起来使用。

6. 示范模仿法

示范模仿法是教师示范和学生模仿来教与学如何有效、灵活地运用内外部肌肉获得某种技能的方法。一般在教师进行示范时要给予适当的讲解，示范与讲解相结合，才能够有效地促进学生对技能的学习。

（二）各种教学方法的组合

教学方法具有辩证统一性，各种方法互相渗透，师生从各方面相互作用，因此在具体教学过程中，教师应根据教学目标、学生特点、学科特点、教学环境、教学时间等诸多方面来选择恰当的教学方法，并将各教学方法进行最优组合。苏联教育家巴班斯坦等人通过调查研究，归纳出教师在选择教学方法时的一般步骤。

第一步，决定是选择由学生独立地学习该课题的方法，还是选择在教师指导下学习教材的方法。

第二步，决定是选择再现法，还是选择探索法。

第三步，决定是选择归纳的教学法，还是选择演绎的教学法。

第四步，决定关于口述法、直观法和实际操作法三者如何结合的问题。

第五步，决定关于激发学习活动的方法选择问题。

第六步，决定关于检查和自我检查的方法选择问题。

第七步，认真考虑所选择各种方法相结合时的不同方案。

七、教学策略的选择

（一）先行组织者教学策略

先行组织者是先于学习任务本身呈现的一种引导性材料，它要比原学习任务本身有更高的抽象、概括和包容水平，并且能清晰地与认知结构中原有的观念和新的学习任务关联。提供先行组织者的目的在于用先前学过的材料去解释、整合和联系当前学习任务中的材料。先行组织者可以是比较性的，也可以是讲解性的，但是在呈现作为先行组织者的概念时，必须仔细解释这些概念或者命题的基本特征。奥苏伯尔（AuSubel）认为，每一门学科都有一个按层次排列的概念结构，高层是一些抽象概念，较低层是一些较具体的观念。每一个学科的概念结构都不难确定，而且能够教给学生。

运用先行组织者策略，需要有一定的教学条件，分别是：①教师起呈现者、教授者和讲解者的作用；②教学的主要目的是帮助学生掌握教材，教师直接向学生提供学习的概念和原理；③教师需要深刻理解奥苏伯尔的有意义学习理论和先行组织者策略；④学生的主要任务是掌握信息和观念；⑤个人的原有认知结构是决定新学习材料是否有意义、是否能够很好地获得并保持的最重要因素；⑥学习材料必须加以组织以便于同化；⑦需要预先准备的先行组织者。

（二）掌握学习教学策略

掌握学习是由布卢姆等人提出的一种旨在把教学过程与学生的个别需要和学习特征结合起来，让大多数学生都能够掌握所教内容并达到预期教学目标的教学策略。该策略主要由以下几个步骤组成。

1. 学生定向

教师要向学生详细说明目标或课题，使学生了解所谓的掌握是什么含义，自己应提供哪些证据证明自己已经达到教学的要求。

2. 学习方法指导

在进行正式教学之前，必须花一些时间对尚未接受掌握教学的学生进行一定的指导，使学生明白学习程序与方法。

3. 实施教学

首先进行班级团体教学，教学结束在移到下一单元教学之前，实施单元形成性测验，根据测验结果，把学生分成掌握组与非掌握组，给予非掌握组补救性教材与教学，直到其掌握为止，方可进入下一单元教学；给予掌握组学生充实性教学，使之进入第二单元教学。

形成性评价是掌握学习的一个重要手段，但这个手段不是用来对学生区分等级的，而是验明每个学生是否掌握了完成下一个学习任务所必需的知识技能。同时，布卢姆等人认为只要提供需要的时间和帮助，绝大多数学生都能够掌握教学目标的要求，只是不同学生对学习特定内容所需的时间和媒体种类可能会不一样。

（三）情境-陶冶教学策略

情境-陶冶教学策略也称暗示教学策略，由保加利亚心理学家洛扎诺夫（Lozanov）首创，主要通过创设某种与现实生活类似的情境，让学生在思想高度集中但精神完全放松的情境下进行学习。该教学策略主要由以下几个步骤组成。

1. 创设情境

教师通过语言描述、事物演示和音乐渲染等方式或利用教学环境中的有利因素为学生创设一个生动形象的场景，激起学生的情绪。

2. 自主活动

教师安排学生加入各种游戏、唱歌、听音乐、表演、操作等活动中，使学生在特定的气氛中积极主动地从事各种智力操作，在潜移默化中进行学习。

3. 总结转化

通过教师启发总结，使学生领悟所学内容主题的情感基调，达到情感与理智的统一，并使这些认识和经验转化为指导其思想、行为的准则。

（四）示范-模仿教学策略

示范-模仿教学策略主要用于动作技能类的教学内容，该策略主要由以下几个步骤组成。

1. 动作定向

教师向学生阐明需掌握的行为技能及技能的操作原理，同时向学生演示具体的动作，使学生明确要学会的行为技能要求。

2. 参与性学习

教师指导学生模仿练习一个个分解的动作，并及时提供反馈信息，消除不正确的动作，强化正确的动作，使学生所学的动作由不精确、不熟练逐步走向精确、熟练。

3. 自主练习

在这一阶段，学生已基本掌握了动作要领，可以将单个的技能结合成整体技能，通过反复练习，使技能更加熟练。

4. 技能迁移

学生动作技能基本达到自动化的程度，可以不需要思考便能完成行为技能的操作步骤，并且可以把获得的技能与其他技能结合，构成更为综合性的能力。

由于学生的需求不同，教学目标和教学内容不同，不存在适用于一切教学活动的最优教学策略。教学设计者必须掌握一系列适用于不同目标、内容及对象的各种教学策略，才能在教学设计实际中选取并综合运用各种教学策略。创造出最有效的教学环境，取得最佳的教学效果。

八、教学设计成果评价

（一）教学评价的含义及功能

教学评价是指以教学目标为依据，制定科学的标准，运用一切有效的技术手段，对教学活动的过程及其结果进行测定、衡量，并给以价值判断。主要功能有以下几个方面。

1. 诊断功能

对教学效果进行评价，可以了解教学各方面的情况，从而判断它的质量和水平、成效和缺陷。全面客观的评价工作不仅能估计学生的成绩在多大程度上实现了教学目标，而且能解释成绩不良的原因，并找出主要原因。可见教学评价如同身体检查，是对教学进行的严谨的科学的诊断。

2. 激励功能

教学评价对教师和学生具有监督和强化作用。通过评价反映出教师的教学效果和学生的学习成绩，对教师和学生是一种促进和强化。

3. 调控功能

教学评价的结果是一种反馈信息。它可以使师生知道自己的教和学的情况，教师和学生可以根据反馈信息修订计划，调整教学的行为，从而有效地工作以达到所规定的目标。

4. 教学功能

教学评价本身也是教学活动。在这个活动中，学生的知识、技能将获得长进，智力和品德也有进展。

（二）教学评价的原则

1. 客观性原则

客观性原则是指在进行教学评价时，从测量的标准和方法到评价者所持的态度，特别是最终的评价结果，都应符合客观实际，不能主观臆断或掺入个人情感。因为教学评价的目的在于给学生的学和教师的教以客观的价值判断，如果缺乏客观性就会完全失去意义，还会提供虚假信息，导致错误的教学决策。

2. 整体性原则

整体性原则是指在进行教学评价时，要对组成教学活动的各个方面做多角度、全方位的评价，而不能以点代面，以偏概全。由于教学系统的复杂性和教学任务的多样化，教学质量往往从不同的侧面反映出来，表现为一个由多因素组成的综合体。因此，要真实地反映教学效果，必须对教学活动从整体上进行评价。

3. 指导性原则

指导性原则是指在进行教学评价时，不能就事论事，而应把评价和指导结合起来，不仅使被评价者了解自己的优缺点，而且为其以后的发展指明方向。也就是说，要对评价的结果进行认真分析，从不同角度查找因果关系，确认产生的原因，并通过信息反馈，使被评价者明确今后的努力方向。

4. 科学性原则

科学性原则是指在进行教学评价时，不能靠经验和直觉，要从教与学统一的角度出发，以教学目标体系为依据，确定合理统一的评价标准，认真编制、预试、修订评价工具，在此基础上，使用先进的测量手段和统计方法，依据科学的评价程序和方法，对获得的各种数据和资料进行严谨的处理。

（三）教学评价的分类

教学评价的分类方法很多，一般常用的分类方法有 3 种。按评价基准来分，教学评价可分为相对评价、绝对评价和自身评价；按评价功能来分，教学评价可分为诊断性评价、形成性评价和总结性评价；按评价分析方法来分，教学评价可分为定性评价和定量评价。

1. 相对评价、绝对评价和自身评价

相对评价是指在被评价对象的群体或集合中建立基准，然后把各个对象逐一与基准进行比较，来判断群体中每一成员的相对优劣。对学习成绩的评定通常是以群体的平均水平为基准，以个人成绩在这个群体中所处的位置来判断的。为相对评价而进行的测验一般称作常模参照测验（norm-referenced test）。它的试题取样范围广泛，命题方式直接明确，测验成绩记录表明学生学业的相对等级。由于所谓的常模实际上就是学生群体的

平均水平，因此这种测验的成绩自然形成了正态分布。相对评价的优点是适用面广、甄别性强。也就是说，无论学生群体的整体水平如何，都可以比较出优劣。它的缺点是，基准会随着群体的不同而发生变化，因而易使评价标准偏离教学目标。

绝对评价是将教学评价的基准建立在被评价对象的群体或集合之外，把群体中每一成员的某种指标逐一与基准进行对照，从而判断其优劣。评价的标准一般是教学大纲以及由此确定的评判细则。为绝对评价而进行的测验一般称作标准参照测验（criterion-referenced test）。它的试题取样就是预先规定的教学目标，测验成绩记录表明教学目标的达成程度，所以这种测验的成绩分布通常是偏态的。绝对评价的优点是评价标准比较客观，如果使用得当，可使每个被评价者都能看到自己与客观标准之间的差距，以便不断向标准靠近。另外，教学管理部门通过这种评价，可以直接鉴别各项教学目标的达成情况，明确今后的工作重点。它的缺点是，在制定和掌握评价标准时，容易受评价者的原有经验和主观意愿的影响。

自身评价既不是在被评价群体之内确定基准，也不是在被评价群体之外确定基准，而是对被评价个体的过去和现在相比较，或者是对他的若干侧面进行比较。例如，某学生上学期的数学成绩是 70 分，这学期是 80 分，说明他的数学进步了；若该生的语文成绩两个学期都在 80 分以上，说明他的语文比数学更好。自身评价的优点是尊重个性特点，照顾个别差异，通过对个体内部的各个阶段或各个方面进行纵横比较，判断其学习的现状和趋势。但由于被评价者没经过与具有相同条件的其他学生做比较，难以判定他的实际水平和差异，激励功能不明显。因此，在实践中常需把自身评价和相对评价结合起来使用。

2. 诊断性评价、形成性评价和总结性评价

诊断性评价也称前置评价。一般是在某项教学活动开展之前，对学生的知识、技能、智力和体力等状况进行摸底测试，以便了解学生的实际水平和准备状况，判断其是否具有实现新教学目标所必需的基本条件，为教学决策提供依据，使教学活动适合学生的需要和背景。教学中的“诊断”是一个范围较大的概念，除了验明缺陷和问题之外，还包括对各种优点和特殊才能禀赋的识别。因此，诊断性评价的目的是设计出可以满足不同起点水平和不同学习风格的学生所需的教学方案，并分别将学生置于最有益的教学程序中。

形成性评价是在某项教学活动的过程中，为使活动效果更好而不断进行的评价。它能及时了解阶段教学的结果和学生学习的进展情况、存在问题等，以便及时反馈，及时调整和改进教学工作。这种评价进行得比较频繁，如一个单元之后的小测验、一个知识点后的提问和练习等。它一般又是绝对评价，即着重于判断前期工作的达标情况。教学设计活动中进行的评价主要是形成性评价，如对新的教学方案做评价通常是在该方案的试行过程中进行的，目的是为修改该方案收集有力的证据。对于提高教育质量来说，重视形成性评价比下述的总结性评价更有实际意义。

总结性评价又称后置评价，一般是在教学活动告一段落时，为把握活动最终效果而进行的评价，如学期末或学年末各门学科的考试、考核，目的是检验学生的学业是否达

到了各科教学目标的要求。总结性评价注重的是教与学的结果，借以对被评价者所取得的较大成果做出全面鉴定，区分等级和对整个教学方案的有效性做出价值判断。

3. 定性评价和定量评价

定性评价是对评价资料做“质”的分析，是运用分析和综合、比较与分类、归纳和演绎等逻辑分析的方法，对评价所获得的数据、资料进行思维加工。分析的结果有两种：一是描述性材料，数量化水平较低甚至毫无数量概念；另一种是与定量分析相结合而产生的，即包含数量化但以描述性为主的材料。一般情况下定性评价不仅用于对成果或产品的检验分析，更重视对过程和要素相互关系的动态分析，以评价变量之间相互影响的过程。

定量评价则是从“量”的角度，运用统计分析、多元分析等数学方法，在复杂纷乱的评价数据中总结出规律性的结论。由于教学涉及人的因素，各种变量及其相互作用关系是比较复杂的，因此为了揭示数据的特征和规律性，定量评价的方向、范围必须由定性评价来规定。可以说，定性评价和定量评价是密不可分的，两者互为补充，相得益彰，不可片面强调一方面而忽视了另一方面。

（四）教学评价指标体系

1. 课堂教学指标

（1）与目标因素有关的指标

一般分为知识、技能、情感 3 个方面。知识方面：理科包括知道、理解、掌握 3 个层次。文科包括理解和能力两方面，理解包括叙述和说明两个层次，能力则包含观察能力、资料活用能力和思维能力 3 个层次。技能方面主要指理科，包括懂得、学会、熟练 3 个层次。在情感方面，突出表现在对所学课程的态度上，分为接受、反应、追求 3 个层次。

（2）与学生有关的指标

一般从 3 个方面考虑：第一，可以从表情上分析学生对讲课速度和功课难度的适应性；第二，可以从课堂提问中分析学生对功课的理解程度；第三，可以从课堂秩序上分析学生对学习的注意或投入程度。

（3）与教师有关的指标

一般是从教学能力、课堂控制能力、教学行为、教学技能 4 个方面来确定指标。

（4）与教材因素有关的指标

主要从教材体系与学生实际水平之间的差距弥合的程度判断其是否符合教学目标，是否有助于培养逻辑思维能力，是否对日常生活有实用价值；从授课过程中判断是否精选了教材，选材是否根据学生的兴趣和学科的特点；从讲授的内容上判断知识体系是否完整，条理是否清楚，层次是否分明，是否注意到了前后呼应和触类旁通；从教材难易程度上判断重点是否明确，难点是否可能解决等。

（5）与教学方法和管理因素有关的指标

在教学方法方面，要判断所选用的方法是否符合学生的特点和教师的特点；能否维持学生的注意和兴趣；能否促进学生的理解和记忆等。

在教学管理方面，要判断学生是否有学习的需要和要求；学生是否乐意在这位教师的指导下学习；课堂秩序是否稳定等。

2. 教学材料评价指标

教学材料主要指音像材料（含计算机课件）。其评价指标主要是“五性”标准，即教育性、科学性、技术性、艺术性、经济性。

（五）案例

下面以物理课堂评价指标体系[①]为例来介绍课堂教学评价的指标体系，如表 2-2 所示。

表 2-2 物理课堂评价指标体系

一级指标	二级指标	三级指标	等级			
			4	3	2	1
课程理念	教学目标的制定	知识与技能				
		过程与方法				
		情感、态度、价值观				
	教学目标的实施	学生的主动参与				
		学生的协作交流				
		学生的认知方式				
		学生的行为反思				
课程资源	教学资源的选择	实验教学资源的选择与运用				
		媒体教学资源的选择与运用				
		学科学史资源的选择与运用				
		STS 教学资源的选择与运用				
	教学情景的选择	教学情景的“新颖性”特征				
		教学情景的“开放性”特征				
		教学情景的“有挑战性”特征				
		教学情景的“由表及里”特征				
教学策略	学习平台的构建	学习环境的创建				
		学习活动的策划				
	教学问题的设计	问题的启发性与开放性				
		问题的系统性与循序性				
		问题的主体性与主题性				
	意义建构的实施	建构思路的把握				
		建构思路的体验				
		建构方法的领悟				
		建构知识的内化				

① 徐秀萍．2006．基于新课程标准的物理课堂评价指标体系的构建［J］．物理教学讨论，（11）．

续表

一级指标	二级指标	三级指标	等级			
			4	3	2	1
教学整合	教学技能的运用	教师的语言表达				
		教师的板书、板画				
		教学手段的运用				
	教学调控的举措	教学行为的反思				
		分层次教学的应用				
		教学过程中的时间利用率				
教学效果	学习参与的状态	学生积极、主动参与				
		师生、生生间有效互动				
	学习参与的效果	积极的意义建构				
		探究能力和常新能力的培养				
		品德的养成和情感的发展				

第三节 “以学为主”的课堂教学设计过程与方法

基于建构主义学习理论的教学设计强调以学习者为中心，不仅要求学生由外部刺激的被动接受者和知识的灌输对象转变为信息加工的主体、知识意义的主动建构者，而且要求教师要由知识的传授者、灌输者转变为学生主动建构意义的帮助者、促进者。因此，“以学为主”的课堂教学设计以建构主义学习理论为基础，具体内容如图 2-5 所示。

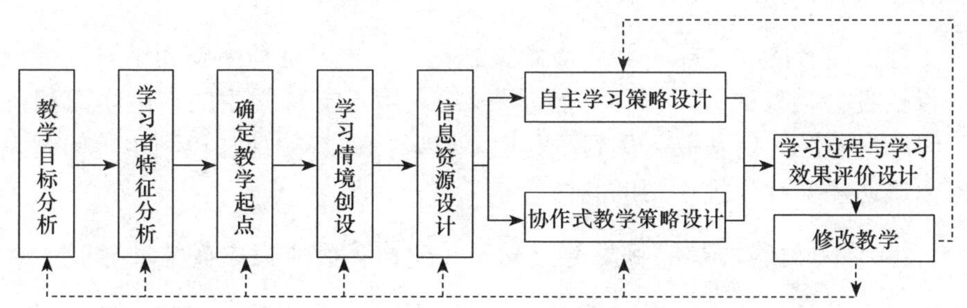

图 2-5 “以学为主”的课堂教学设计

一、“以学为主”的教学设计原则

（一）强调以学生为中心

明确“以学生为中心”，这一点对于教学设计有至关重要的指导意义，因为从“以学生为中心”出发还是从“以教师为中心”出发将得出两种全然不同的设计结果。对于如何体现以学生为中心，建构主义认为可以从 3 个方面努力：一要在学习过程中充分发挥学生的主动性，要能体现出学生的首创精神；二要让学生有多种机会在不同的情境下去应用他们所学的知识（将知识“外化”）；三要让学生能根据自身行动的反馈信息来形成对客观事物的认识和解决实际问题的方案（实现自我反馈）。

以上 3 点，即发挥首创精神、将知识外化和实现自我反馈可以说是体现“以学生为中心”的 3 个要素。

（二）强调“情境”对意义建构的重要作用

建构主义认为，学习总是与一定的社会文化背景即“情境”相联系的，在实际情境下进行学习，通过“同化”与“顺应”，达到对新知识意义的建构。

（三）强调“协作学习”对意义建构的关键作用

建构主义认为，学习者与周围环境的交互作用，对于学习内容的理解（即对知识意义的建构）起着关键性的作用，这是建构主义的核心概念之一。学生们在教师的组织和引导下一起讨论和交流，共同建立起学习群体并成为其中的一员。通过这样的协作学习环境，学习者群体的思维与智慧就可以被整个群体所共享，即整个学习群体共同完成对所学知识的意义建构，而不是其中的某一位或某几位学生完成意义建构。

（四）强调对学习环境（而非教学环境）的设计

建构主义认为，学习环境是学习者可以在其中进行自由探索和自主学习的场所。在此环境中学生可以利用各种工具和信息资源（如文字材料、书籍、音像资料、CAI 多媒体课件以及网络信息等）来达到自己的学习目标。在这一过程中学生不仅能得到教师的帮助与支持，学生之间也可以相互协作和支持。

（五）强调利用各种信息资源来支持“学”（而非支持“教”）

为了支持学习者的主动探索和完成意义建构，在学习过程中要为学习者提供各种信息资源（包括各种类型的教学媒体和教学资料），用于支持学生的自主学习和协作式探索。对于信息资源应如何获取、从哪里获取，以及如何有效地加以利用等问题，是主动探索过程中迫切需要教师提供帮助的内容。

（六）强调学习过程的最终目的是完成意义建构（而非完成教学目标）

在建构主义学习环境中，强调学生是认知主体、是意义的主动建构者，所以把学生对知识的意义建构作为整个学习过程的最终目的。

二、教学目标分析、学习者特征分析、确定教学起点

在“以学为主”的教学设计中，对整门课程及各教学单元进行教学目标分析，以确定当前必须学习与掌握的知识“主题”。学习者特征分析主要关注学习者的智力因素与非智力因素，其中智力因素分析主要包括学习者的知识基础、认知能力和认知结构变量的分析。关于此 3 个环节的阐述在本章第二节中已涉及，这里不再赘述。

三、学习情境创设

创设与当前学习主题相关的、尽可能真实的情境。情境创设应分两种情况：一种是学科内容有严谨结构的情况（数学、物理、化学等理科内容皆具有这种结构），这时要求创设有丰富资源的学习环境，其中应包含许多不同情境的应用实例和有关的信息资料，以便学习者根据自己的兴趣、爱好去主动发现和探索；另一种是学科内容不具有严谨结构的情况（语文、外语、历史等文科内容一般具有这种结构），这时应创设接近真实情境的学习环境，在该环境下应能仿真实际情境，从而激发学者参与交互式学习的积极性，在这过程中去完成问题的理解、知识的应用和意义的建构。

（一）学习环境的概念

对于什么是学习环境，至今尚未能达成共识。影响较大的有以下几种观点：①学习环境是一种场所；②学习环境是学习资源和人际关系的组合；③认为情境是建构主义学习环境的核心；④学习环境是学习活动展开的过程中赖以维持的情况和条件。

我们一般认为，学习环境是学习资源和人际关系的一种动态的组合。其中既有丰富的学习资源，又有人际互动的因素。学习资源包括学习材料、帮助学习者的认知工具、学习空间等。人际关系包括学生之间的人际交往和师生间的充分的人际交往，学生不仅能得到教师的帮助与支持，学生之间也可以相互协作和支持。

（二）建构主义学习环境设计的主要内容

乔纳森（Jonathan）是当前国际上非常有影响的建构主义代表人物，他在 1997 年提出了建构主义学习环境模型，模型由问题、相关的实例、信息资源、认知工具、会话与协作、社会背景支持 6 部分组成，如图 2-6 所示。

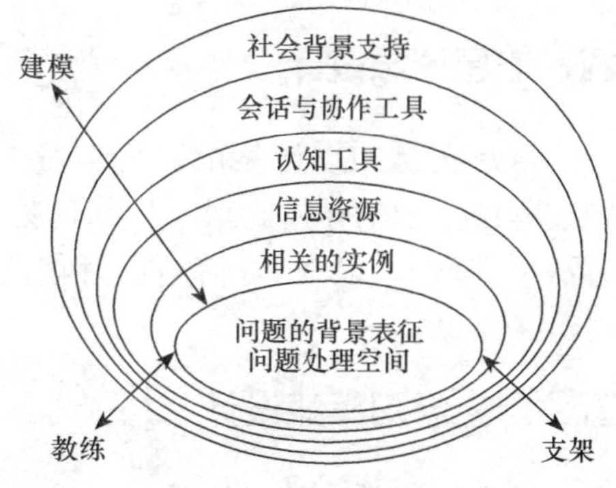

图 2-6　乔纳森建构主义学习环境模型

1. 问题

问题（包括疑问、项目、分歧等）是学习环境设计的中心，是学习者要尝试解决或决心要解决的各类问题。

2. 相关的实例

相关的实例是为了给学习者提供可供参考的相关经验，用来支持学习者的学习。

3. 信息资源

信息资源指提供有关问题的详细背景、理解问题所需要的预备知识和与解决问题有关的各种信息资源，以及通过 Web 浏览器从网上获取的各种有关资源。

4. 认知工具

认知工具是支持和扩充使用者思维过程的心智模式和设备，通常是可视化的信息处理软件，它作为个人认知能力的脚手架发挥作用。

5. 会话与协作工具

会话与协作工具帮助学习者通过合作对知识进行社会性的建构和共享，学习者可以互相交流、讨论、协商，共同构建知识的意义，而计算机网络的发展可以为合作学习提供技术上的支持，使学习者可以在广泛的议题上进行讨论，扩大其认知结构。

6. 社会背景支持

在设计建构主义学习环境时要考虑社会文化背景、客观环境、物质条件等方面对于当前学习所能提供的支持。

该模型除了提出以上 6 个要素以外，还提供了 3 种自主教学策略以及一些具体的学习环境设计原则。自主教学策略包括建模策略、教练策略和支架策略。其中建模策略又包括行为建模和认知建模。设计原则如“评估应该成为自我分析的工具”“教学目标应该是协商而不是强加”等。

总的来说，乔纳森认为：应该向学生提供对世界知识的多种不同表征，以表现世界本身固有的复杂性；学习应该着重于意义建构而不是知识产品；应该提供真实世界中基于案例的学习环境，便于学习者通过交流与合作进行与情境相关的知识建构。

乔纳森强调上述模型主要是为设计支持建构性学习的学习环境提供指导，而不是为教学提供指导。并且他提出建构主义学习环境并不适合所有的学习结果，它比较适合学习者个人的或协作的知识建构和问题解决。

四、信息资源设计

信息资源的设计是指确定学习本主题所需信息资源的种类和每种资源在学习本主题过程中所起的作用。对于应从何处获取有关的信息资源、如何去获取（用何种手段、方法去获取），以及如何有效地利用这些资源等问题，如果学生确实有困难，教师应及时给予帮助。

五、自主学习策略设计

自主学习策略的设计是整个“以学为主”教学设计的核心内容之一。自主学习策略的核心是以学习者为中心，发挥学习者学习的主动性、积极性，充分体现学生的认知主体作用，其着眼点是如何帮助学生“学”。在“以学为主”的建构主义学习环境中常用的教学策略有支架式教学策略、抛锚式教学策略和随机进入教学策略等。

（一）支架式教学策略

根据欧洲共同体“远距离教育与训练项目”的有关文件，支架式教学策略被定义为：这种策略应当为学习者构建对知识的理解提供一种概念框架。这种框架中的概念是为发展学习者对问题的进一步了解所需要的，为此，事先要把复杂的学习任务加以分解，以便把学习者的理解逐步引向深入。

这种教学策略来源于苏联著名心理学家维果斯基（Vygotsky）的“邻近发展区”理论。维果斯基认为，在儿童智力活动中，对于所要解决的问题和原有能力之间可能存在差异，通过教学，儿童在教师帮助下可以消除这种差异，这个差异就是“邻近发展区”。邻近发展区是指儿童独立解决问题时的实际发展水平和教师指导下解决问题时的潜在发展水平之间的距离。

建构主义者从维果斯基的思想出发，借助建筑行业中使用的“脚手架”作为上述概念框架的形象化比喻。所谓脚手架，是指教师所能提供给学生，帮助学生从现有能力提高一步的支持的形式。通过这种脚手架的支撑作用，不停顿地把学生的智力从一个水平提升到一个新的更高水平，真正做到使教学走在发展的前面。支架式教学策略由以下几个步骤组成。

1）搭脚手架：围绕当前学习主题，按“邻近发展区”的要求建立概念框架。

2）进入情境：将学生引入一定的问题情境（概念框架中的某个层次）。

3）独立探索：让学生独立探索。探索内容包括确定与当前所学概念有关的各种属性，并将这些属性按其重要性顺序排列。

4）协作学习：进行小组协商、讨论。

5）效果评价：对学习效果的评价包括学生个人的自我评价和学习小组对个人的学习评价，评价内容包括：①自主学习能力；②对小组合作学习所做出的贡献；③是否完成对所学知识的意义建构。

（二）抛锚式教学策略

抛锚式教学策略是由温特比尔特认知与技术小组开发的。这种教学策略要求建立在有感染力的真实事件或真实问题的基础上。确定这类真实事件或问题被形象地比喻为“抛锚”，因为一旦这类事件或问题被确定了，整个教学内容和教学进程也就被确定了。教学中使用的“锚”一般是有情节的故事，而且这些故事要设计得有助于教师和学生进行探索。抛锚式教学策略由以下几个步骤组成。

1）创设情境：使学习能在和现实情况基本一致或相类似的情境中发生。

2）确定问题：在上述情景下，选择出与当前学习主题密切相关的真实性事件或问题作为学习的中心内容。选出的事件或问题就是“锚”，这一环节的作用就是“抛锚”。

3）自主学习：不是由教师直接告诉学生应当如何去解决面临的问题，而是由教师向学生提供该问题的有关线索，并要特别注意发展学生的“自主学习”能力。

（三）随机进入教学策略

学习者可以随意通过不同的途径、不同的方式进入同样教学内容的学习，从而获得对同一事物或同一问题的多方面的认识与理解，这就是所谓的“随机进入教学”。学习者通过多次“进入”同一教学内容将能达到对该知识内容比较全面而深入的掌握，每次“进入”不仅仅是对同一知识内容的简单重复和巩固，而是使学习者获得对事物全貌的理解与知识上的飞跃。随机进入教学策略的主要包括以下几个步骤。

1）呈现基本情境：向学生呈现与当前学习主题的基本知识内容相关的情境。

2）随机进入学习：取决于学生“随机进入”学习所选择的内容，而呈现与当前学习主题的不同侧面特性相关联的情境。在此过程中教师应当注意发展学生自主学习能力，使学生逐步学会自己学习。

3）思维发展训练：由于随机进入学习的内容通常比较复杂，所研究的问题往往涉及很多方面，因此，教师还应特别注意发展学生的思维能力。其方法是：①教师与学生之间的交互应在“元认知级”进行；②要建立学生的思维模型，即要了解学生思维的特点。

六、协作式教学策略设计

协作式教学策略是一种既适合教师主导作用的发挥，又适合学生自主探索、自主发现的教学策略。协作学习是指学习者以小组形式参与，为达到共同的学习目标，在一定的激励机制下为获得最大化个人和小组学习成果而合作互助的一切相关行为。它的目的是在个人自主学习的基础上，通过小组讨论、协商和角色扮演等不同策略，进一步完善和深化对主题的意义建构。整个协作学习过程均应由教师组织引导，讨论的问题可由教师提出也可以由学生提出。

（一）常用的协作式教学策略

1. 竞争

竞争指两个或多个学习者针对同一学习内容或学习情境，通过计算机网络进行竞争性学习，看谁能够首先达到教学目标的要求。在竞争中，教师需注意恰当选择竞争对象，巧妙设计竞争主题，一方面要避免学生产生受挫感，另一方面要巧妙利用学生不愿服输的心理刺激进一步的学习。另外，作为计算机协作学习模式中的竞争要突出各成员间的努力是相互促进的，某一成员的成功可作为外界鼓励，经过竞争会在其他成员身上产生积极的促进作用，从而形成整个协作小组内的成功反馈。

2. 协同

协同是指多个学习者共同完成某个学习任务，在此过程中，学习者发挥各自的认知特点，相互争论、相互帮助、相互提示或者是进行分工合作。学习者对学习内容的理解和领悟就是在这种和同伴紧密沟通与协作过程中逐渐形成的。基于计算机网络的协同学习系统，可以让多个学习者通过网络来解答系统中所呈现的同一问题。他们通过交流和协作，进行紧密的合作和分工，从而解决问题。

3. 伙伴

伙伴学习策略可以使学生在学习过程中感觉到他并不是孤独的，而是有伙伴可以相互支持、互相帮助的，当一方有问题时，他可以随时与另一方讨论。由于个人的思考范围有限，若在学习过程中，能和伙伴相互交流、相互鼓励将可达到事半功倍的效果。在网络条件下，学生可选择的学习伙伴更多，而且具有更便利的条件，学习者通常先选择自己需要学习的内容，并通过网络查找正在学习同一内容的学习者，选择其中之一，经双方同意结为学习伙伴。当其中一方遇到问题时，双方便相互讨论，从不同角度交换对同一问题的看法，相互帮助和提醒，直至问题解决。

以上几种教学策略，在实际的教学设计中，并不一定拘泥于孤立地运用一种策略或机械地模仿成功案例的设计，而应该根据学习主题和活动内容的特点，灵活运用教学策略，将多种教学策略有机结合起来，以创设最优的教学效果。

（二）CSCL 过程模型

自 20 世纪 80 年代后期开始，许多学者在 CAI 系统、多媒体教学系统和计算机网络环境下，对协作学习方式下的教学策略进行了研究。CSCL（computer-supported cooperative learning，计算机支持的协作学习）是指利用计算机技术尤其是多媒体和网络技术来辅助和支持协作学习。CSCL 过程模型大致分为 4 个阶段，即学习者特征分析、分组、协作学习过程和测评。

1. 学习者特征分析

初次进入该系统的学习者需要告知其基本情况，并在分组前进行特征测量；非初次进入系统的学习者，通过登录，身份一旦被确定，个人的特征参数就被系统自动取出。

2. 分组

分组的过程使得学习者由独立的个人状态转变为有机结合的协作组状态。因此，在整个 CSCL 系统中，成功的分组是协作学习进行的前提条件。

3. 协作学习过程

（1）组准备

在此阶段，学习者要融入协作组当中，不仅要清楚认识到自己所处协作组的属性参数，还要明确协作组所处环境的特征。具体来说，组准备就是一个协作小组的学习者确定学习目标，包括自己、他人及整个协作组的目标，了解自己及他人所扮演的角色，熟悉自己所在的协作组依据什么原则进行互动，从而完成协作任务等有关准备学习行为的过程。实际上，组准备就是建立协作组的各参数，并向协作组成员提供这些参数。在组准备过程中，协作资源库需要提供协作组中各有关的角色信息，包括角色行为和角色关系等，学习资源库需要提供协作组目标和成员目标信息，同时将组准备中形成的协作组信息存入协作档案。

（2）组进程

在组准备过程后，协作组成员就可以为共同目标的实现而协作学习了。协作组成员在学习特定内容、完成特定角色人物过程中，需要学习资源库提供各种辅助学习的内容材料、课件、其他资源库链接等，需要协作资源库提供协作学习任务得以完成的基本素材、工具及相应功能的软件等。协作组成员在组进程中的互动行为将被记录下来，并作为过程信息存入对应的学习过程库中，作为教师评价协作组成员实现学习目标的依据。

4. 测评

在测试评价阶段，测试的内容包括对每个学习者学习目标的完成情况和协作组学习过程中协作程度的情况。学习目标的完成情况可以通过一般的教学测量手段进行测试，而协作组协作程度的评价可以通过协作组内聚力量值的测量来完成。通过在线测试得出的成绩被记录到自测成绩库中，内聚力测试的结果可以用来表征一个协作组协作程度的大小，被存储到协作档案中。总结评价完成以后，学习者被告之评价结果，一次特定任务的协作学习过程结束。

七、学习过程与学习效果评价设计

“以学为主”的教学设计理论强调发挥学生的主体地位，重视通过各种自主学习策略培养学生的创新思维能力和实践能力，但传统的、标准化考试的评价方法已无法满足需要，于是基于建构主义学习理论的“以学为主”的教学评价顺势而生。

“以学为主”的评价形式包括小组对个人的评价和个人的自我评价。评价内容主要围绕 3 个方面：①自主学习能力；②协作学习过程中做出的贡献；③是否达到意义建构的要求，设计出使学生既不感到任何压力、乐意去进行，又能客观地、确切地反映出每个学生学习效果的评价方法。

（一）“以学为主”的教学评价的特点

1. 重视对动态的、持续的、不断呈现的学习过程及学习者的进步的评价

基于建构主义学习理论的评价强调较少使用强化和行为控制工具，较多使用自我分析和元认知工具；主张尽可能将评估与教学过程结合起来，以成为学生有意义学习经验的一部分；评价侧重于知识获得的过程，而不仅仅是结果。

2. 强调基于真实任务的背景驱动的评价

“以学为主”的教学设计评价应尽可能基于某种有意义的、真实的背景，评价应围绕着真实的情景来评估、讨论学习结果，也就是说，评价的背景应像教学背景一样的丰富和复杂，避免简单化的或脱离情境的倾向。

3. 采取多样化的评价标准和评价方法

在评价形式上，将小组评价、个体评价和教师评价结合起来，将形成性评价和总结性评价结合起来；在评价方法上，可以将传统的标准参照测验的方法和现代的学习文件夹评价方法相结合；在评价人员的构成上，不仅专家、教师是评价的主体，学生也是评价小组的主要成员，体现评价主体的多元性。

4. 重视高层次学习目标的评价

建构主义学习理论强调知识的建构过程，而知识的建构过程含有学习者对知识的发现、对学习的监控与调节及对知识的综合运用等多种高水平的智力活动过程，因此，“以学为主”的教学评价更注重知识的建构过程，更注重对学习者的知识发现水平、认知策略的运用和知识综合运用水平等高层次学习目标的评价。

（二）学习文件夹

1. 学习文件夹的概念

“学习文件夹”又称档案袋评价，对学习文件夹的界定因人而异，一般认为学习文件夹是由教师和学生搜集的、主要用于存放反映学生学习过程和学习进步的各类学习成

果，如文章、美术作品、文学作品、作业、试卷、评语、调查记录、照片等，可以是一学年的，也可以是一学期的。这些学习记录按照一定的顺序形成文档，用于学习者对学习的回顾、自我评价及其他形式的外部评价。

2. 学习文件夹的设计

首先，要明确建立学习文件夹的目的是主要用于评价学生的学习进步，还是评价学生的学习过程或学习结果，或是对上述 3 个方面都进行评价。

其次，明确了建立学习文件夹的目的之后，教师和学生可以协商文件夹的内容。文件夹的内容可以是多种多样的，教师一般可以根据学习主题来确定文件夹的内容。

第四节 “双主”课堂教学模式的教学设计

传统的以“教”为主、以“学”为主的教学设计模式各有弊端。以“教”为主的模式过于强调教师的主宰作用，学生处于被动状态，无法发挥积极性，不利于创造性人才的培养。以“学”为主的模式则强调以学生为主体，虽有利于培养学生的学习能力和创新能力，但忽视了教师的主导作用，学生学习自主权过大，尤其是针对未成年的学生来说，没有教师的指导，往往导致学生学习效率低下，学无所成。

“双主”教学模式是以“教”为主和以“学”为主的教学设计模式的综合。“双主”教学模式可以理解为在发挥教师的主导性作用的同时也要发挥学生的主体作用，就是在教师主导下的课堂中让学生参与进来共同学习的一种教学模式。它在教学目标分析、学习者分析、学习内容分析和学习环境分析的基础上，灵活选择采用何种教学分支。在具体教学过程中，可以兼顾以“教”为主和以“学”为主两种教学形式，以实现教学效果的最优化。“双主”教学模式流程如图 2-7 所示。

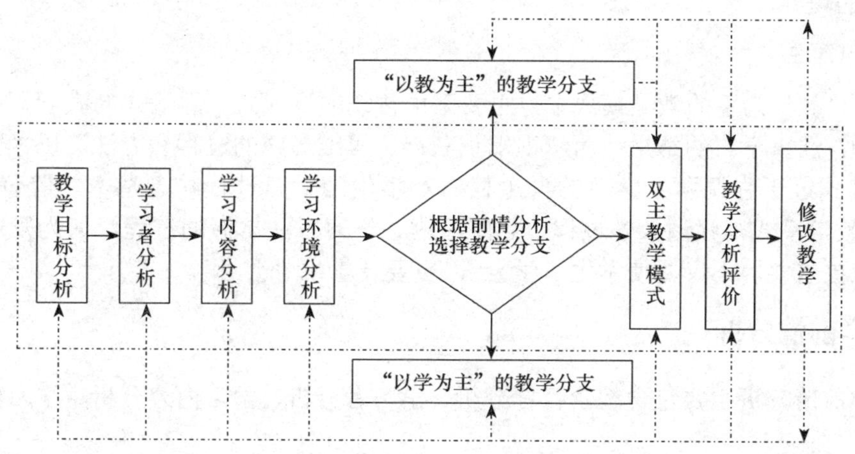

图 2-7 “双主”教学模式的教学设计流程

一、“双主”教学模式的特点

1．自主性

“双主”教学模式的教学过程是以学生为主体的，学生对于自己的学习活动具有支配和控制的权利和能力。首先表现为学生具有独立的思考意识；其次表现在把自己看作学习主体，对学习活动可进行自我支配、自我调控，充分发挥自身的潜能，并利用内外两方面的积极因素，主动地认识、学习和接受教育，积极向教师提出质疑，相互研讨，以达到自己预期的学习目标。

2．创造性

在“双主”教学模式中，学生的创造性表现在学习上举一反三，灵活运用知识，有丰富的想象力；喜欢出“新点子”和解难题；爱标新立异，发表与别人不同的见解；善于利用所学的知识分析和解决日常学习和生活中遇到的问题。对教师而言，则要在研究教学活动各要素的基础上，创造性地进行教学，如要营造带有启发性、探索性、开放性的问题情境；选择最优的教学媒体和教学策略。“双主”教学模式，对于教师和学生尤其是学生创造性的培养具有举足轻重的意义。

3．互动性

在“双主”教学模式中，教学过程本身就是一种教师与学生互动、学生与学生互动的过程。在这个过程中，教师是教学目标的制定者，是整个教学活动的组织者，是学生学习的启发者、鼓励者和引导者。教师的教影响着教学活动的方法、内容、进度和质量，并使教学在一种有效的监控下进行，从而达到预期的教学效果。“双主”教学模式下的民主、平等、合作的课堂氛围，使得学生成为课堂的主人、学习的主人。师生之间是相互信任、尊重、平等、民主和合作的关系，学生敢于质疑、探新、思考、提问、发表自己的见解，为学生个性的发展创造了条件，使学生达到“爱学”“乐学”“自学”的境界。

4．过程性

在以“教”为主的教学模式中，主要采用传统的注入式、灌输式的教学，只注重教师的活动，注重学习的结果，而忽视知识获得、思维形成的过程和方法。以“学”为主的教学模式过于强调学生学习的自主权，对学生的学习过程缺乏基本的监督和控制。“双主”教学模式则强调教学过程、思维过程、学习方法掌握的过程，认为发展能力比掌握知识更重要。不仅要使学生“学会”，更要让学生“会学”。

二、教学前情分析

教学前情分析主要包含教学目标分析、学习者分析、学习内容分析、学习环境分析等内容。

1）教学目标是学生通过教学后能够表现出来的、具体的、明确的结果特征。在这个环节中要研究课程的教学目的、任务，知识、技能的范围、深度、体系结构，教学进度和教学方法的基本要求。分析教学目标首先要考虑学习者这一主体，教学目标不是设计者或教学者施加给学习过程的，而是从学习者的学习过程中提取出来的。其次，还应尊重学习过程本身内在逻辑体系特征。

2）从哲学上看学习者是内因，外界影响是外因，内因是事物发展变化的决定因素，外因通过内因起作用。为了取得较好的教学效果，就必须充分了解学习者的特征，并进行有针对性的设计。学习者特征分析涉及智力因素和非智力因素两个方面。与智力因素有关的特征主要包括知识基础、认知能力和认知结构变量。非智力因素则包括兴趣、动机、情感、意志和性格。其分析结果是具体采用何种教学分支的重要依据。

3）学习内容是教学目标的知识载体，教学目标要通过一系列的教学内容才能体现出来。“双主”教学设计强调学习要解决真实环境下的问题，在解决真实任务中达到学习的目的。对学习内容进行分析要明确所需学习的知识内容、知识内容的结构关系、知识内容的类型（陈述性、程序性、策略性知识），如程序性知识教学采用以“学”为主的教学分支，陈述性知识教学采用以“教”为主的教学分支。

4）学习环境分析的主要目的和任务是了解能够为师生提供什么样的学习场所。以上 4 个环节的分析结果决定采用何种分支进行后续的教学。这 4 个环节的阐述在本章第二、第三节中已涉及，这里不再赘述。

三、教学分支选择

1. 以“教”为主教学分支的选择

如果学习者特征和学习内容特征分析结果适合发挥教师的主导作用，如学生年龄较小，学习风格多属于场依存型，学生缺乏同化新知识所需的相应知识或技能；教学内容中陈述性知识所占比例较大，则进入以“教”为主的教学分支，并在此基础上依次进行教学目标设计、教学媒体选择、教学内容设计和进行形成性评价，达到促进知识迁移的目的。

2. 以“学”为主教学分支的选择

如果学习者特征和学习内容特征分析结果需要发挥学生的主体作用，如学生年级较高，有一定的自学能力，学习风格多属于场独立型，学生具有同化新知识所需的相应知识或技能；教学内容中程序型和策略型知识所占比例较大，则进入以“学”为主的教学分支。依次进行确定“最近发展区”、学习情境创设和自主、协作学习策略设计和学习效果评价。

3.“双主”教学分支的选择

在整个教学活动过程中，较少存在单一使用某一种教学分支的情况，往往需根据具体情形灵活选用。例如，在以“教”为主的教学活动过程中可能出现部分能开展自主、协作、探究式学习活动的知识内容，需发挥学生的主体作用，则可相应地转入以“学”为主的教学分支；在以“学”为主的教学活动中若出现部分学习内容难度过高，学生失去了独立解决问题的能力，需充分发挥教师的主导作用，则可相应地转入以“教”为主的教学分支。此为“双主”教学模式的两个方面，不可偏废，在每一次选择的过程中，均需要做相应的学情分析和教学策略、方法的选择。

四、“双主”教学模式的教学策略

1. 问题情境设计

在“双主”教学模式中，创设问题情境要求教师针对特定的教学内容、课程性质及学生的个性特点，选择适当的课程材料，创设适宜的教学情境，提出准确的教学问题。引导学生进入身临其境的问题情境，从而产生提出问题、解决问题的愿望。根据苏联教科院院士马赫穆托夫的实验研究，将教师创设问题情境的基本方式概括为以下几条。

1）在教师的引导下，学生可以理解并准确表达出所需理解的现象或事实。

2）在教师的引导下，学生在完成实践性作业时产生问题情境。

3）学生能够把握由教师布置旨在解释现象或寻找实践运用该现象的途径的问题性作业。

4）学生遇到关于某一事实或现象的日常观念与科学概念之间的矛盾。

5）学生提出假想，概述问题，并对结论加以检验。

6）学生比较和对照事实、现象、原则、行为，由此引起问题情境。

2. 学徒策略

在“双主”教学模式中，学徒策略的含义可以理解为：将课堂教学中的师生关系变成就某一认知领域合作的师徒关系，通过允许学生获取、利用真实领域中的活动工具，来支持学生在某一领域中的研究性学习，同时产生一定的产品。学徒策略为学习者提供了大量的实践机会，它把工作当作学习的内驱力，学习不仅是为了本课程的学分，而是把出色地完成工作作为学习的直接价值。

在认知学习策略中包含以下教与学的活动。

1）学生激发出课后活动的动机。

2）学生能够理解并掌握提供的适合的空间和物质、技术和相关学科资料。

3）学生确定具体任务并建立相应的工作程序。

4）学生通过直接参与，产生对环境的直接体验和亲身完成任务的感觉。

3. 教练策略

在“双主”教学模式中，教练策略的含义是：参与活动的学习者遇到困难、需要帮助时，教师通过诊断，适时地给予指导、建议、暗示和反馈，或者组织讨论或外聘专家。它包括了给学习者指明方向、大略步骤的提示、提供附加的任务、问题或有疑问的环境。指导和建议更多的是暗示性的而不是直接的，它只在学生需要的时候才出现。此过程中可能会遇到某个方面的专业知识，如网络技术、数字通信技术，在学生无法解决的时候，教师可以通过自己的关系，为他们聘请相关的同事或专家，使问题得以解决。

4. 建模策略

在“双主”教学模式中，建模策略的含义是：在问题解决的过程中，通过对同类问题多个实例的研究，总结出解决某一类问题的固定程序和步骤，形成一个问题解决模型。建模策略的重要活动——教学案例研究，对课堂教学案例进行细致的分析和归纳，总结出解决某类问题的程序和步骤；将总结出来的步骤用于后续实际问题的解决，并进一步将问题解决的程序模型化。因为教师通常有比较丰富的教学经验，可以为学生提供可操作的问题解决模型，这些经验对于学习者理解整个教学过程大有裨益。建模的好处在于避免重复性劳动，对于一些常见的教学信息呈现形式和问题解决策略，教师通过师生双方认可的途径按照已有模型发布即可，无须过多花费时间和精力。

5. 发现学习模式

布鲁纳（Bruner）在《发现学习的因素》一文中，详细地阐述了发现学习所涉及的问题及其解决方法和途径，包括学习态度、动机、新旧知识的联系和发现技巧 4 个方面。第一，鼓励学生积极思考。发现学习以学生为主体、关键在于学生动用自己的智慧能力去思考问题，通过直觉、猜测或不断地尝试错误的推陈出新。第二，激发学习的内在动机。提倡促使内在动机成为学习行为的推动力，以发现作为奖赏而自主地进行学习，逐步养成具有方向性、选择性和持久性的学习行为习惯，成为终身学习者。第三，注意新旧知识的相容性。要求教师教授新知识要通过对话、讨论、演示和练习等多种渠道与学习本身具有的知识取得联系，促使学生根据已有知识去发现新知识，并将新知识纳入已有的知识结构，改善自己的知识构成。第四，培养学生运用假设、对照、操作的发现技巧，教给学生使用信息、解决问题的假设技巧，培养学生对照比较的鉴别能力，发挥学生操作学习的自我反应特性。

思考与练习

1. 什么是信息化教学设计、教学目标、教学评价、学习环境？
2. 简述教学设计的主要理论基础，以及它们对教学设计的影响。
3. 试用自己的语言阐述认知领域、情感领域、动作技能领域的目标。
4. 简述皮亚杰的认知发展阶段理论。
5. 简述在教学策略选择和学习活动设计时应注意的问题及对策。
6. 简述教学媒体选择的主要方法。
7. 教学评价有哪些类型？分别有什么功能？
8. 举例说明 CSCL 的步骤有哪些。

知识拓展

第三章

教学媒体及应用环境

【问题提出】

教学过程是一个信息传播的过程，也是师生双向交流的过程。在这个过程中需要使用各种教学媒体及教学媒体应用环境。随着信息社会的飞速发展，新技术的不断涌现，应用于教学过程的媒体越来越多。因此，掌握各种常用的教学媒体的特点和作用便成为每个教育工作者的必修课之一，也是实施有效教学的重要保证。那么，教学媒体都有哪些呢？各种教学媒体的原理、结构是什么？它们的优点是什么？局限性有哪些？在教学中应当如何使用？

【学习引导】

随着新的教学媒体不断涌现，教学媒体的各种功能日益增多。综合各种教学媒体的分类方法，我们把常用的教学媒体大致划分为视觉媒体、听觉媒体、视听媒体、交互媒体和移动媒体5类。本章主要介绍这5类教学媒体的基本原理、基本结构、主要规格指标、主要特点、如何使用以及在教学中的作用等，同时还介绍了多媒体综合教室、语音实验室、微格教学系统、虚拟实验室等媒体系统的基本原理、主要结构、基本特点及其在教学中的作用。

【本章知识点】

- 媒体、教学媒体、教学媒体的基本特性
- 视觉媒体的基本原理、主要特点及其在教学中的作用
- 听觉媒体的基本原理、主要特点及其在教学中的作用
- 视听媒体的基本原理、主要特点及其在教学中的作用
- 交互媒体的基本原理、主要特点及其在教学中的作用
- 移动媒体的特点及其在教学中的作用
- 多媒体综合教室的基本布局、主要设备、基本功能及其在教学中的作用
- 语音实验室的主要类型、基本原理、主要功能及其在教学中的作用
- 微格教学系统的基本布局、主要特点、在教学中的作用及其基本实施步骤
- 虚拟实验及其在教学中的作用

第一节 常用的教学媒体

一、教学媒体概述

媒体（media）来源于拉丁语 medius，音译为媒介，意思为两者之间，是指传递信息的中介物。它有两重含义：一是指承载信息的载体，如文字、符号、语言、声音、图形、图像等；二是指存储和传递信息的实体，如书本、报刊、挂图、投影片、录像带、计算机软件及相关的播放、处理设备等。

1964 年，加拿大著名传播学家马歇尔·麦克卢汉（Marshall Mecluhan）在《媒介通论——人体的延伸》一书中提出“媒体是人体的延伸”的著名观点。例如，印刷品是人眼的延伸；无线电是人耳的延伸；传声器是嘴巴的延伸；计算机是人脑的延伸等。麦克卢汉的这一观点从理论上揭示了媒体最基本的性质。

当媒体在教学过程中用来传递和存储教学信息时，媒体就被称为教学媒体或学习媒体。教学媒体有表现力、重现力、传播力、参与性、可控性 5 个基本特性。

二、视觉媒体

人类通过自己的感官来感知周围世界的存在。心理学家特瑞克勒（Treichler）曾说过，对于一个没有心理障碍和生理疾病的人来说，用于获知信息的所有感官中，通过视觉的学习占 83%，听觉占 11%，味觉占 1%，嗅觉占 3.5%，触觉占 1.5%。可见视觉在学习中占据着极为重要的地位，其次是听觉。因此，视觉媒体现已成为教育信息传递的重要媒体。

视觉媒体是指承载并传输视觉信息的物质载体。利用视觉媒体可以获取和展示图形与图像。常用的视觉媒体主要有幻灯机、投影仪、视频展示台和数码照相机、扫描仪、3D 打印机等。幻灯机、投影仪和视频展示台属于传统教学媒体，现在的教学过程中已经很少使用，这里不再介绍，下面主要介绍现代教学媒体。

（一）数码照相机

数码照相机（digital camera，DC）是把当今不断发展的数字技术与传统的光学照相机相结合，利用电子传感器把光学影像转换成电子数据的照相机，如图 3-1 所示。

(a)正面

(b)背面

图 3-1　数码照相机

1．数码照相机的原理与结构

数码照相机的光学镜头，将被拍摄景物成像到电荷耦合器件（charge-coupled device，简称 CCD）上，使光信号转换成电信号（模拟信号）；然后经模/数转换器（analog to digital converter，简称 ADC）变成数字信号；再由微处理器（micro processor unit，简称 MPU）进行压缩并转换成图像文件格式储存；存储的图像，可立即在照相机的液晶显示器（liquid crystal display，简称 LCD）上显现，还可以通过 PC 卡或者输出接口传输到计算机中，如图 3-2 所示。

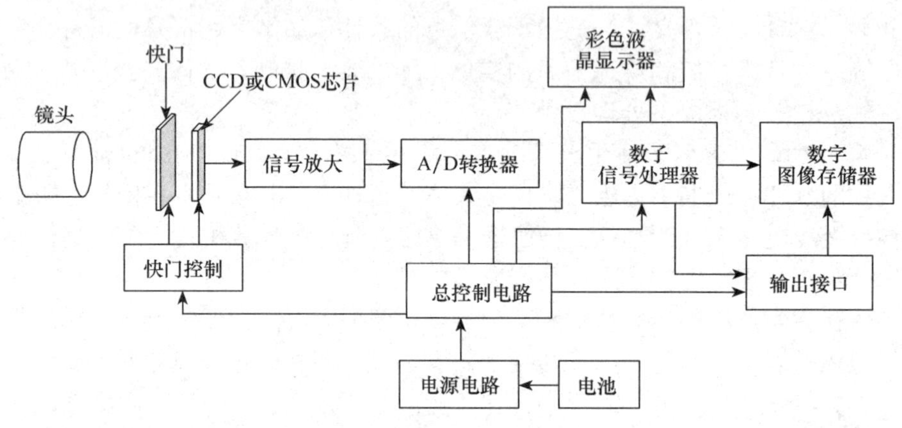

图 3-2　数码相机的原理图

光电转换器件 CCD 本身不能分辨色彩，实现彩色摄影的方法主要有两种：一种是只使用一片 CCD 器件，在其表面加上 CFA（color filter array，彩色滤镜阵列），经滤光、叠加运算将光线分解为红、绿、蓝 3 种基色；另一种是使用分色棱镜将光线分为红、绿、蓝 3 种基色，分别用 3 片 CCD 接收，个别高档数码照相机采用此种结构。

2．数码照相机的主要规格指标

数码照相机的规格指标有很多项，这里只介绍几项最主要最基本的。

（1）像素

数字图像是由按一定间隔排列的亮度不同、色彩各异的像点构成的，形成像点的单位称为像素。CCD 上有许多光敏单元，可以将光线转换成电荷，每一个光敏单元对应图像中的一个像素。

（2）分辨率

分辨率是指影像所含像素的多少。像素越多，分辨率越高，影像越清晰，所形成的文件就越大。通常 CCD 的分辨率被作为评价数码照相机档次的重要依据。拍摄时，应根据实际需要合理选择分辨率。例如，拍摄仅供网页制作时使用的照片，分辨率通常选择 800×600。如果拍摄只供计算机显示器显示的影像，拍摄的像素数量应与计算机显示器的分辨率一致或接近。如果要作为照片质量输出，则应选择 200 万像素（分辨率为 1600×1200）以上才能满足需求。

（3）转换速度和色彩深度

A/D 转换器的主要指标是转换速度和量化精度。转换速度是指将模拟信号转换为数字信号所用的时间。量化精度是指可以将模拟信号分成多少个等级，叫作色彩深度。也就是色彩位数，常见的有 24 位、30 位和 36 位。色彩数越多，成像的色彩质量就越高。

（4）压缩率

数码照片是经过压缩并转换成图像文件格式储存的，压缩率越高，影像文件就越小，影像质量就越差，数码照相机所能拍摄的照片数量不仅取决于所用的存储卡的容量，还取决于拍摄时所设定的分辨率及压缩率。不同的分辨率和压缩率所生成的图像文件大小不同，所以，同一容量的存储卡，所能存储拍摄照片的数量也不同。

3．数码照相机的曝光模式

数码照相机的曝光模式主要有全自动、程序曝光、快门优先、光圈优先、手动曝光等模式。

（1）全自动曝光模式（AUTO）

全自动曝光模式下，照相机的聚焦、快门、光圈、感光度、白平衡等全部自动调整，不需要（也无法）进行人工的任何调整。拍摄者只需要对准拍摄主体，按下快门键就可以了，简便快捷，有利于进行抓拍，特别适合初学的摄影者。

（2）程序曝光模式（P）

程序曝光模式下，拍摄者可以调整 ISO 感光度、曝光补偿、白平衡等一系列参数，也可以手动聚焦，照相机自动测光系统会计算出曝光量的值，然后根据选定的上述参数自动确定快门的速度及光圈大小。

（3）快门优先模式（Tv）

快门优先多用于拍摄运动的物体，在这种情况下，必须选用较快的快门速度，否则物体就会模糊，如拍摄行人，可选用 1/125 秒，而拍摄奔驰的跑车则需要 1/1000 秒以上；快门优先也常用于光线很暗的环境或拍摄夜景，此时需要选择较慢的快门速度。当你选定了快门速度后，照相机自动测光系统就会计算出曝光量的值，然后根据选定的快门速度自动决定用多大的光圈。

（4）光圈优先模式（Av）

光圈能改变景深的大小。景深就是镜头成像前后清晰点之间的距离。光圈越大景深越小，光圈越小景深越大。当需要突出主体时，可采用虚实对比的手法，即选用大光圈，景深极短，拍摄的照片主体清晰而背景模糊；若拍摄大场面，则需要前后都要清晰，可选用小光圈，大景深。当选定了光圈系数后，照相机自动测光系统就会计算出曝光量的值，然后根据选定的光圈大小自动确定快门速度。

（5）手动曝光模式（M）

手动曝光即是由拍摄者手动调节光圈大小和快门速度。这样可营造出不同的照片艺术效果。例如，拍摄具有运动踪迹的相片，可延长曝光时间，放慢快门速度；若要抓取快速运动物体的清晰画面，则要加快快门速度；如需要暗淡的照片效果，则可以通过加快快门速度或缩小光圈，以减少曝光量来实现。

4．数码照相机的基本功能

数码照相机的发展可谓日新月异，其功能不断增多，这里介绍的只是其中几种基本功能。

（1）闪光灯

数码照相机本身内置闪光灯，一般可分为自动、强制使用、缓慢同步和不使用几种模式。

自动模式：照相机可自动确定是否使用闪光灯。

强制使用闪光灯模式：不管环境光线如何，照相机始终使用闪光灯。

缓慢同步：照相机始终使用闪光灯。快门速度在较暗环境下会变得较慢，从而可以清晰拍摄不在闪光灯照亮范围之内的景物。

不使用闪光灯：不管环境光线如何，照相机始终不使用闪光灯。

（2）近距拍摄和微距拍摄

数码照相机具有近距拍摄功能，标有花卉图案的标志，可以直接拍摄 1m 以内的景物，不需要加任何近摄附件。而微距拍摄是指拍摄出来的图像大小比实物的原始大小要大的拍摄方式，是用来拍摄极微小的物体的。最近的拍摄距离可达到 2cm，一般普通数码照相机的微距拍摄实际是指近距拍摄。无论是近距拍摄，还是微距拍摄，都要注意，由于距离很近，景深范围极短，所以拍摄时一定要聚焦清晰，尽量使用小光圈，并且，一定要使用三脚架进行拍摄。

（3）白平衡调节

白平衡调节是数码照相机为适应光源色温的变化，自动调整红、绿、蓝三色电信号的幅度，以使其拍摄的照片色彩能够正确还原的功能。白平衡调节有 3 种方式：一是自动白平衡，不需要人工调节；二是预置白平衡，是已经调节好的适应不同场景拍摄的白平衡，如日光、阴天、白炽灯、荧光灯、闪光灯、水下拍摄等，可以对应选择；三是手动白平衡，可以精确地调整画面色温。利用手动白平衡，既可以准确地还原景物色彩，也可以艺术地夸张画面色彩。

5. 数码照相机的特点

数码照相机的特点是“即拍即得”，刚拍摄的照片立刻就显示在 LCD 上，省去了冲胶卷和扩印照片的过程，没有污染。所以拍摄时不用顾虑拍坏了会浪费胶卷，会失去补拍的机会，因为如果照片画面不理想，可以马上删除重拍。

数码照片可以直接输入计算机，通过计算机软件，对照片图像进行编辑处理，并通过打印机打印出照片；数码照片的编辑处理是明室操作，不像传统照片那样要在暗室中操作；数码照片的检索、复制和删除，都非常简便，并能长久地保存在光盘中。

6. 数码照相机在教学中的作用

数码照相机以其方便快捷和功能强大获得了广泛应用，我们在学习和生活中可以随时随地把所见所闻拍摄下来，如教学过程、学生活动、参观访问、科学研究等，把典型的环境、典型的事物，特别是转瞬即逝的景物都用数码照相机记录下来；也可以把文字材料、图形图像等翻拍下来，作为以后制作课件、编制网络课程的基本素材。

（二）扫描仪

扫描仪（scanner）是利用光电技术和数字处理技术以扫描方式将文字、图形或图像等信息转换为数字信号的装置。扫描仪是除鼠标和键盘外最重要的计算机输入系统，它由扫描头、控制电路和机械部件组成。广泛应用于办公自动化、标牌面板、印制板、印刷行业等。扫描仪一般分为滚筒式、平板式、便携式、馈纸式、胶片式、三维激光式等。常用的扫描仪及扫描效果如图 3-3 所示。

(a) 平板式扫描仪

(b) 馈纸式扫描仪

(c) 无臂式手持三维激光扫描仪

(d) 纪念馆三维扫描效果图

图 3-3　常用的扫描仪及扫描效果图

三维激光扫描仪通过高速激光扫描测量的方法，大面积、高分辨率地快速获取被测对象表面的三维坐标数据。它为快速建立物体的三维影像模型提供了一种全新的技术手段，具有快速性、不接触性、穿透性、高精度性、高数字化性等特性。相对于传统的单点测量，三维激光扫描技术是从单点测量到面测量的革命性技术突破。

三维激光扫描仪的扫描结果直接显示为点云（point cloud，意思为无数的点以测量的规则在计算机里呈现物体的结果）。利用三维激光扫描技术获取的空间点云数据可快速建立结构复杂、不规则场景的三维可视化模型，这种能力是现行的三维建模软件所不能比拟的。按照载体的不同，三维激光扫描仪可分为机载式、车载式、地面式和手持式等几类。三维激光扫描技术的应用领域包括测绘工程、结构测量、建筑古迹测量、紧急服务测量等方面。

扫描仪有多个技术指标，如分辨率、灰度级、扫描速度、扫描幅面、扫描仪接口等，下面对这些常用的技术指标做简要介绍。

（1）分辨率

分辨率是扫描仪最主要的技术指标，它表示扫描仪对图像细节的表现能力，即决定了扫描仪所记录图像的细致度，其单位为 PPI（pixels per inch）。通常用每英寸长度上扫描图像所含有像素点的个数来表示。大多数扫描仪的分辨率在 300～2400。PPI 的数值越大，扫描仪的分辨率越高，扫描图像的品质越高。

（2）灰度级

灰度级表示图像的亮度层次范围。级数越多扫描图像得到的亮度范围越大，颜色越丰富，色彩越艳丽；反之，得到的图像就颜色单一，变化简单。多数扫描仪的灰度为256级。

（3）扫描速度

扫描速度有多种表示方法，因为扫描速度与扫描仪的分辨率、内存容量、显示时间及图像大小有关，所以不同情况下的扫描速度也不同。扫描速度通常用指定的分辨率和图像尺寸下的扫描时间来表示。

（4）扫描幅面

扫描幅面表示扫描图稿尺寸的大小，常见的有A4、A3、A1、A0幅面等。

（5）扫描仪接口

扫描仪的接口主要有SCSI、EPP、USB 3种。SCSI（small computer system interface，小型计算机系统接口）是扫描仪最早使用的接口标准，现在很少使用。EPP（enhanced parallel port，增强型并行接口）安装方便，价格便宜，主要用于早期低档扫描仪。USB（universal serial bus，通用串行总线）是一种新型的支持即插即用的接口标准。现在大多数扫描仪都是USB接口，USB接口已经成为扫描仪的标准接口。目前，家用低端扫描仪主要为USB接口类型。

（三）3D打印机

3D打印技术出现在20世纪90年代中期，实际上是利用光固化和层叠等技术的快速成型装置。3D打印是增材制造的打印技术，它是一种以数字模型文件为基础，运用粉末状金属或塑料等可黏合材料，通过数字材料打印机的逐层打印方式来构造物体的技术。该技术在珠宝、鞋类、工业设计、汽车、航空航天、医疗、教育、建筑等领域都有所应用。

普通打印机的打印材料是墨水和纸张，3D打印常用材料有尼龙玻纤、耐用性尼龙材料、光敏树脂、石膏材料、铝材料、钛合金、不锈钢、镀银、镀金、陶瓷、橡胶类等。装有这些不同“打印材料”的3D打印机与计算机连接后，通过计算机控制把“打印材料”一层层叠加起来，最终把计算机上的3D图像变成实物。常用的两种3D打印机如图3-4所示。

(a) 封闭式3D打印机

(b) 开放式3D打印机

图3-4　常用的两种打印机

目前，比较成熟的3D打印技术分为3DP技术、FDM、SLA技术、SLS、DLP技术和 UV 技术等。下面介绍几种常用的 3D 打印技术。

3DP（three dimensional printing and gluing）技术，又叫三维粉末黏结，由美国麻省理工大学开发成功，原料使用粉末材料，如陶瓷粉末、金属粉末、塑料粉末等。3DP 技术的工作原理是，先铺一层粉末，然后使用喷嘴将黏合剂喷在需要成型的区域，让材料粉末粘接，形成零件截面，然后不断重复铺粉、喷涂、粘接的过程，层层叠加，获得最终打印出来的产品。

FDM（fused deposition modeling，熔融沉积成型）技术，又叫熔丝沉积技术，它是将丝状热熔性材料加热融化，通过带有一个微细喷嘴的喷头挤喷出来，然后沉积在制作面板或者前一层已固化的材料上面，当温度低于固化温度后开始固化，通过材料的层层堆积形成最终成品。

SLA（stereo lithography appearance，立体光固化成型）技术是用特定波长与强度的激光聚焦到光固化材料表面，使之由点到线，由线到面顺序凝固，完成一个层面的绘图作业，然后升降台在垂直方向移动一个层片的高度，再固化另一个层面。这样层层叠加构成一个三维实体。

SLS（selective laser sintering，选择性激光烧结）工艺，该工艺使用粉末状材料，激光器在计算机的操控下对粉末进行扫描照射而实现材料的烧结黏合，这样材料层层堆积实现成型。

DLP（digital light processing，激光成型）技术，是指在构建部件时使用高分辨率的数字光处理器（digital light procession）投影仪来固化液态光聚合物，逐层地进行光固化，直至将模型构建完成。该技术成型精度高，在材料属性、细节和表面光洁度方面可匹敌注塑成型的耐用塑料部件。

3D 打印的设计过程是：先通过计算机建模软件建模，再将建成的三维模型分解成逐层的截面，即切片，最后指导打印机逐层完成打印。图 3-5 是 3D 打印的一些产品。

(a) 3D 打印的汽车模型

(b) 3D 打印的服饰

(c) 3D 打印的肝脏

(d) 3D 打印的食品

图 3-5　3D 打印的产品

（四）视觉媒体的特点

视觉媒体是在教育技术发展历程中使用最早，也是使用时间最长的一类媒体。主要有以下特点。

1. 直观性

视觉媒体能清晰、稳定地展示教学内容中所涉及事物的宏观和微观形态，可以展示各种图形符号，特别是表现示意图、原理图、流程图等教学元素，要比抽象的文字和语言更容易在情感上吸引学生，创设教学所需要的情境和氛围，有利于提高学习效果。

2. 静态性

视觉媒体呈现的信息形式是静态的，一般没有声音信息。虽然某些教学投影片用简易的机械动画或多层叠加等手段，可以产生动画效果，但与电视等媒体的动态信息有着本质区别。所以视觉媒体不适合表现时间概念上的事物变化过程，而对表现事物的空间形态更为擅长。

3. 灵活性

视觉媒体设备操作简单，易于掌握，因此使用起来较为灵活。在放映的时间、顺序、重复性上，使用者都有充分的控制权。

4. 便捷性

视觉媒体的体积相对较小，在移动、安装等方面都较为便捷，使用、维护相对简单。

三、听觉媒体

听觉媒体是指承载并传输声音信息的物质载体。利用听觉媒体可以录制和播放声音信号。常用的听觉媒体主要有录音机、CD 唱机、MP3 播放器和数码录音笔等。

（一）录音机

录音机的种类很多，根据录音原理大致可分为机械录音、光学录音和磁性录音类。机械录音即直接记录声波的波形，如普通唱片的记录方式。光学录音是将声音信号进行声—电—光的变换，以影的形式记录和重放，如电影的还原声音。磁性录音，将声音信号进行声—电—磁的变换，以磁的形式记录和重放，是曾经最常用的录音方式。

盒式录音机使用盒式磁带，以其使用方便而得到广泛应用，是一门发展得非常成熟的技术，曾经广泛深入地应用于教育领域中。

（二）CD 唱机

CD 唱机也叫激光唱机或镭射唱机，它集中了激光技术、数字技术、自动控制与精密伺服等技术，是广泛应用的音源设备。CD 是英文 compact disc digital audio 的缩写，原意为“数字化精密型唱片及放唱系统”。该系统由 CD 唱片和 CD 唱机组成。

CD 唱片是由聚碳酸酯材料注塑模压而成的一种光学唱片。唱片的外径一般是 120mm，基片厚度为 1.2mm，基片表面刻有深度为 0.1μm、宽度为 0.4～0.5μm、长度不等的信号坑，上面镀有一层铝膜作为反射层，再在上面涂敷一层聚酯膜做保护层。如图 3-6 所示。CD 唱片播放时，激光头发射恒定功率的激光束照射到 CD 唱片的信号面，然后由光电二极管检测反射回来的激光束，根据反射光强弱的不同，把变化的光信号转化为数字电信号。

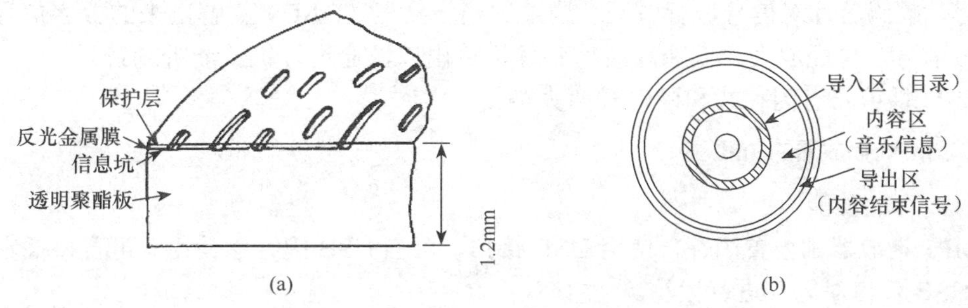

图 3-6　CD 唱片的结构示意图

CD 唱片可分两类，一类是市场上出售的普通 CD 唱片，属 DAO 模式，制作时，先由激光束刻录出样盘，再送到 CD 生产厂制成金属母盘，然后进行大批量模压复制。这种 CD 唱片只能读不能写。另一类就是用刻录软件可以刻录的 CD 唱片，属 TAO 模式。这两种模式的 CD 唱片是有差别的。

（三）MP3 播放器

MP3 是一种新型的播放音乐节目的数字音频系统，它融合了 IT 技术和传统音响技术，如图 3-7 所示。同时 MP3 还是目前应用最广泛的有损压缩编码的音频格式。MP3 是 MPEG-I audio layer Ⅲ的缩写。MPEG-I（moving picture experts group，动态图像专家组）是音频视频压缩的原始标准，包括五部分，其中第三部分（IS-11172-3）是关于音频压缩的，音频压缩可通过 Layer Ⅰ、Layer Ⅱ、Layer Ⅲ 3 种编码方式来实现。

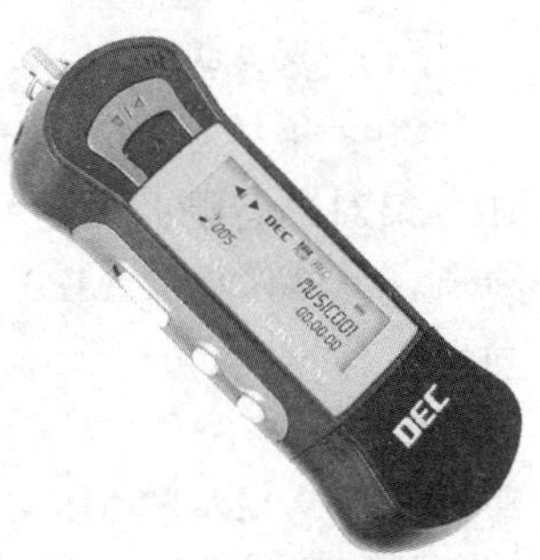

图 3-7　MP3

1. MP3 播放器的原理与结构

MP3 播放器主要由微处理器（MCU）、解码器、存储器、数据端口（USB 接口、耳机插口、话筒输入插口等）、音频 DAC、功放、显示器（LCD）和控制键组成，如图 3-8 所示。

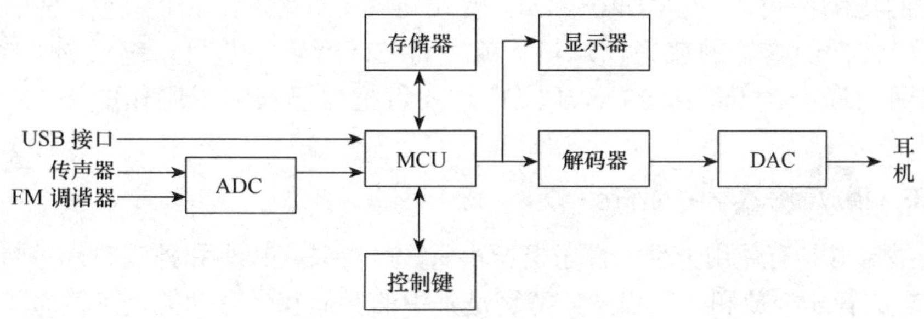

图 3-8　MP3 播放器的原理与结构

MCU是播放器的“大脑”，用来接受用户选择的播放控制，并将当前播放的歌曲信息显示在显示器上，同时向解码芯片发出指令，使其准确地处理音频信号。首先，将MP3格式的文件从计算机下载到MP3播放器的内存中，然后播放器读取存储器上指定文件的信号，解码芯片对信号进行解码，通过数模转换器（DAC）将解出来的数字信号转换成模拟信号，再经放大、低通滤波后到耳机输出口，通过耳机就能听到音乐。

MP3播放器有闪存式和硬盘式两大类。

2. MP3播放器的功能

（1）存储功能

MP3播放器都内置闪存，使用USB接口，可当USB闪存盘使用。可直接插在计算机的USB接口对闪存进行读写。

（2）复读功能

MP3播放器具备语音学习机的功能。这项功能所使用的是音乐播放的A点到B点循环的功能，使用者在播放自己想要听的文件时，手动设定A点与B点，然后选择A、B点循环即可。

（3）接收广播功能

很多MP3播放器具有接收电台广播的功能。可采用自动或手动方式搜索频道。

（4）录音功能

MP3播放器通常具有录音功能。录制外部音源的时候，要注意把MP3播放器上的MIC口对准音源；最好不要手拿着录制，因为移动手指的声音很容易被录下来，而且很清晰。另外，如果MP3是有背光的，录制FM节目时要把背光关掉，否则亮起来的时候也会有噪声。

此外，MP3播放器具有真彩显示、定时关机、闹钟、字典、文本语音朗读、磁盘加密、支持WMA和MKV等音频视频格式、支持电子书阅读和JPG图片浏览等功能，甚至有的还带数码照相机功能。

3. MP3播放器的特点

MP3播放器体积小、耗电量小、电路干扰小、播放时间长、使用寿命长；有着CD难以比拟的可重复复制的优势；与随身听相比，音质更好，外形更纤巧，存储的歌曲更多；特别是闪存式MP3由于没有机械运动结构，因而具有优良的抗震性。

MP3的压缩率可以达到1/40～1/4，音质可与CD相比；MP3制作简单，交流方便，通过一台性能较好的普通计算机，就可将CD音乐等节目压缩成MP3格式；也可直接从网上选听、下载MP3音乐文件；还可把自己演唱或制作的MP3音乐上网交流。

4. MP3播放器在教学中的作用

MP3播放器具有使用方便、音乐资源丰富、声音失真较小和外观时尚等特点，是一种较为理想的音乐播放和收听设备，特别是其中的存储和录音功能，在教师和学生的教学和学习活动中早已成为一种不可缺少的学习媒体。

（四）数码录音笔

数码录音笔也称数码录音棒或数码录音机，是数字录音器的一种，如图 3-9 所示。

图 3-9　数码录音笔

1. 数码录音笔的原理

数码录音笔与 MP3 播放器的基本原理是一样的，是通过对模拟信号的采样、编码将模拟信号转换为数字信号，并进行一定的压缩后进行存储的。

2. 数码录音笔的指标与功能

与 MP3 播放器相比，数码录音笔突出了录音功能。

（1）录音时间

录音时间是数码录音笔最重要的技术指标。闪存容量不同、压缩算法不同，录音时间的长短就会有很大的差别。目前内存为 512MB 的大约可以存储 136 小时的录音信息，内存为 1GB 的录音存储时间可达 272 小时。有些数码录音笔则提供外置存储卡，如 CF 卡、SM 卡等。

（2）电池使用时间

大部分数码录音笔使用 7 号 AAA 型电池，有的采用纽扣电池，还有的内置了充电电池。采用普通电池的好处是可以更换，而使用充电电池则比较便宜。应选择电池使用时间在 20 个小时以上的数码录音笔。

（3）录音模式与音质

数码录音笔的音质效果要比传统的录音机好一些。录音笔通常标有 SP、LP 等录音模式。SP 即标准录音时间，这种方式压缩率不高，音质比较好，录音时间适中。LP 即长时间录音，压缩率高，一般可以将录音时间延长 80%左右，因此音质会有所降低。

HQ 即高质量录音。这种录音方式压缩率十分低，音质非常好，但容量比较大，一般适合要求较高的场合使用。

（4）声控录音

数码录音笔能自动地感应声音，无声音时停止录音，有声音时才启动录音，可最大限度地避免存储空间和电能的浪费。

（5）电话录音

数码录音笔可以通过专用的电话适配器，将数码录音笔与电话连接起来，可以方便地记录通话内容，录音效果良好，声音纯净，几乎没有噪声。

（6）定时录音

数码录音笔可以根据实际需要，预先设定好录音的时间，一旦满足条件，录音笔自动开启录音功能。适合在一些特殊的场合、条件下使用，如定时录制电台的广播节目。

（7）外部转录

数码录音笔的接口有 USB 接口、输入设备接口，如外接麦克风、与电话听筒的连线等。通过音频线，可以将数码录音笔与传统的录音机连接，将原先在磁带上的模拟信息转换成数字信息，也可以通过USB接口和计算机交换信息。

3. 数码录音笔的特点和作用

数码录音笔的主要用途类似于记者过去使用的采访机。数码录音笔容量大，重量轻，造型小巧，有的如笔型，携带方便，非机械结构，无磨损，使用寿命长。数码录音笔采用的是数字技术，可以非常容易地使用数字加密的各种算法对其进行加密。数码录音笔录制的数字信息即使经过多次复制，声音信息也不会受到损失，保持原样不变。数码录音笔能够与计算机连接，即插即用，非常方便，这些优点使得数码录音笔在各个领域都获得了广泛的应用。

（五）听觉媒体的特点

听觉媒体使用简便、经济，在教学中的应用越来越广泛，已成为直观化、个别化教学的重要手段。

1. 即时性

录音媒体具有即录即放功能。这对语言类、音乐类教学大有帮助，可以做到随录随听，及时获得反馈，矫正存在的问题。

2. 重现性

录音媒体能忠实地记录声音。这可以提供典型示范；还可以使接受者打破时空局限，获得与现场听众同样的听觉信息与效果，从而扩大了教育的规模和范围。这对一些难得的声音信息，如讲座、示范或特殊音响信息的保存和传递，尤为重要。

3. 便捷性

录音媒体可以根据需要自主播放。还可以自制、改制录音教材，适于集体教学，控制灵活、方便。

4. 广泛性

目前，广播、录音设备已在大众之中获得普及，人们对音频设备的使用也极为熟悉。因此，听觉媒体具有广泛的应用范围，利用听觉媒体进行教学活动，已基本不存在技术障碍，其利用率和使用效果容易达到预期目标。

四、视听媒体

视听媒体是一种视听结合的媒体，是承载并传输视觉与听觉信息的物质载体。利用视听媒体可以获取和播放音频与视频，常用的视听媒体主要有摄像机、DVD、MP4、MP5、多媒体投影机等。

（一）摄像机

摄像机是用来将空间景物的光像转换为视频信号的精密设备。

1．摄像机的原理与结构

摄像机主要由光学系统、光电转换系统、视频图像信号处理系统、自动控制系统、记录/重放系统等部分组成，如图 3-10 所示。

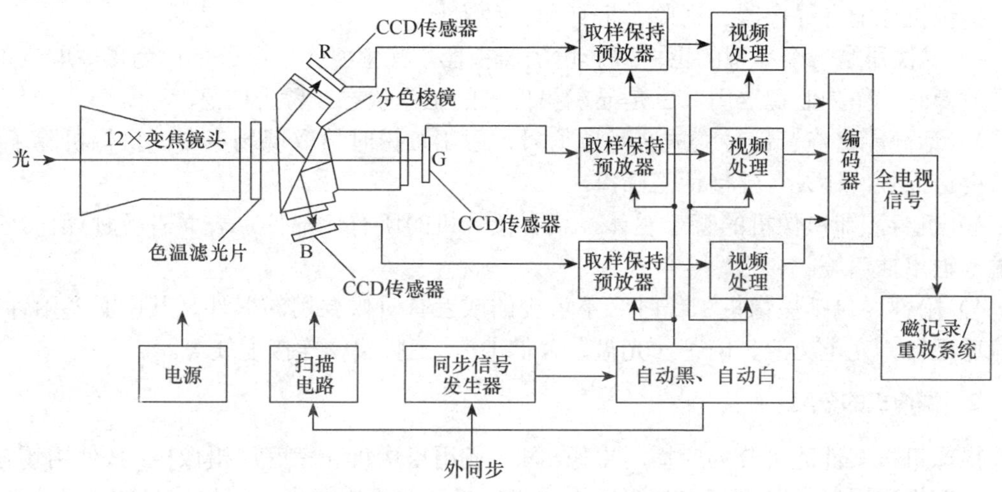

图 3-10　摄像机的原理与结构示意图

（1）光学系统

光学系统是将通过镜头的景物光线在分色系统的分解下，成为 3 个基色图像，它由变焦镜头、色温滤光片和分色系统组成。

变焦镜头由若干组透镜组成，其作用是使景物的光线通过它在摄像器件上形成清晰、倒立的实像。变焦镜头的变焦范围一般有广角、标准、长焦 3 种。

色温滤光片包括滤光片和色温滤色片。滤光片是用来减弱入射光强度的；而色温滤色片则用来校正色温，它能将不同光源的色温变换为接近摄像机拍摄要求的 3200K，使拍摄的影像色彩还原真实。

分色系统是通过分色棱镜和分色膜将彩色影像分解成红、绿、蓝 3 种基色图像。

（2）光电转换系统

光电转换器能把光学图像按像素顺序转换成电子图像，目前比较成熟、应用最广的是电荷耦合器件（CCD）。另外还有一种光电转换器是互补金属氧化物半导体（complementary metal-oxide-semiconductor，简称 CMOS）。

（3）视频图像信号处理系统

该系统对摄像器件输出的三基色信号进行各种校正、补偿处理，然后进入彩色编码器，按一定的方式进行编码处理，得到包含亮度和色度信号的彩色全电视信号。

（4）自动控制系统

摄像机几乎全部都具有聚焦、光圈、白平衡、黑平衡、对比度压缩等多方面自动控制功能。操作人员只需简单地调整即可。

（5）记录/重放系统

该系统负责将摄像机拍摄的彩色视频信号记录在介质上。同时还可以重放，检查所拍摄视频的质量，并寻找摄录下一段开始的位置。

（6）其他部件

摄像机还配有寻像器、话筒、机身和各种附件。

1）寻像器是一个小型的黑白或彩色的监视器。其主要作用：一是作为摄像取景用；二是放像时，作为监视器用；三是显示摄像机的工作状态或警告信息。

2）话筒能将声音信号变成音频电信号，用于拍摄时拾取现场声音。摄像机除了具备机内话筒外，还设有外接话筒插口。

3）机身，即摄像机的整个躯体，载有摄像机的所有元部件，表面有各种操作开关和输入输出插口等。

4）附件，包括摄像机工作时必不可少的或者有时候要用的器件，其中必备附件有交流适配器、充电电池、磁带（光盘、存储卡）、三脚架、连接缆线等。

2. 摄像机的分类

摄像机按其性能可分为广播用摄像机、专业用摄像机和家庭用摄像机；按使用场合，可分为演播室用摄像座机、室外用便携式摄像机和监视用摄像机；按信号的处理方式，可分为模拟摄像机和数字摄像机。目前应用最广的是以固体摄像器件 CCD 为光电转换器件的彩色摄录一体机。

我们通常说的 DV 摄像机就是数码摄像机。DV 是 digital video 的缩写，是定义压缩图像和声音数据记录及回放过程的记录标准。DV 同时包含 DV 格式的设备和数字视频压缩技术本身。DV 摄像机按存储介质可分为磁带式、光盘式、硬盘式和存储卡式。

（1）磁带式 DV

磁带式 DV 使用 DV 磁带作为存储介质。磁带式 DV 已经相当成熟，但这种使用 DV 磁带拍摄的视频不能直接在计算机中播放，它需要通过 IEEE 1394 卡进行采集压缩变成数字格式的影像文件才能播放，如图 3-11 和图 3-12 所示。

图 3-11　磁带式 DV 与 DV 磁带

图 3-12　IEEE1394 卡与 IEEE1394 线

（2）光盘式 DV

光盘式 DV 以 DVD 可擦写光盘作为存储介质。它支持 MPEG-2 视频格式，直接将视频保存在光盘上，既可在 DVD 播放机上播放，也可以通过计算机的 DVD 光驱来读取，无须进行采集编辑压缩，就可以获得数字格式的影像文件。光盘式 DV 与 DV 光盘如图 3-13 所示。

图 3-13 光盘式 DV 与 DV 光盘

（3）硬盘式 DV

硬盘式 DV 以微型硬盘作为存储介质。微型硬盘存储容量大，可达 60GB，能长时间拍摄；体积小，和 CF 卡一样大小，但速度要快几十倍；稳定性比光盘存储高很多级别，可通过 USB 端口直接将视频传入计算机。硬盘式 DV 与微型硬盘如图 3-14 所示。

（4）存储卡式 DV

存储卡式数码摄像机以闪存卡（即存储卡）作为存储介质。存储卡体积小，携带方便；没有机械运动结构，所以抗震性好，不容易损坏；功耗可以大幅度降低。存储卡直接将视频保存成数字格式的影像文件，可通过 USB 端口直接将视频文件传入计算机。存储卡式 DV 与存储卡如图 3-15 所示。

图 3-14 硬盘式 DV 与微型硬盘

图 3-15 存储卡式 DV 与存储卡

3. 摄像机的主要规格指标

（1）灵敏度

摄像机灵敏度的表示方法之一是，在色温 3200K，照度 2000 lux 的光照下，增益开关设置在 0dB，拍摄反射系数为 89%～90%的灰度卡，图像信号达到标准输出幅度时，所需要的光圈指数 F。F 值越大，灵敏度就越高，有的摄像机灵敏度可高达 F8.0。

（2）信噪比

信噪比是指在标准照度（2000 lux）下，有用信号与视频噪波有效值之比，用分贝（dB）来表示，是衡量摄像机质量的重要指标。信噪比越高，图像越干净，画质就越高，通常信噪比在 50dB 以上。

（3）分解力

分解力是摄像机分解图像细节的能力，包括水平分解力和垂直分解力。水平分解力用水平方向上等于像高宽度内的能分辨出的黑白相间垂直线条的线数来表示，其单位为电视线。分解力越强，图像清晰度越高，细节还原也就越丰富。3CCD 的 DV 的水平分解力为600～900线。

（4）最低照度

摄像机工作时需要一定的光照条件，如果光线低于某一照度，所拍摄的图像就无法看清楚。最低照度就是摄像机在光圈和增益都开到最大时，输出标准电平值所需的最低照明强度。一般在一到几十勒克斯（lux）。

（5）量化比特数

CCD产生的模拟信号必须转换成数字信号，再进行数字处理，数码摄像机的取样都符合ITU-R 601（即CCIR 601）4∶2∶2的取样规格。就是说，Y（亮度）信号的取样频率为13.5MHz，R-Y（红差）、B-Y（蓝差）信号的取样频率分别为6.75MHz。量化级可以分为8、10、12、14比特等不同级别。由于信噪比和动态范围与在转换成数字信号时使用的量化级数成正比，因此广播级的数字摄像机模拟/数字（A/D）转换的量化级数多为12比特。

4. DV的特点

DV的图像清晰度高，影像色彩纯正，其色度和亮度信号的带宽约为模拟摄像机的6倍，而色度和亮度的带宽是决定影像质量的主要因素；DV所记录的信号可以无数次地复制，影像质量却不会下降；DV体积小，重量轻，并拥有一个大尺寸的LCD显示屏，可灵活方便地浏览所拍摄的影像。

5. DV在教学中的作用

DV能真实地记录视频和音频信息，可以把先进的教学方法、教学经验及科学的管理方式等拍摄下来，用于交流和学习；DV可用于微格教学，以帮助教师和学生迅速提高教学技能；DV可以将专业教材拍摄成电视教材，这样使教学内容得到了充分的表达，有助于激发学生的学习兴趣和动机，提高学习效率，有效地影响学生的学习态度和情感变化，并能使学生受到潜移默化的影响和美的熏陶。DV由于教学效果非常明显，因此在各个学科的教学中都得到了广泛的应用。

（二）DVD

DVD在诞生之时是digital video disc的缩写，即“数字视频光盘”，现在则是digital versatile disc的缩写，即“数字多用途光盘”，是CD、LD、VCD、EVD的后继产品。

1. DVD光盘

DVD光盘的直径也是120mm，采用波长更短的激光刻录并读出信息，光盘上的信息坑更小，单位面积上记录的信息更多。采用MPEG-2的压缩标准，并选择了较高的码率，画质达到广播级电视图像的标准，画面像素为PAL 720×580、NTSC 720×480，水平清晰度超过500线。DVD常用的音频格式有：AC-3（1～5.1声道）、MPEG（1～5.1声道或7.1声道）、LPCM（1～8声道）、DTS（1～6声道）等。不管选择哪种音频格式都可以是数字环绕高保真音响效果。

最常见的DVD光盘是单面单层DVD，它的数据容量4.7GB，约为VCD容量700MB的7倍，即一张空白DVD光盘可当7张空白VCD光盘用。

2. DVD 光驱及播放机

DVD 光驱作为计算机的光存储设备可分为外置和内置两种，内置式就是安装在计算机主机内部，外置式则是通过外部接口连接在主机上。家用的外置式光存储产品性能要远低于内置式；而专业的外置式性能又基本与内置式相当，但便携性差，而且价格要远高于内置式。

DVD 播放机也可以播放 CD、VCD、CD-ROM、SVCD、DVD-RAM 和 DVD-R 等，并采用先进的纠错编码方式，确保了数据读取的可靠性。

在使用刻录软件刻录 DVD 光盘时，要正确选择刻录光盘的类型，若选择刻录 DVD 视频光盘，则可以刻录最多 133 分钟的视频文件，这样的光盘可以在任何 DVD 上播放；若选择刻录 DVD 数据光盘，则可以刻录最大 4.7GB 的视频文件，比刻录成 DVD 视频光盘要多得多，这样的光盘适合在计算机上播放，在 DVD 上播放时，一般不能连续播放下一段视频文件。

3. DVD 的特点及未来的发展

DVD 可以用来播放标准电视机清晰度的电影、存储高质量的音乐和大容量的数据。DVD 视频光盘最多可装载 32 种字幕，用户可任选其中一种，也可关闭所有字幕；支持不同的画面显示比例，主要有全景屏幕、4∶3 普通屏幕和 16∶9 宽屏幕 3 种方式；支持 9 种镜头角度，可任选一种；支持多剧情功能，可以让用户选择不同的剧情发展片断，根据个人的喜好编排节目；最多可装载 8 种伴音，每种伴音可有 8 个声道，可载有多国语言和多种伴音格式；通过音轨切换实现卡拉 OK 等功能；DVD 使用有数字解码系统的功放和 6～8 只音箱，可实现高保真的数码环绕三维音响效果；使用两只音箱或耳机可实现自然或增强的虚拟环绕声。DVD 具有人声强化效果，可使声音听起来更清晰。

DVD 的控制播放功能明显优于录像机，除具有录像机的线性顺序播放功能外，更方便的是具有目录选段播放功能、跳越功能和反复播放功能。DVD 具有稳定清晰的静像功能，其静止图像是由机器内的储存器提供数据形成的，不管静像多长时间，对设备和光盘都没有损伤。

下一代 DVD 格式是蓝光 DVD，它的单面容量是 25GB，4 层的容量为 100GB，用以储存高画质的影音以及高容量的储存资料。与此同时，高清倍线的 DVD 也在迅速发展，倍线技术使普通的 DVD 也能瞬时变成 1080P 的高清 DVD。

（三）MP4

MP4 有两种含义，最初 MP4 指的是一种音频格式，它使用 MPEG-2 AAC 技术。后来 MP4 更多的是指支持 MPEG-4 格式的便携式多功能播放器，如图 3-16 所示。

图 3-16　MP4

MPEG-4 是动态图像专家组的一种压缩格式。它是为了播放流式媒体的高质量视频而专门设计的，它可利用很窄的带宽，通过帧重建技术，压缩和传输数据，以求使用最少的数据获得最佳的图像质量。

1. MP4 的原理与结构

MP4 播放器的核心是数字信号处理（digital signal processing，简称 DSP）器，它主要完成数据处理传输、设备接口控制和文件解码回放等任务。首先将 MP4 格式的文件从内存中取出并读取其中的信号，解码芯片对信号进行解码，通过数模转换器将解出来的数字信号转换成模拟信号，再经过放大、低通滤波后到输出端，输出显示后就是视频图像和声音信号，视频显示可以输出到自带的 LCD 屏幕上，也可以是以 NTSC 或 PAL 制式往外部输出到电视机上。

MP4 播放器根据所采用的设计标准不同或是功能的侧重点相异而有不同的名字，如 MP4、PMP、PMC、PVP、PVR、PMA 等。从原理上说，MP4 与 MP3 区别不大，但是从硬件性能来说，两者相差甚远。MP4 播放器有硬盘式和闪存式之分。目前主流的硬盘式 MP4 采用的是 1.8 英寸的硬盘，也有采用 2.5 英寸笔记本硬盘的。闪存式 MP4 一般都支持内接闪存卡扩充，大多都是 SD 卡或者 TF 卡。

MP4 的电池一般是采用锂离子集合物电池，该电池具有体积小、容量高、重量轻等特点。

2. MP4 的特点

MP4 与 MP3 相比，音质更加完美，压缩比更大（15∶1）～（20∶1），能完美再现 CD 的音质；MP4 文件是可执行文件，内部嵌入了播放器，并且通过特殊的技术实现数码版权保护，MP4 保存有原始版权拥有者的 Web 地址和版权声明。除此之外，MP4 还使用了一种特殊的数字水印技术，即使通过 FM/AM 广播播放 MP4 音乐，也能够检测出音乐的来源。MP4 在版权保护方面做出了很多新的尝试，这是 MP3 所无法比拟的。

MP4 播放器能直接播放高品质视频和音频，也可以浏览图片、电子书，以及作为移动硬盘、收音机、数字银行使用；大多数 MP4 播放器都带有视频格式转换和录制视频功能，能将来自 DVD、电视等设备的信号以 MPEG-4 格式保存在硬盘中；支持 PIM 管理以及无线上网功能；具备非常齐全的视频输入/输出端口，能很方便地连接投影机以及电视机等输出设备。MP4 播放器的最大优势在于体积小巧，携带方便，能够随时、随身播放视频；可以通过 USB 或 1394 端口传输文件，很方便地将视频文件下载到 MP4 中进行播放；特别是闪存式 MP4，小巧轻便，能耗低，防震性好，价格比普通 MP4 便宜几倍。有些 MP4 播放器还具备数码照相机、DV、录音笔、数码伴侣等功能。

（四）MP5

MP5 首先是指由国内科技厂商自行开发出的一种“特殊的压缩演算法”。同时 MP5 还是新一代便携式个人多功能终端，其核心功能就是利用地面及卫星数字电视通道实现在线数字视频直播收看和下载观看等，如图 3-17 所示。

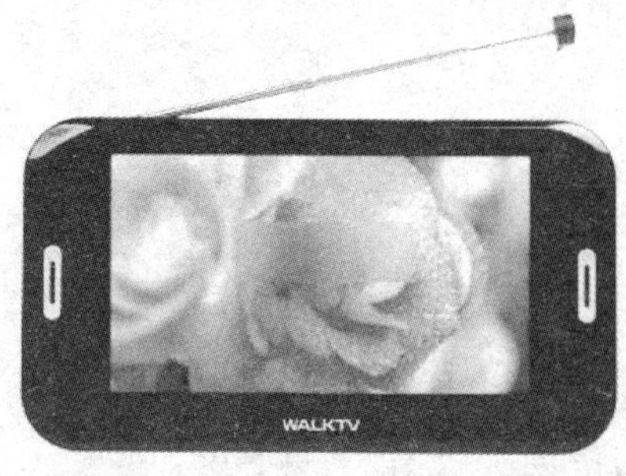

图 3-17　MP5

1. MP5 的原理与结构

MP5 这种压缩演算法能过滤掉人类无法听到的声音，可以大幅度减少声音数字化后所需的储存空间。经过 MP5 的压缩，能将一首完整的 WAV、MP3 或是 CDA 的声音文件，压缩到大约原来大小的 1/10。

MP5 播放器采用了软硬协同多媒体处理技术，能够用相对较低的功耗、技术难度和费用，使 MP5 具有很高的协同性和扩展性，并且第一个将 ARM11 平台应用于手持多媒体终端，其主频最高可达 1GHz，能够支持更多的视频格式。MP5 内置 40～100GB 硬盘。

2. MP5 的特点和作用

MP5 可以通俗地理解成能收看电视的 MP4。MP5 播放器除了具有 MP4 的通用功能，还能通过接收地面移动数字电视信号，收看数字电视的直播；可以通过紫荆神网平台接收并保存视频、音频、图片和文本等多种文件，使用者可以随时随地观看新闻和文本信息。

MP4 播放器通常只支持几种固定格式。而 MP5 播放器可以兼容更多的格式，如视频兼容 AVI、ASF、DAT、WMV、MPEG 等，以及网络资源最丰富的 RM 和 RMVB；音频兼容 MP3、WMA、FLAC、APE、AAC 等；图片兼容 JPEG、BMP 等。这样 MP5 可以欣赏音乐、网络电影、DVD 大片、电视连续剧和照片等。MP5 强大的内核处理能力可以支持多款经典网络下载游戏。

经 MP5 技术压缩后的音乐，其文件体积小，更适合在网络上传输；其声音质量比 MP3 稍差，但不容易察觉出来；MP5 可以分割音乐资料，自己可以制作 MP5 音乐合辑，其便利性是传统 CD 所没有的；MP5 格式的问世，使一首普通歌曲的下载只需要短短的两三分钟；MP5 数字化的音乐播放方式，操作起来更便利。

MP5 在 DRM 数字版权保护方面，能够进行同步传输，对于版权保护的正版事业是一个大的福音，迎合了国内、国际正版事业的大潮。

（五）多媒体投影机

多媒体投影机是用来把计算机屏幕信息或视频展示台、摄像头、录像机、DVD 等设备的视频信号进行放大显示的设备，如图 3-18 所示。

图 3-18　多媒体投影机

1. 多媒体投影机的原理与结构

多媒体投影机根据其成像原理的不同，主要分为 CRT、LCD、DLP 3 种类型。

（1）CRT 投影机

CRT（cathode ray tube）投影机的核心部件是 CRT（阴极射线管），三枪投影机就是由 3 个 CRT 投影管组成的投影机。CRT 投影机显示的图像色彩丰富，还原性好，具有丰富的几何失真调整能力；缺点是亮度很低，操作复杂，体积庞大，对安装环境要求较高，并且价格昂贵。目前除背投电视机外，在教学场合中已很少见到。

（2）LCD 投影机

LCD（liquid crystal display）投影机即液晶投影机。它是利用液晶的光电效应，即液晶分子的排列在电场作用下发生变化，影响其液晶单元的透光率或反射率，从而影响它的光学性质，产生具有不同灰度层次及多达 167000 万种颜色的图像。LCD 投影机图像亮度均匀，色彩还原较好，分辨率高，体积小，重量轻，操作、携带方便，并且价格比较低廉，因此，它是目前投影机市场上的主流产品。

（3）DLP 投影机

DLP（digital light processor）投影机即数码投影机。它是以 DMD（digital micromirror device，数字微反射镜）作为成像器件，将光线直接投射到数百万个微小的反射镜上，通过电路控制微镜发生角度偏转，从而产生各种色彩鲜艳的图像。由于在内部光路处理上是直接反射光线，光线未经过滤，损失极少，所以 DLP 投影机的图像灰度等级高，总的光效率大大提高，对比度非常出色，色彩锐利、画面均匀，很可能成为今后投影机技术的发展方向。

2. 多媒体投影机的主要规格指标

（1）分辨率

分辨率越高，表示投影机显示精细图像的能力越强。在教学上要达到 SVGA（800×600）并支持 XGA（1024×768）的分辨率或更高，能产生与看电影一样的视听效果。

（2）亮度

亮度是投影机的一个重要规格指标，国际标准单位是 ANSI 流明。通常用于教学时亮度应不低于 2000ANSI 流明。由于光源的衰减，投影机的亮度是逐渐下降的。投影机的亮度并不是越高越好，高亮度投影机在小面积的环境中使用会刺眼，使眼睛疲劳。因此，应根据使用环境的实际情况，选择亮度适宜的投影机。

（3）颜色与对比度

大多数投影机都支持 24 位真彩色。投影机的色彩还原度，还与对比度有关，对比度是图像黑与白的比值，也就是从黑到白的渐变层次。比值越大，层次就越多，色彩也就越丰富。

（4）投影机的光源

目前投影机普遍采用的 3 种光源是金属卤素灯泡、UHE 灯泡和 UHP 灯泡，UHP 冷光源价格较贵。

（5）信号接口

信号接口反映投影机输入、输出信号的种类和数量的能力。投影机主要有 VGA、DVI 输入、输出接口，S-Video、Video 和 Audio 接口。可将计算机、录像机等的视频和音频信号输入进来。音频信号通过自带扬声器播放，还可以通过音频输出接口，连接功放、外接喇叭。另外还设计了 USB 和 RS-232C 控制接口。投影机的主要接口如图 3-19 所示。

3. 多媒体投影机的使用

多媒体投影机通常是固定位置使用，或固定在天花板上，或固定在升降台上；也可

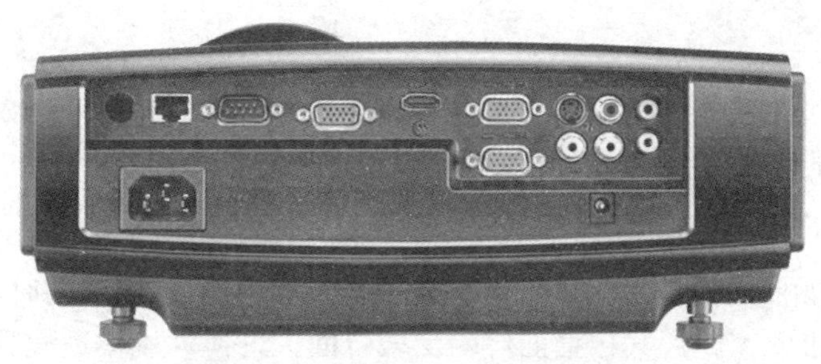

图 3-19 投影机的主要接口

以不固定，在不同的教室里使用，这样更灵活，方便教学。图像投影到银幕上，也可以投影到浅色墙壁上。根据教学需要，连接好多媒体投影机与视频展示台、计算机、录像机、DVD、收录机等设备之间的连线。注意连接时一定要关闭投影机及其他设备的电源。

打开投影机的电源，等待银幕上出现投影画面时，按聚焦按钮，调整画面清晰；按变焦按钮，调整画面大小；必要时调整投影机的位置，让画面亮度均匀，并接近长方形。按输入选择按钮选择输入信号，以切换显示在银幕上的画面内容。有的可以自动搜索，搜寻输入信号。注意选择时要与输入端的连线相对应，否则，银幕上可能无信号画面。

使用完毕后，用投影机电源按钮关闭电源。注意不能以切断设备电源的方式关闭，因为这样投影机内部的散热风扇会立即停止工作，灯泡的余热无法排出，产生的高温极易损坏灯泡，灯泡的寿命就会大打折扣，应等到投影机散热风扇停止转动后，再切断设备电源。要注意避免频繁开关投影机，有时关机后不能立即再开机，要等待 5 分钟以上，让灯泡冷却下来，方能再次启动投影机。应经常清洁防尘网，保证机内空气的流通，以降低机器的温度，否则极易导致投影机的损坏。

4. 多媒体投影机的特点和作用

多媒体投影机的体积越来越小，亮度不断提高，功能也日益完善。它可用于大型会议、技术讲座、软件演示、多媒体教学、电视会议等。多媒体投影机可以有效地改善教学环境，提高教学效果，扩大教学规模，在教学中得到了广泛的应用。

（六）视听媒体的特点

1. 视听结合

视听媒体既能展示形象逼真的画面、文字、图表、符号等视觉信息，又能传递优美动听的音乐、语言、音效等听觉信息。画面形象直观，语言抽象概括，音乐渲染气氛。视听媒体结合多种感官在教学中的综合作用，使学生身临其境，有助于弥补学生直接经验的不足。

2. 突破时空限制

视听媒体具有极强的时空表现力，能够充分表现宏观、微观、瞬间和漫长的事物及其过程；能够按教学需要化小为大，化大为小，化快为慢，化慢为快，化虚为实，化实为虚；能够追溯远古，预测未来，创设时空；有利于激发学生的兴趣，加深对知识的理解，提高学习效率。

3. 时效性强

视听媒体通过卫星的转播可将世界各地发生的重大事件适时、准确地传遍全球，这样就使学生的视野得到了无限延伸。

4. 教育范围广

视听媒体与现代通信技术相结合所构建的“天罗地网”，可以同时面对众多的观众，可以进入课堂，进入家庭。其传播面广，受教育面大，使大规模远程教育及终身教育成为可能。

5. 灵活多样

随着科学技术的进步，视听教材在制作程序、方法及使用操作上越来越灵活多样，更加符合教学需求并便于携带，可以实现从课堂教学到家庭自学的各种教学模式。

（七）视听媒体在教学中的应用

1. 用于辅助教学

将视听媒体与传统教学媒体相互配合用于课堂教学，是一种常见的模式。通过教学设计充分发挥教师的主导作用和学生的主体作用，适时地发挥视听媒体的动态呈现、声画逼真的优势，以弥补传统课堂上教师很难讲清楚的内容，取得最优化的教学效果。

2. 用于远程教学

利用卫星宽带多媒体输入平台，可将精心编制的课程视听教材传播到千家万户，呈现给学习者，进行远距离的教学。

3. 用于示范教学

示范教学是指在教师的指导下，利用视听教材为学生提供典型的示范，供学生观察仿效，以培训学生实践技能的一种教学模式。视听媒体恰好可以满足示范教学的需求。

4. 用于微格教学

微格教学是一种利用视听技术手段，将学生进行模拟教学的实践过程记录下来，在教师的指导下，反复观看并进行反馈评价和分析，从而提高学生的教学技能和技巧的教学方法。视听媒体即可作为微格教学的手段。

5. 用于个别化学习

通过视听媒体获得的视听教材不仅提供了丰富的感知材料，还有教师在屏幕内外做分析与讲解。因此，学生可以根据自己的学习需要，利用视听教材自学，这比自学文字教材容易接受得多。这种学习模式十分方便灵活，能充分发挥学生学习的主动性和潜力，有利于因材施教。

五、交互媒体

交互媒体是指承载并可以双向传输信息的物质载体。利用交互媒体不仅可以接受信息、选择信息，还可以编辑信息、发送信息、控制信息，以达到交流和沟通的目的。教学中常用的交互媒体主要有程序教学系统、电子白板等。

（一）程序教学系统

程序教学系统是一种装有程序教材，能够显示问题，分析学习者的反应，指出正误，并提示下一步如何学习的系统。

1. 程序教学的发展

程序教学是一种适合个别学习者需要和特点的，以个人自学形式进行的教学。它的发展形成了强调以学习者为中心的个别化和个性化的教学模式。1925 年，美国心理学家西德尼·普莱西（Sidney Pressey）设计了世界上第一台自动教学机器。1930 年，彼特逊（Peterson）设计了一种能自己记分、即时反馈的装置，后来称之为“化学板（chemo-card)”。1954 年，斯金纳发表了题为《学习的科学和教学的艺术》一文，他指出传统教学方法的缺点，提出使用教学机器能解决许多教学问题，推动了当时的程序教学运动的发展。

20 世纪 50 年代末到 60 年代初，是程序教学迅速发展的时期，最初的程序教学要使用程序教学课本和教学机器，后来发展成为可以不用教学机器只用程序教学课本的“程序教学”。到了 60 年代后期，程序教学运动开始衰退。70 年代后，随着高性能计算机技术的迅速发展，程序教学的方法广泛应用于计算机辅助教学，计算机成了实现程序教学思想的高级程序教学机器。

2. 程序教学的原则和模式

程序教学的原则有积极反应原则、小步子原则、即时反馈原则、自定步调原则和修改错误原则等。程序教学的模式有斯金纳的经典直线式程序、克劳德（Crowder）的分支式程序和莫菲尔德分支式程序。

3. 程序教学的原理和结构

斯金纳型的程序教学机器主要由输入、输出、储存和控制 4 个部分组成。它可以储存与呈现教材，学生学完一个单元的教材后，它向学生提出问题，学生输入答案后，它立即指出答案的正误。然后，根据学生的回答，调整与改变教学程序。当学生的回答都正确，成绩优良时，它可以跳过一些同类型的题目，提出更难更深的题目；当学生答错时，它就会反复给出类似的题目，直到答对以后再呈现新的教学内容。它可以控制学生的学习行为，如在显示一个问题时，学生是看不到前、后的问题或陈述的；在学生未做出答案以前，它不显示答案；学生学习结束后它可以进行计分、计时，并报出成绩。

4. 程序教学的特点和作用

程序教学能适应学生的个别差异，在方法上允许学习者自定目标，自定步调，自己选择学习的方法、媒体和材料，因此它适用于学生的个人自学。应用程序教学系统可以把教师从批改作业、指导练习等繁重的负担中解脱出来。

实施程序教学，必须借助于程序式的教材或进行机器教学。实施程序教学的成败取决于程序教材，要使学习者能积极地参与每一步程序。程序教材必须由受过专门培训的教师来编写，要精心设计每一个“小步子”，提出适应程度不同的学生的学习要求，并做到及时反馈。教师们常说的“步步清”“降低坡度”“及时反馈”等，都是程序教学思想的体现。

（二）电子白板

交互式电子白板是一种先进的用于教育或会议的辅助人机交互的设备，它可以实现无尘书写、随意书写和远程交流等功能。

电子白板由普通白板发展而来，最早的电子白板为复印型电子白板，随着技术的发展及市场的需要，出现了交互式的电子白板。

1. 交互式电子白板的原理与结构

交互式电子白板从结构外形看有正投式、背投式和书写板等多种形态；从硬件原理上来说，融合了大屏幕投影技术、精确定位的测试技术等，而电子白板精确定位有多种技术可以实现，具有代表性的是红外线、电磁感应、电阻、超声波、CCD 等技术。

正投式交互式电子白板是由交互白板、计算机系统和投影系统 3 部分组成的，如图 3-20 所示。

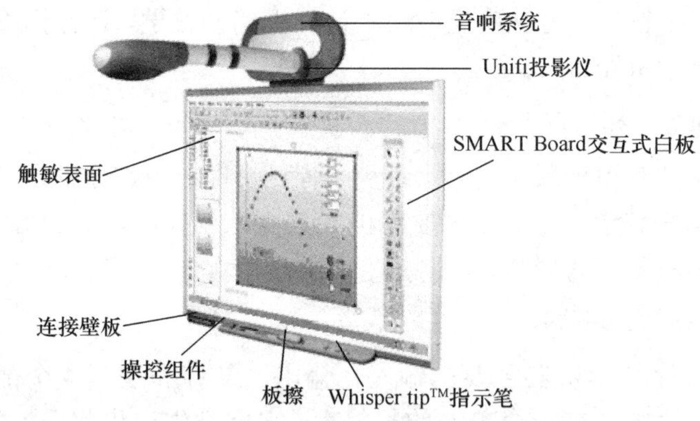

图 3-20　正投式交互式电子白板

（1）交互白板

交互白板既是投影机的屏幕，用来显示计算机的内容，又是鼠标笔书写与操作的界面。鼠标笔具有定位功能，可以代替鼠标在白板上进行操作。交互白板上有图像传感器件，一般是 CCD，并始终不停地扫描采集，将鼠标笔的位置与运动信息，不断地通过电缆传入计算机中。

（2）计算机系统

计算机系统安装有白板软件，既能将鼠标笔位置与运动信号转化成对计算机程序的操作，又能将鼠标笔的运动轨迹转化成计算机图形。

（3）投影系统

投影系统负责将计算机图形界面投射到交互白板上。

2. 交互式电子白板的特点和作用

交互式电子白板可以在 2 种界面、3 种模式下工作，并且切换非常方便。

（1）黑板界面

电子白板在黑板界面下工作时，具备黑板的各项功能，特别是调用计算机存储的大量资源，构造出一个大屏幕的交互式教学环境，从而实现各类资源、各种功能、各项活动之间的交互，实现互动式教学模式，即教师与学生之间的互动，师生与课件之间的互动。

（2）计算机界面鼠标操作模式

电子白板在计算机界面鼠标操作模式下工作时，可以用鼠标笔在白板上直接控制计算机，可以使用或编辑教学课件；可以实现无纸化办公；还可以应用特定的程序，如 Microsoft 的 NetMeeting，通过网络与其他办公室、会议室连接，实现网络会议、远程交流等。

（3）计算机界面用笔注释模式

电子白板在计算机界面用笔注释模式下工作时，相当于一个大尺寸的手写板，可以用白板软件提供的各种工具在上面随意书写与绘画；可以对选定的页面进行注释、讲解，教师和学生用白板笔或手指，就可以替代粉笔的功能；可以把白板上书写和绘画的内容保存为图形文件，打印出来。电子白板也支持复印，所以听讲人可以不用记笔记，视频记录功能可以把教学过程保存成教学录像发给学生，教师之间也可以相互交流和研究教学录像，以促进教学水平的提高。

交互式电子白板强大的演示功能和记忆功能以及丰富的资源给教学带来更大的提升空间，其灵活的工具和简单的操作使课堂氛围轻松融洽；生动直观的视觉和听觉效果，可以提高学生的注意力和理解力，激发学生的兴趣，调动起学生参与到教学过程中的积极性，使课堂活动充满乐趣。

（三）交互媒体的特点

1. 互动性强

教学活动是一个互动的过程，需要传播者和受播者能有更多有效的沟通，使他们能积极地相互作用和相互影响，以促进学习任务的完成或人际关系的构建。交互媒体的出现正是适应了这种沟通的需要。它不仅可以接受信息、选择信息，还可以编辑信息、发送信息、控制信息，使参与的各方都能双向交流信息，具备良好的互动性。

2. 自适应性好

交互媒体能较好地适应学生的个别差异，允许学习者自定目标、自定步调、自己选择学习的方法和材料，实现真正的学生自主学习，做到“因材施教”，因此它非常适合学生的个人自学。同时也可以用于协作学习、远程学习。

3. 趣味性强

交互媒体一方面充分利用视听结合展示教材内容，多种感官综合运用，学习形式新颖多变，使学生身临其境，有助于弥补学生直接经验的不足；另一方面注重教材内容的难度适中，学习进程的小步子，有利于激发学生的好奇心和求知欲，加深对知识的理解，提高学习效率。

4. 反馈及时

交互媒体对学习者的反应能迅速做出反馈，促使学习者继续积极地反应，强化学习者的记忆，引导学习者自主探索学习，增强学习者的自信，促进互动的不断加强，使学习者真正体会到学习的乐趣。

5. 控制灵活便捷

交互媒体具备良好的界面，控制灵活便捷，可以实现人对信息的主动选择和控制，使学习者能够根据自身实际情况自定学习步调，实现自主学习，而不是被动学习，确保每一个步子的学习都能扎扎实实、保质保量。

六、移动媒体

移动媒体在此仅指是可以用来移动学习的移动计算设备。因为是可移动的、可交互的，所以又称移动设备，或叫手持设备。目前支持移动学习的移动媒体主要有 WAP 蜂窝电话、PDA 等。

移动学习是继数字化学习后出现的又一新的学习模式，也是未来学习不可缺少的一种学习模式。Alexzander Dye 等人在题为 *Mobile Education—a Glance at the Future* 的文章中对移动学习做了一个较具体的定义：移动学习（mobile learning）是一种在移动计算设备帮助下的能够在任何时间、任何地点发生的学习，移动学习所使用的移动计算设备必须能够有效地呈现学习内容并且提供教师与学习者之间的双向交流。

（一）WAP 蜂窝电话

WAP（wireless application protocol）为无线应用协议，是一项全球性开放的网络通信协议。利用它可以把网络上的信息传送到移动电话或其他无线通信终端上。蜂窝移动电话如今在中国被称为手机。蜂窝移动电话的服务区被划分成若干个相邻的正六边形小区，每个小区设有一个无线基站，基站负责将小区内移动电话的呼叫传送到移动电话业务交换中心。从整体上看，形状酷似蜂窝，简称蜂窝移动电话。

与其他技术的应用相比较，移动电话的普及和应用程度在人类历史上是前所未有的。移动电话成为人们的随身携带品，利用它人们可以方便快捷地交流信息、浏览新闻、网上购物、休闲娱乐等。

现在人们使用的大都是智能型手机，它像个人电脑一样，具有独立的操作系统，如 iOS 系统、Android 系统、Symbian 系统等。大多数智能手机的屏幕都比较大，有的是电容屏，有的是电阻屏，大大增强了实用性，如图 3-21 所示。

(a) iOS 系统手机
Apple iPhone 6s

(b) Symbian 系统手机
诺基亚 N97i

(c) Android 系统手机
华为 Mate 8

图 3-21 不同系统的智能型手机

（二）PDA

PDA（personal digital assistant）就是个人数字助理，即掌上电脑。PDA 主要可以用来编辑文档、播放音频视频、看电子书、图像处理、查字典、记事、玩游戏、外接 GPS 卡导航等。可以支持移动学习、提供课程付费注册、学分等服务。还可以提供通讯录、名片交换及行程安排等功能。它不仅可用来管理个人信息、计划等，更重要的是可以上网浏览，收发 E-mail，可以发传真，甚至还可以当作手机来用。尤为重要的是，这些功能都可以通过无线方式实现。PDA 常见的功能如图 3-22（a）所示，常用的电子词典、掌上电脑如图 3-22（b）、（c）所示。

(a) PDA 功能图

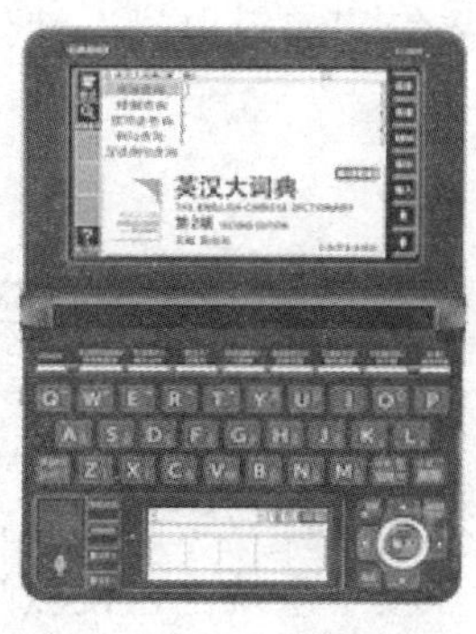

(b) 电子词典
卡西欧 E-U800

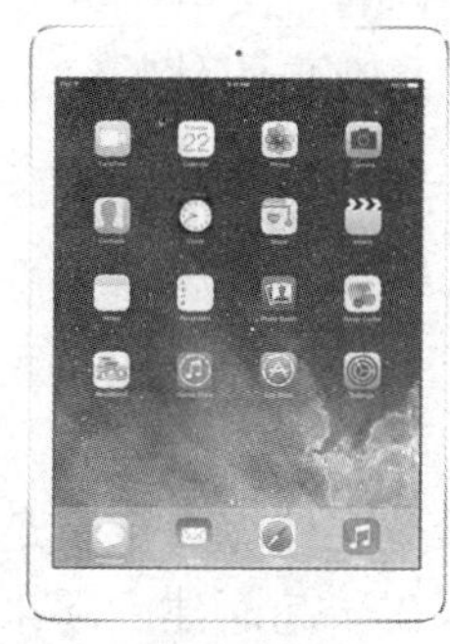
(c) 掌上电脑
苹果 iPad

图 3-22 PDA

PDA 可以细分为电子词典、掌上电脑、手持电脑设备和个人通信助理机四大类。而后两者由于技术和市场的发展，已经慢慢融合在一起了。

1）电子词典。它主要的功能就是提供了中英文互译、电话号码存储、英语单词朗读等功能。它的特点就是其所有的程序都是固化在存储器上，因而存储能力有限，功能也比较单一且不具有扩充性。此类电子词典的代表有快译通、名人、文曲星等。

2）掌上电脑。掌上电脑最大的特点就是有其自身的操作系统，一般都是固化在ROM中的。它一般没有键盘，采用手写和软键盘输入方式，同时配备有标准的串口、红外线接入方式并内置有MODEM，以便于个人电脑连接和上网。

3）手持电脑设备。手持电脑设备的英文名称叫HPC，即hand held PC。这是一种介于笔记本电脑和掌上电脑之间的产品。其外形则类似于传统的笔记本电脑。

4）个人通信助理机。目前基于WinCE系统和Palm开发的产品，统称smart phone，其功能与掌上电脑持平或更高，而还拥有通信功能和无线数据交换。

（三）移动媒体的特点

1. 移动性

移动媒体的移动程度是界定移动学习的关键因素，因此，移动媒体必须是小型化，能比较方便地在手里、挎包里携带的设备。这样才能使学习者不再被限制在电脑桌前，可以自由自在、随时随地进行不同目的、不同方式的学习。学习环境是移动的，教师、研究人员、技术人员和学生都是移动的。

2. 交互性

移动媒体具有良好的交互性，能提供教师与学习者之间、学习者与学习者之间的双向交流，可以通过无线方式在网络上传送信息，既可用于个人自主学习，也可用于远程协作学习。

3. 多功能性

移动媒体融合各种媒体的多种功能，并且是智能化的，既可以接收和显示各种多媒体的内容，又可十分方便地采集和编辑自己个性化的多媒体内容，具有较强的自我扩散性，具有自媒体特征。

第二节 多媒体综合教室

多媒体综合教室是根据现代教育教学的需要，将多媒体计算机和其他现代教学媒体结合在一起而建立起来的综合教学系统。它使教师能方便、灵活地应用多种媒体实施多媒体组合教学，使教学过程更加符合学生的认知、理解和记忆规律，从而提高教学效果和效率。

一、多媒体综合教室的基本构成

多媒体综合教室是在普通教室（包含传统的多种媒体，如黑板、书本、挂图、模型、标本等）的基础上增加了现代多媒体系统而形成的，主要由多媒体计算机、多媒体投影机、视频展示台、摄像头、录像机、DVD、投影屏幕、话筒、扩音机和多媒体集成控制器等设备组成，如图3-23所示。

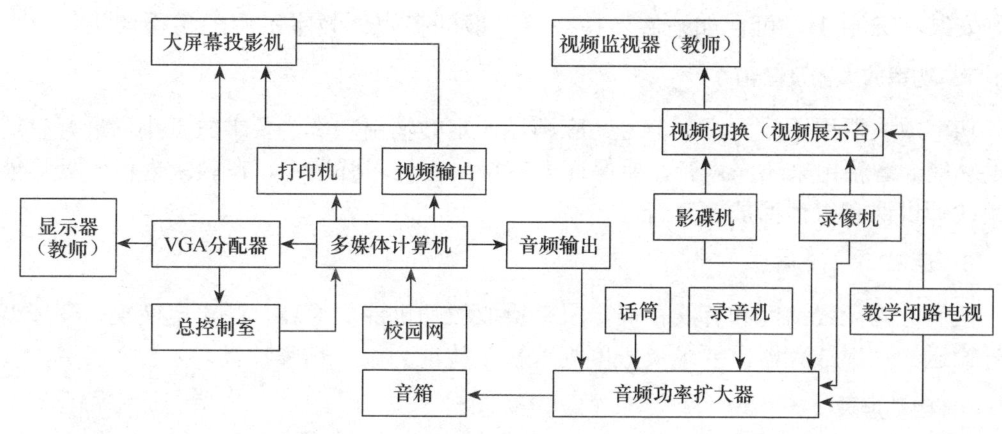

图 3-23　多媒体综合教室的基本构成

二、多媒体综合教室的主要设备

1. 多媒体计算机

多媒体计算机是多媒体综合教室的核心，在系统中主要负责展示各种教学信息，如文本、图形图像、视频和音频。有些情况下多媒体计算机还是中央控制系统的操作平台，所以，要求运行速度快，兼容性好，要有较大容量的内存和外存，较高质量的显示卡，具有多媒体功能，如 CD-ROM 驱动器，音频信号处理子系统，包括声卡、扬声器、话筒，通常还需要能连接 Internet。

2. 多媒体投影机

多媒体投影机是图像信号的输出终端，主要负责将各种教学信息放大投影到屏幕上，具备多种信号输入接口。

3. 多媒体集成控制器

多媒体集成控制器是多媒体综合教室的控制中心，主要完成对多媒体投影机、多媒体计算机、视频展示台、DVD、录音机、功率放大器、话筒、电动屏幕、电动窗帘、环境灯光等设备的控制，最常用的控制是各路视频信号和音频信号的切换。多媒体集成控制器一般由视频音频矩阵模块、VGA 处理模块、控制码录入模块、控制面板和控制软件所组成。

4. DVD

DVD 可播放 DVD、VCD 和 CD 光盘，为多媒体投影机输入视音频信号。

5. 视频展示台

视频展示台能将实物、文稿、图片、演示过程等信息通过摄像头转换成视频信号，并通过多媒体投影机投影显示出来。

6. 摄像头

摄像头能摄录多媒体教室内师生的教学实况，用于远程教学或异地观摩。摄像头最好安装在云台上，可自如地旋转镜头。一般的多媒体教室不用配备摄像头。

7. 功率放大器及音箱

功率放大器用于放大音频信号，应满足一定的输出功率，要求失真小，最好有遥控音量功能。音箱用来还原声音，要保证教室每个座位声强适中，在教室内任一处均能听清楚教师讲课和媒体播放的声音。

8. 话筒

话筒分为无线话筒和有线话筒，用来拾取教师讲课的声音，经声电转换，变成音频信号输送给功率放大器。要求灵敏度高，抗干扰能力强，信噪比高。

9. 电动屏幕

电动屏幕用于投影机图像的显示。

10. 学习信息反馈分析装置

学习信息反馈分析装置是指在教室内每个座位旁都装上按钮，全班同学在按钮上对教师提出的问题做选择性的回答，通过计算机收集与分析学生的学习信息，使教师能及时全面地了解学生的情况，更有针对性地进行教学活动。

三、多媒体综合教室的布局

多媒体综合教室通常选用阶梯教室，也可以是普通教室，教室面积一般不低于 120m^2。室内安装空调或吊扇，讲台两侧窗户安装窗帘，避免阳光照射，至少有 1 个校园网接口、1 个闭路电视接口，供电、接地系统要规范，应有防火、防盗设施。

多媒体教室的形状大多是长方形的，应在窄的一面放屏幕和讲台，从屏幕视角范围来考虑，这样可缩小教室两侧夹角，使教室的座位利用率较高，能让更多的学生看清屏幕上的文字和数字。如果教室过宽，坐在前面几排左右两侧的学生就无法在太偏的位置上看清楚屏幕上的内容。

电动屏幕尺寸应不小于 120 英寸，一般安装在黑板的一侧，这样屏幕和黑板互不妨碍。屏幕悬挂的高度，应以屏幕上投影画面的下边沿不被前排学生遮挡为宜。第一排学生桌前沿与银幕的水平距离不小于 2.5m，两边座位的学生与银幕远端的水平视角不小于 30°。

多媒体投影机的亮度应大于 2500ANSI 流明，分辨率不低于 1024×768，有 VGA 接口和 AV 接口。多媒体投影机固定在天花板上，吊装位置以远离采光窗口为宜，与屏幕的距离应以投影画面充满整个屏幕为准，最大限度地利用屏幕面积；固定的高度应尽量使投影机的光轴与屏幕垂直。

视频展示台的分辨率大于 85 万像素，放大倍数大于 12×，有 VGA 输入输出和切换功能，VGA 输出接口不少于 2 路。

声音系统选择一台普通的功放，2 只 60W 的音箱即可，话筒选择普通的会议话筒，音箱吊装应合理，响度要适中，均匀度好，声音清晰。

控制讲台的结构设计要合理，应操作方便，坚固耐用，散热良好，并安装防盗锁，有漏电保护功能的总电源控制开关。

多媒体综合教室的设计方案是把各种不同类型的教学资源通过相应媒体送入中央控制系统，即多媒体集成控制器。早期的一种方案是通过计算机软件界面，在计算机上进行操作控制多媒体集成控制器，以完成各种信号之间的切换，实现对视音频设备的全面控制；另一种方案是通过触摸屏来操作控制多媒体集成控制器，以完成各种信号的切换和设备的控制；但是更多的方案是通过单独的桌面薄膜按键面板来操作控制多媒体集成控制器，以完成各种切换和控制。

如果所需控制的设备不多，则可以省去多媒体集成控制器，直接将各路输入设备连接到视频展示台上，充分利用视频展示台的多路视频音频切换功能，把信号送入多媒体投影机，用视频展示台加投影机的遥控器来控制各种信号的切换，这样使用设备少，操作更加简便，还可节省不少的资金投入。

四、多媒体综合教室的技术要求

多媒体综合教室配置的多种设备，应方便教师使用。在技术上要求能通过简单的操作就可完成各种设备的控制和信号的切换。

多媒体综合教室通常要求：①兼容不同版本的教学软件；②能演示各类多媒体教学课件；③能连接闭路电视系统；④能连接网络，使教师方便地调用丰富的网络资源，亦可通过网络进行网上交流或远程教学；⑤能播放录像磁带、VCD 和 DVD 光盘等载有的视频教学节目；⑥可使用幻灯、投影进行常规电化教学，满足传统教学需要；⑦能展示实物、模型、图片、文字等资料；⑧能以高清晰、大屏幕投影机显示计算机信息和各种视频信号；⑨能用高保真音响系统播放各种声音信号；⑩多媒体综合教室内设备的配置应有增加、升级和接受新系统的余地。

五、多媒体综合教室在教学中的作用

多媒体综合教室在教学中的作用有很多，通常就具有以下几个方面的功能：①应便于教师利用各种媒体进行辅助教学活动；②能利用多种媒体组合，优化教学过程，突破教学重点和难点，提高教学质量与效率；③便于观摩示范教学，扩大教学规模；④能用于开展新型教学模式的教学试验与研究；⑤能用于多媒体学术报告、专题讲座等活动；⑥通过学习反应信息测试分析系统，能用于课堂教学效果的研究和分析。

第三节 语音实验室

语音实验室是学生进行口语训练和听力训练的场所。在语音实验室里学生可以听教师标准的读音，并将自己的读音录制下来，与教师的读音比较，可以跟读加以模仿纠正，以达到读音准确的目的。

一、语音实验室的类型

语音实验室按信号处理的方式划分，有模拟型和数字型两类；按功能划分，主要有听音型（AP）、听说型（AA）、听说对比型（AAC）和视听型（AV）4 种。

二、语音实验室的基本构成

语音实验室的种类繁多，装备也不尽相同，但基本结构都是由教师控制台和学生分隔座位两部分组成的。

（一）教师控制台

教师控制台主要用于向学生座位输送各种音频信号和实现各种控制功能，是系统的核心部分。以 AAC 型为例，AAC 型语音实验室的控制台一般由显示、操作与控制、节目传送设备等组成。

（二）学生分隔座位

学生座位通过线路传输接收来自教师主控台输出的教学信息，主要设备包括专用课桌、学生用录音机、头戴耳机话筒、学生座位放大器和呼叫装置等。

三、数字化语音实验室

数字化语音实验室是将音频部分全部采用数字信号传输的语音实验室。数字化语音实验室不仅消除了噪声干扰，而且音质可达到专业的立体声音质；数字语音实验室通常配备高清晰度的彩色显示器，各种教学材料高质量地传输到每台显示器和耳机，学生可利用逼真清晰的影像和优质的语音材料进行跟读和听力等练习。

数字语音实验室可支持 MP3 等流行音频格式，可以通过计算机、磁盘等转载，在计算机中备有海量资料库可供教师任意点播；教师可采用数字化方式备课，即进行音频、文字编辑和 MP3 课件的制作。

使用数字语音实验室，教师可在上课前用计算机把上课的内容全部准备好，上课时直接从计算机中选用音、视频同步的资料进行教学，同时，可控制音频文件的语速，即通过变速不变调功能实现“因学施教”，学生可通过学生终端实现听看同步，提高了学习效率。

学生使用数字语音实验室可实现自主学习，可在主计算机素材库中点播学习资料，自由控制播放、停止、快进、快倒，即可作为开放式阅览室进行电子阅览。另外，数字语音实验室还有许多独特的功能，如电子白板、电子词典、键盘输入、学生管理等。

数字语音实验室不仅具备传统语音实验室的所有功能，而且扩展了几十种应用功能，如数字化复读、音波对比、视频点播、对谈练习、电子阅览、教材阅读、作业发布、考试测验等。这些功能的加入不仅丰富了课堂教学，也改变了语音实验室的应用模式，让语音实验室从单项的语音教学功能变成了多功能的语言、计算机、多媒体课件的整合教室。数字语音实验室可在课后向学生开放，接受来自各年级、各语种、各学科的学生同时自由学习。

网络化语音实验室是从数字化语音实验室发展而来的，其核心技术是基于计算机传输协议的网络技术，网络的最大特点就是资源共享、利用率高、信息传递准确。整个系统几乎没有机械部件，故不存在机械故障。网络化语音实验室的数字化系统中，所有设备都是由标准的网络与计算机设备组成的，确保了系统的稳定性；教学资源全面广泛，并可充分合理地组建和利用资源。

网络化语音实验室又为系统增加了几十种应用模式：丰富的教学资源相当于几十所学校所有资料的总和；教师不再为资料的收集和保存而烦恼；每个学生都可以通过自由点播、阅读或自习的方式使用校园网上提供的大量资料；多语种、多年级都可以在同一时间内共享语音实验室，甚至可以利用终端边听音乐边看参考书。因此，语音实验室的利用率将会成倍地提高。数字化语音实验室相当于语音教室、电子阅览室、模拟考场、电子听音室等各种实验室的整合，并且，其整体系统的稳定性、易用性、易维护性等都是传统语音实验室无法比拟的。

四、语音实验室在教学中的功能

语音实验室可以使学习者在语言学习的听、说、写、译等各方面都得到训练，这与语音实验室所能提供的各种功能分不开。

1. 学习功能

学习功能是系统最基本的功能，可选择不同课程内容进行教学活动。举例如下。

基本课程——全部学生通过同一声道学习同一课程。

高级课程——教师可选用两种或两种以上的课程分别指定给不同的学生进行学习。

两人对话——每两个学生为一组，互相对话，教师可进行监听掌握学习情况。

小组对话——教师将功能键放在“小组讨论”上即可进行小组会话练习。

2. 课程编辑功能

利用已有的课程内容和学生自己录制的课堂练习内容，自动编辑成各种练习用音频片段，具有快速复制、句型重复、滞留练习时间等功能。

3. 呼唤功能

通常具有全呼、声道呼叫、呼叫应答等呼唤功能。

4. 对话功能

通常具有个别交流、小组交流、示范交流等交流功能。

另外还有监听功能、遥控功能、学生座录音控制操作功能。

第四节　微格教学系统

一、微格教学及其特点

微格教学（microteaching）通常又被称为“微型教学”“微观教学”“录像反馈教学”

等。微格教学是一种利用现代视听设备，专门训练师范生或教师掌握某种课堂教学技能的方法。“微”就是小、少，即人数少、规模小、时间短、内容单一以及体现小步子的原则；“格”取自“格物致知”，是推究、探讨及变革的意思，又可理解为“定格”“规格”“规范”的意思。

美国教育学博士德瓦埃特·爱伦（Dwight Allen）是美国斯坦福大学微格教学的创始人之一。他认为：“微格教学是一个缩小了的、可控制的教学环境，它使准备成为教师或已是教师的人有可能集中掌握某一特定的教学技能和教学内容。”

微格教学技术诞生后，得到了迅速的推广，尤其受到世界各国师范教育界的重视，已成为教师和师范生培训的基本课程。微格教学具有如下特点。

1. 理论联系实际

微格教学是在现代教育教学理论指导下的实践活动，是用来培训教学技能的方法。所谓教学技能，是指在课堂上，教师围绕教学目标，不断地调整教学行为，使教学计划顺利进展并取得教学效果所引入的各种技能。它是一个大的抽象的难以测量的概念，必须将其加以分解才能进行训练。每一项具体的教学技能都有其确定的内涵和外延，有明确的适用范围，它是可观察、可操作的。教学技能可以通过鲜明的示范具体地展示出来。在微格教学过程中，示范、备课、编写教案、角色扮演、反馈、评价和讨论等一系列实践活动，使现代教育教学理论得以贯彻和体现，使学习者对某一教学技能既有在理论学习中形成的理性认识，又有通过直观观察到的感性认识。理论紧密联系实际，有利于教学技能的训练和掌握，从而大大地提高了学习者的学习兴趣。

2. 训练目标明确

微格教学将复杂的教学过程按不同的教学技能进行合理和科学的分类，结合学习者各自的实际情况，进行针对性训练。每一次只集中训练一种技能，这样，每项教学技能的培训目标可以制定得更清晰、具体和明确，是可以观察到的、可提供典型示范的、可操作的。同时，有利于判断和检查学习者达到培训目标的程度，找到纠正错误的方法，因而容易被学习者掌握和操作。

3. 训练内容单一

微格教学中的教学行为始终在小的规模、小的范围内反复实践，直至达到满意的程度。每次课只训练一种技能或其中一种类型，如导入技能中的设疑导入或故事导入等。训练中，还能把某一技能的细节加以放大，便于观察、讨论、反复练习。这样集中对某一项教学技能或一个侧面，而不是对整堂课的教学方法进行训练，就容易达到预期的目的。

4. 训练时间短

学习者根据训练目标，选择一小段“微型内容”进行教学设计并编写教案；利用 5～10 分钟的时间进行一段“微型课程”的教学实践，从中训练某一两项教学技能。由于时间短、训练内容单一，因此学习者感兴趣，容易集中注意力，能更快地达到预期的目的。可以随时观察有关录像资料，供实习生或在职教师模仿学习，以取得最佳效果。

5. 参加人数少

在训练过程中，由少数学习者（5～10 人）组成“微型课堂”，学习者充当“模拟教师”和“模拟学生”，使课堂微型化；学生可以频繁地调换“教师”和“学生”的角色。实践表明，微格教学的实施具有机动性和灵活性，且使讨论和评价更加深入；教学过程更易于控制，而教师仅起组织者的作用。

6. 反馈评价及时

在“微型课程”的教学实践过程中，可利用先进的视听设备将实践过程记录下来，现场重播已记录的内容，依据反馈原理和教学评价理论及时地进行反馈评价和分析，可以是自我评价，也可以是他人评价。因此，微格教学能更直观地反映教学的效果，从而使教学行为更容易得到改进和提高。

二、微格教学系统的基本构成与布局

微格教学系统是为微格教学而设置的一种完全真实的教学环境，该系统通常由微格教室、控制室和观摩研讨室等组成，包括摄录反馈微格训练过程的视听设备。

1. 微格教室

微格教室是受训者进行角色扮演的模拟教室，里面装有话筒和摄像系统，用来拾取“模拟教师”的声音和教学活动形象。微格教室一般采用固定机位，摄像机可选用 CCD 摄像头。摄像头经电缆连接控制室的遥控器和混音台，由遥控器来操纵摄像头进行现场拍摄。

2. 控制室

控制室是电教人员遥控操作摄像设备进行现场摄制录像的场所，里面装有电视特技机（信号混合处理器）、录像机、视频分配器、监视器等设备。从微格教室送来的“模拟教师”“模拟学生”教学活动的两路视频信号经电视特技台控制，一路送到录像机进行录像，另一路则可经视频分配器把教学实况信号直接送到观摩室，供同步评述分析。

3. 观摩研讨室

观摩研讨室是参与培训的师生们观看示范音像教材和重放现场录像并进行反馈、评价的教室。它是一个装有电视机的普通教室。把控制室中经视频切换器选择后的视频信号送到电视机上，即可同步播放教学实习的实况，供指导教师现场评述，使较多的学生观摩分析。

由此三室外加准备室、隔音的声锁室构成了完整的微格教学系统，它为培训教师职业技能提供了完善的教学环境。微格教学系统的基本构成及布局如图 3-24 所示。

三、微格教学的基本程序

1. 学习和研究有关教学技能的理论

在进行微格教学实践前，应先组织学生对各项教学技能的有关理论、方法、程序、

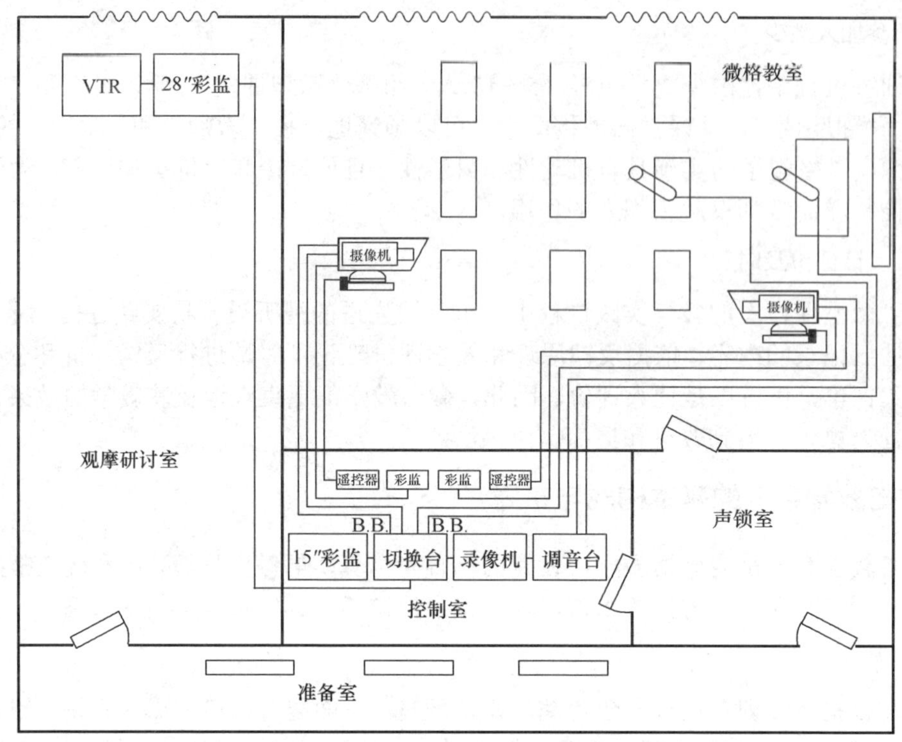

图 3-24 微格教学系统的基本构成及布局

实施要求进行学习研究，以便为进行教学设计和实践打下基础。

2. 观摩有关教学技能的示范材料

通过播放某项教学技能的示范性录像资料，或一些优秀教师的课例实况录像，或历届学生微格教学中正反两个方面的典型录像，或指导教师亲自示范，使学生对教学技能的事实有形象化的了解，并获得不同风格的教学技能模仿的样板，使训练目标和要求更加具体化。

3. 编写微格教学教案

编写教案是进行教学技能训练的重要环节，是实现训练目标的保证。它能使被训练者更规范、有效地掌握教学技能。教案的具体内容通常包括教学目标、教学程序、时间分配、教师教学活动行为、设想的学生学习行为、计划应用的主要教学技能等。

4. 角色扮演——微型课堂教学实践

微型课堂由被训练者（扮演教师角色）、被训练者的同学（扮演学生角色）、指导老师、评价人员（可由指导教师和学生担任）和操作摄像设备的工作人员组成。在微型课堂上被训练者进行一段教学内容的教学，实践一两项教学技能，时间一般为 10 分钟左右。

5. 声像记录

在实践的同时利用摄录像系统对被训练者的教学行为进行记录，并通过视听设备将教学实践的实况传送到观摩研讨室，供其他同学观看，指导教师做实时同步的评述分析。

6. 重播录像，自我分析

播放教学实践的实况录像，让被训练者以“第三者”的身份观察自己的教学行为，并与自己的教学设计相对照，进行自我分析，检查实践过程是否达到了预定的目标。

7. 讨论评价，修改教案

指导教师、学生角色都要从各自的立场来评价实践过程。微格教学的评价应以总结优点为主，使被训练者建立自信心，也要指出不足和努力方向。最后，修改教案设计，填写教学技能评价表。

8. 再实践，应用于教学实践

已经达到基本要求的可实践新的教学技能。未达到要求的则需要再次进行微格课堂实践和评价，使其教学技能逐步改善和提高，从而应用于教学实践。

四、微格教学系统在教学中的应用

1. 模拟课堂

微格教室内安置了黑板、讲台、学生桌椅等一般教室设备和摄像机位，能容纳 16 人左右上课，因此提供了受训者训练教学技能的课堂和现场拍摄训练实况的条件，具有模拟课堂的功能。

2. 拍摄编制

当受训者在微格教室里进行教学演练时，控制室内的电教人员通过遥控电缆控制摄像机的运作并同时进行编辑录制。这样可在不干扰模拟课堂教学训练的情况下完成摄制训练实况的教学过程，为教学演练后的反馈评价提供了重要的、真实的依据。

3. 反馈评价

每次演练后都可由指导教师组织演练者及其他受训学生在观摩研讨室内相互观摩训练录像，评价训练的优缺点，提出改进教学的方法。条件好的教室还可安装与录像信号相连的闭路电视系统，便于需要时实况转播微格教学训练现场。

第五节 虚拟实验

一、虚拟现实技术简介

（一）虚拟现实技术的概念

虚拟现实（virtual reality，简称 VR）技术的概念是 1989 年美国 VPL Research 公司创始人杰伦·拉尼尔（Jaron Lanier）提出的。虚拟现实技术是近年来计算机网络世界的热点之一，在社会生活的许多方面有着非常美好的发展前景。虚拟现实的应用领域十分广泛，主要在工程设计、计算机辅助设计（CAD）、数据可视化、飞行模拟、多媒体远程教育、远程医疗、艺术创作、游戏、娱乐等方面。

虚拟现实技术是一种可以创建和体验虚拟世界（virtual world）的计算机系统。虚拟环境是由计算机生成的，它通过人的视、听、触觉等作用于用户，使得用户产生一种沉浸于虚拟环境的感觉，并能与虚拟环境相互作用，从而引起虚拟环境的实时变化，使之产生身临其境的感觉的视景仿真。

虚拟现实技术是一系列高新技术的集合，汇集了计算机图形学、计算仿真技术、多媒体技术、人工智能技术、仿真技术、人机接口技术、传感器技术、图形图像实时生成技术、网络技术以及人的行为学研究等多项关键技术。

虚拟现实技术从本质上来说是一种先进的计算机用户接口技术。迄今为止的计算机人机接口都是面向机器的终端、键盘、鼠标、打印机等接口设备，都是适应计算机的专用设备。虚拟现实中的人机接口，则是面向用户的。在虚拟现实系统中，用户以自然的方式与虚拟环境交互。所谓自然的方式，是指用户通过视觉、听觉、触觉等感觉虚拟环境，使用户产生在真实环境中的幻觉。同时，用户通过在真实环境中的行为，去干预虚拟环境。所以，虚拟现实的人机接口设备，完全不同于现有计算机的人机接口设备。

（二）虚拟现实技术的特征

虚拟现实技术具有沉浸性、多感知性、实时交互性和自主性 4 个重要特征。

1. 沉浸性

沉浸性指参与者存在于虚拟环境中的真实程度。根据人类的视觉、听觉的生理心理特点，由计算机产生逼真的三维立体图像，使用者戴上头盔显示器及数据手套等交互设备，使可将自己置身于虚拟环境中，成为虚拟环境中的一员。

2. 多感知性

多感知性指除了一般计算机技术所具有的视觉感知之外，还有听觉、力觉、触觉，甚至包括味觉、嗅觉等感知。理想的虚拟现实技术应该具有人的一切感知功能，但由于传感器技术的限制，目前虚拟现实技术所能提供的感知功能仅限于视觉、听觉、力觉、触觉等。

3. 实时交互性

实时交互性指参与者与虚拟环境中所遇到的各种对象相互作用的能力。使用者通过自身的语言、身体运动或动作等自然技能，就能对虚拟环境中的对象进行考察或操作。

4. 自主性

自主性指虚拟环境中物体依据物理定律动作的程度。例如，当受到力的推动时，物体沿着向力的方向运动。

（三）虚拟现实技术的分类

根据参与者存在于虚拟环境中的真实程度，虚拟现实技术可分为沉浸式虚拟现实技术和非沉浸式虚拟现实技术。非沉浸式虚拟现实技术是通过传统的标准外设，依靠软件技术来实现的。沉浸式虚拟现实技术是通过一些特殊的外部设备来实现的，如三维显示器、三维鼠标、头盔式三维立体显示器、有 6 种自由度的力传感器组成的数据手套、立体声耳机等输入输出设备和高性能计算机以及相应的软件。操作者有身临其境的真实立体感觉，并可以使用自然技巧，对虚拟世界进行考察，使人完全进入计算机创造的图形世界中。

根据交互程度，虚拟现实技术可分为被动式虚拟现实技术、查询式虚拟现实技术、交互式虚拟现实技术。被动式虚拟现实为三维环境中的用户提供一个放手、自动的过程，路程和观察由软件严格、独占地控制，用户除了退出会话外，没有其他控制权。查询式虚拟现实为用户通过三维环境时指出地形图，参与者可以选择路程和观察，但不能再有其他与三维场景的交互作用。交互式虚拟现实则提供一个通过三维环境时用户指出的行程。另外，三维环境还是虚拟实体反映并作用到行为的参与者。

二、虚拟现实语言简介

1. VRML 简介

VRML（virtual reality modeling language）即虚拟现实建模语言，是面向对象的一种语言，它类似 Web 超级链接所使用的 HTML 语言，也是一种基于文本的语言，并可以运行在多种平台之上，只不过能够更多地为虚拟现实环境服务。它提供对三维世界及其内部基本对象的描述，如球体、平面、圆锥、圆柱、立方体等，并把他们同二维的页面链接起来，是一种非常简洁的高级语言。

VRML2.0 版除了提供 VRML1.0 版的基本功能外，还增加了动画、传感器、事件、行为、脚本与多重使用者等功能，并强化了互动功能，将 VRML 的静态世界改变为动态世界，它使得 Web 的页面不再局限于二维空间，从而构造出来一个使用者可以彼此沟通的空间。

VRML 具有平台无关性的特点，VRML 的访问方式是基于客户/服务器模式的。其中服务器提供 VRML 文件所支持的资源（图像视频、声音等），客户端通过网络下载希望访问的文件，并通过本地平台上的 VRML 浏览器交互式的访问该文件的虚拟境界。VRML 适用于计算机网络的传输，并不要求有很高的网络传输带宽，而且图形生成的工作放在要求不高的客户机上。

在浏览器上运行 VRML 文件，需要安装 VRML 浏览器插件，它是一个安装在本地客户机上的软件，主要作用是解释和执行 VRML 文件，渲染并生成场景，与用户进行实时的交互。全球 80%以上的用户使用 Parallel Graphics 的 Cortona 和 Blaxxun 的 Blaxxun Contact。

2. Unity3D 简介

Unity3D 是由丹麦 Unity 公司开发的游戏开发工具，可以创建诸如三维视频游戏、建筑可视化、实时三维动画等类型互动内容的多平台的综合型游戏。作为一款跨平台的游戏开发工具，支持 iOS、Android、PC、Web、PS3、Xbox 等多个平台。

Unity3D 游戏引擎的特点：可视化编程界面完成各种开发工作，高效脚本编辑，方便开发；自动瞬时导入，Unity 支持大部分 3D 模型、骨骼和动画直接导入，贴图材质自动转换为 U3D 格式；只需一键即可完成作品的多平台开发和部署；底层支持 OpenGL 和 Direct11，简单实用的物理引擎，高质量粒子系统，轻松上手，效果逼真；支持 Java Script、C#、Boo 脚本语言；Unity 性能卓越，开发效率出类拔萃，极具性价比优势；支持从单机应用到大型多人联网游戏开发。

Unity 通过插件还能实现更多更先进的功能，支持 3D 立体、多通道视频、观众为中心的视景（头部跟踪），并可以捕捉处理用户互动。这些技术给采用 Unity 平台进行虚拟现实模拟仿真项目带来了更加真实的现场体验。

三、虚拟实验简介

（一）虚拟实验的概念

虚拟实验（virtual experiment）是指用多媒体手段对真实实验进行再现或模拟，再由学生进行观看或参与操作的一种实验方式。简单地说，虚拟实验就是利用多媒体再现或模拟真实实验的一种实验方式。主要包括以下两方面的内容。

一方面，用媒体记录下来的实验过程，既包括记录下来的静态图片，也包括记录下来的视频信息。通过图片，学习者可以了解到实验过程或实验结果；通过视频，更容易对实验原理、过程进行熟悉和掌握。二者都能说明实验现象。

另一方面，用计算机软件模拟出来的实验过程。按维数可分为二维实验和三维实验，按交互的程度可分为交互实验和非交互实验。例如，用 Flash、Authorware、VRML、Unity3D 等制作工具制作的实验既属于二维实验，也属于交互实验；用三维制作工具如 3D Max 制作演示实验只能演示实验现象而不具有交互性；用 VRML、Unity3D 等语言制作的三维虚拟实验，和 Java 语言有效地结合，可使制作出来的虚拟实验具有较强的交互性。

虚拟实验室就是借助虚拟现实的环境完成相关的实验。虚拟实验室没有一个有形的实验室，也没有以实物形态存在的实验工具与实验对象，实验过程主要是对虚拟仪器的操作。对于基于 Web 的虚拟实验就是在 Web 中创建出一个可视化的三维环境，其中每一个可视化的三维物体代表一个实验对象。通过鼠标的单击及拖动操作，用户可以进行虚拟的实验。例如，在显微观察实验中，就可以将实验中的显微镜和试样用三维的方式表现出来，用户通过鼠标操作来完成相关的实验。

（二）虚拟实验的特点

虚拟实验是信息化时代的产物，具有传统实验无法与之比拟的性能特点和良好的应用前景。虚拟实验的主要特点有以下几个。

1. 透明性

虚拟实验的软件、硬件、数据库甚至人员集成于一个系统，使用标准的统一命令实现功能服务，这种透明的结构决定了虚拟实验的透明特征。

2. 资源共享性

构筑虚拟实验的宗旨之一是做到资源共享，在统一查询标准的检索系统、应用软件库、数据库、电子图书馆等工具的支持下，用户可以共享信息、软件、仪器及设备等相关资源，这个特性不仅能够减少重要投资，节约成本，而且能够方便用户提高效率。

3. 操作互动性

虚拟实验一旦开放，即具有互动性，远程用户同样可以操作中心实验环境，同时用户之间也可以交流相关信息。互动性需要有一系列软硬件的支持，它们都是虚拟实验的组成部分。

4. 用户自主性

虚拟实验使用户具有充分的自主性，用户可以定制自己使用虚拟仪器的方式，还可以采取必要的措施保护自己的数据、资料等。

5. 扩展性

在当今信息时代里，知识更新、技术进步的速度十分迅速，因此虚拟实验的软件要随时升级，仪器也需及时更新换代，服务功能也要逐步加强。虚拟实验的结构特征决定着它具有软硬件及服务功能的扩展性。

6. 性能优势显著

与传统实验相比，虚拟实验性能更为优秀。世界一流的仪器设备并不是每个用户都能拥有的，而构筑能够仿真这些性能优秀仪器设备的虚拟实验，提供给用户使用一流设备的虚拟实验却是可能的。

（三）虚拟实验的应用方式

虚拟实验在教育中的应用方式较多，主要有以下几个方面。

1. 用于真实实验前的指导

在进行真实实验前，通过虚拟实验可以对实验的原理、过程、现象进行学习、操作和观察，以便对实验教学内容有正确的理解，从而为真实实验打下基础。这样，学生在进行真实实验的时候，目的更加明确，思路更加清晰，方便了真实实验的开展，使得真实实验的进行更顺利，学习者对实验内容的掌握也更容易。

2. 用于实验模拟

虚拟实验用于实验模拟，既可以模拟真实实验能完成的实验过程，也可以模拟真实实验难以开展或无法开展的过程或现象。在虚拟实验中，借助于虚拟实验较强的交互性，学习者就像在真实的环境中一样，可以直接动手操作模拟设备或模拟物体，实验系统就会给出相应的反馈信息。这样，不仅大大方便了实验的进行，增加了学生练习的机会，节省了大量的实验设备和费用，也使学习者对实验内容的学习取得了良好的效果。

3. 用于讲解教学内容

在课堂授课时，为了说明一些现象，需要用虚拟实验来展示，从而有助于学生对教学内容的理解。这些教学内容可以是通过真实实验来演示的，也可能是一些宏观、微观、危险的无法通过真实实验演示的，或者是那些当场演示但得不到结果的。这时，通过虚拟实验来讲解实验现象便是一个十分可行的方法。

4. 用于课下复习

在复习过程中，学生还会遇到很多的问题，其中就有很多关系到实验的。有了虚拟实验，学习者可以反复地去做，直到熟练掌握了实验原理和现象。将虚拟实验发布到网络上，更是方便了学习者的学习，无疑是一个好的学习途径。

5. 用于远程教育

远程教育中由于师生间的分离、面授时间的限制及其他因素的影响，致使一些实验无法开展或不能满足学生的学习需求。远程教育院校将设计好的虚拟实验发布到学校网站上，并开设供师生交流的论坛或提供教师的电子信箱，使其成为学习资源的一部分，远程学员可以登录网站进行实验操作，还可以跟教师或其他学员进行交流，从而方便了学习者的自主学习。

思考与练习

1. 什么是媒体？什么是教学媒体？试述教学媒体的基本特性。
2. 举例说明视觉、听觉、视听媒体的主要特点。
3. 简述数码照相机的几种曝光模式。
4. 视频展示台有哪些功能？使用时应做哪些调整？
5. 简述 MP3 播放器的主要特点。
6. 简述数码录音笔的基本功能。
7. 摄像机主要有哪些组成部分？根据存储介质的不同 DV 可分几种类型？各有何特点？
8. 简述 DVD 的特点，并与录像机比较。
9. 在刻录 DVD 光盘时应该注意什么问题？
10. 简述 MP4、MP5 播放器的主要特点。
11. 举例说明视听媒体的在教学中的应用。
12. 多媒体综合教室主要有哪些设备？有哪些功能？
13. 简述多媒体投影机的分类和主要技术指标。
14. 语言实验室的主要类型有哪些？各有何特点？
15. 试述数字语言实验室的特点。
16. 什么是微格教学？它有哪些特点？
17. 微格教学一般应有哪些步骤？
18. 微格教学的场地怎样布置？设备配套情况如何？

知识拓展

第四章

数字化学习资源的检索与管理

【问题提出】

在学习或者工作中，经常用到各种学习资源，如文本、图片、音频、视频、动画、在线数据库等资源，这些资源有很多类型，也有很多获取的渠道。在当今信息化时代，使用较多的资源形式主要是数字化学习资源。什么是数字化学习资源？如何去获取、交流与共享这些数字化学习资源？这些都是我们需要关注的问题。

【学习引导】

本章在讲述数字化学习资源基本概念、特点、分类的基础上，从应用的角度出发重点讲解了数字化学习资源的检索与管理，以及在我们的工作、生活中，采用什么方式与他人交流与共享这些数字化学习资源。

【本章知识点】

- 数字化学习资源的概念
- 数字化学习资源的特点
- 数字化学习资源的分类
- 数字化学习资源的检索
- 数字化学习资源的交流与共享

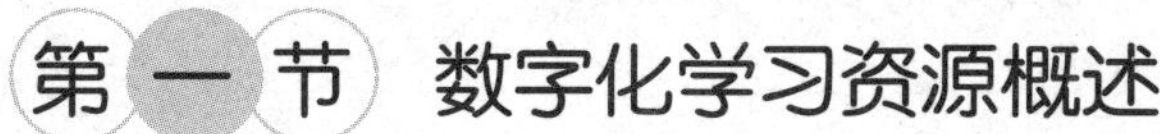

第一节 数字化学习资源概述

一、数字化学习资源的概念

根据 AECT 1994 教育技术定义可知，学习资源是教育技术的两个主要研究对象之一。从广义上来说，学习资源是指在学习过程中可被学习者利用的一切要素，主要包括支持学习的人、财、物、信息等。在这里，学习资源不仅仅指学习内容或者学习材料，还包括教师、同学、朋友、专家等人力资源，以及设施、设备、学习材料、学习工具等物质资源。

信息时代是一个数字化的世界，自然界的一切信息都可以通过数字表示，信息时代的学习是以数字化为支柱的。以多媒体和网络技术为核心的信息技术应用到教育教学过程后，学习环境、学习资源、学习方式都向数字化方向发展，逐步形成了数字化的学习环境、数字化的学习资源和数字化的学习方式。学习资源发展到数字化学习资源是各种数字技术和理念发展的结果，数字化学习资源是信息技术发展的前提下学习资源的延伸和提升。

关于数字化学习资源的内涵，国内教育技术界知名学者李克东教授在《数字化学习——信息技术与课程整合的核心》一文中，把数字化学习资源界定为：数字化学习资源是指经过数字化处理，可以在多媒体计算机上或网络环境下运行的多媒体材料。数字化学习资源包括数字视频、数字音频、多媒体软件、CD-ROM、网站、电子邮件、在线学习管理系统、计算机模拟、在线讨论、数据文件、数据库等。与此相对应的一个概念就是非数字化学习资源，按照技术发展可分为印刷材料、幻灯片、投影片、电影、电视、录像等。

丰富多彩的数字化学习资源使人类的学习不再仅仅局限于教科书等印刷材料的学习，而是可以通过各种形式的多媒体电子读物、各种类型的网上资源、网上教程进行数字化学习。数字化学习资源是数字化学习的关键，它能够激发学生通过自主、合作、创造的方式来寻找和处理信息并应用信息、管理信息等，从而促进网络教学活动的开展。

二、数字化学习资源的特点

数字化学习资源的出现，改变了人们学习的时空观念，使学习不再局限于学校、家庭中，不再局限于某一特定时间内，人们可以随时随地通过网络进入数字化的虚拟环境里学习。与传统的学习资源相比，数字化学习资源有以下几个方面的特点。

1. 形式多样性

数字化学习资源以电子数据的形式表现信息内容，其主要的媒体呈现形式有文本、图形图像、声音、视频、动画等，极大地丰富了内容的表现力。除此之外，其友好的交互界面、超文本结构还极大地方便了学习者的学习，增强了学习的主动性，虚拟仿真的应用也更有利于学习者对知识的理解与应用。

2. 资源共享性

数字化学习资源可实现网络传输和资源的远程共享，包括阅读、收看、上传、下载等，即可随时随地获取，快捷方便。利用电子读物或网络课程实现的资源共享比普通信息资源共享的传播范围更加广泛。

3. 双向交互性

数字化学习资源与传统的学习资源相比较，其最大的优势在于其交互性。无论是通过网络媒介进行学习，还是通过光盘等媒介进行学习，数字化学习资源的双向传递及反馈功能使得学习者与教师之间、学习者与学习者之间、学习者与学习内容之间的互动更为便捷和有效。

4．功能扩展性

数字化学习资源允许在其基础上进行横向扩展和纵向的精加工，扩大原有的学习功能，增加新的学习功能，以满足不同学习者的学习需要和同一学习者不同时期的学习需要。

5．内容再生性

经数字化处理的学习内容能够激发学生主动地参与到学习过程中，在学习者的积极参与下，利用信息技术对知识进行整合和扩充，并随着学习的需要进一步再创造。数字化学习资源的可再生性，不仅能很好地培养学生的创造力，而且为学生创造力的发挥提供了更大的可能。

除了上述几个特点外，数字化学习资源还具有其他一些特点，如远程共享等，这些都是传统非数字化学习资源无法比拟的，这也是当今信息时代，它的应用日益广泛的原因所在。

三、数字化学习资源的分类

根据《教育资源建设技术规范》，从学习资源建设的实际出发，我国目前可建设的信息化学习资源主要包括 9 类：多媒体素材、试题库、试卷、课件与网络课件、案例、文献资料、常见问题解答、资源目录索引和网络课程等。

1．多媒体素材

多媒体素材是传播教学信息的基本材料单元，可分为 5 大类：文本类素材、图形图像类素材、音频类素材、视频类素材、动画类素材。

2．试题库

试题库是按照一定的教育测量理论，在计算机系统中实现的某个学科题目的集合，是在数学模型基础上建立起来的教育测量工具。

3．试卷

试卷是用于进行多种类型测试的典型成套试题。

4．课件与网络课件

课件与网络课件是对一个或几个知识点实施相对完整教学的用于教育、教学的软件，根据运行平台划分，可分为单机运行的课件和网络版的课件。单机运行的课件可在本地计算机上运行。网络版的课件需要能在标准浏览器中运行，并且能通过网络教学环境共享。

5．案例

案例是指由各种媒体元素组合表现的有现实指导意义和教学意义的代表性事件或现象。

6．文献资料

文献资料是指有关教育方面的政策、法规、条例、规章制度，对重大事件的记录、重要文章、书籍等。

7. 常见问题解答

常见问题解答是针对某一具体领域最常出现的问题给出全面供参考的解答。

8. 资源目录索引

资源目录索引是列出某一领域中相关的网络资源地址链接和非网络资源的索引。

9. 网络课程

网络课程是通过网络表现的某门学科的教学内容及实施的教学活动的总和，它包括2个组成部分：按一定的教学目标、教学策略组织起来的教学内容和网络教学支撑环境。

四、教育信息资源库

资源是一切可被人类开发和利用的对象总称。教育信息资源库必须为教育教学服务，其内容与教学对象有直接关系。教育信息资源库主要分为国家级教育资源库、分类教育资源库、地方教育资源库、自建教育资源库。

（一）国家级教育资源库

国家级教育资源库也称国家教育资源信息中心，设立的目标是提供各种与教育有关的资料，促进教学研究成果的推广，使得任何人都可以从中找到所需要的教育信息。国家级教育资源库覆盖教育领域的各个方面，其主要实现方式是链接各个分类教育资源库，并提供大型数据库检索服务。每个国家都有自己的国家级教育资源中心，下面以我国为例介绍国家级教育资源库。

1. 国家基础教育资源库

国家基础教育资源库是依据基础教育教学需要建设的项目，是各类基础教育资源的集合，制定并形成资源数据库建设的基本规范和技术标准。资源库是在教育信息化思想上通过网络资源建设，实现以基础教育资源为核心的教学综合应用。资源库针对不同版本教材、不同年级、不同学科、不同媒体和不同专题进行分类编目，对资源进行统一的管理，使之符合统一的标准，方便用户从各个角度查寻资源。以我国基础教育资源网为例，其平台首页如图4-1所示。

2. 国家教育资源公共服务平台

（1）平台简介

国家教育资源公共服务平台（http://www.eduyun.cn/，简称国家基础教育云平台）是依托国家基础教育资源网筹建的面向全国的教育服务平台，借助现代科学技术，通过向广大的学校、教师、学生和家长提供各种教学服务和教育教学资源，实现促进教育均衡发展的目的。

国家教育资源公共服务平台在提供资源上传、下载服务的基础上，强调以学习空间为核心的资源推送，把不同用户所需要的适当资源送入不同的个人空间，以教师的空间应用带动学生、家长和学校的应用，在“宽带网络校校通”的基础上，促进“优质资源班班通”和“网络学习空间人人通”，其平台首页如图 4-2 所示。

图 4-1　国家基础教育资源网首页

（2）服务对象及内容

该平台向全国各级各类教育免费提供公益服务，向广大的学校、教师、学生和家长提供各种教学服务和教育教学资源，实现促进教育均衡发展的目的。

3. 国家精品课程资源网

国家精品课程资源网（http://www.jingpinke.com/）是全国高校精品课程共建共享服务信息平台，集成了近万门国家级精品课程、部分省级精品课程和国外著名高校的开放课程，其平台首页如图 4-3 所示。

云一下

活动 新闻 资源 应用 社区

教育信息化助推阆宁教育先行

悠悠阆江水，巍巍六盘情。2000年闽宁两省区建立了教育共建帮扶协...【详情】

2020年实现城乡基本公共教育服务均等化

《意见》提出，要加快缩小城乡教育差距，促进教育公平，统筹推进县域内城乡义务教育一体化改革发展。

- 2014年度“一师一课”活动部级“优课”名单公布
- 中央电化教育馆颁发部级“优课”评审专家证书通知
- 国务院教育督导组完成对新疆伊犁信息化工作督导检查
- 中央电化教育馆教育资源采购项目招标公告

“一师一课”在线会客室研讨会召开暨第三期开播

- 中央电化教育馆组织开展“一师一课”在线会客室工作
- 北京搭建网络实践平台 教师自助选择培训项目
- 湖北潜江开启网络环境下互动录播课堂应用探索
- 海南电教馆召开全省教育信息化重点工作推进会

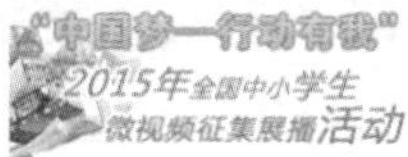

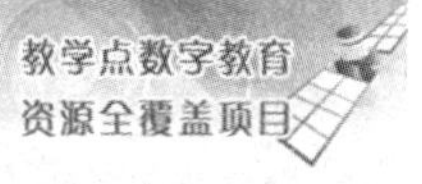

全国教育信息化
工作进展信息系统

海南多举措扎实推进全省教育精准扶贫

制定出台《海南省教育精准扶贫行动计划（2016—2020年）》，明确了教育扶贫的目标任务和工作措施，勾画了教育扶贫路线图。按照“定点帮扶，不落一户；困难资助，不落一生...［详情］

江苏镇江教育局领导赴教育信息中心开展工作调研

7月18日，江苏省镇江市政府教育督导室主任、市教育局党委副书记潘国建、市政府教育督导室副主任赵建军一行专程到市教育信息中心开展工作调研。［详情］

海南三亚推扎实推进“三通两平台”建成并广泛应用

近期三亚教育信息化工作会议召开。据悉，三亚作为教育部第一批教育信息化试点单位，承担着国家教育资源公共服务平台规模化应用专项试点工作，为全面推进教育信息化建设，...［详情］

海南电教馆召开全省教育信息化重点工作推进会

7月14日，海南省教育信息化重点工作推进座谈会暨电教站站长工作例会在省电教馆九楼会议室召开，会议交流总结了2016年上半年全省教育信息化重点工作推进情况，研讨部署下...［详情］

国务院十项举措推进城乡义务教育一体化

义务教育是教育工作的重中之重，是国家必须保障的公益性事业，是必须优先发展的基本公共事业，是脱贫攻坚的基础性事业。当前，我国已进入全面建成小康社会的决胜阶段，正...［详情］

图 4-2　国家教育资源公共服务平台首页

国家精品视频共享课（http://www.icourses.cn），即“爱课程”。爱课程网是教育部、财政部“十二五”期间启动实施的“高等学校本科教学质量与教学改革工程”支持建设的高等教育课程资源共享平台。本网站集中展示“中国大学视频公开课”和“中国大学资源共享课”，并对课程资源进行运行、更新、维护和管理。其平台首页如图 4-4 所示。

图 4-3　国家精品课程资源网首页

图 4-4　爱课程网站首页

中国大学 MOOC（http://www.icourse163.org/）是爱课程网携手云课堂打造的在线学习平台，每一个有提升愿望的人，都可以在这里学习中国最好的大学课程，学完还能获得认证证书。其平台首页如图 4-5 所示。在中国大学 MOOC（慕课）网站首页可以选择课程或者学校，如选择大连理工大学，就会显示该校开设的慕课课程，如图 4-6 所示。

图 4-5　中国大学 MOOC 网站首页

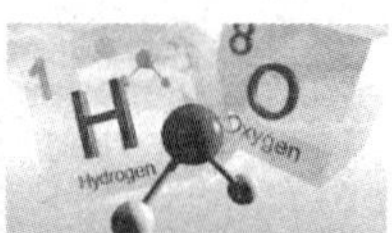

图 4-6　大连理工大学 MOOC 课程界面

（二）分类教育资源库

分类教育资源库一般按教育领域划分，为不同的教育专业服务，如中小学教育、高等教育、特殊儿童教育、职业教育等，通常由各个协会、学会主办，或由各学术领域的结构组织开发，如全国高校理、工、医、农等各学科协作组开发建立的教育资源库。

国内的分类教育资源库主要包括各领域、各学科教学资源库，主要通过互联网络提供资源检索和下载，如教育技术资源网（http://www.chinaret.com/）、语文新课程资源网（http://www.eywedu.com/）、中国数学资源网（http://www.mathrs.net/）、英语资源网（www.englishzy.com/）等，教育技术资源网如图 4-7 所示。

图 4-7　教育技术资源网首页

（三）地方教育资源库

由国家和地方教育行政部门统筹规划、组织开发的地方综合资源建设，由地方教育部门创建的大型网络数据库统一管理，依附校园网和城域网实现区域内教育资源的共享，是标准统一、符合国家规范、具有地方教育教学特色的教育资源库。

目前，各省大多数地市级教育部门已经建成具有地方特色的教育资源平台、数字图书馆等教育信息资源综合平台。例如，山东图书馆（http://www.sdlib.com/）以图书馆的数字资源为基础，致力于公共图书馆资源的整合，构建一个全省统一的资源和服务平台，建成数字图书馆和数字文献资源保障体系，为全省公共图书馆读者提供统一的免费服务。

（四）自建教育资源库

随着中国教育和科研计算机网（CERNET）的建设及“校校通”工程的全面推广，各大中专院校、科研院所、部分中小学校已经建设依托于校园网的教学资源库。这类资源库一般都为学校自行开发，整合全校师生的优秀电子课件及教案等，同时也购买收录其他机构或部门开发的部分教育资源，为本校师生提供媒体数据的上传、下载、实时播放等。

此外，由很多企业研发的数据资源库，面向全社会提供有偿信息服务，采集收录的信息资源包罗万象，并非单纯的教学资源，但其强大的期刊、报纸、专利、论文信息检索功能对于学校尤其高校和科研院校的教学科研工作很有帮助，从技术含量和收集资源的广度上来看都具有无可比拟的优势。其中的代表为中国知网、万方数据知识服务平台、维普网资源平台等，很多大中专院校都购买了镜像。

第二节 数字化学习资源的检索

一、数字化学习资源检索概述

随着互联网的飞速发展，网上信息资源日新月异，呈爆炸性增长，面对网络上浩如烟海的数字化信息资源，在学习中如何快速有效地获取数字化学习资源是帮助我们学习的关键。对于非网络化的数字化学习资源，我们可以借助计算机，利用计算机系统的查找、复制等功能进行学习资源的检索、查找、获取等操作。对于网络化的数字化学习资源，我们一般采取直接访问网页、使用搜索引擎、查询在线数据库等方式进行信息的检索与查询。

数字化学习资源的检索是指使用相关检索技术，通过检索系统在数据库或网络信息资源中自动查找用户所需的有关信息资源。目前，对基于互联网的信息，WWW 是最常用的一个多媒体信息浏览与检索系统，它把网上所有的信息资源组成一系列的超文本和超媒体文件，用户可进行远程信息浏览与检索，获得静态和动态的知识信息。通常用户检索数字化学习资源最简单的方法就是直接访问网页，也可以根据关键词使用搜索引擎、查询在线数据库等方法检索。

（一）直接访问网页

网页是承载各种网站应用的平台，网站是由网页集合而成的。对于已知 URL 地址的网页，用户在浏览器（如 IE 浏览器）地址栏中输入地址，按回车键，即可从主页开始通过 Web 链接访问检索各类信息资源，如直接到指定媒体素材站点检索需要的图片素材、声音素材、动画素材等资源，或直接到指定学科资源网站检索该学科的相关资源等。

这种检索方式有非常明确的目标，并且检索起来简单、快捷、有效，但这种检索方式只适用于利用已知 URL 地址的网站进行信息的查找与检索。假如需要从互联网上获取自己所需的某一类信息而又不清楚信息所在的 URL 时，就无法采用这种方式进行资源的检索。

（二）使用搜索引擎

在不知道所需资源的 URL 地址时，可利用关键词搜索或分类搜索得到有关的 URL 地址，并通过链接直接访问其主页，检索有关信息资源。

在浩如烟海的网络资源中，搜索引擎是人们发现、搜集、利用网络信息的有效工具。搜索引擎是指根据一定的策略，运用特定的计算机程序搜集网上的信息，在对信息进行组织和处理后，并将处理后的信息显示给用户，是为用户提供检索服务的系统。

搜索引擎使用自动索引软件来发现、收集并标引网页，建立数据库；以 Web 形式提供给用户一个检索界面，供用户输入关键词、词组或短语等检索项；代替用户在数据库中找出与关键词相匹配的记录；按一定的相关度排序返回结果。它是为满足用户对网络信息搜索需求而生的网络工具，既是互联网信息查询的导航针，也是沟通用户与网络信息的重要桥梁。

1. 搜索引擎的工作原理

搜索引擎的工作过程主要包括信息的采集与存储、信息的加工、信息的输出等几个部分。

（1）信息的采集与存储

搜索引擎一般采用自动方式收集和存储信息，即运用“网络机器人”自动运行的智能型软件，追寻万维网（WWW）上的链接向前搜索，找到Web页并将它们调出。搜索引擎软件将自动给该 Web 上的某些词或全部词做上索引，形成目标摘要格式文件后，再形成网络可访问的数据库。

（2）信息的加工

信息采集和存储后，要建立索引查询系统，它是一个同建库系统配套的子系统。建立信息索引就是创建文档信息的特征记录，使检索者能够快速地检索到所需信息，主要进行信息语词切分和语词词法分析、词性标注及相关的自然语言处理、建立检索项索引等处理。

（3）信息的输出

一般情况下，网上信息检索的结果往往很庞大，大量的结果信息使得检索者无法逐一浏览。所以，搜索引擎还根据文件的相关程度进行排列，最相关的文件通常排在最前面。

2. 搜索引擎的检索功能

（1）一般检索功能

这是搜索引擎最基本的功能，通常情况下，搜索引擎的一般检索功能包括布尔逻辑检索、词组检索、截词检索、字段检索、限制检索等。

（2）特殊检索功能

一般来说，搜索引擎的特殊检索功能包括自然语言检索、多语种检索、区分大小写的检索等。就一般情况而言，通过搜索引擎查找资源是仅次于利用学科资源网站获取资源的一种有效的、方便快捷的常用方法。

搜索引擎适合检索特定的信息及较为专深、具体或类属不明确的课题，通过搜索引擎可以找到大量的信息资源，一个关键词往往能搜索出成千上万条记录，信息量大且新，速度快，这里面既包括了有价值的资源，也有着很多不符合需要的资源，检索结果准确性相对较差。所以，为了更有效地检索所需信息，使用者需要学会使用一些简单搜索技巧，以便让搜索产生一些更简洁、更为准确的结果。

（三）查询在线数据库

数据库是在计算机存储设备上按一定方式，合理组织并存储的相互有关联的数据的集合，是计算机技术和信息检索技术相结合的产物，是电子信息资源的主体，是信息检索系统的核心部分之一。在线数据库把众多的数据元素根据它们之间的逻辑关系组织起来，利用计算机语言把它们存储在计算机的存储器内并进行一系列的运算，使之更便于人们检索。

网上有各种各样的数据库，通常包括图书馆目录和专门用途的数据库。图书馆目录可以辅助教师和学生对各种题目进行研究，也可以帮助学生收集文献以完成作业或相关论文；专门用途的数据库通常是收费的，如中国知网、中国期刊网、万方数据、龙源网、维普资讯等，它们包含了用户所需的期刊上的文章、优秀学位论文等，通过对数据库检索，会生成一个以超文本形式输出的符合用户需要的文章列表。

国内在线数据库资源主要有：中国知网、万方数据、维普资讯、超星图书馆、中国数字图书馆等。国外主要有：ERIC（美国教育信息资源中心）、EBSCO 数据库（英文文献期刊）、SCIENCEDIRECT 数据库（SCI） 等。

二、数字化学习资源检索方法

数字化学习资源检索方法有很多种，下面重点介绍搜索引擎、在线数据库的使用方法和技巧。

（一）搜索引擎的分类

各种搜索引擎的功能侧重不一样，有的是综合搜索，有的是目录搜索，有的是软件搜索，有的是知识搜索。搜索引擎按其工作方式主要可分为 4 种：全文搜索引擎（full text search engine）、目录索引类搜索引擎（search index/directory）、元搜索引擎（meta search engine）和垂直搜索（vertical search engine）。

1. 全文搜索引擎

全文搜索引擎是通过从网上提取的各个网站的信息（以网页文字为主）而建立的数据库中，检索与用户查询条件匹配的相关记录，然后按一定的排列顺序将结果反馈给用户。全文搜索引擎又分为 2 种：一种是拥有自己的检索程序，俗称“蜘蛛”（spider）程序或“机器人”（robot）程序，并自建网页数据库，搜索结果直接从自身的数据库中调用，如百度；另一种则是租用其他引擎的数据库，并按自定的格式排列搜索结果，如国外的 Lycos。百度网站首页如图 4-8 所示。

图 4-8　百度网站首页

全文搜索引擎的优点是检索面广、信息量大、信息更新速度快、无须对检索类目进行判断，使用方便。缺点是人工干预过少，反馈信息过多，特别是无关信息过多，用户必须从结果中进行筛选。百度（http://www.baidu.com/）是世界上规模最大的中文搜索引擎、最大的中文网站，2000 年 1 月创立于北京中关村，致力于向人们提供“简单，可依赖”的信息获取方式。百度主要提供新闻、网页、MP3、图片、视频、地图、词典等搜索服务，以及贴吧、知道、百科、文库、空间等搜索社区产品。百度深刻理解中文用户搜索习惯，开发出关键词自动提示功能、中文搜索自动纠错功能等特殊功能。百度凭借“简单，可依赖”的搜索体验使“百度一下”成为搜索的代名词。

2. 目录索引

目录索引也称分类检索，是以人工方式或半自动方式搜集信息，由信息管理专业人员在广泛搜集网络资源，并进行加工整理的基础上，按照某种主题分类体系编制的一种可供检索的等级结构式目录。这些主题目录以超文本链接的方式将不同类别的信息组织起来，使用户能通过该目录体系的引导查找不同类别的信息。这类搜索引擎的国内代表有新浪、搜狐、网易等，国外代表有 Yahoo（雅虎）、LookSmart 等，LookSmart 网站首页如图 4-9 所示。

图 4-9 LookSmart 网站首页

目录索引的优点是所收录的网络资源经过专业人员的选择和组织，质量较高，用户可以根据目录有针对性地逐级查询自己需要的信息，减少了检索中的“噪声”，提高了检索的可靠性。缺点是人工搜集整理信息，维护量大，需要花费大量的人力和时间，难免产生信息的遗漏，且难以做到网络信息的及时更新；所设计的范围有限，其数据库的规模也相对较小，收录信息数量相对不足。

3. 元搜索引擎

元搜索引擎又称集合型搜索引擎，它没有自己的数据库，而是将用户的查询请求同时向多个独立的搜索引擎递交，将返回的结果进行重新排序等处理后，作为自己的结果反馈给用户。典型的元搜索引擎国外有 Infospace、Dogpile 等，中文元搜索引擎具有代表性的有北斗搜索、百度等。Dogpile 网站首页如图 4-10 所示。

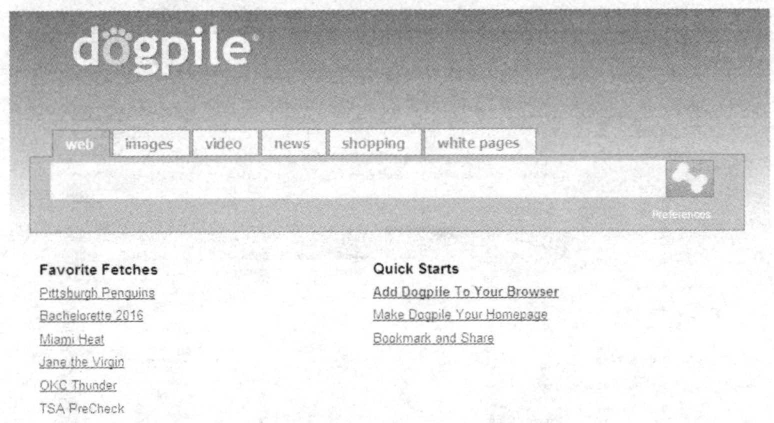

图 4-10 Dogpile 网站首页

这类搜索引擎的优点是可以同时检索多个搜索引擎，检索结果全面丰富，返回结果的信息量更大、更全；缺点是由于其本身需要借助多个搜索引擎来完成检索任务，不同的搜索引擎解析查询表达式的方式不同，处理大小写字母方式不同，支持自然语言理解不同，故用户在使用元搜索引擎时只适用提交简单的检索，不能传送使用布尔逻辑或其他运算符来限制或改进结果的高级检索提问，用户需要做更多的筛选，这样不利于利用每个搜索引擎的特色功能。

4. 垂直搜索引擎

垂直搜索是针对某一个行业的专业搜索引擎，是近年来逐步兴起的，是搜索引擎的细分和延伸，是对网页库中的某类专门的信息进行一次整合。垂直搜索引擎的应用方向很多，如企业库搜索、供求信息搜索引擎、购物搜索、房产搜索、机票搜索、人才搜索、地图搜索、MP3 搜索、图片搜索……几乎各行各业各类信息都可以进一步细化成各类的垂直搜索引擎，如一淘、去哪儿网、豆丁网、12306 等。去哪儿网如图 4-11 所示，12306 网站首页如图 4-12 所示。

图 4-11　去哪儿网

图 4-12　12306 网站首页

（二）搜索引擎的使用方法和技巧

搜索引擎的主要功能是建立数据库，将杂乱无序的信息组织起来，建立有序的索引文档，供人们查询使用。一般来说，并不是每种搜索引擎都包括了搜索引擎的全部检索功能，而且每一种检索功能在各个不同的搜索引擎中，表现得也不完全相同，每个搜索引擎都有自己的特色。但在使用各种搜索工具搜索信息时，搜索的思想和理念是相通的。

1. 网上信息搜索的基本方法

（1）确定搜索对象

信息的分类是查询的基础，在查询之前应该对所要查询的信息进行分类。分类的主要内容有：所查询的信息是中文还是英文、是网站还是文章、是政府组织还是学校或学校团体等，然后根据自己的需求，选用符合自己搜索需求的检索工具。严格的分类对于信息的有效查询非常有帮助。

（2）选用准确的关键词，构造恰当的检索表达式

确定问题中的重要概念，选择查询关键词，并运用布尔运算符等符号构造恰当的检索表达式。关键词的选择是信息搜索中的重要技巧，为了提高结果的相关性，查询中应尽可能使用那些只在所需内容中存在的、较特殊的短句或单词，避免使用那些非常常见的词，否则将引来数以万计的无用响应。为了提高查全率，应扩大检索范围，使用同义词、近义词等方法。因此，要进行有效的搜索，还应根据查询返回结果及时调整查询。

（3）确定搜索途径

检索工具提供两种搜索途径：分类浏览与主题检索。首先应了解检索工具的工作特点和方法，然后确定自己查询的途径。例如，了解查询工具的主题目录分类可直接找到与自己所需信息有关的条目，则可以通过分类浏览进行检索；当自己可清楚、仔细地界定所需要信息的特点时，可以通过输入查询命令进行查询。

（4）利用进阶检索功能

进阶检索是指利用前一次检索的结果作为后一次检索的范围，逐步缩小检索范围。例如，要检索语文与信息技术课程整合的有关资料，在百度搜索引擎中输入“课程整合”，返回 3410000 个相关信息，在进阶检索框中输入“语文”，可得到 1730000 个结果。

2. 搜索引擎的使用技巧

搜索引擎主要使用关键词搜索所需的信息。所谓关键字（keyword），简单地说，就是用户在使用搜索引擎时输入的、能够最大程度概括用户所要查找的信息内容的字或者词，是信息的概括化和集中化。在使用关键词检索时，要把与主题关联的概念定为检索的关键词，关键词表述要准确与简练，以提高检索的质量。适当掌握关键字的使用方法和技巧，可大大提高信息检索效率。下面主要以百度为例介绍全文搜索引擎的使用方法和技巧。

（1）基本关键字搜索

百度查询简洁方便，当只有一个关键字时，仅需输入查询内容的关键字，按回车键，或单击“百度一下”按钮，即可得到相关资料。这是一个相当简单模式匹配算法的搜索，通常出现的大部分内容都不是需要的结果（输入时不含双引号，适用于所有的搜索引擎）。

如果想缩小搜索范围，可以输入两个及两个以上关键字搜索，在关键词之间加“AND”或“+”，则返回同时包含多个关键词的搜索结果；在关键词之间加“OR”，则返回包含其中任何一个关键词的搜索结果，搜索范围大大扩展（输入时不含双引号，适用于百度）。例如，要搜索同时包含“生产力”和“生产关系”的信息，可输入“生产力 AND 生成关系”；搜索“生产力”或“生产关系”的信息，可输入“生产力 OR 生成关系”。

（2）搜索结果不包含某些特定信息

如果要在搜索结果中排除带有某一搜索关键词中的内容，可以在这个词前面加上一个减号“-”（“-”为英文字符），但在减号之前必须留一个空格，如“计算机—硬件”，表示查找包含有“计算机”，但没有“硬件”的所有资料（输入时不含双引号，适用于百度）。

（3）整词的搜索

在百度中，可以通过添加双引号来搜索短语，只搜索包含特定关键词信息的结果，以得到数量最少、最精确的搜索结果。双引号中的词语，如“一寸光阴一寸金”，在查询到的文档中将作为一个整体出现，而不会自动进行分词处理。这一方法在查找名言警句或专有名词时显得格外有用（输入时包含双引号，适用于百度）。

（4）特殊搜索技巧

1）使用“intitle：关键词”，搜索标题。在搜索中，热门词的使用频率高，搜索结果误差较大，直接通过标题搜索往往能获得较佳的效果。例如，搜索 NBA 最新赛程，只需输入“intitle：NBA 赛程”即可。

2）拼音汉字转换。百度运用智能软件系统对拼音关键词能进行自动中文转换并提供相应提示。例如，搜索“yue guang”，百度能自动提示“您要找的是不是：月光”。如果单击“月光”，百度将以“月光”作为关键词进行搜索。对于拼音和中文混合关键词，系统也能做有效转换。

3）缩略词英文缩写搜索。可以快速查找英文缩略词的全称或原意。例如，查找 CEO 英文缩写的全称或原文，可输入“CEO 英文缩写”（输入时不含双引号，适用于大多数搜索引擎）。

4）“filetype：文件类型”搜索。搜索带有关键字的特定类型的文件，如搜索带有“注册表”的 DOC 文件，可输入“注册表 filetype：doc”。

5）“site：网址”搜索。只搜索指定网站中包含关键词的有关信息，如在绿色兵团网站中搜索有关“注册表”的信息，可输入“注册表 site：www.isbase.net”（输入时不含双引号，适用于百度）。

6）中（英）文单词翻译。从百度产品中找到“词典”进入百度词典，可以搜索该词的解释含义，还可以自动翻译，进行中英文转换。例如，在百度词典页面输入“自信”，单击“查百度词典”按钮，即可查到“自信”的中文释义，以及英文翻译（输入时不含双引号，适用于百度）。

在百度搜索时，另外还有许多搜索技巧，如图片搜索、MP3 搜索、视频搜索、地图搜索、单位换算、查询城市天气预报、邮政编码、列车车次或者飞机航班号、股票代码等。在此不再做详细介绍。

（三）在线数据库的使用方法和技巧

数据库是把一些数据加以汇总，并按照一定的格式组织起来，存放在计算机的硬盘上，以便人们利用的数据集合。这里所说的数据不仅指的是数字，还有文字、图形、图像、声音、符号、文件、档案等。这种数据集合具有如下特点：尽可能不重复，以最优方式为某个特定组织提供多种应用服务，其数据结构独立于使用它的应用程序，对数据的增、删、改和检索由软件统一进行管理和控制。从发展的历史看，数据库是数据管理的高级阶段，它是由文件管理系统发展起来的。

在线数据库就是架设到网上的数据库，相对于传统的本地数据库，在线数据库其实就相当于一个网上的图书馆，可以在里面查到很多所需要的信息，如学术论文、期刊等各方面的专业知识，涵盖各个行业领域的知识。但是大多数网上的数据库是商业性质的，不是免费共享的，要申请会员账号才能进行查询搜索，如中国知网。

中国知网是中国知识基础设施工程（China National Knowledge Infrastructure）的简称，其网名为 CNKI。它于 1999 年 6 月正式开通，是目前全世界最大的中文期刊文献全文数据库，其支撑系统达到了国际先进水平，具有文章篇名、分类、关键词、摘要（没有摘要的文章前 500 字）、作者、机构、引文、基金等十多项检索入口，并具有关联检索、逐项检索、摘录、下载打印等功能。

中国知网有一个庞大的查询系统，要使用该查询系统首先要登录（包括账号登录、IP 登录、访客进入），然后选择检索方式。下面以中国知网中“中国期刊全文数据库”为例介绍在线数据库的使用方法与技巧。

1. 登录方式

中国知网的收费方式包括 2 种：一种是个人用户，是一种类似手机充值卡的充值用户，个人可以购买中国知网的充值卡进行充值，然后按下载的页数收费，价格比较贵，但这种使用方式的好处在于可以随时随地下载，并且可以下载中国知网上的所有资源；另一种是包库用户，如高校或其他科研机构订购了中国知网的产品，在一定时间内可以无限制地下载，但是这种下载是限制在一定 IP 地址范围内的，而且包库用户可能订购的资源只是中国知网的一部分数据库而不是全部，这样用户就不能下载所有资源。其登录方式主要有以下两种。

（1）直接访问中国知网首页

中国知网首页地址为 http://www.cnki.net/。如果是个人用户，先启动 IE 浏览器，在地址栏中输入“http://www.cnki.net/”，按回车键即可进入中国知网登录界面，登录后即可进入网站首页，如图 4-13 所示。

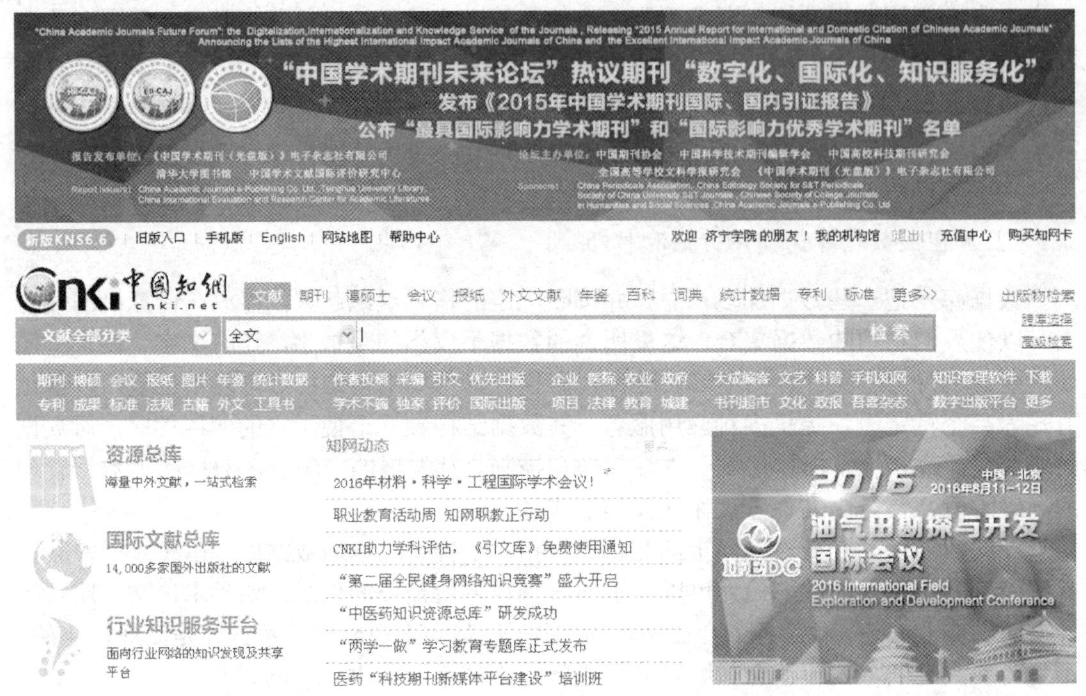

图 4-13 中国知网首页

如果还不是注册用户，就应先注册为合法用户后再登录。如果已经是注册用户，输入自己注册的用户名与密码进行登录，登录成功后进入“欢迎使用中国知识资源总库”页面，出现“欢迎***访问”时，则表明您登录成功，然后可以选择数据库进行资源的检索。但是在使用前要先下载和安装浏览器，该系统提供 CAJ 和 PDF 两种格式全文浏览器供读者自由选择下载，推荐使用的全文浏览器为 CAJViewer。

（2）通过其他主页进入中国期刊网

如果是单位包库用户，可以通过该机构的数字图书馆或者其他电子期刊服务页面的链接进入中国知网检索页面，借助于该机构购买的中国知网产品进行资源的检索与应用，如通过某高校的电子期刊服务链接进入电子资源页面，即可显示中国知网的中国学术期刊全文数据库等入口链接，单击进入检索页面即可。

2. 检索方法和技巧

由于中国知网数据资源多，其检索方式可以选择单库检索或跨库检索。在单库检索页中又分检索、高级检索、专业检索等检索方式。使用中国知网时，常用的检索方式主要有 3 种：导航检索、检索和高级检索。

（1）导航检索

导航检索就是从导航目录开始，一步一步进入下一级目录，直达所需要的内容。中国知网检索系统设有导航区，分类浏览指向知识导航、期刊导航、硕博学位授予单位导航、会议主办单位导航、报纸导航、出版社导航等。例如，“期刊导航”专辑导航，其分类体系是基础科学、工程科技Ⅰ辑、工程科技Ⅱ辑、农业科技、医疗与卫生科技、哲学与人文科学、社会科学Ⅰ辑、社会科学Ⅱ辑、信息科技、经济与管理科学，共计 10 大类，全文数据库分类体系如图 4-14 所示。

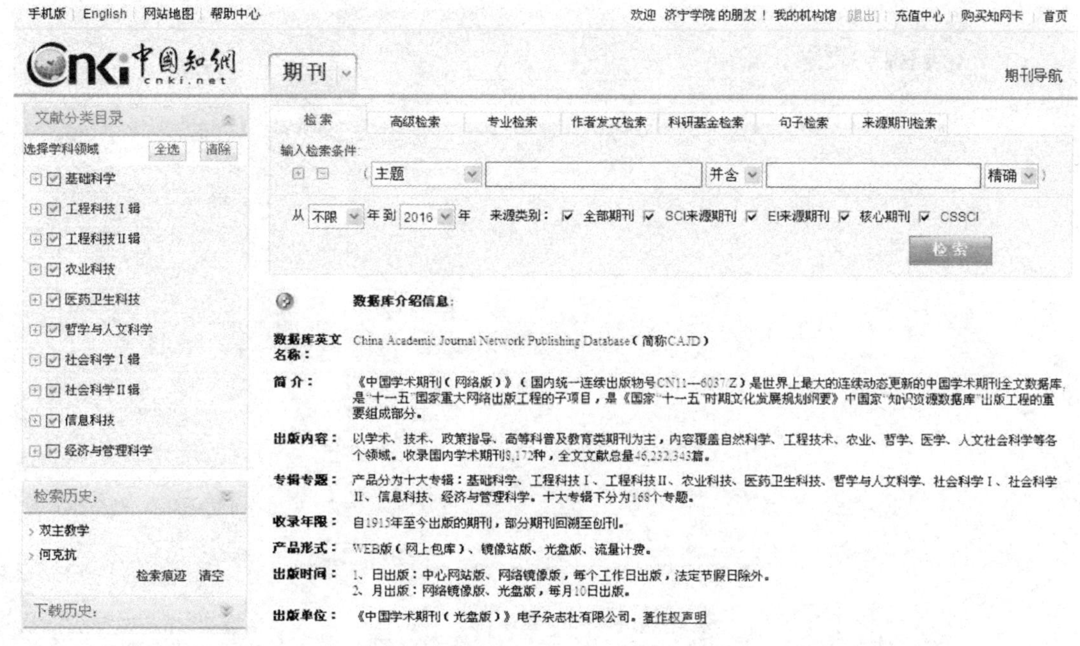

图 4-14 中国知网中国期刊全文数据库分类体系页面

每一大类又划分出许多二级及以下类目录，如信息科技下分为无线电电子学、电信技术、计算机硬件技术、计算机软件及计算机应用、互联网技术、自动化技术、新闻与传媒、出版、图书情报与数字图书馆、档案及博物馆。其中，如互联网技术又可进一步区分为计算机网络理论、网络结构与设计、通信协议、通信设备与线路、网络管理与运行、网络安全、网络应用程序、各种网络；如检索关于“网络安全技术”方面的期刊论文的路径可记录为：“中国学术期刊全文数据库→专辑导航→信息科技→互联网技术→网络安全”，至此再在主题检索框内键入“网络安全技术”后，也可设置文献发表的时间范围，选择来源类别，再单击“检索”按钮，便可查找到“网络安全技术”方面的期刊论文，如图 4-15 所示。

（2）检索

检索是最简单的检索，只需输入检索词，单击“检索”按钮，则系统将在默认的“主题”（题名、关键词、摘要）项内进行检索，任一项与检索条件匹配者均为命中记录。检索是一种简单检索，中国期刊全文数据库所设检索具有多种功能，如多项单词逻辑组合检索、与关键词匹配度检索、文献发表时间选择、期刊来源类别选择等。

多项单词逻辑组合检索中，多项是指可选择多个检索项，通过单击“逻辑”下方的

“十”按钮可以增加一行逻辑检索行；单词是指每个检索项中只可输入一个词；逻辑是指每一检索项之间可使用逻辑与、逻辑或、逻辑非进行项间组合。中国知网检索页面如图 4-16 所示。

在检索系统中进行单库检索时，本系统上各数据库都设有不同数量的检索项，其中主要数据库的检索项列表如表 4-1 所示。

图 4-15　分类检索“网络安全技术”期刊论文页面

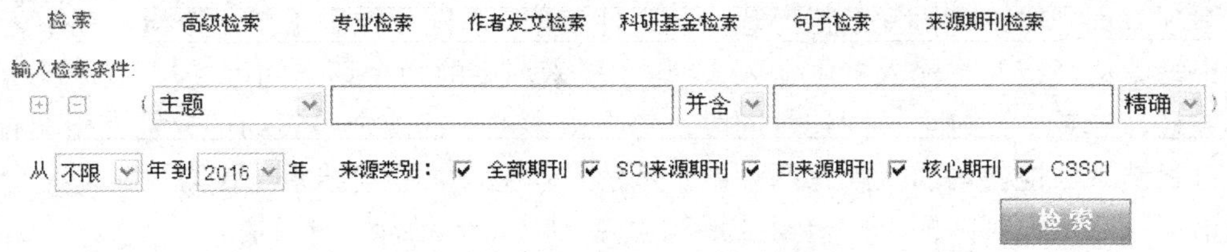

图 4-16　中国知网检索页面

表 4-1　主要数据库的检索项列表

数据库名称	检索项数	检索项名
中国期刊全文数据库	16 个	主题、篇名、关键词、摘要、作者、第一责任人、单位、刊名、参考文献、全文、年、期、基金、中图分类号、ISSN、统一刊号
中国优秀博硕士学位论文全文数据库	21 个	主题、题名、关键词、摘要、作者、作者单位、导师、第一导师、导师单位、网络出版投稿人、论文级别、学科专业名称、学位授予单位、学位授予单位代码、目录、参考文献、全文、中图分类号、学位年度、论文提交日期、网络出版投稿时间
中国重要会议论文全文数据库	23 个	主题、题名、关键词、摘要、论文作者、第一责任人、单位、会议名称、会议录名称、参考文献、全文、年、基金、中图分类号、主办单位、学会、主编、编者、出版单位、会议地点、ISSN、统一书刊号、ISBN
中国重要报纸全文数据库	11 个	主题、标题、作者、第一责任人、关键词、全文、报纸名称、日期、版号、栏目、统一刊号

（3）高级检索

高级检索是通过逻辑关系的组合进行的快速查询方式。利用高级检索系统能进行快速有效的组合查询，优点是查询结果冗余少，命中率高。在中国期刊全文数据库首页上选择“高级检索”选项卡，便可进入高级检索页面，如图 4-17 所示。

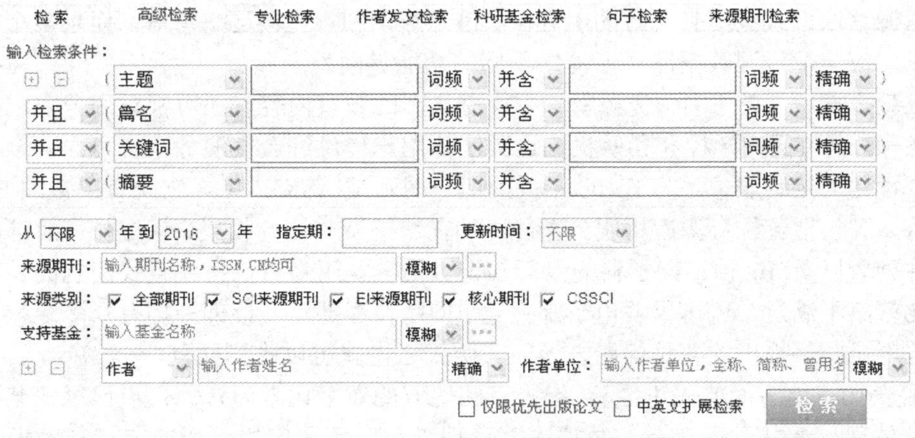

图 4-17　中国知网高级检索页面

高级检索中的检索项包括主题、篇名、关键词、摘要、作者、第一作者、单位、刊名、全文、参考文献、年等。高级检索特有功能为：多项双词逻辑组合检索、双词频控制、与检索词的匹配等。

多项双词逻辑组合检索是指可选择多个检索项；双词频控制是指一个检索项中可输入两个检索词（在两个输入框中输入），每个检索项中的两个词之间可进行 5 种逻辑组合：并且、或者、不包含、同句、同段，每个检索项中的两个检索词可分别使用词频。

检索结果与检索词的匹配有两种：一是精确匹配，即检索结果包含与检索词完全相同的语词；二是模糊匹配，即检索结果包含检索词或检索词中的词素。

检索结果排序有 5 种：主题排序、相关排序、发表时间、被引、下载排序。主题排序：综合考虑文献的多种因素给定的排序结果，是检索结果的默认排序方式；相关排序：输出的结果按匹配检索词的程度排序；按发表时间排序：最新发表的文献排在前列；按被引情况排序：输出的结果按被引用次数排序；按下载排序：按文献被下载次数排序。

除上述检索方式外，还有专业检索、作者发文检索、科研基金检索、句子检索、来源期刊检索等方式。

三、数字化学习资源管理

目前对数字化学习资源的管理，主要考虑的问题是如何通过数据库存储方式对学习资源的数据内容进行有效的管理，但管理数字化学习资源的最终目的，是能在教学过程中充分地利用这些资源。所以，我们在建设数字化学习资源的过程中不仅应当关注学习资源的数据内容管理，同时也应当关注学习资源应用环境的支持与管理。可见，由仅仅关注学习资源的数据内容管理转向同时关注学习资源应用环境的支持与管理，这是当前关于数字化学习资源管理的研究与开发中的一个新趋势。

这种新趋势的典型范例之一是美国教育部对其所属资源库的管理。在当前以用户为中心的学习资源服务体系中，大多数是以门户网站作为基本呈现方式的。友好的界面和便捷的资源获取方式能提供及时的服务，如信息查询和常见问题解答等，而且多个门户网站可以对应一个资源数据库（但提供不同的功能界面）。

美国教育部所属的 ERIC 资源库，不仅有丰富的教育内容，还可根据用户需求提供多种服务——既可面向学校和科研机构这类团体用户提供综合性服务，也可面向个体用户提供个性化的定制服务。与 ERIC 相关的门户网站是 ASKERIC，它既有丰富的 ERIC 资源支持，又包括各种资源应用服务功能，如在线答疑、资源收集、问题档案、课程计划、邮件列表以及 16 种不同学科的专门知识查询等。用户可以在线查找问题的答案，如果对此答案不满意，还可以发电子邮件给 ERIC 管理部门，该部门拥有众多专家负责在线回答电子邮件提出的各种问题，一般在两天之内就可以收到回复。

借鉴美国在这方面的先进经验，国内有些地方的数字化学习资源建设已经在某种程度上开始体现上述从学习资源的数据内容管理为主向资源应用环境的支持与管理为主的转变。例如，广东佛山、东莞等地的数字化学习资源网，目前主要采用学科群资源网站形式作为资源用户的前端应用环境，后台则采用数据库对资源的数据内容存储进行有效管理。这种做法为数字化学习资源的管理与应用提供了新的思路，也得到广大中小学教师的欢迎与认同。

第三节 数字化学习资源的交流与共享

近年来，随着计算机技术及数据存储技术的不断发展，信息资源的存在形式逐步向多种媒体形式并存的数字化资源方向发展，它的产生、发展和广泛应用给人们收集信息、存储信息、利用信息、交流共享信息的方式带来很大的改变。特别是在交流共享信息方面，给我们带来了更快捷、更方便、更多样化的交流方式和方法。

一、非网络资源的交流与共享

因计算机技术的发展和普及，以计算机为存储载体的图文并茂、声形交辉的电子资料数量也逐步增长，并且增长的速度越来越快，它不仅能拓宽学习者的视野，增加信息量，更主要的是给使用者带来更多共享资源方面的方便。

对于非网络环境下的数字化学习资源，其存储介质主要有磁介质、光介质和各类存储卡。磁介质存储载体主要有内置硬盘、移动硬盘；光介质存储载体主要 CD/VCD 光盘、DVD 光盘等；各类存储卡主要有 U 盘（闪存盘）、SD 卡、MMC 卡、CF 卡、XD 卡、记忆棒等。此类载体上的数字化资源，总体而言，其交流共享方式相对较为简单、方便，可直接通过这些资源载体对数字资源进行查询、检索、传输、交流共享。

在非网络环境中，不同存储载体的资源交流共享的方式各有不同。下面简单介绍几种常用的数字资源的载体，以及如何利用它们进行资源的共享。

U 盘，又称优盘，中文全称为“USB（通用串行总线）接口的闪存盘”，英文名为“USB flash disk”。U 盘有许多优点：体积较小、不占空间，通常操作速度较快，能存储较多数据，并且性能较可靠，在读写时断开不会损坏硬件，只可能会丢失数据。要访问 U 盘的数据，只需通过 USB 端口，把 U 盘连接到计算机，U 盘就会启动，我们即可共享使用 U 盘里的资源。

光盘是一种利用激光将信息写入和读出的高密度存储媒体。光盘的特点为：存储容量大，价格便宜，保存时间长，适宜保存大量的数据，如声音、图像、动画、视频等多媒体信息。要想读取光盘信息，需要将光盘放入光盘驱动器（简称光驱），通过光驱即可进行数据的读写操作，实现数据资源的共享。

二、网络资源的交流与共享

网络已成为人们学习、生活、工作中不可或缺的一部分，网络实现了方便快捷的信息交流和资源共享，可以说信息资源共享是网络化信息服务的主要特征。网络环境下信息资源共享，不仅使共享对象得到了极大拓展，实现了从物质资源共享到智力资源共享的根本性转变；更主要的是共享方式的突破，实现了从基于实体资源的共享到网络中分布式虚拟资源的无缝式共享。网络上的信息资源都属于数字化资源，其交流共享方式可分为两种：实时交流和非实时交流。

（一）实时交流

网络为信息交流开辟了一个新时代，人们不仅可以通过网络浏览网上信息，还可以通过实时通信软件，进行信息资源的传输与共享。实时交流是指伴随着网络等相关媒体技术的发展而产生的，通过这些媒体实现交流沟通的及时性与时效性。常用的实时交流工具有QQ、MSN、UC、BBS、微信、聊天室等，通过这些实时交流工具，可以方便快捷地实现数字化资源的交流与共享，下面简要介绍几款常用的通信交流工具。

1. 即时通信工具

即时通信工具（instant messenger，IM）能够即时发送和接收网络消息等，即时通信是点对点的数据交换，即两台终端之间直接交流，无须通过第三方服务器中转。通过即时通信可突破时空限制进行交流沟通、信息传输，实现异地文字、语音、视频等信息的全方位实时交流共享。下面以腾讯QQ2016 8.3版本为例介绍即时通信工具对教学信息的传输与共享。

腾讯QQ是一款基于互联网的即时通信软件。腾讯QQ支持在线聊天、视频电话、点对点断点续传文件、共享文件、网络硬盘、自定义面板、QQ邮箱等多种功能，并可与移动通信终端等多种通信方式相连。在教育教学中，腾讯QQ实现的主要功能如下。

（1）“文字交流”功能

“文字交流”是QQ最基本的交流方式，也可以进行“语音会话”和“视频会话”，进行实时语音交流。

（2）“文件传输”功能

选择接收人，打开QQ交流对话框，只需单击“传送文件”图标，打开“打开文件”对话框，选择要传送的文件，双击“打开”按钮即可传送，所传输文件的类型可以是文档、图片、声音、视频等。同时还可以单击“传送文件”下拉按钮，进行发送方式的选择，然后选择要传送的文件进行传输，如图4-18所示。还可以直接把所要传送的文件拖到文字输入窗口，即可发送。

（3）“QQ群交流”功能

加入班级QQ群或其他好友QQ群，可享受多人同时在线的群交流和群文件共享，如图4-19所示。

图4-18　QQ传输文件界面

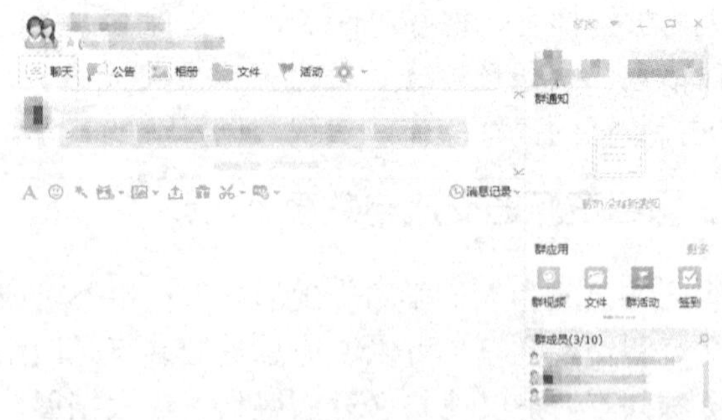

图4-19　QQ群界面

（4）其他功能

QQ还有许多可应用的功能，如QQ空间、QQ网络硬盘等，同样也可以实现信息的交流与共享。

与腾讯QQ使用方法、实现功能都类似的即时通信工具还有微软MSN、网易泡泡、阿里旺旺等。

2. 飞信

飞信（Fetion）作为中国移动推出的一项业务，是近年来较为流行的一种即时通信工具。飞信除具备聊天软件的基本功能外，可以通过PC、手机、WAP等多种终端登录，实现PC和手机间的无缝即时互通，保证用户能够实现永不离线的状态，可以实现即时消息、短信、语音、GPRS等多种通信方式。

飞信不但可以免费从PC给手机发短信，而且不受任何限制，实现无缝链接的多端信息接收，而且MP3、图片和普通Office文件都能随时随地任意传输，大大提高了工作效率。在教育教学过程中，越来越多的人使用飞信进行信息的传送与接收。飞信界面如图4-20所示。

图4-20 飞信界面

3. 微信

微信（WeChat）是腾讯公司于2011年推出的一个为智能终端提供即时通信服务的免费应用程序，微信支持跨通信运营商、跨操作系统平台通过网络快速发送免费语音短信、视频、图片和文字（需消耗少量网络流量），同时，也可以使用通过共享流媒体内容的资料和基于位置的社交插件“摇一摇”“漂流瓶”“朋友圈”“公众平台”“语音记事本”等服务。下面介绍微信的一些特色应用。

（1）“扫一扫”功能

在“微信”界面（图4-21）和“发现”界面（图4-22）都可以找到“扫一扫”功能选项，选择“扫一扫”选项进入“扫一扫”界面后，就可以开始扫描二维码、条码、CD及图书封面、街景等，如图4-23所示。

图4-21 “微信”界面

图4-22 “发现”界面

图4-23 扫描界面

（2）“游戏”功能

在“发现”界面，选择“游戏”选项进入“游戏”界面，界面及动态如图 4-24 所示。单击游戏即可进入游戏下载界面，如图 4-25 所示。

图 4-24 “游戏”界面

图 4-25 “像素积木”下载界面

（3）“支付”功能

在“我”的界面（图 4-26），选择“钱包”选项进入“钱包”界面（图 4-27），选择界面右上角的“…”选项，会弹出“支付”相应功能设置的界面，可以进行查看交易记录、添加银行卡、管理密码等操作，绑定银行卡之后，选择相应图标就可以购物、转账、打车、给好友发红包等。

图 4-26 微信“我”的界面

图 4-27 微信“钱包”界面

（4）“交友”功能

微信提供了“摇一摇”“附近的人”“漂流瓶”3 种与陌生人交友的方式。当确定已启用这些功能后，可在“发现”界面快速开启。可以在图 4-28～图 4-30 所示的界面中查看它们是否启用。

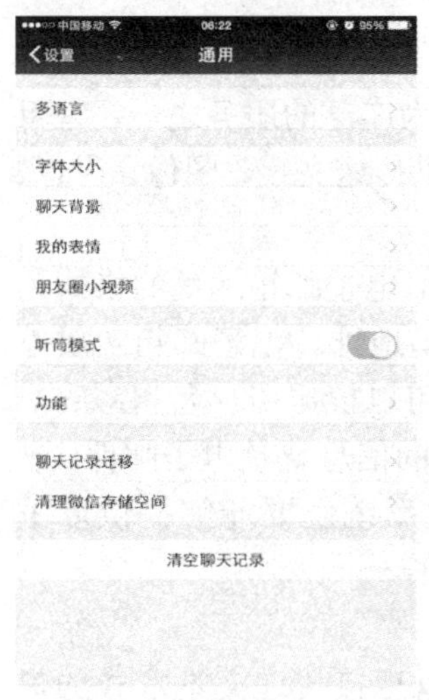

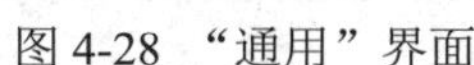

图 4-28 “通用”界面

图 4-29 “功能”界面

图 4-30 “发现”界面

4．BBS

BBS 的英文全称是 bulletin board system，中文全称是“电子公告板”，是网上的一种电子信息服务系统，它为多人讨论问题搭建网络交流平台，每个用户都可以在上面发布信息或提出看法。在 BBS 里，交流打破了时空的限制，并且可以平等地与他人交流。

大部分 BBS 由教育机构、研究机构或商业机构管理。像日常生活中的黑板报一样，BBS 按不同的主题分成很多个布告栏，使用者可以阅读他人关于某个主题的最新看法，也可以将自己的想法毫无保留地贴到布告栏中，往往很快就能得到他人对自己观点的回应。

基于 Web 的 BBS 使用非常方便，只要在 Web 浏览器的地址栏内输入 BBS 网址，即可链接到 BBS 站。例如，要访问国内知名的 BBS 站点“水木清华”，只需在 Web 地址栏中输入“http://bbs.tsinghua.edu.cn”，就可以出现水木清华 BBS 站的欢迎界面，然后就可以遨游水木清华 BBS 世界了。

在基于网络的现代远程教育中，BBS 就是一个虚拟的社区，在这个社区里，学生与学生、教师与学生，或者是志趣相同的陌生人之间的交流没有时空的限制，他们利用 BBS 发表自己的观点、看法和提出问题。在远程教育网站或普通的学习网站中，一般都提供 BBS 功能，给使用者提供一个交流共享信息的平台。

（二）非实时交流

通过互联网进行交流时，QQ 等实时工具虽然通信方便、及时，但当通信双方没有同时上网或者交流的内容不能实时回应时，则可以采用非实时交流的途径进行交流，实现数字化资源的共享。留言板是目前网站中使用较广泛的一种与用户沟通、交流的方式。通过留言板，可收集来自用户的意见或需求信息，并可给出相应的回复，从而实现网站与用户及不同用户之间的交流与沟通。常用的非实时交流工具如电子邮件、FTP、博客与微博客、网络硬盘、云存储等。

1. 电子邮件

电子邮件是网上典型的非实时通信手段，也是网上应用最为广泛的服务之一，它可以快捷、方便、廉价地完成全球用户之间的通信。电子邮件可以传送文字、图像、声音、动画、视频等各种多媒体信息。

使用电子邮件首先要向互联网的服务商申请一个电子邮箱，电子邮箱地址的格式为"用户名@域名"，如"LiMing@163.com"就是一个合法的邮箱地址。电子邮箱实质上是在提供电子邮件服务的主机上申请的一块硬盘空间，申请者可以根据用户名和密码对这个空间进行管理，其他人可以往这个空间上发送信息，发送的信息就是电子邮件。

在数字化信息资源的交流与共享方面，目前的电子邮件系统主要能够提供以下服务。

（1）发送多媒体教学材料

电子邮件系统最基本的功能是用来收发电子邮件，既可以直接传递文本形式的信息，也可以以附件的形式传递文本文件及各种多媒体信息等。

（2）一发多功能

可以把一封载有教学信息的电子邮件同时发送给多个接收者。

（3）存储、转发、回复邮件

可以方便地存储、转发以及回复邮件，回复时还可以自动附上接收到的原信并自动填入收信人的电子邮件地址。

（4）订阅电子刊物

网上有数万种中英文电子刊物，其中很大一部分可以通过电子邮件订阅，并且是免费的，只要订阅后就可定期从电子邮箱中收到该刊物。教学中应充分利用订阅电子刊物功能，获取相关的教学资料。

（5）网络存储

网络存储可以方便用户把存储在本地硬盘上的内容转移到电子信箱所在的空间上，使得资料存取不受时间和地点的限制，实现文件的备份和共享。

2. FTP

FTP（file transfer protocol）是一种网络上的文件传输协议，用于网上的控制文件的双向传输，即文件的上传和下载。同时，它也是一个应用程序，用户可以通过它把自己的PC与世界各地所有运行FTP协议的服务器相连，实现信息的交流与共享。习惯上，我们把从远程计算机（FTP服务器）向本地计算机（客户机）传输文件的过程称为"下载"（download），把从本地计算机向远程计算机传输文件的过程称为"上传"（upload）。

FTP 服务通常分为普通 FTP 服务和匿名（anonymous）FTP 服务两种类型。普通 FTP 服务需要账号和密码，即需要对用户认证通过后才能访问；匿名 FTP 服务中用户不必事先注册，只需一个公共账号作为用户名（用户名通常为匿名），一般不需要密码，或以自己的电子邮箱地址或“guest”作为密码。匿名 FTP 服务可以让用户共享网络中丰富的免费信息资源。不过出于安全考虑，大部分匿名 FTP 服务器只允许用户下载文件，而不允许上传文件。

也可以运用 WWW 浏览器来访问和下载 FTP 服务器的信息资源。例如，要访问清华大学的 FTP 服务器，只要在浏览器地址栏中键入“http: //ftp. tsinghua. edu. cn”后按回车键即可，从而连通相应的 FTP 服务器。当找到所需的文件后，只需右击即可弹出复制快捷菜单，这时就可方便地将该文件下载到用户的计算机中。不过，一般机构的 FTP 服务都不对外开放，用户需要有一个访问账号才能登录到 FTP 服务器。所以 FTP 所提供的共享服务是有范围的，不是绝对公开的。

3. 博客与微博客

博客（Blog 或 Weblog）是继电子邮件、BBS、即时通信工具之后出现的又一网络交流方式。概括起来说，博客是个性化的个人知识管理系统，通过它可以将工作、爱好和学习有机结合，把日常得到、看到和想到的思想精华及时积累起来，并在交流和共享中达到思想的碰撞。

一个博客其实就是一个网页，它通常是由简短且经常更新的帖子所构成的，这些张贴的文章都按照年份和日期倒序排列。博客可以让人们自由发表观点，进行深度交流沟通，并且具有知识过滤与积累的作用，是个性化的知识仓库。

博客在教育教学中具有如下功能。

1）信息的过滤与传递。教师可以通过博客将过滤后的有价值的信息传递给学习者，学习者也可以通过博客将收集到的信息传递给同学或者教师。

2）教育叙事和教学反思。教师将日常的教学生活以及学习成长写成教育叙事记录在博客上，与别人交流，供他人借鉴或探讨。教师还可以在博客中写下自己的教学感受，体会教学的成功与不足，在与周围群体的交流、分享过程中进一步提高自己，促进自身的成长。

3）评价教与学。利用博客可以评价教师的教学和学习者的学习。教师的博客日志反映其对某些问题的认识以及认识的深化，学生可以了解教师对这一问题的理解。学习者的博客日志反映他们在学习过程中产生的问题、想法和解决问题的思路、过程，教师可以有效地了解学习者的学习状况。

4）班级协作和研究性学习。博客中可以有群、社区，可以构成学习交流系统，增进相互间的了解和信任，形成良好的氛围。博客的公开性、方便性，使之成为教学活动中的交流与协作的工具。在网上探讨教学、合作研究等，利于知识间的相互交换和沟通。

博客按功能分为基本博客、微型博客、个人博客、企业博客等。其中微型博客（MicroBlog，简称微博）是目前全球最受欢迎的博客形式之一，是一个基于用户关系的信息分享、传播以及获取的平台，用户可以通过 Web、WAP 以及各种客户端组件个人社区，以2000字以内的文字更新信息，并实现即时分享。

4．网络硬盘

网络硬盘（简称网盘），又称网络U盘，是一些网络公司推出的在线存储服务，向用户提供文件的存储、访问、备份、共享等文件管理功能，使用十分方便。我们可以把网络硬盘看成一个放在网络上的硬盘或U盘，不管是在家中、单位或其他任何地方，只要能够连接到网络，就可以访问、管理、编辑网盘里的文件，进行信息数据的上传、下载、共享等操作，不需要随身携带，更不怕丢失。使用网络硬盘可实现的功能主要有上传文件、保存文件、提取文件、分享资源等。

网络硬盘有收费和免费两种。免费的网络硬盘的可用空间较少，一般对文件大小、下载速度、存放时间等都有限制；付费的网络硬盘能提供大容量空间，文件大小、下载速度、存放时间及格式等都不限制。电子邮箱所提供的附件功能是最早的网络硬盘，随着空间的增大，附件功能分立成网络硬盘。

国内常用的网络硬盘有飞速网（RayFile）、115网盘、纳米盘、易盘、QQ网盘、网易网盘、163网盘等，豆丁网、百度文库、道客巴巴等在线分享文档平台也属于网络硬盘。下面以飞速网为例，简要介绍网络硬盘的使用。

飞速网是一家提供在线存储和网络寄存功能的网站。它能够提供价格低廉和快速的线上存储/远程备份服务，并提供广告支持服务，同时它还提供配套的高速便捷的上传和下载工具。飞速网在任何时间和地点都能发送、保存或与伙伴们分享对电子邮件而言过大的文件。

飞速网的主要特点有：①免费使用；②可以上传和存储任何内容和格式的文件（必须遵守法律规定）；③上传的文件大小和空间不受限制；④设置户名和密码登录，使用安全；⑤用专用客户端随时上传、下载文件，十分方便。

（1）登录飞速网

在浏览器地址栏输入网址“http://www.rayfile.com/zh-cn/”，进入飞速网首页。如果已经有登录账号，直接登录，如果还没有登录账号，先注册然后再登录。飞速网登录界面如图4-31所示。

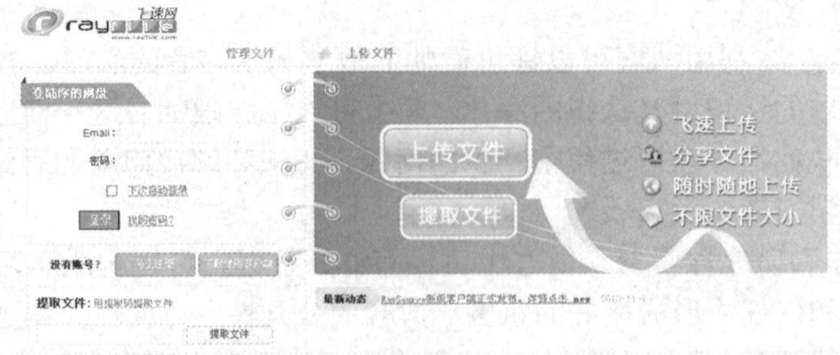

图4-31 飞速网登录界面

（2）上传文件

在飞速网首页单击“上传文件”按钮，进入上传文件界面，单击“浏览”按钮，选择要上传的文件，然后上传到网络硬盘里保存。上传的文件类型有文本、图片、声音、视频等。

（3）管理文件

选择“管理文件”选项卡，出现已经上传到网络硬盘的各种文件，如图 4-32 所示。

图 4-32　飞速网“管理文件”界面

（4）下载、共享文件

在“管理文件”界面中，在已经上传的每一个文件下面都有“下载”等命令，通过该命令可以下载需要的文件，实现文件的提取、共享。

5．云存储

云存储是在云计算（cloud computing）概念上延伸和发展出来的一个新的概念，是一种新兴的网络存储技术，是指通过集群应用、网络技术或分布式文件系统等功能，将网络中大量各种不同类型的存储设备通过应用软件集合起来协同工作，共同对外提供数据存储和业务访问功能的一个系统。所以云存储是一个以数据存储和管理为核心的云计算系统。简单来说，云存储就是将储存资源放到云上供人存取的一种新兴方案，使用者可以在任何时间、任何地方，透过任何可联网的装置连接到云上方便地存取数据。

网络硬盘与云存储的区别：网络硬盘上传的每一份资料都在服务器上开辟了一块空间做存储，即使有一模一样的资料；而云存储上传资料到服务器时，先会将资料大小和摘要内容和服务器上其他资料做比对，如果发现一模一样的资料，上传就会立即完成，等于是共享了别人已经上传的资料。

现在很多网络存储都采用了云存储，如 QQ 的文件中转站、金山网盘等。下面以百度云为例简单介绍云存储的使用。

百度云提供的是个人云存储服务，可以把自己的资源、文件上传到云端永久保存，并且可以在云端进行一系列操作，如免费分享文件给小伙伴、在线看电影、离线下载等。百度云在各个终端（iPhone、Android、MAC、iPad）都有客户端，可同步使用，非常便利。在手机上安装百度云客户端后，可以备份照片、通讯录、通话记录、短信，给宝贵的数据多了一层保护，Android 手机客户端还有手机找回功能。百度云登录界面如图 4-33 所示，使用界面图 4-34 所示。

图 4-33　百度云登录界面

图 4-34　百度云使用界面

思考与练习

1. 数字化学习资源的概念是什么？有哪些特点？
2. 搜索引擎有哪些类型？
3. 如何使用百度进行资源搜索？
4. 如何使用中国知网进行资源的检索与下载？
5. 举例说明如何使用即时通信工具进行网络资源的交流与共享。
6. 举例说明如何使用网络硬盘进行数字化资源的交流与共享。

知识拓展

第五章

多媒体素材的处理与制作

【问题提出】

在教学活动中，随着多媒体教室、网络教室等的推广和普及，利用各类媒体课件进行教学的方式被广泛应用。在制作多媒体课件的过程中，常用的图像、声音、视频、动画等素材有哪些？怎么样对图像素材进行修饰、调整、拼合、绘制添加内容等处理？怎么将音频文件截取出需要的部分？如何将多段声音素材进行混音编辑？怎样剪辑、制作视频课件？怎么制作动态图片、演示动画和交互动画……这些都是我们面临的新问题。

【学习引导】

本章从实用角度入手，对常见的图像、声音、视频、动画的格式和特点、常用名词进行简介。针对各类素材编辑过程中经常遇到的各种处理需求，本着简便、易学的原则选择相应处理软件，通过具体案例进行分析、讲解。力求使读者通过本章的学习，能够应对各类素材的处理和制作一般性要求，获得独立进行多媒体课件素材收集、整理、准备的能力。

【本章知识点】

- 多媒体素材的常见格式、类型及常用名词介绍
- 图像素材的编辑与处理
- 声音素材的编辑与处理
- 视频素材的剪辑与制作
- 动画素材的设计与制作

第一节 图像素材的处理与制作

一、常见的图像格式

图像由于记录和保存的方式不同，主要可以分为两种类型：矢量图与位图。

1. 矢量图

矢量图是一种二维的计算机图形，由数学计算方式记录的一些线条、形状、彩色组成。矢量图只能靠软件制作生成，具有存储量小，缩放后边缘平滑、不失真的优点。适用于制作图案标志、广告招贴、卡通插画等。

常见的矢量图格式有*.ai、*.cdr、*.eps、*.swf 等，需要用相应的矢量图处理软件才能编辑处理，如 Illustrator、CorelDraw、Freehand、Flash 等。

2. 位图

位图是由像素组成的。位图可以制作出色彩丰富、逼真的物象，但缩放时会产生失真的现象。位图图像是应用最广泛的图像类型，绝大多数图像处理软件是用来处理、绘制、生成位图的，许多拍摄设备获取到的图像也都属于位图。

常见的位图格式有*.bmp、*.jpg、*.png、*.psd 等，处理位图的软件有 Windows 画图、美图秀秀、光影魔术手、Photoshop 等。

二、常用名词

1. 像素

像素是构成数码影像的基本单元。将图像放大到一定程度就会发现其是由很多小方点组成的，这些小方点就是像素。像素可以作为衡量图片尺寸的单位，需要指定图像固定的分辨率，才能将图片尺寸与现实中的实际尺寸相互转换。例如，当图像分辨率为 72ppi 时，每一厘米等于 28 像素，10cm×10cm 长度的图片，等于 280 像素×280 像素的长度。

2. 分辨率

每平方英寸内包含的像素数量称为分辨率，分辨率的单位是 ppi（点/英寸），单位长度内的包含的像素越多，文件越大，图像质量越好。一般用于计算机显示的图片分辨率为 72 ppi，用于喷绘的图片分辨率为 150 ppi，印刷的图片分辨率为 300 ppi。

3. BMP 格式

BMP 格式是 Windows 系统使用的一种标准的位图式图像文件格式。压缩率低，占用空间大，图像色彩极其丰富。

4. JPEG 格式

JPEG 格式是一种高度压缩率位图式图像格式，文件较小。它是目前所有格式中压缩率最高的，由于其压缩技术先进，对图像质量影响不大。因其占用空间小、图像质量较好，成为目前网络上的主流图片格式。

5. PSD 格式

PSD 格式是 Adobe 公司开发的图像处理软件 Photoshop 专用的标准格式，也是唯一可以支持所有颜色模式的格式，包括位图、灰度、索引颜色、RGB、CMYK、Lab 等。可以存储图层、通道、路径等信息。

6. 图层

图层的概念在许多图像处理软件中都非常重要，如 Photoshop、光影魔术手、Flash 等。图层就像一张张透明的玻璃纸，可以在每层上创建不同图形，根据图层的上下排布，当各图层的图形处在相同位置时，上面的会遮住下面的，而处在不同位置时就能够全部显示出来。

在进行图像编辑时，使用图层可将复杂的图像分解开来置于不同的图层之上，当需要对某个部分进行修改、删除时只需选择相应图层即可。这种方式，极大地提高了后期修改的便利度，最大可能地避免重复劳动。因此，在图像制作过程中应合理地分图层制作。

三、图像处理的方法

（一）图像处理软件的选择

对获取到的数字图像素材进行编辑时既可以运用计算机处理，也可以利用移动智能终端处理，如手机、平板电脑等。在使用计算机进行图形图像编辑时，可供选择的软件很多，功能也不尽相同，如何根据实际需要合理选择软件是必须要考虑的问题。

有些软件功能强大，几乎能完成所有的图像处理任务，如 Photoshop 等，但相对来说，软件占用系统资源较多、学习使用难度高，如果只是完成简单图像处理任务，完全可以选择一些功能简单、易于学习的软件。一般来说，可根据不同的图像处理任务和难易程度，进行选择软件。表 5-1 列举了一些常见的图像处理任务，提供了所选处理软件的思路。

表 5-1　图像处理任务与可选处理软件列表

图像处理任务	可选择软件
查看、管理本机图像素材	Windows 图片查看器、美图看看、ACDSee 等
画图、给图片添加文字	Windows 画图工具等
转换图像格式、调整大小	美图看看、格式工厂、Windows 画图工具等
图像旋转、缩放、裁切、	Windows 画图工具、美图秀秀、ACDSee 等
图片调色、修饰	美图秀秀、光影魔术手、Photoshop 等
图像拼合、特效	Photoshop、光影魔术手等

（二）常用图像处理技巧

通过网络获取的素材图片，有时并不完全符合使用的要求。这就需要运用各种图像处理软件对其进行调整、修饰、组合等处理。下面通过几个实例来介绍一些常见的图像处理方法。

【实例 5-1】图像缩放、旋转、裁切

获取的图像可能出现图像尺寸过大、角度倾斜、重点不突出等问题，如图 5-1 所示。这时就需要运用软件对图像进行缩放、旋转和裁切的处理。这一处理非常简单，几乎所有图像处理软件均可完成。调整后效果如图 5-2 所示。

1. 使用画图软件进行图像缩放、旋转、裁切

在 Windows 7 系统内画图软件中打开要处理的图片，使用“选择”工具，选中相应区域，单击功能区当中的相应按钮，即可进行图像缩放、旋转、裁切操作，如图 5-3 所示。

图 5-1　调整前　　图 5-2　调整后　　图 5-3　画图软件中的相应操作区域

2. 使用美图秀秀进行图像缩放、旋转、裁切

在美图秀秀中打开要处理的图片，在图片预览栏中的上方，单击“旋转”“裁剪”“尺寸”按钮 旋转 裁剪 尺寸，即可打开相应面板进行操作，如图 5-4 所示。

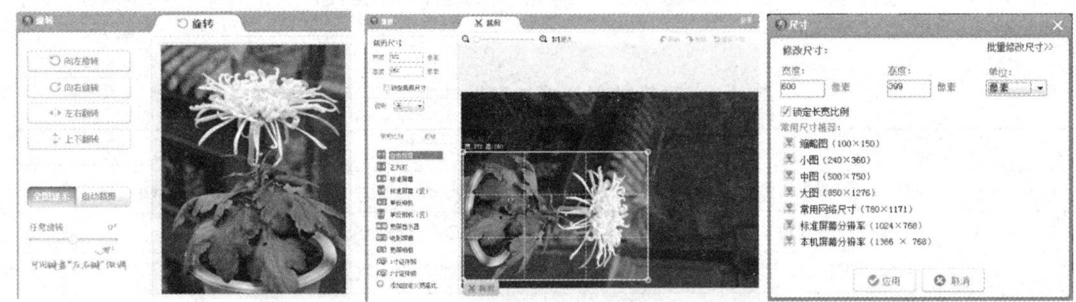

图 5-4 “美图秀秀”中的“旋转”“裁切”“尺寸”面板

【实例 5-2】美化图片

对照片进行调整亮度、色彩、加特效等基本美化操作，很多拍摄设备本身就带有此功能。很多图片处理软件，如美图秀秀、Photoshop 等，都可以完成。下面以美图秀秀为例介绍操作方法。

1. 调整亮度、对比度、色彩

利用相机等工具获取到的图像若出现曝光不足、颜色灰暗等问题，这时就需要运用软件调整图像的亮度、对比度、色彩饱和度等。这一处理任务非常简单，几乎所有的图片处理软件都能完成。只要打开软件中对应的调板即可进行调整，如图 5-5 所示。也有预设好的“特效”可供选择，如图 5-6 所示。

以上的调色方法是对图像中全部内容进行调整。使用“局部色彩笔”工具、“局部变色笔”工具，也可以调整或添加照片中某一部分的颜色。

2. 照片美颜、去水印、打马赛克

利用“美容”面板，可以对人物照片进行美颜处理。“美容”面板 美容 下，提供了很多的美容工具功能，可根据实际需要来进行运用，如图 5-7 所示。

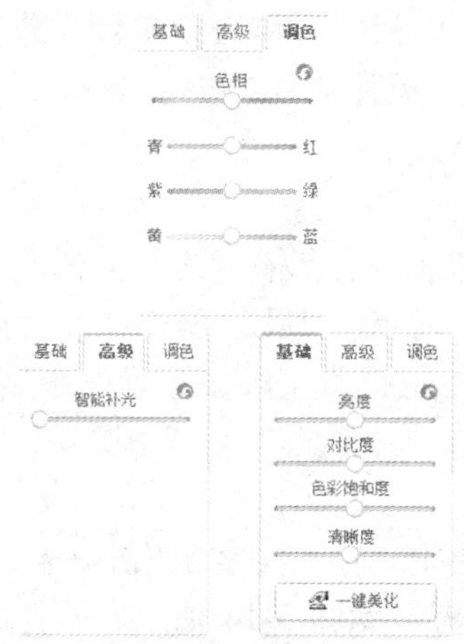

图 5-5 “调色”“高级”“基础”等面板

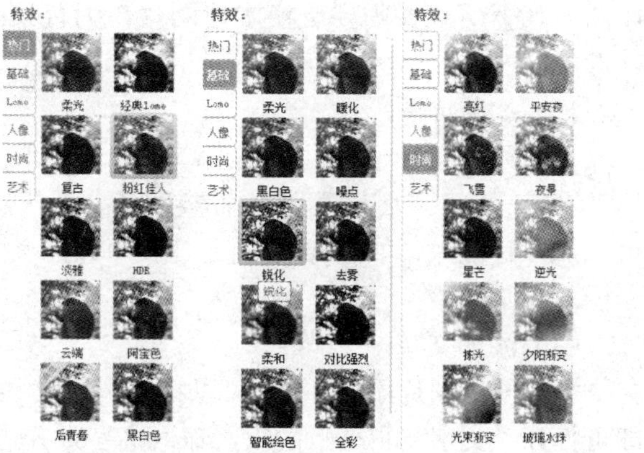

图 5-6 预设特效面板

3. 图片添加装饰

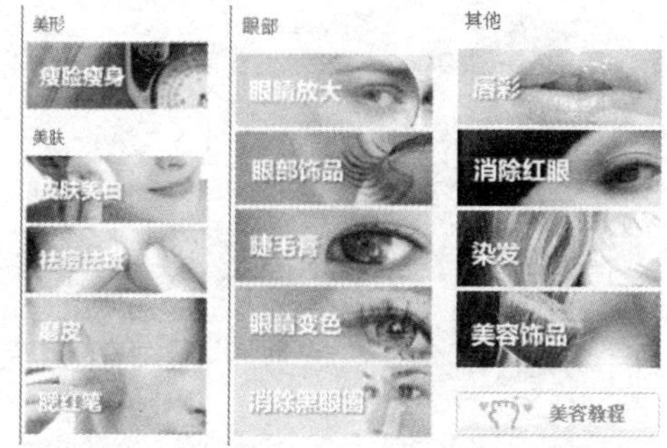

图 5-7 “美容”面板的各种工具功能

除了对图像本身调整外，也可以给图像添加各种装饰元素。常见的任务有抠图换背景、加装饰图形、添加文字、添加边框等。

（1）抠图换背景

抠图是指把图像中需要的部分从画面中精确地提取出来的方法。美图秀秀中提供的“抠图笔”工具可用于完成此任务。“抠图笔”工具有“自动抠图”“手动抠图”“形状抠图”3 种模式，可根据需要进行选择，如图 5-8 所示。

“自动抠图”适用于背景颜色比较单纯，背景和需要提取部分边界清晰、颜色差别较大的情况。“手动抠图”适用于背景颜色较多和需要提取部分反差较小的情况。“形状抠图”是划定一些形状来进行抠图的方法。

选择抠图工具，即可打开“抠图”面板，生成选区后，可以单击“保存为透明背景”按钮 保存为透明背景，将抠好的图像保存为.png 格式的图像素材。也可以继续编辑，添加背景。单击“抠图”面板下方的“完成抠图”按钮 完成抠图，即可打开“抠图换背景”面板。在此面板中，单击“背景设置”按钮 背景设置，可选择使用“颜色”或“图片”填充背景，并可设定画布尺寸，如图 5-9 所示。

图 5-8 “抠图笔”工具的 3 种模式

图 5-9 设置背景

如果选择设置“图片”作为背景，在“抠图换背景”面板的右侧有很多预设背景，如图 5-10 所示。如需要更换本地图片作为背景图，可单击“更换背景”按钮 进行选择。

（2）加装饰图形

美图秀秀软件中提供了很多添加装饰图形的工具和方法，也有很多的效果预设。使用“涂鸦笔”工具，可添加各类线条、形状，如图 5-11 所示。使用“魔幻笔”工具可添加各种光效，如图 5-12 所示。在“饰品”面板中也提供了很多预设的小装饰，如图 5-13 所示。

（3）添加文字

如需要给图片添加文字，可以打开“文字”面板。单击“输入文字”按钮，即可打开“文字编辑框”面板，输入文字，并进行各项设置，如图 5-14 所示。软件中也提供了丰富的文字模板，可根据需要编辑、添加，如图 5-15 所示。

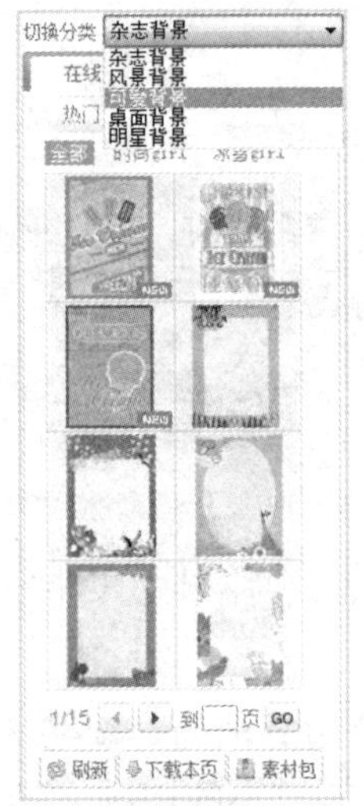

图 5-10　软件预设的背景图

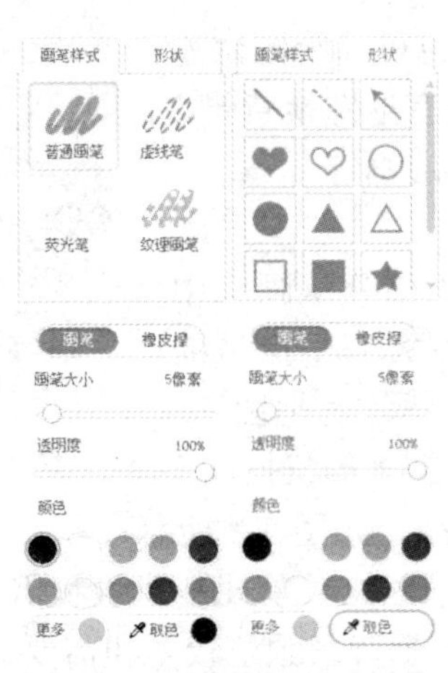

图 5-11　“涂鸦笔”工具面板

图 5-12　“魔幻笔”工具面板

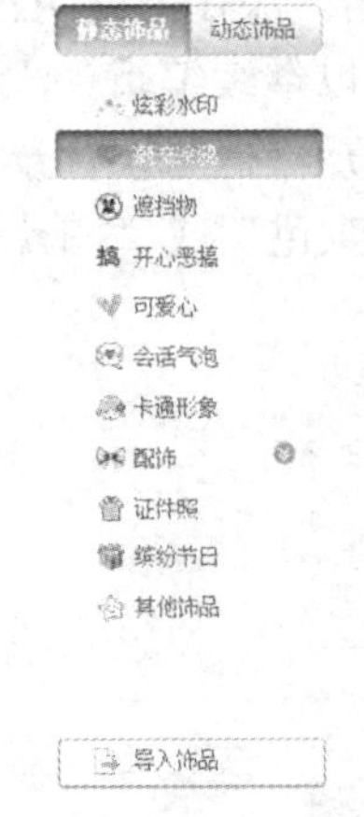

图 5-13　“饰品”面板

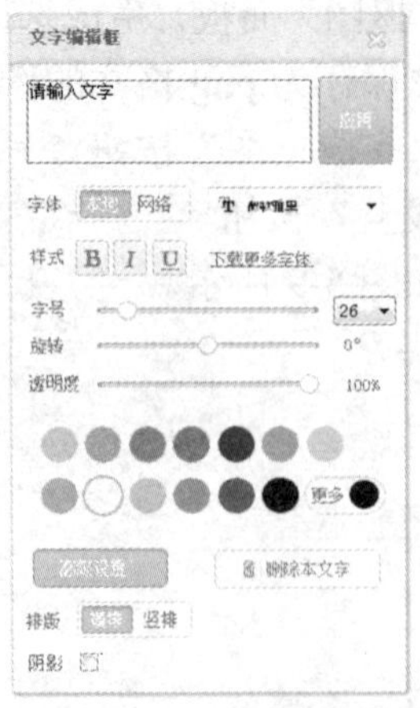

图 5-14　“文字编辑框”面板

图 5-15　文字模板

（4）添加边框

如需给图片添加边框，可打开“边框”面板边框。其中有很多预设的边框模板可供选择，如图 5-16 所示。

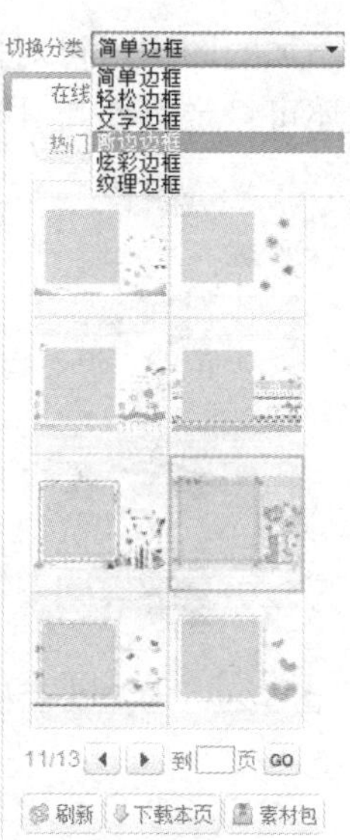

图 5-16　边框模板

【实例 5-3】多张图片素材排版

单张图片素材处理好后，有时需要将多张图片素材进行组合排版。如果是比较复杂的版式，或是用于印刷，建议使用 Photoshop 或 InDesign 等专业图像处理软件进行排版。如果只是简单的拼版，也可以利用美图秀秀、光影魔术手等软件完成。下面以美图秀秀为例进行介绍。

1. 使用预设装饰的拼版

美图秀秀中提供了很多设定好的背景、装饰、拼版形式和版式效果。打开“场景”面板场景，就有很多的预设好背景的模板可供使用，如图 5-17 所示。单击预览缩略图，在打开的“场景”面板中，即可进行添加图片、图片显示位置调整等设置，如图 5-18 所示。

在“拼图”拼图面板中，打开“海报拼图”面板海报拼图，也有类似的模板可供选择，如图 5-19 所示。

图 5-17　“场景”模板

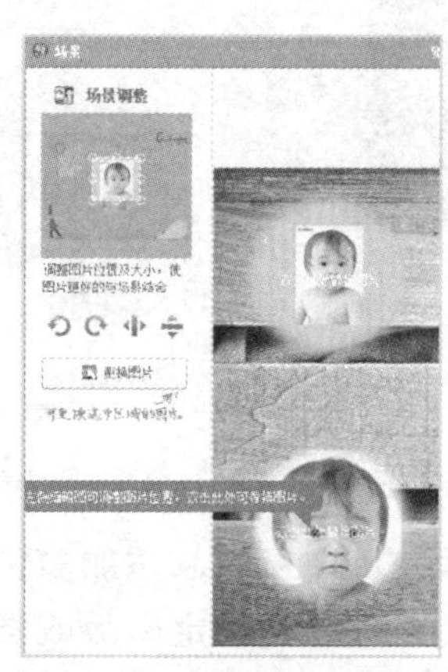

图 5-18　“场景”面板

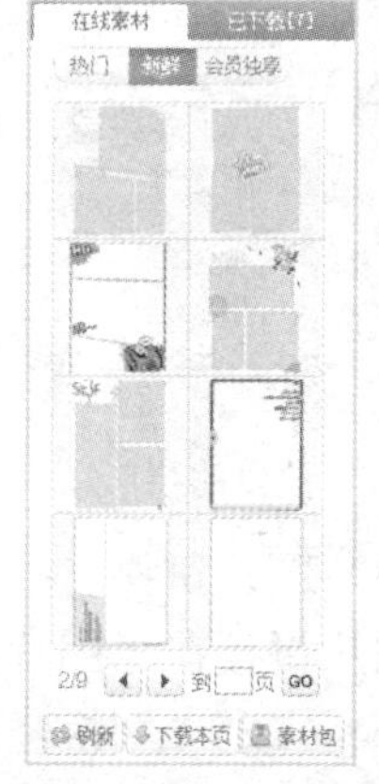

图 5-19　“海报拼图”模板

2. 自定效果的拼版

如需自主设定拼版的形式和效果，在“拼图”面板中，选择“自由拼图”“模板拼图”“图片拼接”选项，如图 5-20 所示，均可实现自定效果的拼版。

（1）自由拼图

在“自由拼图”面板自由拼图中，可添加任意数量的图像素材，并自主设定拼版形式、画布尺寸、背景颜色或图片等，如图 5-21 所示。单击插入的图像素材，在打开的“图片设置”面板中，设定选中图像的大小、角度、透明、边框等内容，如图 5-22 所示。

（2）模板拼图

在“模板拼图”面板模板拼图中，有很多预设的拼版样式，单击预览缩略图即可应用，如图 5-23 所示。应用拼版样式后，单击各个色块，可添加每块区域的图像。单击添加的图像，可对图像显示区域、大小进行调整，如图 5-24 所示。此外，在该面板中还可设定画布尺寸、添加底纹、页面边框等内容，如图 5-25 所示。

图 5-20 “拼图”面板选项

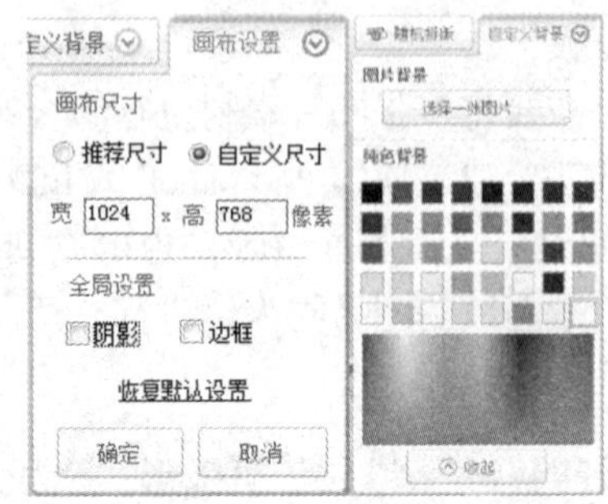

图 5-21 “自由拼图”面板选项

图 5-22 “图片设置”面板

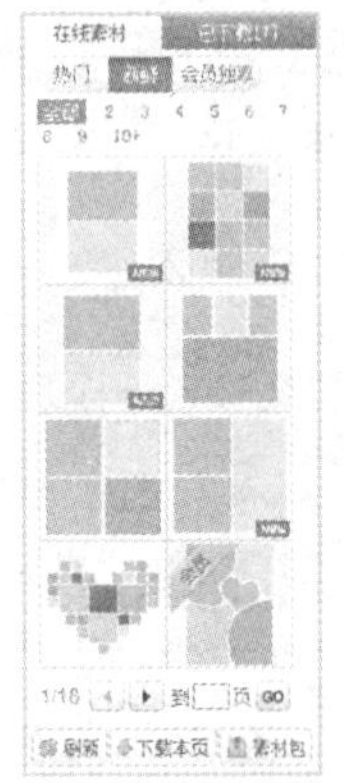

图 5-23 预设的拼版

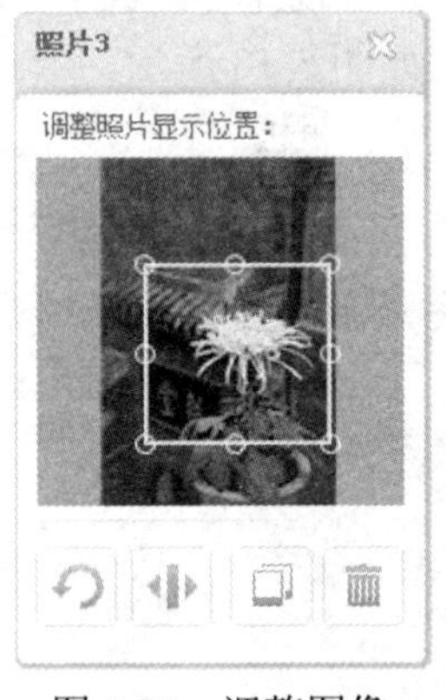

图 5-24 调整图像

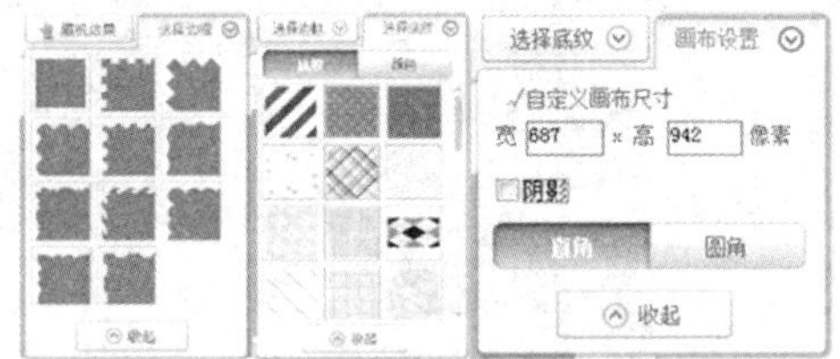

图 5-25 “模板拼图”面板选项

（3）图片拼接

图片拼接在“图片拼接”面板 图片拼接 中，添加多张图片后，单击“切换横版”按钮 切换横版 或 “切换竖版”按钮 切换竖版 ，设定横版或竖版的拼接形式。可设定横版或竖版的拼接形式，并可设置边框及拼接后的图片尺寸，如图 5-26 和图 5-27 所示。

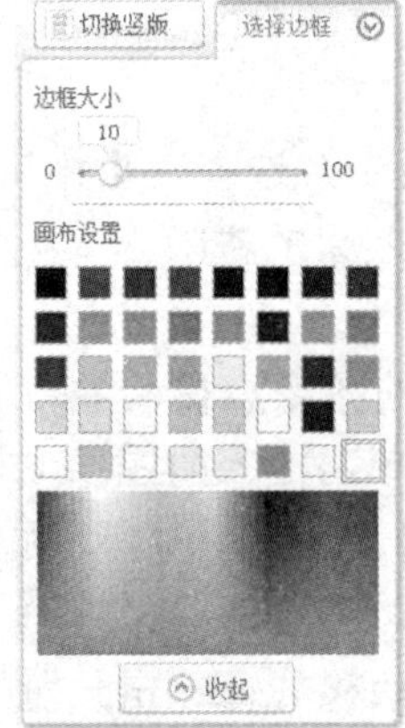

图 5-26 “图片拼接”面板边框设置

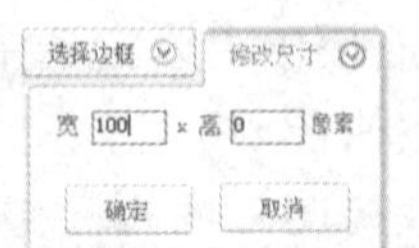

图 5-27 “图片拼接”面板尺寸设置

第二节 音频素材的处理与制作

在教学中，经常用到的音频素材可以分为数字信号音频和模拟信号音频两大类，随着数码时代的来临，数字化音频已被广泛应用，成为主流。数字化音频最大的优点是资料传输与保存的不易失真。本节主要介绍数字化音频的处理与制作方法。

一、常见的音频格式

当前主流的音频格式很多，如 WMA、MP3、WAV、APE、AAC、FLAC 等。在教学中最常见的音频素材是 WMA、MP3、WAV 等格式。

1. WMA 格式

WMA 是微软公司推出一种音频文件格式，被很多应用程序、移动设备广泛支持。WMA 格式支持多种压缩算法、音频位数、采样频率和声道。由于采用了先进的压缩方式，即使在较低的采样频率下也能产生较好的音质。WMA 格式的 9.0 版本，更是新推出了一种无损压缩方式，音质更好，压缩率更高，占空间更小，传送速度更快，因此非常适用于网络流媒体。

2. MP3 格式

MP3 全称是 MPEG-Ⅰaudio layer Ⅲ，是世界上第一个有损压缩的编码方案，也是现在最流行和通用的音频文件格式。这种格式在压缩时，削减了音乐中人耳听不到的成分，在音质损失很小的情况下，把文件高度压缩。其具有占用空间小、传输速度快的特点。

3. WAV 格式

WAV 为微软公司开发的一种声音文件格式，用于保存 Windows 平台的音频信息资源，被 Windows 平台及其应用程序所广泛支持。常见的 WAV 文件使用 PCM 无压缩编码，属于无损音乐格式的一种，这使 WAV 文件的音频质量极高，体积也非常大。

二、常用名词

1. 采样率

采样率也称采样速度或采样频率，是指计算机每秒钟取得声音样本的次数，单位为 Hz（赫兹）。采样率越高，声音还原的就越细腻，音质也就越好，但需要的存储空间也就越大。电话通话常用的采样率是 11025Hz，无线电台广播常用的采样率是 220500Hz，CD、VCD、MP3 等常用的采样率是 44100Hz，数字电视、DVD、电影等常用的采样率是 48000Hz，蓝光盘、HD-DVD 音轨常用的采样率是 192000Hz。

2. 量化位数

量化位数是对声波每个采样点样值存储、记录所用的二进制位数。量化位数决定了音乐的动态范围，如 8 位的量化位数表示每个采样值可以用 2 的 8 次方，即 256 个从最低音到最高音的声音的级别。常用的量化位数有 8 位、16 位、24 位，量化位数的多少也是决定数字化音频质量的重要因素，位数越多，声音的质量越高，同时音频文件也就越大。一般 CD 唱片所记录的量化位数为 16 位，DVD 所记录的量化位数为 24 位。

3. 声道

声道是指声音在录制或播放时在不同空间位置采集或回放的相互独立的音频信号。多声道的立体声比单声道的音质要好很多。比较常见的有双声道、四声道、5.1 声道等。双声道声音在录制过程中被分配到两个独立的声道，从而达到了很好的声音定位效果。四声道环绕设置了 4 个发音点：前左、前右，后左、后右。5.1 声道其实有 6 个声道输出，它在四声道的基础上增加了一个中置声道、一个超低音声道，因为并没有包含全音域，所以用“.1”表示超低音声道。

三、音频的编辑与处理

（一）音频处理软件的选择

数字音频的处理软件很多，有可供专业人士使用的音频工作站软件系统，也有简单易学的音频编辑软件。一些音视频播放器中也增加了简易的音频编辑插件。在选择时，可以从实用的角度入手，选择能够满足处理要求的软件。表 5-2 列举了一些常见的音频处理任务，提供了选择处理软件的思路。

表 5-2　音频处理任务与可选处理软件列表

音频编辑任务	可选择软件
录制声音	Windows 录音机、Cool Edit 等
音频格式转换	格式工厂、QQ 影音、暴风转码等
音频截取、拼合	QQ 影音、格式工厂、Cool Edit 等
多音轨混音、声音特效	Cool Edit、Adobe Audition 等

（二）音频编辑处理的方法

与音频素材相关的编辑处理需求很多，如采集声音信号，对已有声音素材进行剪辑、拼合、混音等编辑处理。下面通过几个实例介绍常用音频编辑处理的方法。

【实例 5-4】音频格式转换

由于各种播放设备、播放器支持的声音格式有所不同，一些软件在导入、添加音频时，所支持的音频格式也各有不同，这时就需要将音频素材转成设备或软件支持的音频格式。

支持音频格式转换的软件很多，有只支持单一格式转换的软件，也有可以支持多种格式互转的软件。此外，有些影音播放器也附带转码插件。这些软件的转码功能除音频外也都支持多种视频格式的转码。下面以格式工厂软件为例，介绍音频格式的转换方法。

1. 设置要转换的音频格式

打开格式工厂软件，在界面左侧的工具栏中，单击“音频”栏，在下拉列表中选择需要转换的音频格式，单击相应图标打开设置对话框，如图 5-28 所示。

2. 设置输出质量

在设置对话框中，单击“添加文件”按钮［添加文件］，导入需要转码的文件。单击“输出配置”按钮［输出配置］，打开“音频设置”对话框。在“预设配置”中，可选择输出质量。设置完成后单击“确定”按钮返回主界面，如图 5-29 所示。

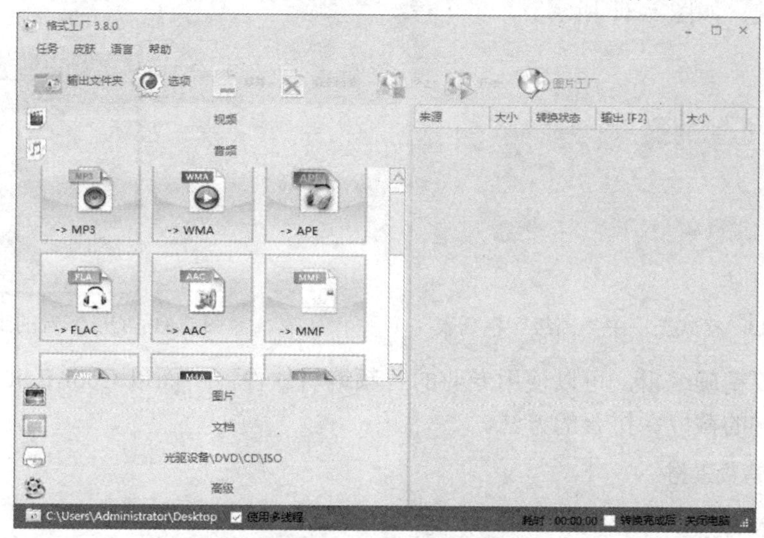

图 5-28　格式工厂操作界面

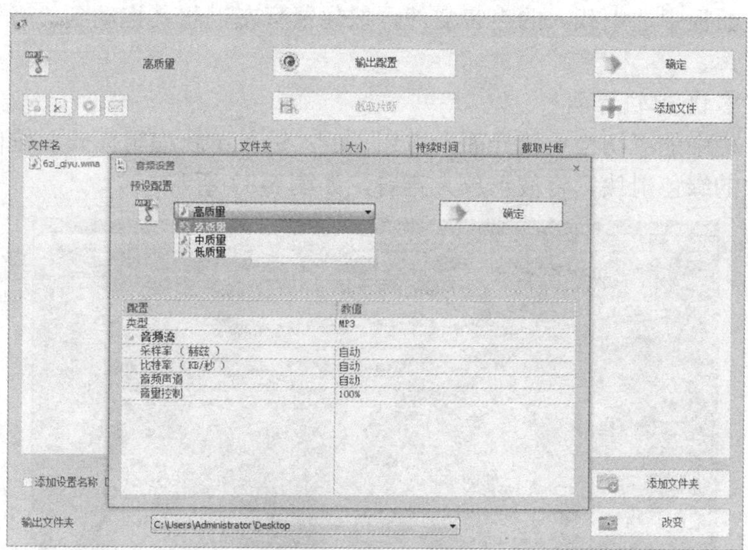

图 5-29　配置预设

3. 文件转码和保存

在主界面中单击“输出文件夹”按钮［输出文件夹］，设置文件保存位置后，单击“开始”按钮［开始］，即可开始转码。

【实例 5-5】截取、拼合音频片段

当录制或下载音频素材，只需要其中一段或把多段声音素材进行合成时，可以借助音频编辑软件对其进行截取或将截取好的多段音频进行重新组合。如果是简单的处理，很多音视频相关软件都具有此功能。例如，格式工厂工具栏中的“高级”栏列表中就提供了音频、视频截取及合并，音视频混流等功能，如图 5-30 所示。QQ 影音的工具箱中也有相关工具，如图 5-31 所示。

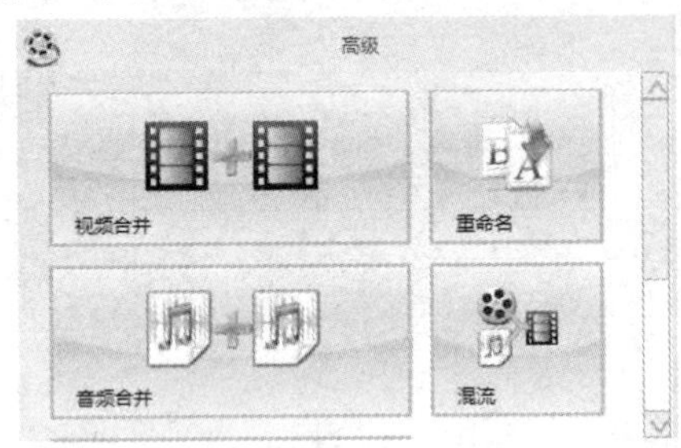

图 5-30 格式工厂中“高级”栏列表

图 5-31 QQ 影音的工具箱

如果需要精确编辑，可以使用专业的音频编辑软件，下面以 Cool Edit Pro 2.0 为例介绍音频素材的截取、拼合的方法。

1. 截取音频素材

（1）导入音频文件

运行 Cool Edit Pro 软件，选择“文件→打开波形”命令，载入需要截取的声音文件。在“文件库”面板中选中载入的声音文件，按住鼠标左键将其拖动到“音轨 1”中，如图 5-32 所示。

（2）查看多轨/单轨界面

单击工具栏中的“切换单轨界面”按钮，进入单轨编辑模式。按住鼠标左键，拖动音轨上放的绿色滑块，将波形放大查看，如图 5-33 所示。

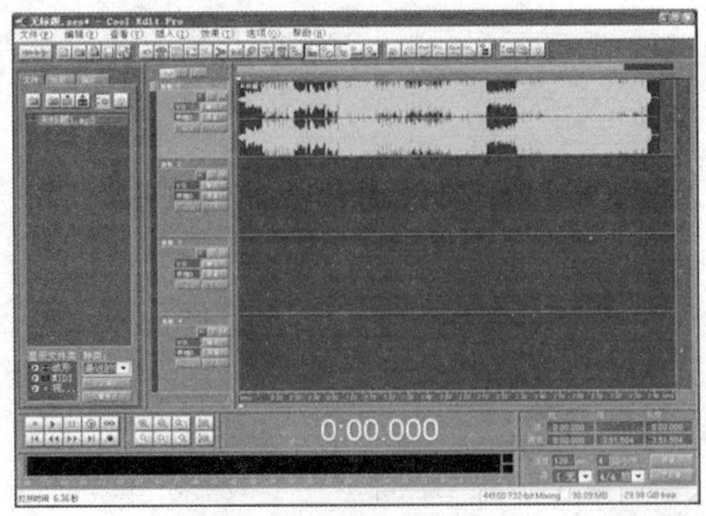

图 5-32 导入音频文件

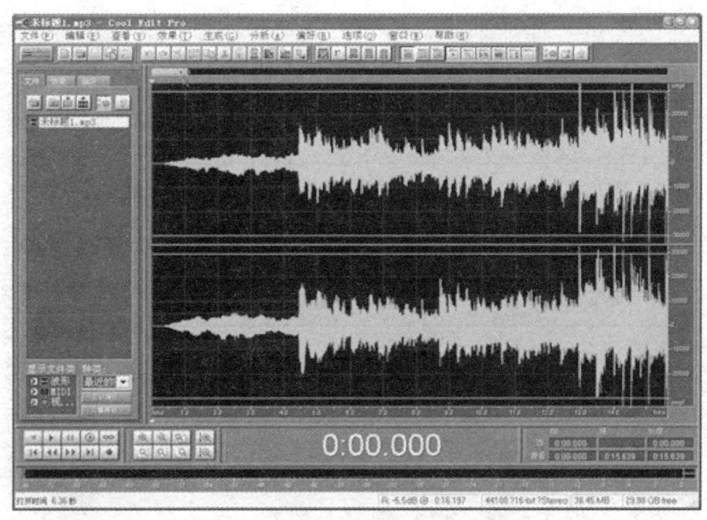

图 5-33　单轨界面

（3）截取音频文件

在播放控制区中，单击“播放”按钮进行试听，可拖动绿色滑块进行查看，找到需要截取的声音所在位置。在音轨栏中按住鼠标左键拖动，选中要去除的部分，按“Delete”键清除，如图 5-34 所示。

图 5-34　选择要清除部分的音频

（4）保存截取的音频文件

切换回多轨编辑界面，按住鼠标右键，将“音轨 1”面板中截取好的音频块拖动至左侧边缘。选择“文件→混缩另存为”命令，在打开的对话框中设置保存路径、名称、文件格式即可，如图 5-35 所示。

2. 拼合多段音频

按照截取音频素材的方法，将需要拼合的多段音频文件导入到库中。将其按照需要播放的先后顺序，依次将其拖动到“音轨 1”中，按住鼠标右键拖动音频块位置，将各段音频文件首尾相接，如图 5-36 所示。选择“文件→混缩另存为”命令，在打开的对话框中设置保存路径、名称、文件格式即可。

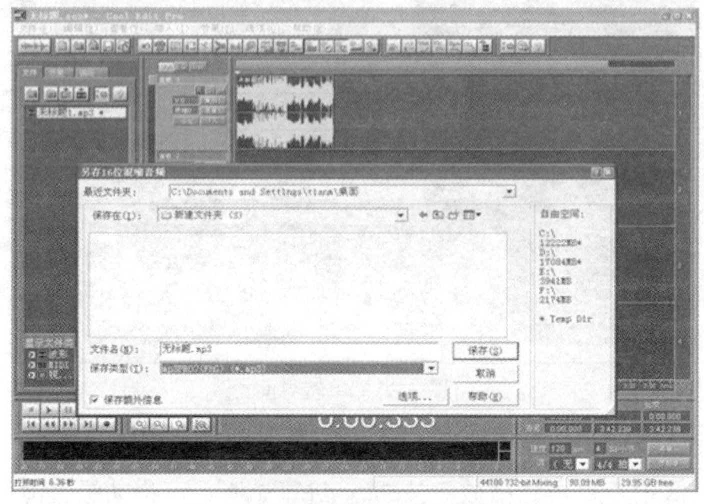

图 5-35 保存截取后的音频文件

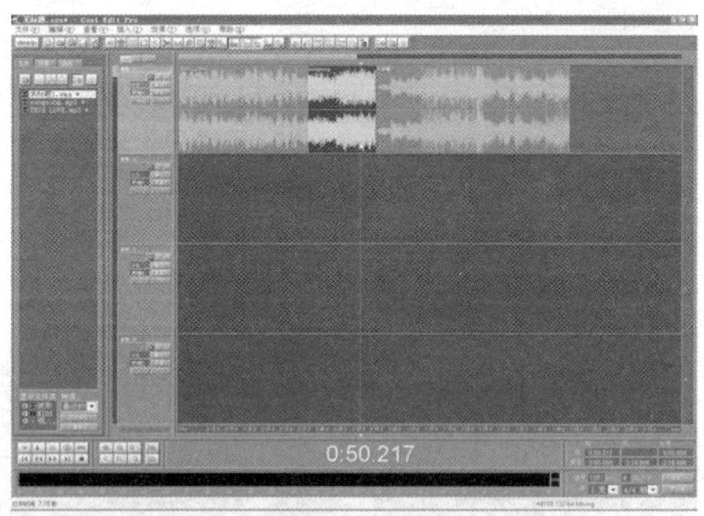

图 5-36 拼合多段音频

【实例 5-6】多音轨混音、声音特效

在制作音频素材时，有时需要将多段声音进行混合，如制作教学课件时给教师的讲课声音添加背景音乐，这时就需要进行多音轨混音、添加淡出淡入效果、进行左右声道转换等特效处理。下面以 Cool Edit Pro 2.0 为例介绍多音轨混音、添加声音特效的方法。

1. 人声录制

连接话筒或其他声音采集设备，打开软件 Cool Edit Pro 2.0，在多轨编辑界面下，选择“音轨 1”，在“音轨 1”的控制区中，单击 R 按钮，将“音轨 1”设置为录音模式。

在“播放控制区”中，单击“录音”按钮，即可开始声音录制，如图 5-37 所示。

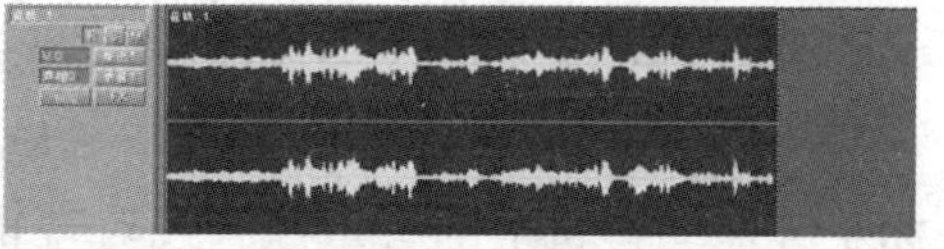
图 5-37　录音音轨

2. 调整音轨音量

录制完成后，再次单击按钮，录音音轨转换普通音轨。单击“播放”按钮试听，如录制音量较弱或太强，可在音轨上右击，在弹出的快捷菜单中选择“调整音频块音量”选项，打开“音量”对话框，拖动滑块，将音量减弱或提升，如图 5-38 所示。

3. 插入音频

将需要混音的文件依次导入到“文件库”中，并将它们分别拖动到不同音轨中。按住鼠标右键将其拖动至想要插入的位置，如图 5-39 所示。

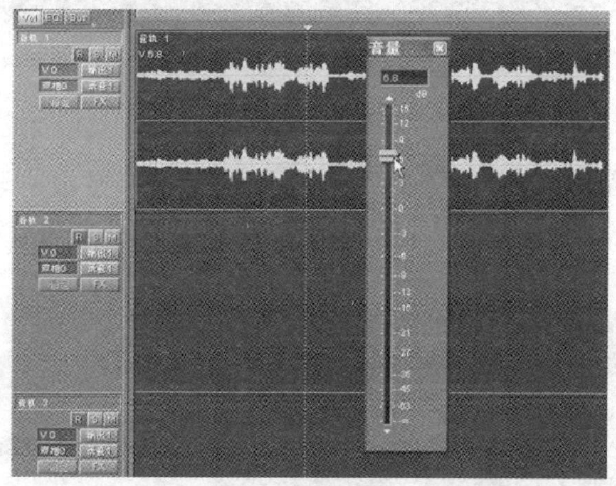

图 5-38　调整音轨音量

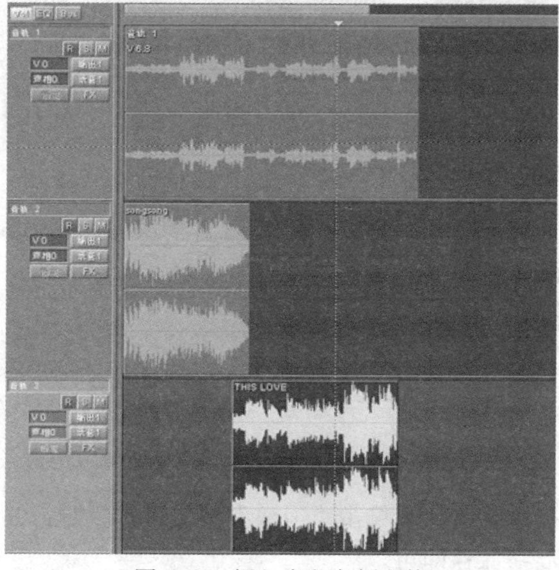

图 5-39　插入多段音频文件

4. 设置“淡出淡入”效果

选择“音轨 2”，单击“显示音量包络”按钮和“编辑包络”按钮，并按住鼠标左键拖动音轨上的音量控制线对音轨音量进行调整。可对“音轨 3”也做出同样调整，设置好“淡出淡入”效果，如图 5-40 所示。

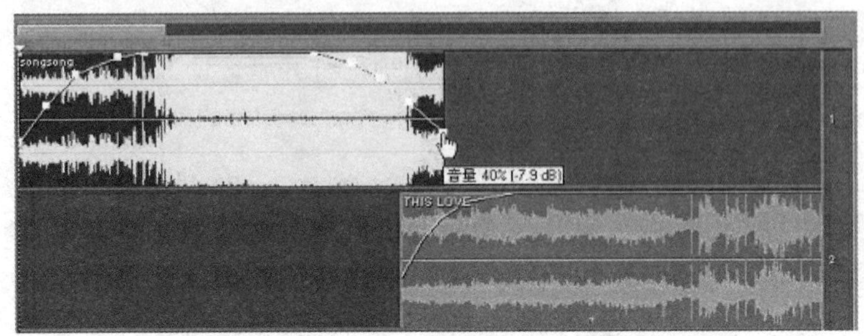

图 5-40　设置“淡入淡出”效果

5. 分割音频块

在“音轨 3”上使用鼠标左键选择其中一段音频，单击“分割音频块”按钮，将选中的音频文件分割为两段。在切分好的音频块上右击，在弹出的快捷菜单中选择“音频块选项”选项，打开“音频块选项”对话框，如图 5-41 所示。

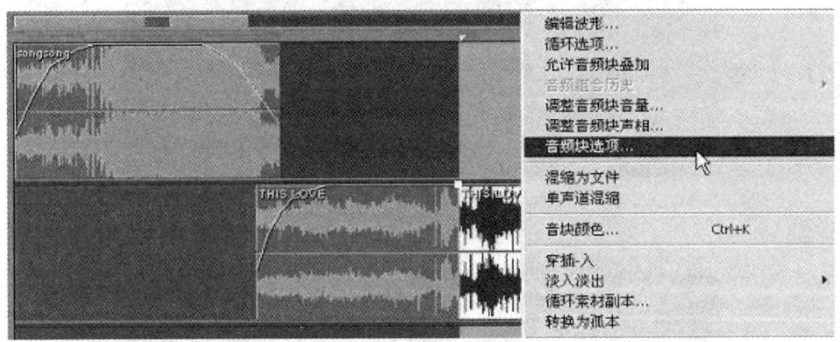

图 5-41　分割音频块

6. 设置音频块参数

在打开的“音频素材属性”对话框中，设置音频块的声相（左右声道）、音量、音调、偏移位置等，如图 5-42 所示。

7. 编辑音频左右声道

单击“显示声相包络”按钮和“编辑包络”按钮，对音频块上的声相进行编辑，如图 5-43 所示。

8. 试听保存文件

调整完成后，可在播放控制区单击“播放”按钮进行试听，并对不满意的地方进行调整。调整完成后，混缩保存即可。

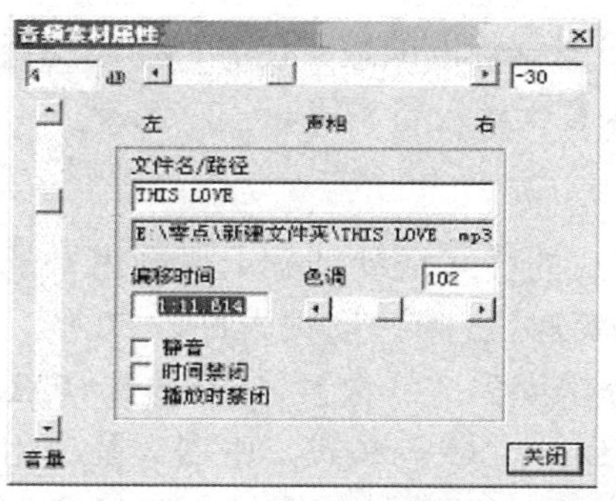

图 5-42 音频属性设置

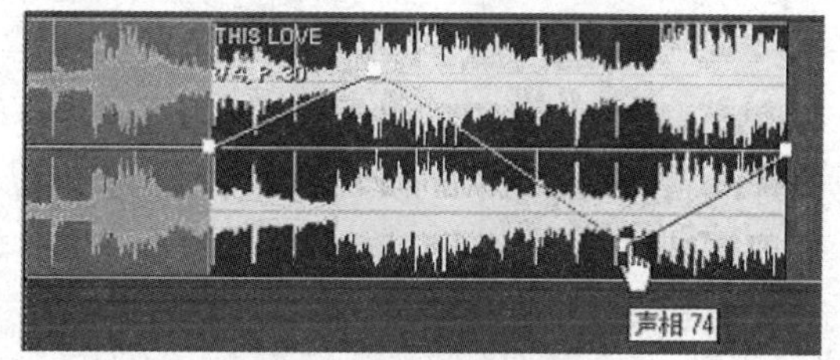

图 5-43 编辑声相

第三节 视频素材的处理与制作

一、常用的视频格式

在课程教学及课件制作过程中，常用到许多视频素材，现在主流的视频格式有很多，如 MP4、AVI、MPEG、RMVB、FLV、WMV、MKV、3GP、MOV 等。下面介绍几种常用的视频格式。

1. MP4 格式

MP4 格式是用于音频、视频信息的压缩编码格式。由于对不同的对象可采用不同的编码算法，因此在码率不足时，仍可以保证较好的画面效果。该格式的文件体积小、画质高、传送速度快，因此在各类移动设备和网络中被广泛应用。

2. AVI 格式

AVI 格式即音频视频交错格式，是 audio video interleaved 的缩写。所谓音频视频交错，就是将视频和音频交织在一起进行同步播放。它是在 1992 年由 Microsoft 公司推出的，具有压缩比率小、图像质量好、可以跨多个平台使用的优点；但其体积过大，不便于传输。

3. RMVB 格式

RMVB 格式是在流媒体 RM 视频格式上升级延伸而来的。可以非常方便地同 VCD、ASF、AVI、MPEG 等多种格式的视频音频文件进行相互转换。较上一代 RM 格式画面要清晰很多，原因是降低了静态画面下的比特率。

二、常用名词

1. NTSC 制式

NTSC 制式是美国在 1953 年首先研制成功的，并以美国国家电视系统委员会（National Television System Committee）的缩写命名。NTSC 制式的比特率为 60Hz，帧频为每秒 30 帧，场频为每秒 60 场，电视扫描线为 525 行，标准的数字化 NTSC 电视标准分辨率为 720 像素×480像素。采用 NTSC 制的国家有美国、日本等。

2. PAL 制式

PAL 制式是 1962 由原联邦德国在综合 NTSC 制式的技术成就基础上研制出来的一种改进方案。PAL 制式的比特率为 50Hz，帧频为每秒 25 帧，场频为每秒 50 场，电视扫描线为 625 行，标准的数字化 PAL 电视标准分辨率为 720 像素×576像素。PAL 制式中根据不同的参数细节，又可以进一步划分为 D、I、G 等制式，中国大陆使用的是 PAL-D，英国、中国香港、中国澳门使用的是 PAL-I，新加坡使用的是 PAL B/G 或 D/K。

3. 高宽比

高宽比指拍摄或制作影片的高度和宽度比例。电影、标清电视（SDTV）、高清电视（HDTV）具有不同的高宽比。一般标清电视高宽比为 4∶3，高清电视高宽比为 16∶9，由于后者的画面更接近人眼的视域，因此正在逐步流行。

三、视频素材的获取与编辑方法

（一）视频素材处理软件的选择

视频素材的类型非常丰富，主流的视频播放设备和播放软件也很多，而它们支持的视频格式也有所差别，因此常需要对获取到的视频素材进行格式转换。如何将录制好的视频素材进行截取、拼合、添加字幕、特效、转场等设置，并将其制作成符合需求的视频文件，也是视频编辑过程中经常遇到的实际问题。

相关的视频处理软件很多，可以结合实际任务需要进行合理选择。表 5-3 中列举了一些视频素材处理的任务，提供了选择处理软件的思路。

表 5-3 视频素材处理任务与可选处理软件列表

视频处理任务	可选择软件
录制屏幕操作步骤	屏幕录像专家、BB Flashback、KK 录像机等
视频格式转换	格式工厂、狸窝视频转换器等
视频截取	QQ 影音、暴风影音等
视频拼合、特效、字幕	绘声绘影、Movie Maker、Premiere 等

（二）视频编辑处理的方法

很多视频素材并不适合直接用来教学或课件制作，通常需要对视频素材进行进一步的编辑加工。下面通过几个实例来介绍常用的视频编辑处理方法。

【实例 5-7】视频格式转换

很多数码产品都可以用来播放视频文件，如计算机、手机、平板电脑等，但支持的视频格式各不相同，如果需要在不同的数码设备观看视频文件，就需要将视频文件转码才能进行播放。很多软件除了可自由设定输出大小、格式外，为方便用户转码，也针对不同品牌、不同型号的播放设备进行了预设。例如，格式工厂、狸窝视频转换器、QQ影音、暴风转码等软件，只需要根据实际需要进行输出设置即可。如图 5-44～图 5-47 所示。

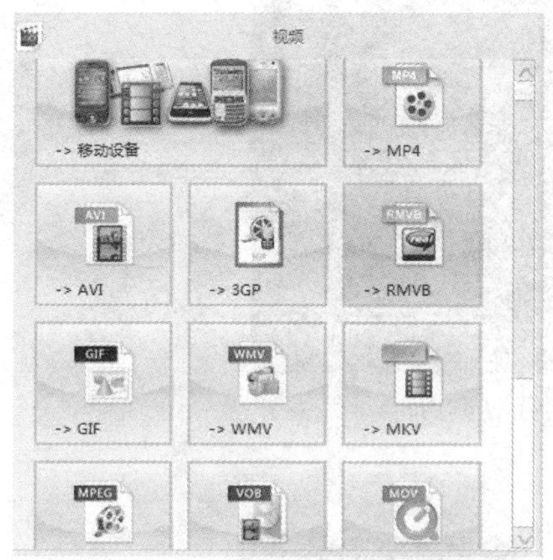

图 5-44　格式工厂中的输出设置

图 5-45　狸窝视频转换器中的输出设置

图 5-46　QQ 影音中的输出设置

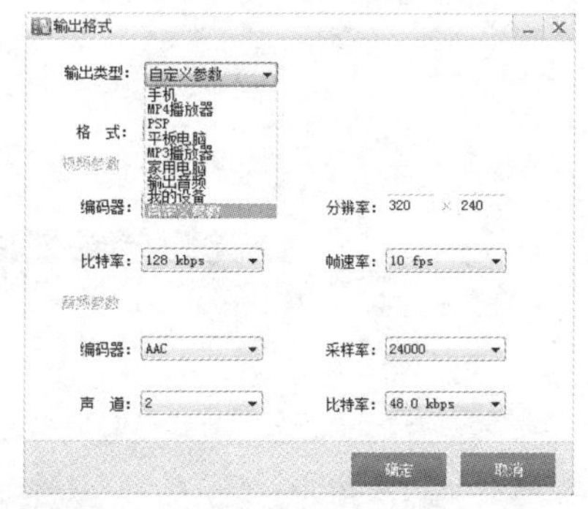

图 5-47　暴风转码中的输出设置

【实例 5-8】视频素材的截取

在多媒体课件制作过程中，视频素材有时只需要其中一部分，如视频文件中的一个画面、一段或几段视频片段，这就需要对视频素材进行编辑，截取所需要的部分内容。截取的图像或视频片段如不需要进一步的处理，可以利用一些软件提供的“截图”或“视频截取”功能来完成。例如，QQ 影音、暴风影音等音视频播放软件都具此功能，如图 5-48 和图 5-49 所示。

如果需要对截取视频进行进一步编辑，可以直接使用更专业的视频编辑软件进行编辑。下面以会声会影为例介绍视频素材的截取方法。

1. 导入视频

打开会声会影软件，在界面下方的“时间轴”面板上的“视频轨”一栏中右击，在弹出的快捷菜单中选择“插入视频”选项，如图 5-50 所示。

图 5-48　QQ 影音中的视频截取窗口

图 5-49　暴风影音中的视频截取窗口

图 5-50　在会声会影界面中导入视频

2. 设置起始位置

在“视频预览”面板中，拖动“修正标记”设置需要截取片段“起始点”和“结束点”的位置，如图 5-51 所示。

3. 设置文件格式

单击“分享”按钮，打开“分享”面板，单击“创建视频文件”按钮，在弹出的下拉列表中选择需要的文件格式，保存即可，如图 5-52 所示。

图 5-51　在“视频预览”面板中设置截取位置

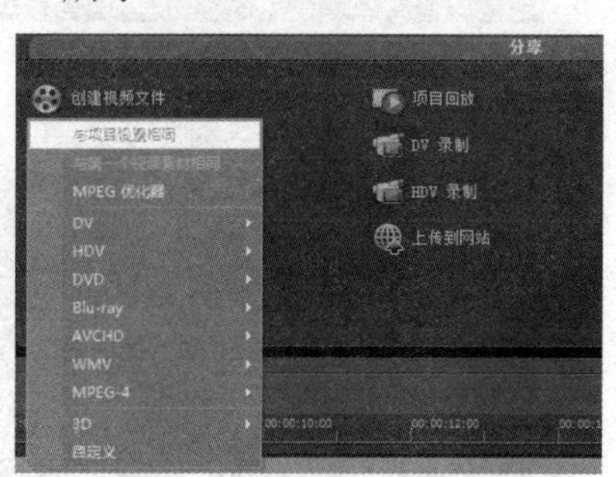

图 5-52　在“分享”面板导出视频文件

【实例 5-9】制作视频短片

制作视频短片时，往往需要对视频片段或图像进行拆分、合并、添加特效、转场、制作片头片尾、加入背景音乐、添加字幕等进一步处理，形成较为完整的视频作品。此类视频编辑处理软件很多，均具有相应功能可完成上述任务。下面以会声会影为例介绍制作视频短片时一些常用的操作。

1. 载入素材文件

打开会声会影软件，在右侧“素材库”面板中，单击“导入媒体文件”按钮，将需要的视频、音频、图片等文件，导入到“素材库”中备用。如果素材很多，为了方便管理，可以单击“添加”按钮，先建立文件夹，再进行素材导入。也可以单击视频、音频、图片显示按钮选择分类显示或隐藏，如图 5-53 所示。

2. 分割视频片段

在“素材库”中选择需要分割的视频文件，拖动到“视频轨”中。在“视频预览”面板中，拖动滑轨选择好想要分割的位置，单击“分割”按钮，即可把视频素材分割成片段。选中分割好的视频片段，可以拖动变换位置，也可按“Delete”键删除，如图 5-54 所示。

3. 插入新的视频片段或图片

打开“故事版视图”面板，可以看到刚切割好的视频片段。在“素材库”中选择需要插入的视频或图片，拖动到需要位置即可，如图 5-55 所示。选中视频片段或图片，单击“选项”按钮，打开“选项”面板，可以设置视频或图片的一些属性，如色彩校正、速度时间、播放方式等，如图 5-56 所示。

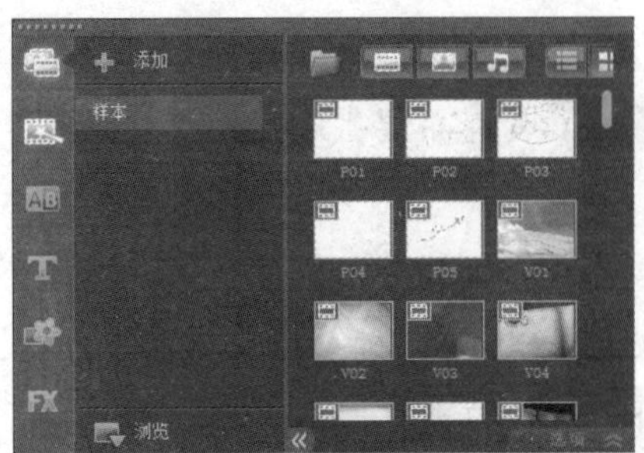

图 5-53 “素材库”面板

图 5-54 按滑轨位置分割视频片段

图 5-55 “故事版视图”面板

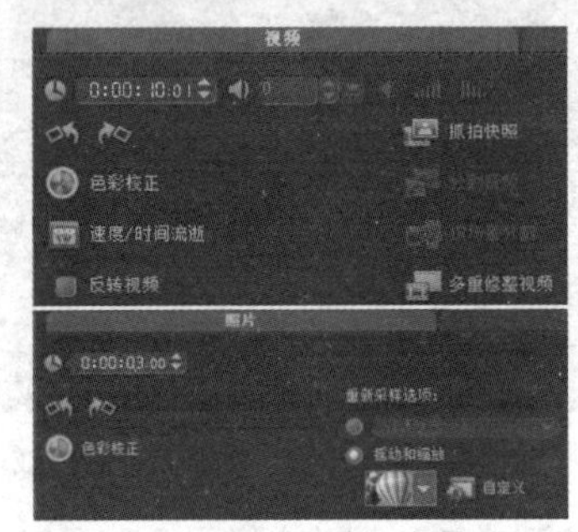

图 5-56 视频、照片选项面板

4. 添加转场效果

转场效果是指两段素材之间，添加不同效果的过渡方式，如溶解、交叉等。可在“媒体库”中打开“转场”面板AB，选择所需要的转场效果即可。软件中自带的效果较少，也可以单击“获取更多内容”按钮，自行下载。将选中的转场效果拖动到“故事版视图”中两段素材之间的转场框中，就可添加完成，如图 5-57 所示。

图 5-57 在“故事版视图”下添加转场效果

5. 添加视频滤镜

会声会影中提供了很多的特效滤镜。在“媒体库”中打开“滤镜”面板FX，选中所需要的滤镜，拖动至要添加特效的素材缩略图上即可，如图 5-58 所示。

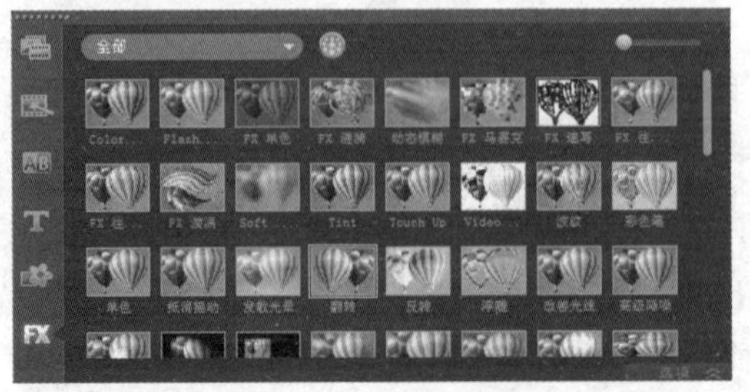

图 5-58 “滤镜”面板

6. 添加背景音乐

在“时间轴视图”面板中右击，在弹出的快捷菜单中选择“插入音频→到音乐轨”选项，如图 5-59 所示。选中已插入的音频，可左右移动至合适的起始位置。打开“选项”面板，可以设置音频的播放时间、音量、播放速度，添加淡出淡入效果、音频滤镜等，如图 5-60 所示。

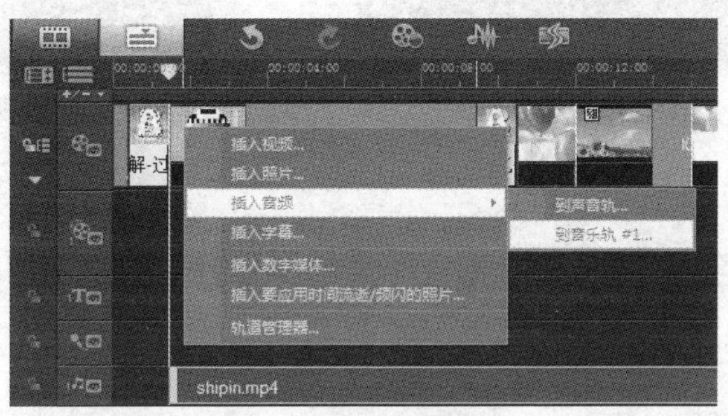

图 5-59　添加音乐轨

图 5-60　音频选项面板

7. 添加文字

在“媒体库”中打开“标题”面板，其中有很多预设好的文字效果，选中所需要的拖动至“标题轨”中即可。双击“标题轨”中插入的文字，可在预览窗口中出现的文本框中更改文字内容、大小、角度、位置，如图 5-61 所示。打开“选项”面板，可以进行字体、字号、颜色、文字出现时间等属性设置，如图 5-62 所示。

图 5-61　预览窗口中的文本框

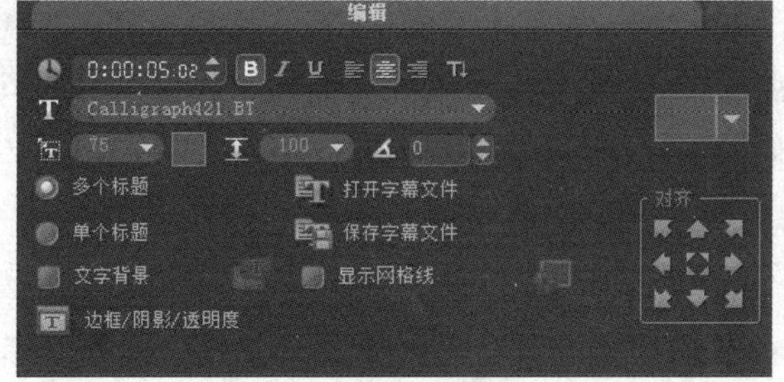

图 5-62　文字选项面板

8. 添加片头、片尾

在“媒体库”中的“即时项目”面板中，提供了一些片头、片尾的模板，如图 5-63 所示。选中拖动至“时间轴视图”面板中，即可按不同轨道展开，使用时可对其中的视频、特效、文字、音频等进行更改，如图 5-64 所示。

图 5-63 “即时项目”面板

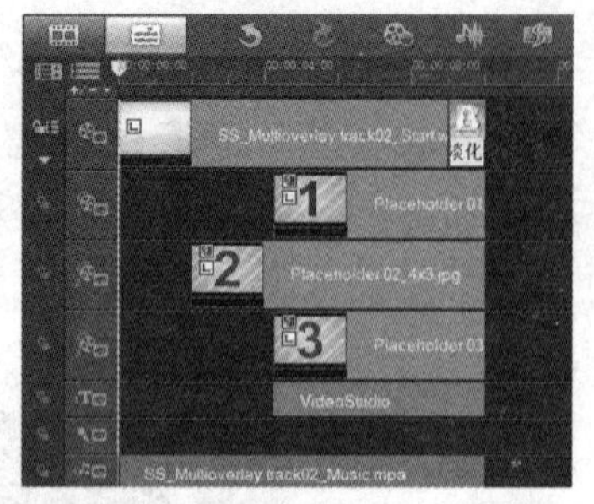

图 5-64 “时间轴视图”载入的模板

第四节 动画素材的处理与制作

一、常见的动画形式

计算机动画的应用非常广泛，按其制作方法和表现形式分类，一般分为二维动画和三维动画两种。

二维动画形式很多，最为常见的主要有 GIF 动画和 Flash 动画两种，它们也是网上使用最为广泛的动画形式。二维动画是把表现对象的动作分解后制成许多动作瞬间的静态画幅，利用视觉暂留原理，快速连续播放而形成运动效果的影像技术。相对来讲，二维动画制作简单、入门门槛低、普及度高，本节主要介绍二维动画素材的处理与制作。

三维动画又称 3D 动画，是一种可以真实模拟现实世界的动画形式。由于其具有精确性、真实性和可操作性，被广泛应用于影视、娱乐、传媒、建筑、教育、机械、医学等诸多领域。在三维动画制作中，需要在计算机中建立一个虚拟的三维环境，并在其中建立各种形象以及场景的网格模型，覆加各类适当材质的贴图，并添加虚拟灯光营造真实的明暗关系，完成静态模型的制作。当静态模型完成后，可以按动画需要设定模型的运动轨迹，设置虚拟摄影机的拍摄方位及其他渲染参数，当这一切完成后就可以让计算机自动运算，生成最后的画面。由于三维动画涉及一系列复杂的工序，难度较大、对硬件要求高，本节不介绍三维动画的制作方法。

1. GIF 动画

GIF 格式是一种位图图形文件格式，可分为静态 GIF 和 GIF 动画两种，是目前广泛应用于网络传输的图像格式之一。但由于采用了 8 位压缩，最多只能处理 256 种颜色，故不宜应用于 24 位真色彩图像。静态 GIF，可设置透明背景。GIF 动画又称闪图，常用作网页中的动态图片、表情图标等。GIF 动画既可以自行绘制、利用图片素材组合制作，如美图闪图就提供了这一制作功能，还可以由视频文件中截取生成。可以利用一些播放软件，如 QQ 影音、暴风影音等软件实现，也有一些功能更为完整的专业制作软件，如友立公司的 GIF Animation。

2. Flash 动画

Flash 是由 Macromedia 公司推出的交互式矢量图和 Web 动画的标准，可以创建动画、演示文稿、应用程序和用户交互等内容，被广泛应用于网页的矢量动画设计。*.swf 格式是 Flash 动画的专用格式，是一种支持矢量和点阵图形的动画文件格式，采用了流媒体技术，可以边下载边播放，具有缩放不失真、文件体积小等特点。*.fla 是一种包含原始素材的 Flash 动画格式，也被称为源文件，可以在 Flash 制作软件中打开、编辑和保存。

二、常用名词

1. 帧

帧是构成影像动画的最小单位，一帧就是一幅静止的影像画面，当帧连续播放时，就形成了动态影像。

2. 帧频

帧频或称帧速率，是指在 1 秒钟内播放的帧的数量。一般来说，帧频越高，动画效果越好。一般来说，帧频不低于每秒 8 帧，Flash 动画默认的帧频是每秒 12 帧，电影电视的帧频一般为每秒 24 帧。

3. 关键帧

关键帧指物体运动变化中的关键动作所处的那一帧，任何动画要表现动态效果，至少前后要给出两个不同的关键状态，两个关键帧之间的帧，可以由软件自动计算创建，即过渡帧。在 Flash 中，关键帧又可以分为用于处理图像和动画的普通关键帧；用于添加动作脚本以控制 Flash 影片或元件的脚本关键帧等。

三、动画制作与编辑方法

（一）动画制作软件的选择

二维动画制作软件很多，如美图闪图、GIF Animation、Adobe Flash 等。其中，Adobe Flash 功能强大，制作出的动画可以发布成 GIF 动画、Flash 动画或是 HTML 网页等形式。但其软件界面复杂、使用技巧多、学习时间长，熟练使用难度较大，如果只是制作简单的动态图片，从实用的角度考虑，可以选择一些操作简便、容易学习的软件来完成。表 5-4 中列举了一些制作动画素材的任务，提供了选择处理软件的思路。

表 5-4　动画制作任务与可选处理软件列表

动画制作任务	可选软件
动态图标制作	美图闪图、GIF Animation、Photoshop 等
视频片段转 GIF	QQ 影音、暴风影音等
制作演示动画	Adobe Flash、PowerPoint、RETAS PRO 等
制作交互动画	Adobe Flash、Authorware、PowerPoint 等
建立三维模型	3D Max、Sketch Up、COOL 3D 等
制作三维动画	3D Max、Maya 等

（二）动画制作与编辑方法

动画素材制作涉及的内容丰富，如各类动画的设计与制作、各类代码编写和使用技巧等。下面通过几个具体实例介绍常用的动画制作方法。

【实例 5-10】使用多张图片素材合成 GIF 动画

制作 GIF 动态图片、表情图标的软件虽然很多，但制作的原理大同小异，都是以逐帧播放的形式来显示图片，实现动态效果的。如果只是实现多张图片快速连续播放的效果，美图闪图就可以实现。下面介绍具体的制作方法。

1. 添加图片

打开美图闪图软件，选择“更多功能→闪图”命令，打开“自定义闪图”面板。单击“添加一帧”按钮，即可依次添加图片，如图 5-65 所示。

2. 调整图片显示属性

按住图片缩略图拖动，可调整图像顺序，单击图片缩略图可打开调整对话框，可调整图片显示区域、镜像或旋转图片，如图 5-66 所示。

图 5-65　添加图片

图 5-66　图片调整对话框

3. 设置播放速度、闪图大小

在“编辑闪图”窗口下方，可调整图片播放速度，如图 5-67 所示。调整完成后，可单击“预览动画效果”按钮进行预览。

图 5-67　播放速度、闪图大小设置

【实例 5-11】制作 GIF 格式动画

如果需要进行组合素材、绘制图形和文字、添加图片过渡效果或对已有 GIF 动画进行修改等任务，就需要用到功能更为丰富的专业软件。下面以 Ulead GIF Animation 5.10 软件为例进行介绍。

1. 导入图片素材

打开 Ulead GIF Animation 5.10 软件，新建需要尺寸的画布。在标准工具栏中，单击“插入图像”按钮，即可导入素材图片到对象管理器面板，如图 5-68 所示。为了方便进一步编辑，图片素材可预存为透明背景的.png 或.gif 格式。

2. 添加帧并设置属性

在“帧”面板中，单击“添加帧”按钮，可添加新的一帧，单击“相同帧”按钮，可复制当前选中的帧。单击“删除帧”按钮，可删除选中的帧。双击任意一帧的缩略图，可打开“画面帧属性”对话框，在其中可以设置选中帧的播放时间，如图 5-69 所示。

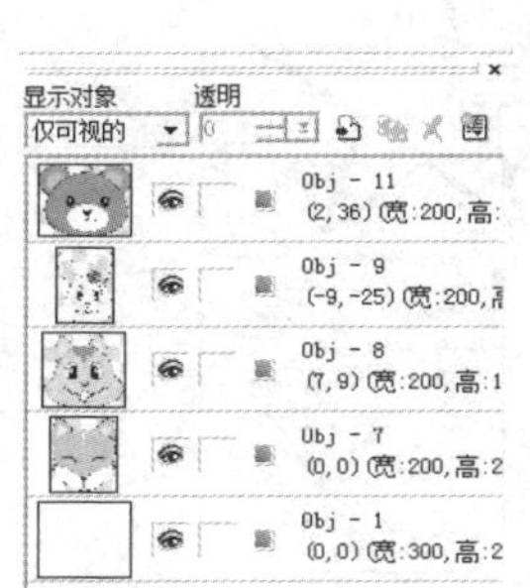

图 5-68　导入图片到“对象管理器”面板

图 5-69　添加帧并设置属性

3. 调整各帧中显示的画面

在“帧”面板中选中要调整的帧的缩略图，在“对象管理器”面板中，单击“显示/隐藏”按钮，可设置每一帧中显示的图像，如图 5-70 所示。

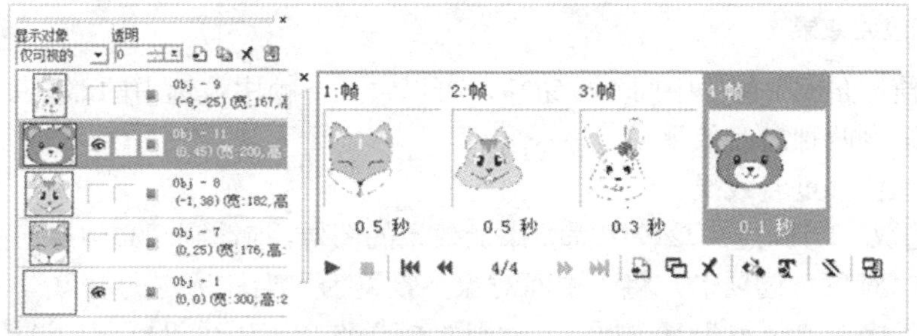

图 5-70　调整每一帧中显示的图像

使用“选取”工具拖动图像可以在“编辑”面板 编辑 中调整位置，双击可打开“对象属性”对话框，设置图像的颜色模式、透明度、阴影、位置、尺寸等，如图 5-71 所示。

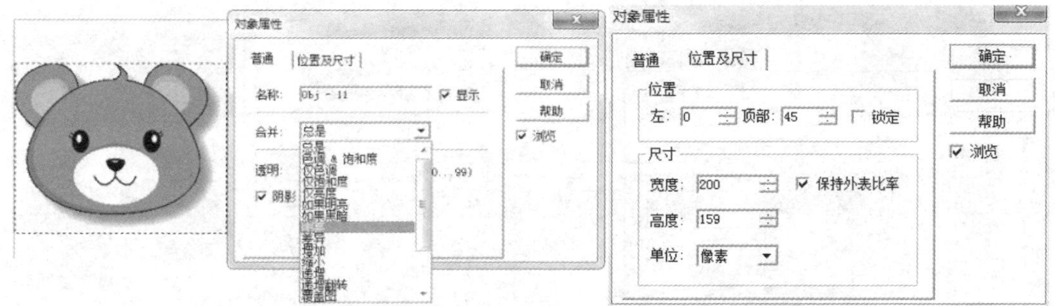

图 5-71　使用“选取”工具选中图像并设置属性

4. 添加过渡效果帧

打开“视频 F/X”菜单视频 F/X，在下拉列表中有很多预设过渡效果可以选择。选中需要的效果，打开“添加效果”对话框，可设置该效果的各项参数，如图 5-72 所示。调整完成后，单击“确定”按钮，即可添加过渡效果帧，如图 5-73 所示。

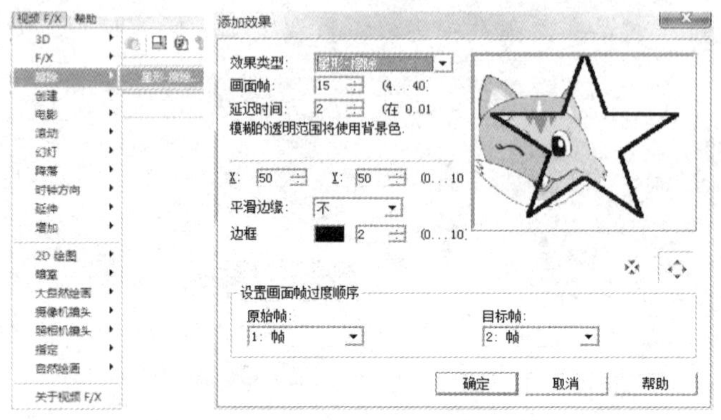

图 5-72　过渡效果帧的添加与设置

图 5-73　添加完成的过渡效果帧

5. 添加过渡效果

单击“帧”面板中的“中间”按钮，可以给某一帧中被选中的部分图像添加位移过渡和透明渐变两种过渡效果。

（1）添加位移过渡效果

使用“选取”工具，选中该帧中需要添加效果的图像，拖动到画布边缘。选择“Tween”对话框中的“对象”选项卡，将“中间对象”设置为“当前选定的对象”，并勾选“中间位置属性”中的“位置”复选框。在“画面帧”选项卡中可设置添加过渡效果帧数、时间，以及过渡效果开始结束的帧的位置，如图 5-74 所示。

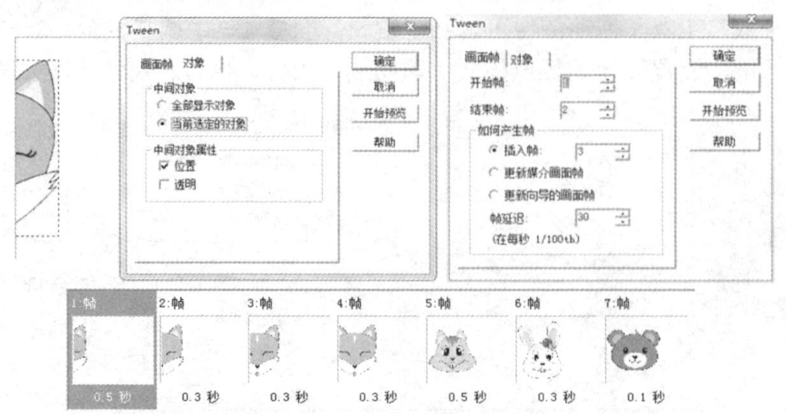

图 5-74　制作对象位移过渡效果

（2）添加透明渐变效果

使用“选取”工具，选中该帧中需要添加效果的图像，将“中间对象”设置为“当前选定的对象”，并勾选“中间位置属性”中的“透明”复选框。在“画面帧”选项卡中设置添加过渡效果帧数、时间，以及过渡效果开始结束的帧的位置即可，如图 5-75 所示。

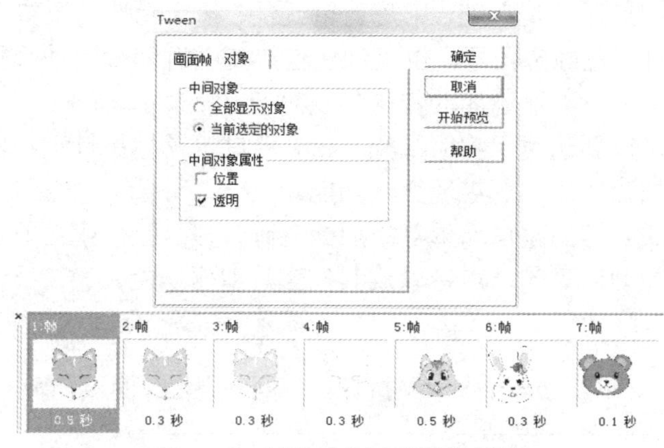

图 5-75　制作对象透明渐变效果

【实例 5-12】视频文件截取 GIF 动画

有些 GIF 动画是将位图图片添加到帧上制作而成的，如实例 5-10、实例 5-11，有的则是将视频片段转换为 GIF 动画。能够进行此类转换的软件很多，Ulead GIF Animation 就有此功能。许多播放器也都添加了具有这类功能的插件，如 QQ 影音等。

1. 使用 QQ 影音截取视频 GIF 动画

打开 QQ 影音软件，载入需要截取的视频进行播放。打开“影音工具箱”，单击“动画”按钮，进入 GIF 截取界面。拖动“起始点滑块”设置开始截取的位置。拖动“结束点滑块”设置截取长度。选择“尺寸”可设置图像大小，如图 5-76 所示。单击“预览”按钮，进入预览界面。拖动“慢—快”滑块可设置动画播放速度，如图 5-77 所示。

图 5-76　设置截取位置、图像大小

图 5-77　设置动画速度

2. 使用 Ulead GIF Animation 截取视频 GIF 动画

打开 Ulead GIF Animation 软件，在标准工具栏中，单击“插入视频”按钮，导入视频文件。在打开的设置对话框中，设定视频截取开始和结束时间即可，如图 5-78 所示。

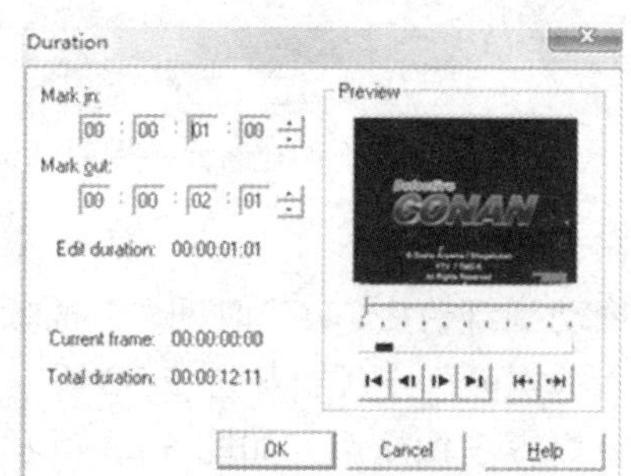

图 5-78　设置截取位置

除了通过各种方法获取动画素材外，更多的是自行设计制作所需的动画素材，这就需要制作者能够熟练掌握和使用制作软件。下面通过 2 个简单实例介绍使用二维动画制作软件 Adobe Flash Professional CS5.5 制作 Flash 动画的方法。

【实例 5-13】制作 Flash 元件

元件是 Flash 动画的基本元素，创建后可在整个文档或其他文档中重复使用该元件。Flash 中有图形、按钮、影片剪辑 3 种元件类型可供选择。

图形元件：图形元件是基础，影片剪辑元件、按钮元件乃至整个动画都是以它为基础创建起来的。可表现静态图像，也可创建连接到主时间轴的动画片段。图形元件与主时间轴是同步运行的，无法添加动作语句及声音。

按钮元件：可以创建用于响应鼠标单击、滑过等鼠标指针动作的按钮。可以给舞台中的按钮实例添加动作语句而实现交互功能。

影片剪辑元件：可创建自动重复播放的动画片段。拥有独立于主时间轴的多帧时间轴，可以包含添加动作语句、声音以及其他影片剪辑实例。

1. 新建 Flash 文件

打开 Flash 软件，单击 ActionScript 3.0 按钮，打开“属性”面板 属性，可设置舞台大小、帧频、背景颜色等，如图 5-79 所示。

2. 将素材导入到库中

选择“文件→导入→导入到库”命令，选择需要的图片、音频或视频文件，即可将其导入到“库”中备用，如图 5-80 所示。

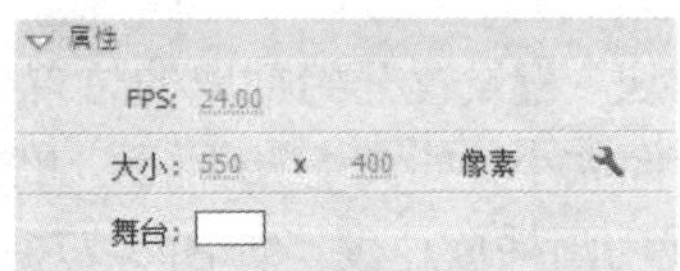

图 5-79　Flash 文档属性设置

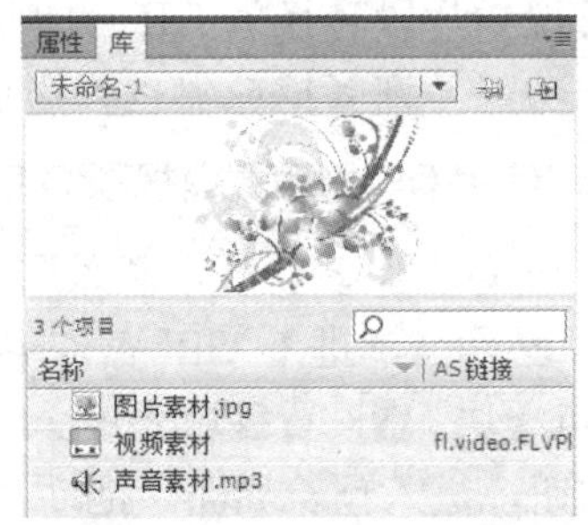

图 5-80　导入素材文件到“库”中

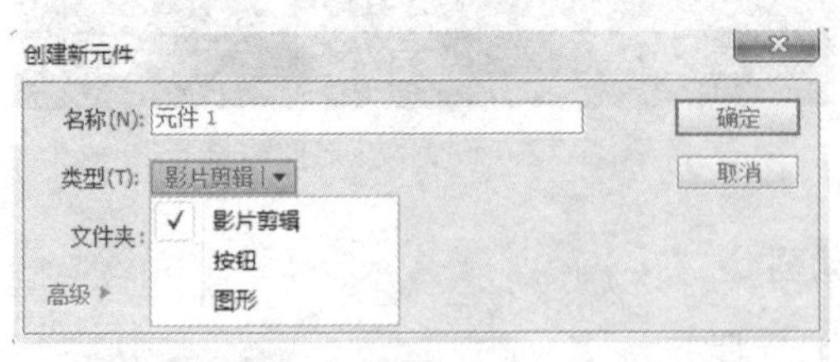

图 5-81　“创建新元件”对话框

3. 制作元件

将配套素材中的“素材→第五章→蝴蝶.gif”文件导入到“库”中。在“库”面板中右击，在弹出的快捷菜单中选择“新建元件”选项，打开“创建新元件”对话框，如图 5-81 所示。新建一个“影片剪辑”元件后，在“库”面板中，双击该元件进入元件编辑界面 场景 1 元件 1 。将“库”中的“蝴蝶.gif”拖动到舞台中。在“时间轴”面板上，第 5 帧的位置右击，在弹出的快捷菜单中选择“插入关键帧”选项，如图 5-82 所示。选中第 5 帧，在工具箱中选择“任意变形工具”，将蝴蝶图像压扁，如图 5-83 所示，即可实现蝴蝶开合翅膀动画效果。单击“场景 1”按钮 场景 1，回到场景界面完成元件的制作。

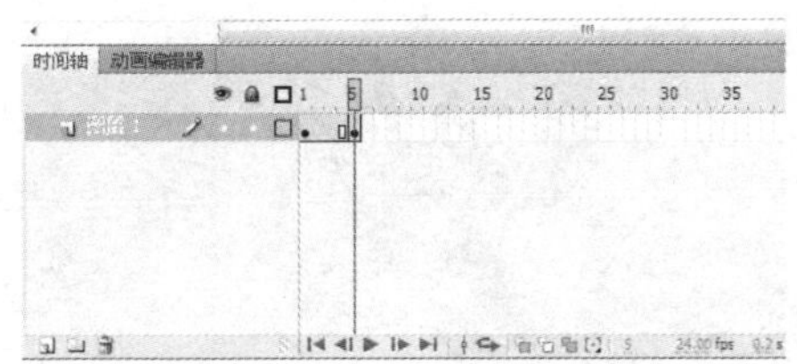

图 5-82 在时间轴上添加关键帧

图 5-83 调整图像宽度

在“库”中选择制作好的元件，将其拖动到舞台上，即可在动画场景中应用。双击该元件，可进入元件编辑界面，进行再次编辑。

【实例 5-14】制作 Flash 演示动画

1. 制作运动引导层动画

运动引导层可用来实现物体按照指定轨迹运动的效果。引导层在最终发布出的Flash动画中是不显示的。设置运动引导层和引导路径后，在与之相连的下层图层中创建补间动画，下层图层中的元件就会按照引导路径来进行运动。

（1）将元件应用至舞台中

将配套素材中的“背景花.jpg”文件导入“库”中。按住鼠标左键将其拖动到舞台中，使用“任意变形工具”调整大小与舞台对齐。在“时间轴”面板中，选择“图层 1”，在 100 帧处插入帧（右击）。在“图层”面板中单击“新建图层”按钮，建立“图层 2”。选中“图层 2”，在“库”中选择刚制作的“蝴蝶元件”，按住鼠标左键将其拖动到舞台中，并使用“任意变形工具”调整角度、位置，如图 5-84 所示。

图 5-84 将元件应用至舞台中

（2）创建传统补间动画

选择“蝴蝶元件”所在的“图层 2”，在第 100 帧的位置插入关键帧（右击）。选中刚插入的关键帧，使用“选择工具”，将“蝴蝶元件”拖动至画布右上角。在“图层 2”的时间轴上选中第 1～100 帧之间的任选一帧，创建传统补间（右击）。按组合键“Ctrl＋Alt＋回车”，即可预览到蝴蝶从画布一角飞动到另一角的效果，如图 5-85 所示。

图 5-85　创建传统补间动画

（3）创建运动引导层动画

在“图层”面板中，选中蝴蝶补间动画所在的“图层 2”，添加传统运动引导层（右击）。选中“引导层” 引导层:...，使用“刷子工具” 绘制出蝴蝶运动轨迹的引导线。

在“帧”面板中，选择“图层 2”的第 1 帧，使用“选择工具”，将“蝴蝶元件”中心点对齐到引导线开头处。将第 100 帧的“蝴蝶元件”中心点对齐到引导线结尾处。按组合键“Ctrl＋Alt＋回车”，即可预览到蝴蝶按引导线轨迹运动的效果，如图 5-86 所示。

图 5-86　运动引导层动画

2. 制作遮罩动画

遮罩动画是 Flash 中一种常见的动画效果，由遮罩层和被遮罩层组成。建立遮罩层后，被遮罩层中的对象挡住的部分会显示出来，没有挡住的部分不显示。而添加到遮罩层上的图像，在最终发布出的 Flash 动画中是不显示的。

（1）添加文字

新建“图层 3”，使用“文字工具”T在“图层 3”中输入文字。在“属性”面板中可设置字体、字号、颜色、间距等，如图 5-87 所示。

（2）绘制遮罩图形

新建“图层 4”，使用“矩形工具”，在“属性”面板中，设置“笔触”为无色，“填充”为任意颜色，在“图层 4”中画出一个长方形，大小可完全遮挡文字即可，如图 5-88 所示。

图 5-87　文字“属性”面板

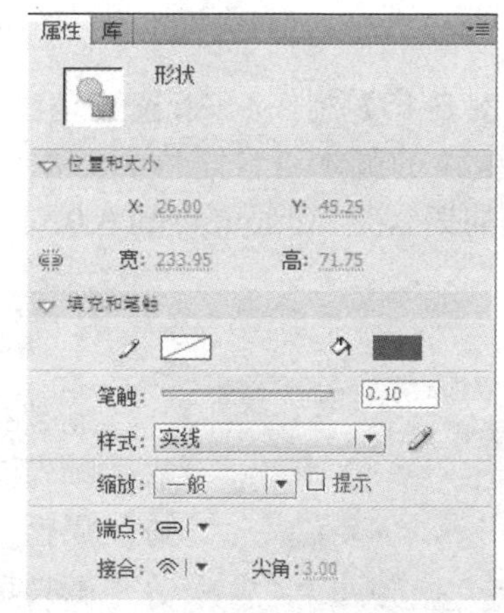

图 5-88　形状工具“属性”面板

（3）设置遮罩层

选中“图层 4”的第 1 帧，使用“选择工具”将绘制好的长方形拖动到文字左侧。在第 100 帧处插入关键帧，将长方形移动到完全覆盖文字。

选中“图层 4”时间轴中第 1～100 帧之间的任意一帧插入传统补间动画（右击）。在“图层”面板中“图层 4”上右击，在弹出的快捷菜单中选择“遮罩层”选项，即可建立遮罩动画效果，如图 5-89 所示。

（4）保存、发布动画

选择“文件→保存”命令，可保存.fla 格式源文件，源文件可在 Flash 软件中打开并编辑。选择“文件→发布设置”命令，可以设置发布文件格式和属性。

选择“文件→发布”命令，可将文件保存为.swf 格式的 Flash 动画。.swf 格式的动画可以使用 Flash Player、视频播放器或浏览器等进行播放，但不能在软件中进行再次编辑。

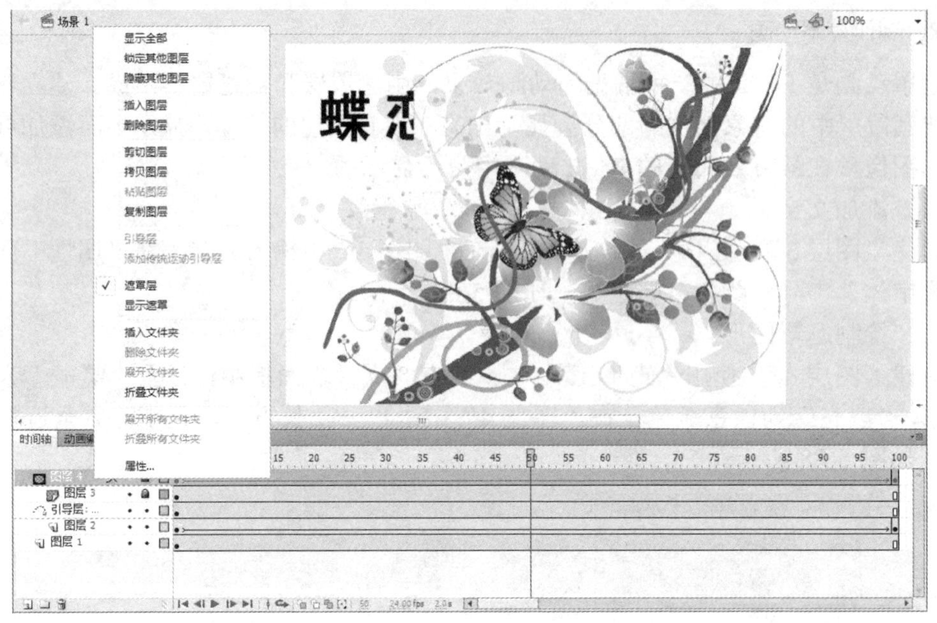

图 5-89　设置遮罩层

【实例 5-15】制作 Flash 交互动画

Flash 中的脚本语言简称 AS 语言，目前有很多版本，语言彼此不兼容。Flash CS 5.5 默认的语言是 ActionScript 3.0，因此本实例是以 ActionScript 3.0 语言为基础进行介绍的。

1. 制作按钮元件

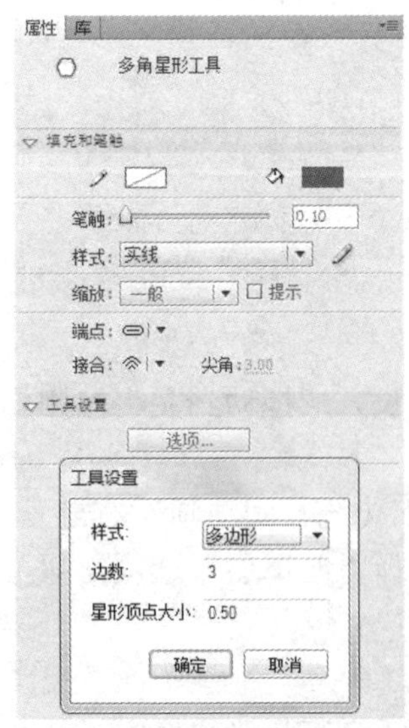

图 5-90　“多角星形工具”属性设置

新建按钮元件，进入按钮元件编辑界面。在“帧”面板中选中“弹起”帧，使用“多角星形工具”，在“属性”面板中设置“笔触”为无色，“填充”为任意色。在“工具设置”中单击“选项”按钮，在打开的“工具设置”对话框中，设置“样式”为“多边形”，“边数”为“3”。在舞台中画出一个三角形，使用“文字工具”输入“播放”两字，如图 5-90 所示。

在“时间轴”面板中选择“指针经过”帧，添加关键帧（右击）。使用“选择工具”选中舞台中的三角形，在“属性”面板中将填充色换为其他颜色。在“按下”帧上添加关键帧，将三角形再次更换颜色，单击“场景”按钮返回“场景 1”即可。

重复上述步骤，制作出“停止”按钮。新建“图层 5”，在“库”中找到制作好的两个按钮，分别拖动到“场景 1”中，可使用“任意变形工具”调节大小，如图 5-91 所示。

图 5-91　添加“按钮元件”

2. 给帧添加动作命令

选择“图层 2”的第 100 帧的关键帧，右击，在弹出的快捷菜单中选择“动作”选项，打开“动作-帧”面板，输入命令“stop（）;”，添加好动作命令的帧上会出现“a”符号，如图 5-92 所示。此命令添加后可以用于停止时间轴动画自动播放。当所添加帧上的对象是视频剪辑元件时，视频剪辑元件本身由于拥有独立的时间轴，因此视频剪辑元件本身并不会停止运动。

图 5-92 “动作-帧”面板

3. 利用按钮控制场景的播放和停止

ActionScript 3.0 只能在关键帧上添加脚本语言，不支持在按钮或影片剪辑本身上添加。因此，基于 ActionScript 2.0 等其他版本添加按钮动作的方法并不适用。

用“选择工具”选中“场景”中的播放按钮，在“属性”面板，将实例名称命名为“play_btn”。用同样的方法将停止按钮命名为“stop_btn”。

选中按钮所在的“图层 5”的第 1 帧，右击打开“动作”面板。输入如下代码：

```
play_btn.addEventListener(MouseEvent.CLICK, people_move);
function people_move(me:MouseEvent)
{this.play();}

stop_btn.addEventListener(MouseEvent.CLICK, people_stop);
function people_stop(me:MouseEvent)
{this.stop();}
```

添加完成后，按组合键“Ctrl＋回车”测试效果，保存、发布即可。

思考与练习

1．常见的图像文件格式有哪些？
2．常见的声音文件格式有哪些？
3．常见的视频文件格式有哪些？
4．常见的动画格式文件有哪些？
5．自选软件绘制一幅图像，并自选多幅图片素材进行拼合。
6．使用 Cool Edit Pro 录制一段声音，并进行剪辑。
7．将一段视频分别转换为 AVI、MPG、GIF 等多种格式。
8．使用会声会影剪辑一段视频，并截取部分图像文件。
9．使用 Flash 软件制作简单动画片段，并将其分别发布为 Flash 格式和 GIF 格式。

知识拓展

第六章

多媒体课件的设计与制作

【问题提出】

多媒体课件是现代教育技术环境中不可或缺的重要工具，有了图文、声像、视频、动画的多重感官作用，课程内容能更好地被理解，也可大大激发学习者的积极性。多媒体课件有哪些种类？对每一类课件，用什么工具制作？如何制作？这些问题是本章讨论的重点。

【学习引导】

本章在讲述多媒体课件基础知识的基础上，具体阐述了演示型、交互型、视频型课件的概念、制作工具和制作方法，并对每一类课件都以具体的实例来讲解多媒体课件的制作思路。

【本章知识点】

- 多媒体课件的类型
- 多媒体课件的设计原则及流程
- 多媒体课件的脚本编写和评价方法
- 演示型课件的制作方法
- 交互型课件的制作方法
- 视频型课件的制作方法

第一节 多媒体课件概述

课件（courseware）是在一定的教学理论、学习理论指导下，以计算机技术、多媒体技术和通信技术为基础，为完成特定的学习目标而设计的，能反映某种教学策略和教学内容的计算机软件。

多媒体课件是采用多媒体技术综合处理文本、图形图像、动画、音视频等多媒体信息，并根据教学目标的要求表达某一课程或若干门课程教学内容的计算机软件，是一种根据教学目标设计，表达特定教学内容，反映一定教学策略的计算机教学程序，是一种可以用来存储、传递和处理教学信息，允许学生进行人机交互操作，获得反馈，并能够对学生的学习效果做出适当评价的教学媒体。多媒体课件的规模可大可小。一般来说，多媒体课件作为一种教材，都具有教材的结构。

一、多媒体课件的类型

多媒体课件的分类方式很多，根据教学内容呈现的方式，将多媒体课件分为演示型、交互型、视频型。

（一）演示型

演示型课件是针对某一特定的教学内容而设计的软件，主要目的是解决某一学科的教学重点与教学难点，揭示教学内容的内在规律，将抽象的教学内容具体化。此类课件主要适用于知识难度小、表象陈述多、规律含量不高、学生活动相对较少的教学内容。

这种类型的课件应用于课堂教学中，在多媒体教室或多媒体网络环境下，由教师向学生播放多媒体课件，将抽象的教学内容用形象具体的形式表现出来，同时给予详细讲解，让学生更好更快地理解所讲内容；或由学生自己播放，进行课余时间的自主学习，以复习巩固所学内容。此类课件多数使用 PowerPoint、AxeSlide、Prezi、Flash 等工具制作而成。

（二）交互型

交互型课件是指以人机对话的方式进行人机之间的信息沟通，能对使用者的操作做出反馈，这种动态的反馈就是交互。

这种类型的课件既适用于教师的讲解，也适用于学生的自学。例如，用于学生练习的课件，就是通过提出问题的形式，让学生作答，以训练和强化学生某方面的知识和能力。此类课件多数使用 Flash、Authorware、方正奥斯等工具制作而成。

（三）视频型

视频型课件主要是通过影像来展现教学内容，通常先录制教学活动过程或录制屏幕，对其进行编辑后，再把所得的视频用于单机播放或集成于网页中，从而为学习者提供更多的学习机会。例如，很多网站上声像并茂的视频教程，既有视频又有字幕显示的讲座等。

这种类型的课件适用于学习者的自主学习，对于不明白的地方可以反复播放。此类课件多数使用屏幕录像专家、Movie Maker、Premiere、会声会影、Producer for Office 等工具制作而成。

二、多媒体课件的设计原则

多媒体课件的制作必须服务于教学，其目的是改革教学手段和提高教学质量。照搬课本内容、教学环节，追求新技术，把课件做成素材展示，都是不正确的。我们在设计和制作多媒体课件时应遵循以下几项基本原则。

（一）教育性

设计的多媒体课件，对于向学生传播某门学科的基础知识，发展学生的能力，培养学生的思想品德，促进学生的全面发展，应能起到良好的作用。要实现上述要求，必须注意以下几点。

1. 要有明确的目标

为什么要制作这个课件？这个课件要解决教学上的什么问题？要在学生的知识、能力、思想品德方面引起哪些变化？

2. 根据教学大纲，围绕解决教学重点、难点而设计

在设计过程中，首先要想到所设计的是教学课件，是教学内容的一个部分，必须符合教学大纲的要求。设计的教学课件要有助于解决教学重点、难点问题。

3. 适合学生接受水平

这个课件是为哪个年级、年龄和发展水平的学生用的？它是否适合学生原有的知识基础和接受能力？

（二）科学性

设计的多媒体课件，要具有高度的科学性，能正确展现科学基础知识和现代科学技术发展水平。要实现上述要求，必须注意以下几点。

1. 教学媒体符合科学原理

教学媒体在表现事物的大小、运动、声音、时间、空间、色彩、内容等特性方面等能力是不一样的，不能进行简单的组合，要科学地考查不同媒体的特点，充分认识到各种媒体既有优点，又有局限性，没有万能媒体。

2. 选题要科学

多媒体课件是用于解决传统教学不能解决的问题的，不是所有的教学内容都可以制作成多媒体课件。对于教学内容中的重点、难点，抽象、扩充的内容，可以用课件来表达。

3. 素材真实、科学

课件所用到的图像、音视频、动画等，都要符合科学的要求。不能片面追求图像的漂亮、声音的悦耳、色彩的鲜艳而损坏了真实性。

（三）技术性

设计的多媒体课件，要图像清晰、声音清楚、色彩逼真、声画同步，要保证良好的技术质量。要实现上述要求，必须注意以下几点。

1. 设备状态良好

制作多媒体使用的设备，要处于良好的状态。

2. 制作人员技术熟练

制作人员要熟练掌握有关技术，如摄影人员要对用光、取景、景别的转换、镜头的组合，用得恰到好处。

（四）艺术性

设计的多媒体课件，要有丰富的表现性和感染力，能激发学生的情感，引起学习的积极性，提高学习兴趣和审美能力。要实现上述要求，必须注意以下几点。

1. 内容真实

多媒体课件的内容，要反映大自然和社会生活中真、善、美的事物。

2. 画面优美流畅

画面构图要清晰匀称，变换连贯、流畅、合理。

3. 光线与色彩搭配合理

在光线与色彩上，要明暗适度，调配适当，使观者感到舒适。

4. 语音优美

在音乐与语言上，要避免噪声，音乐要和景物与动作相配合，语言要抑扬有致，使听者愉快，从而收到良好的教育效果。

（五）经济性

设计多媒体课件要考虑经济效益，以最小代价，得到最大收获。这里所说的“代价”，主要是指使用的人力、材料、经费和时间；“收获”是指优秀的多媒体课件。

优秀的多媒体课件，有助于提高教学质量和教学效率，能够取得良好的教学效果。要实现上述要求，必须注意以下几点。

1. 编制多媒体课件要有周密的计划

多媒体课件开发是一个系统工程，要有组织、有计划。要合理调配人力，需要考虑计算机系统人员、教育科学理论专家、相应学科教学专家。注意节省人力、经费、材料和时间。

2. 编制多媒体课件要以是否符合教学要求，是否取得所追求的教学效果为前提

多媒体课件要符合教学的要求，能达到教学目标。例如，利用 PPT 就能达到教学目标，就没有必要做成动画或其他更复杂的形式。

三、多媒体课件在教学中的应用

随着多媒体技术在教育领域的不断发展，多媒体课件在教学中的应用日益广泛，主要表现在课堂教学、模拟教学、个别化交互学习、远程教育等几个方面。

（一）课堂教学

教师在课堂教学中应用多媒体课件将教学内容、材料、数据、示例等呈现在大屏幕上以辅助教学内容的讲解。运用这种方法可以给学生多感官刺激，提高学生的学习兴趣，增强学生观察问题、理解问题和分析问题的能力。同时，因为计算机多媒体技术具有交互性，可进行非线性的调用，从而达到提高教学效率的目的。随着网络技术的快速发展，很多学校都能够联网，通过网络进行计算机多媒体辅助教学将变得非常方便。

（二）模拟教学

多媒体课件可以把视频、音频和动画等集成起来，模拟逼真的现场环境或微观与宏观世界的事物，以便代替、补充或加强传统的实验手段，帮助学生学习和理解一些抽象的教学内容。

随着计算机多媒体技术的发展，虚拟现实技术逐渐应用于教学中，它是通过计算机产生的一种虚拟仿真环境。利用虚拟现实技术培训各种特殊的专业人员，既方便又经济。在虚拟环境中，学生可以作为一个实际操作者进行各种学习和操作，计算机根据其操作可做出相应的反应和判断。例如，由计算机控制的模拟器能够产生逼真的训练、操作环境，学生在虚拟模拟系统中学习驾驶汽车、飞机等，有一种身临其境的感觉。

（三）个别化交互学习

所谓个别化交互学习，是指利用多媒体计算机网络技术，将多媒体课件的教学内容变为网上资源，由学生自主进行选择学习。个别化交互学习，可做到因材施教，学生根据自己已有的知识选择学习内容，并且可以进行双向交流学习。目前不少院校建立了学生学习用的计算机实验室，向学生开放，供学生进行个别化交互学习。

（四）远程教育

远程教育是近年来兴起的一种基于计算机网络的教学系统，它是开放的、远程的教学系统，采用自主的学习方法。随着计算机网络技术的发展，远程教育的规模正在不断地扩大，充分显示了其优越性。远程教育中的课堂是对外开放的，学生可以通过网络协作学习，教师可以通过网络和学生进行讨论、互动。通过远程教育，师生可以共享更多的教学资源；教师可以在全球范围内指导学生学习，而学生则可以得到更多的教师指导。

四、多媒体课件的设计与开发流程

多媒体课件作为一种教学软件，它的基本功能是教学功能。课件设计应基于教学设计进行，课件中的教学内容及其呈现、教学过程及其控制的设计应由教学设计所决定。同时，多媒体课件又是一种计算机软件，其开发的具体过程及其组织应按照软件工程的思想和方法进行。

多媒体课件的开发流程与软件开发的模型相似，一般都包括分析、设计、制作、评价 4 个阶段。多媒体课件开发的一般模型如图 6-1 所示。该模型是以迪克-凯瑞（Dick & Carry）教学系统设计模型为基础，并考虑到多媒体课件开发的特殊要求而建立的。

（一）多媒体课件的课题确定

课件设计从选题开始。课件选题必须有明确的教学目标，选用教学活动中学生需要帮助理解和创造环境的教学内容、重点与难点、抽象难以表述的内容、课堂实物演示比较困难或危险的内容、微观结构等，要考虑到课件的特点和课件设计的要求，要能充分发挥多媒体课件的优势。

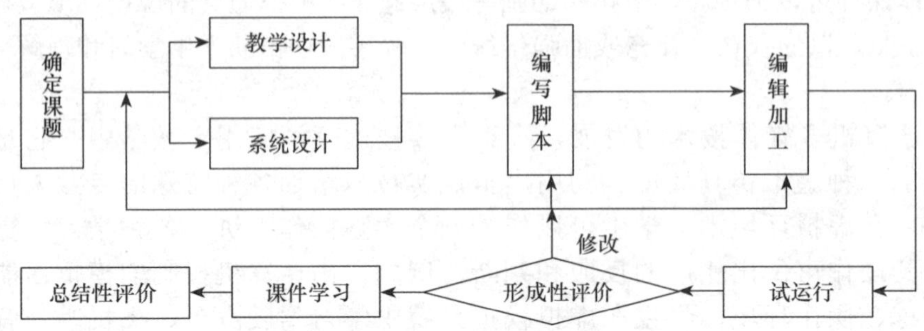

图 6-1 多媒体课件设计与开发的基本流程

选题还需考虑课件的使用环境，包括硬件环境和软件环境的支持、课件适宜的教学模式、对使用者的技术要求等。

设计制作课件必须以先进的教育理论、学习理论为指导，必须体现先进的教育理念。课件的开发要尽可能降低对使用环境的要求和减少开发成本，尽可能选用方便的设计平台，以求最大限度地提高课件的使用面和易操作性。

（二）多媒体课件的教学设计

教学设计是关键的环节，也是教学思想最直接和具体的表现，最能体现教师的教学经验和教师个性的部分。在多媒体课件设计与开发过程中，多媒体课件的教学设计就是应用系统的观点和方法，在分析教学内容和教学对象的基础上，围绕教学目标要求，合理选择和设计媒体，采用适当的教学模式和教学策略进行课件设计的过程。

教学设计的内容主要包括学习者的特征分析（原有的认知结构与能力）、教学目标的编写、学习内容分析、多媒体信息（图形图像、文字、音视频、动画）的选择和设计、教学模式选择、教学策略设计、学习评价（提问、应答、反馈）及用于描述教学设计结果的稿本编写等。

（三）多媒体课件的系统设计

系统设计定义了课件的教学信息的信息组织结构及呈现形式，构建了课件的主要框架，体现了教学功能与教学策略。它是教学设计的基本思想在软件设计上的具体体现，主要包括以下几点。

1. 多媒体课件的组成

课件是服务于教学的计算机软件，通常既有一般计算机软件的结构和组成，又具有一般教材的结构和组成。目前，多媒体课件一般具有以下结构。

1）封面和封底：标明课件的名称、著作者出版者、版权等。形象生动的封面引起学生的兴趣，并能自动进入教学部分。

2）帮助：介绍课件的使用方法，帮助用户解决使用中的问题。

3）菜单：一般按软件的功能设计菜单，常用的功能菜单和快捷键要符合主流软件习惯，也有部分课件不用菜单。

4）内容：即课件要完成的主要学习内容。

5）程序各部分的链接关系：例如，课件各知识单元之间、知识点与知识单元之间、知识点之间等各种跳转关系的控制；屏幕各要素的跳转控制；屏幕与屏幕之间的跳转控制；各个屏幕向主菜单的返回控制等。

6）人机交互界面：课件与一般的软件一样，需要设计用户计算机交互界面，通常包括菜单、按钮、对话框、音响、屏幕的图形、色彩、动画等。

7）导航策略：当多媒体课件系统信息量大，内部的信息结构关系复杂时，学习者在学习的过程中很容易迷失方向，常常不知道自己处在信息网络的何种位置。在设计复杂的多媒体课件时，要为学习者提供引导措施，这就是课件的导航系统。常用的导航系统有检索导航、线索导航、导航图导航、书签导航、帮助导航等。

2. 课件屏幕的设计

在课件教学活动中，课件屏幕的设计至关重要，教学内容必须通过文字、图片、公式、视频、动画等形式展现出来，这些都需要通过计算机屏幕来呈现。

屏幕是教学信息的呈现区域，学习信息交互的界面、屏幕风格的设计也是多媒体课件设计的重要环节。总体要求是布局合理，具有艺术性，生动形象，主题突出，可视性强。多媒体课件的屏幕设计主要包括屏幕对象的布局、文字用语的选择、色彩的选用等。

（1）屏幕对象的布局

合理地安排屏幕对象的布局是屏幕设计的第一步，在屏幕布局设计时要注意以下两点。

首先，屏幕上所呈现的教学内容应该是完整的，而且是意义明确的。例如，不能将一概念分割在两幅屏幕上，也不能在同一幅屏幕上显示两个或多个概念。

其次，整个课件的屏幕布局应是固定的。可以把屏幕分成多个显示区，有的区显示文本，有的区显示图片，有的区是交互区等，如图 6-2 所示。

（2）文字用语的选择

在多媒体课件中使用文字的基本要求是精确、简洁、富有感染力。具体表现在以下几点。

1）屏幕显示的内容要引人注目，同时，屏幕容量有限，应防止大量文字的堆积，容易让人视觉疲劳。内容应该呈现在屏幕的中心位置。

2）避免使用太专业的“行话”或过于冷僻的词汇，应使用简短而常用的词汇来表达；整个课件的字体、字号、颜色等要统一。

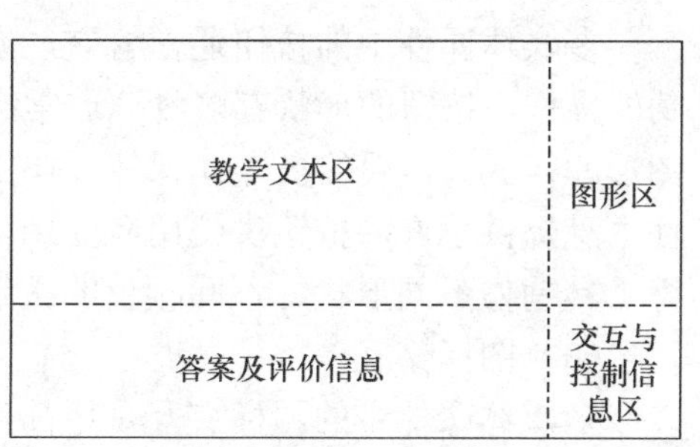

图 6-2　输出画面示意图

3）图片和文字配合使用，一图胜千言。图片的展示显得简洁明了，能用图片展示的内容就不用文本加以说明。

（3）色彩的选用

色彩在屏幕设计中的作用是不容忽视的，色彩可以增添屏幕的吸引力，激起用户的兴趣，它不但充当有特定意义的视觉符号，用来逼真地反映客观世界，而且，可以作为一种组织屏幕信息、形成良好屏幕格式的手段。

在选用色彩时，要明确色彩的作用是辅助交流，要合理运用色彩，应注意以下几点。

1）要简洁。避免同时使用太多的颜色，在同一画面中一般以四五种为限。过多的颜色会使学习者无法分出侧重点或重难点，也会增加学习者的反应时间，易于引起视觉疲劳。

2）在选择色彩时注意色彩的可分辨性和协调性，既要选择在光谱上有一定间隔的色彩，又要尽量避免将对比强烈的颜色放在一起。

3）活动对象与非活动对象颜色应不相同。活动对象的颜色要鲜明一些，非活动对象的颜色要暗淡一些。

4）要注意色彩的空间分布位置，应在视野的中心多选用红、绿色，而边沿则比较适于采用蓝、黄、黑色。

5）要注意色彩的顺序，如果要用一个色彩的渐变序号来表达某种顺序信息，色彩编排应与光谱顺序相吻合，以符合人们的视觉习惯。

3. 友好的交互方式

多媒体交互式课件能引导学生思维，是提高学生主体参与学习活动的一个重要环节，要重视问题与回答方式的设计。高水平的问题能引发学生有效地思考，理解事物之间的联系与规律；灵活多样的问答方式可以为学生提供表达意见的环境。

交互界面的设计要求方便操作，应具有一致性、容错性、兼容性。多媒体课件中能进行人机交互的方式主要有菜单、按钮、图标、窗口和对话框等。

（1）菜单交互

多媒体课件的菜单交互可以让使用者在一组多个可能的对象中进行选择，各种可能的选择项以菜单形式显示在屏幕上。菜单的形式是多样的，包括有文字的、图形的，呈现的、隐藏的，弹出式、下拉式、菜单条式等菜单形式。

（2）按钮交互

多媒体课件中的按钮通常含有一套源程序，当被使用者激活时可以响应课件的某种功能操作。按钮的形状有多种，通常有三角形、矩形、圆形等平面图像，也可以是立体图形的样式。常用的多媒体课件制作工具，如 PowerPoint、Flash、Authorware 等，其软件本身提供了许多按钮供使用者使用。当然，用户也可以根据需要用 Flash、Photoshop 等工具制作不同形状、不同颜色的按钮。

（3）图标交互

多媒体课件中的图标交互是用简洁的图形符号模拟现实中的事物，以形象、逼真地反映各种操作功能，因而使用十分方便，如用喇叭图标表示声音操作、用打印机图标表示打印等。

（4）窗口交互

多媒体课件中的窗口指屏幕上的一块矩形区域。窗口内可以包括其他组成屏幕的各种要素，并且可以缩放、移动、多级窗口叠放。

（5）对话框交互

多媒体课件中的对话框通常以弹出式窗口呈现。通过对话框可以使学习者和系统进行更细致、更具体的信息交流活动。

4．合理选用媒体的呈现形式

多媒体信息的呈现形式有文本、图形图像、音频、数字视频及动画等，如文本类信息，它的逻辑表现能力强，制作方便，是传递教学信息内容的主要媒体形式；图形图像、音频、数字视频及动画类素材，可以使课件制作得丰富多彩，图文、声像并茂。

这些媒体的主要功能是：提供感性材料，加深感知深度；提供具体经验，促进记忆理解；克服时空障碍，丰富课堂教学。在使用过程中，应根据媒体所具有的教学特性以及教学内容选用最合适的媒体呈现形式。

（四）多媒体课件的脚本编写

脚本是多媒体课件设计与制作的桥梁，是课件设计与实现的重要依据，脚本编写的质量直接影响着课件开发的质量和效率。

1．脚本

脚本是脚本卡片的有序集合，脚本卡片是脚本的基本单元。课件设计的结果及其对课件制作的要求是通过一个个脚本卡片给出的。多媒体课件的脚本没有统一的固定格式，一般来说，脚本卡片在格式上应满足这样的要求：能清楚地反映课件设计的结果，能方便地实现屏幕画面的设计，能直接给出对课件制作的支持，能有效地表示出课件运行的实际情况。

脚本卡片分为上下两部分，上面是片头区，主要表明课件名称、设计人和卡片序号等信息。脚本卡片下部分是内容区，一般分为左中右三部分。左边部分用于设计不显示的内容，中间部分用于画面设计，它与课件运行时的屏幕呈现完全一致，一致性表现在呈现的内容、格式和时序等方面。右部分用于说明呈现的特点、链接关系及制作要求等，如图 6-3 所示。在应用过程中可根据自己的爱好和课件的具体特点选用，也可以自己制作更符合实际需要的脚本卡片。

<table>
<tr><td colspan="3">脚本卡片
课件名：__________　　卡片序号：__________
设计者：__________　　总卡片数：__________</td></tr>
<tr><td>不显示内容</td><td>屏幕显示内容</td><td>注释</td></tr>
<tr><td>试题答案</td><td>文本、图片、试题、交互提示信息</td><td>内容显示方式</td></tr>
</table>

图 6-3　脚本卡片

2. 脚本设计与编写

脚本的制作主要是脚本的设计与编写。

（1）脚本的设计

脚本的设计可分为总体设计和具体设计两个步骤。

1）脚本的总体设计。脚本的总体设计是对整个课件的版面、图形文字、内容呈现方式、颜色和声音等项目进行整体规划和设计。根据课件的目标、学生的特点和教学内容的需要，提出设计的标准、原则和方向，以保证课件中各媒体要素具有一致的内部设计，如屏幕画面中的字体、字号要协调一致，音频、视频、图像和动画等也应和画面主题一致等。

2）脚本的具体设计，通常也称屏幕设计。脚本的具体设计是根据总体设计所确定的原则和标准，进行有关屏幕细节的设计，并通过脚本卡片给予准确的描述，应该做到布局合理、整洁美观、生动形象、符合教与学的需要。

（2）脚本的编写

脚本编写就是将制作脚本的内容详细地记录在一张张脚本卡片上，在编写脚本时，要对链接关系做出明确具体的描述。例如，从“进入方式”和“出现方式”描述屏幕与屏幕之间的联系。

（3）脚本编写实例

图 6-4 是一个多媒体课件的脚本制作实例。

课件名：初中历史 设计者：***		卡片序号：20 总卡片数：120
不显示内容	屏幕显示内容	注释
C （不显示内容为标准答案）	1949年10月至1956年年底， 中国历史的主题是（ ）。 A.恢复国民经济　B.巩固人民民主政权 C.向社会主义过渡　D.进行三大改造 回答正确：加10分，继续努力 回答错误：请对所考知识点认真复习 请单击鼠标左键进入下一步的学习	此项显示完2秒钟后显示下面内容 逐个显示答案选项 要求应答 回答反馈信息 控制信息

图 6-4　脚本实例

（五）多媒体课件的系统集成

多媒体课件集成是指借助某一课件制作工具，将文本、音频、视频、图形图像、动画等多种媒体素材通过超链接、插入或导入等多种形式编辑合成一个多媒体课件。

（六）多媒体课件的教学测评

根据学习评价的理论，在课件的开发过程中收集有关的数据进行统计分析，对课件的教学效果进行评价是很重要的。在多媒体课件的开发过程中，评价分为两部分进行。

一部分是分析课件本身对教学效果的影响。通过分析课件本身对教学效果的影响，可使课件开发者清楚地看到课件结构、素材质量以及编写质量对教学效果的影响，从而发现问题的所在，尽快改进课件的不足之处。

另一部分是分析学习内容与学习者水平、媒体选择与设计及教学策略对教学效果的影响，从而选择最佳的媒体，设计出更好的教学过程。这些因素还将对课件结构的设计、素材的准备和软件的编制本身产生很大的影响。

（七）多媒体课件的评价

多媒体课件的开发与评价是密不可分的，评价的根本目的在于实现课件系统的完善。目前，市场上可供选择的多媒体课件越来越多，不同类型的课件，制作要求和使用方式各不相同，对它们的评价也应有所区别。因此，多媒体课件的评价日益引起人们的广泛关注。

1. 多媒体课件的评价分类

（1）形成性评价

形成性评价是在开发过程中收集方方面面的有效数据，做出分析判断，向课件开发者提供反馈信息，能够及时地发现问题并加以解决，保证了开发工作的良性发展，避免因问题的长期积累而导致无法挽回、前功尽弃的结果。

（2）总结性评价

总结性评价是在课件开发过程结束以后，通过课件之间的比较，或者课件与某种标准的比较，对于课件的价值做出判断、划分等级，并给课件流通过程中的决策者提出建议，帮助他们做出有关课件的选择和推广应用的各种决策。

2. 多媒体课件的评价标准

多媒体课件的评价，在我国经过多年的实践逐渐形成了一种三级评审模型，其大体流程为：一审，由评审工作人员检查程序的可靠性、稳定性，筛选掉不合格的软件；二审，由学科专家组成，制定多媒体课件评价标准并给予加权和量化，根据评价标准全面地评价多媒体课件的教育性、科学性、技术性、艺术性和使用性的价值；三审，由各方面专家汇总评价意见，确定软件等级。

下面介绍第五届 CIETE 全国多媒体教育软件大奖赛的评比标准，该标准将多媒体课件的评价分为教育性、科学性、技术性、艺术性和使用性 5 个方面，如表 6-1 所示。

表 6-1 第五届 CIETE 全国多媒体教育软件大奖赛的评审标准

评审指标	评价标准
教育性	符合教育方针、政策，紧扣教学大纲
	选题恰当，适应教学对象需要
	突出重点，分散难点，深入浅出，易于接受
	注意启发，促进思维，培养能力
	作业典型，例题、练习量适当，善于引导
科学性	内容正确，逻辑严谨，层次清楚
	模拟仿真形象，举例合情合理、准确真实
	场景设置、素材选取、名词术语、操作示范符合有关规定

续表

评审指标	评价标准
技术性	图像、动画、声音、文字设计合理
	画面清晰，动画连续，色彩逼真，文字醒目
	配音标准，音量适当，快慢适度
	交互设计合理，智能性好
艺术性	媒体多样，选材适度，设置恰当，创意新颖，构思巧妙，节奏合理
	画面简洁，声音悦耳
使用性	界面友好，操作简单、灵活
	容错能力强
	文档齐备

3. 多媒体课件的评价实施

（1）评价过程

评价过程通常分为筛选、描述、评价、综合等阶段。

1）筛选阶段。去掉那些本质上非教学应用、无教育意义的课件，以及那些明显地不符合“操作简易”“与硬件相容”等条件的课件。

2）描述阶段。由管理工作人员准备好各种评价时所需的文件，如填好登录表、准备好操作说明、选择有关专家等。

3）评价阶段。由所选专家对课件内容、设计、技术以及使用的质量进行衡量与估计。其一般过程是设置各种学生情况进行观察，并做好观察记录，最好给出自己的判断。

4）综合阶段。由软件管理人员根据专家对课件的各种不同的评价进行综合分析，得出较为客观的综合评价。

（2）评价实施的方法

1）模仿学生试运行。按照评价标准各项指标的要求，由评价人员模仿学生用该课件进行教学活动，亲身体会作为学生应用该课件时的感觉和知识的接受情况，观察教学效果。

这种评价结果较为可信，所需人数与时间少，不受教学进度的影响，但对评价人员要求较高。评价人员必须有丰富的经验，评价结果较为客观。

2）观察少数学生试运行的情况。观察一两名学生，让他们尝试用该课件来进行学习活动，评价人员观察并记录学生进展的情况，根据学生的各种反映，进行分析并做出总结判断，填入评价表格。

这种评价的优点是减少了评价的主观性，增加了客观性；其缺点是选择学生较为困难，观察分析需要相当丰富的经验。

3）现场测试方法。选择多个班级或实验组的学生，让他们应用课件进行学习活动，评价人员收集各种数据进行分析，然后得出对课件教育价值的估计和判断。

4）利用计算机管理教学的功能。在课件内设置监控管理和测试模块，记录每个学生使用课件进行学习活动中的各种表现（学习过的单元序列，对题目回答的时间及答案情况等），积累到一定数量时进行统计分析，按照结果评价课件的教育价值。

第二节 演示型课件的设计与制作

在教学过程中，演示型课件的应用比较普遍。主要是这类课件多媒体集成能力强、制作方法简单，并有多种动画设置方式和丰富的课件放映效果。制作此类课件的工具很多，最常用的制作演示型课件工具是PowerPoint软件。此外，还有当前流行的其他文稿制作工具，如Flash、Prezi、AxeSlide。使用PowerPoint软件制作演示型课件的基本方法，已经在《计算机文化基础》课程中学过相关的内容，在此不再介绍。下面以PowerPoint 2013为例，介绍制作演示课件的一些方法技巧。

一、PowerPoint的使用

（一）母版的概念及类型

所谓母版，是一种特殊的幻灯片，它包含了幻灯片标题、文本、日期、页脚、幻灯片编号5类占位符，这些占位符控制了幻灯片的字体、字号、颜色（包括背景色）、阴影和项目符号样式等版式要素。

母版用于设置每张幻灯片的预设格式，母版的更改直接反映在使用该母版的每张幻灯片上。母版有3种类型：幻灯片母版、讲义母版和备注母版。

（二）幻灯片母版

幻灯片母版包括项目符号和字体的类型和大小、占位符大小和位置、背景设计和填充、配色方案等，这些因素使得演示文稿有一个总体上协调一致的外观。

1. 设置幻灯片母版

（1）母版设置

新建或打开一个演示文稿，在功能区中单击“视图→演示文稿视图→幻灯片母版”按钮，进入幻灯片母版视图，如图6-5所示。

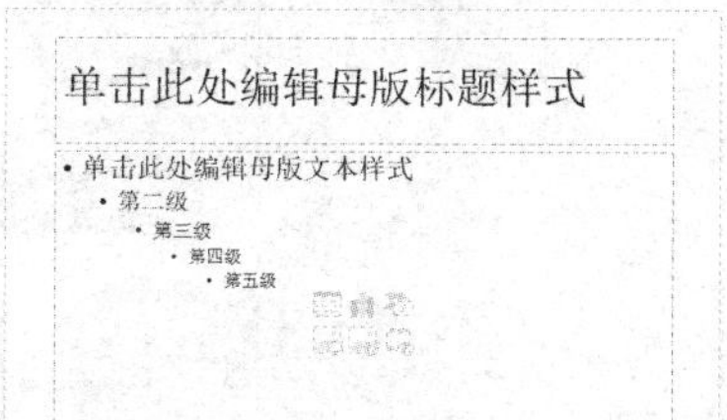

分别选中各占位符，在功能区中依次单击“开始→字体”按钮，根据需要设置字体的属性。如果只改变文本占位符中某一级文本的格式，则先选中该级文本，然后设置相应字体属性。如果要设置项目符号和编号，在功能区中依次单击“开始→段落”按钮，对其项目符号和编号设置相应属性。

图6-5 幻灯片母版视图

在功能区，依次单击“插入→文本→页眉和页脚”按钮，可以设置幻灯片包含内容，包括日期和时间、页脚、幻灯片编号，如图6-6所示。

（2）插入对象

要使每张幻灯片都出现某个对象，可以向母版中插入相应对象。例如，让每一张幻

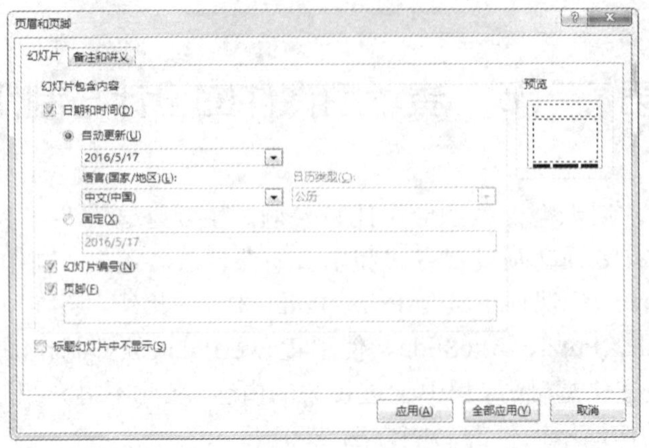

图 6-6　设置日期和时间、页脚和幻灯片编号

灯片在同一位置显示同一个图片标志或作为幻灯片的背景，可以通过插入图片来实现。在功能区中，依次单击“插入→插图→图片”，选择相应图片，定位到合适的位置，并通过缩放确定图片大小。如果让图片作为背景，需将图片置于底层。

2. 保存母版为设计模板

幻灯片母版设置好之后，就可以保存下来供以后使用。在母版视图下，完成了母版的设置后，单击“另存为”按钮，在“保存类型”中选择“演示文稿设计模板”（文件后缀名为“.pot”或“.potx”）即可。除此之外，还可以保存为主题格式（文件后缀名为“.thmx”）。

（三）幻灯片放映

可以设置幻灯片放映方式，在功能区中依次单击“幻灯片放映→设置→设置幻灯片放映”按钮，打开“设置放映方式”对话框，如图 6-7 所示。若需要循环放映，需勾选“放映选项”中的“循环放映，按 ESC 键终止”复选框；若事先录制了旁白，而在播放时不需要，可以勾选“放映时不加旁白”复选框；若事先定义了动画，而在放映方式播放时不想播放动画效果，可以勾选“放映时不加动画”复选框。

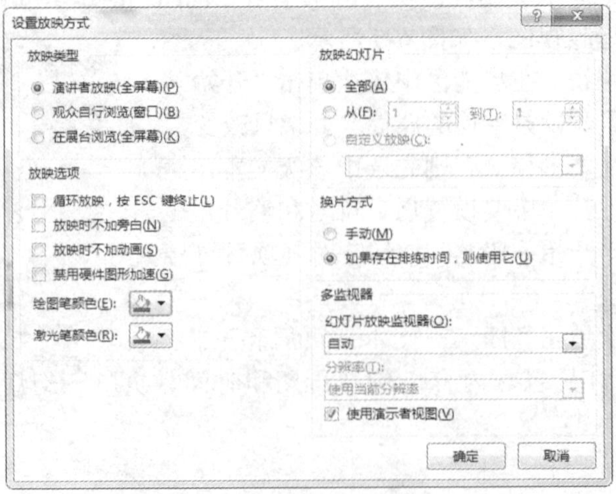

图 6-7　设置幻灯片放映方式

可以有选择地放映幻灯片，若点选“放映幻灯片”中的“全部”单选按钮，可以全部播放；若点选第二项，设置好幻灯片的起始编号，可以播放连续的部分幻灯片；点选“自定义放映”单选按钮，可以播放不连续的幻灯片。

在功能区中，依次单击“幻灯片放映→开始放映幻灯片→自定义幻灯片放映”按钮，打开“自定义放映”对话框，可编辑或删除原来的放映模式，也可以新建自定义放映模式，如图 6-8 所示。

图 6-8 “自定义放映”对话框

新建自定义放映模式，单击图 6-8 中的“新建”按钮，打开“定义自定义放映”对话框，首先在“幻灯片放映名称”文本框中为幻灯片放映命名，然后在左侧列表框中复选需要放映的幻灯片，单击“添加”按钮，将需要放映的幻灯片添加到右侧列表框中，单击“确定”按钮，如图 6-9 所示。

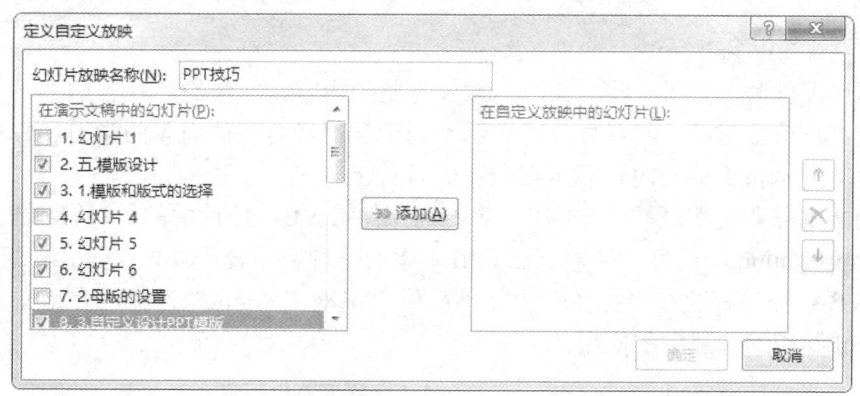

图 6-9 设置自定义放映

若在放映结束时，不想单击时出现最后的黑屏，而是停留在最后一张幻灯片上，可通过改变最后一张幻灯片的换片方式来实现，即取消勾选“单击鼠标时”复选框即可。

（四）绘图笔的使用

在教学过程中，有时需要对内容做一些介绍，如做标记或写字或画图形等，这时就需要用到绘图笔工具。在幻灯片播放时，按组合键“Ctrl＋P”即可快速调出绘图笔，并可选择合适的绘图笔类型以及绘图笔颜色，也可在课件播放前设置好绘图笔颜色，即在图 6-7“设置放映方式”对话框中，单击“绘图笔颜色”下拉按钮，设置需要的颜色。

对于画出的笔迹，可通过按键盘上的“E”键（直接擦除）或组合键“Ctrl＋E”（调出橡皮擦）快速擦除。当结束放映时，系统会提示是否保留墨迹，若选择保存，这些墨迹实际上就是自选图形，将作为图片保存在文件中。

（五）快捷键的使用

在放映幻灯片时，利用键盘上的某个键或组合键可以实现一些特殊的功能。可利用

“PowerPoint 帮助”查询相关快捷键，常用的快捷键有以下几个。

1）按“b”或“＞”键会显示黑屏，按任意键还原。

2）按“w”或“＜”键则是一张空白画面，再按一次返回到你刚才放映的那张幻灯片。

3）要实现幻灯片在窗口模式下播放，只需按住“Alt”键不放，依次按 “D”和“V”键即可。

4）在播放中时若要快速回到第一页重新开始播放，按住鼠标右键和左键并持续 2 秒钟即可。

5）要快速隐藏鼠标指针，按组合键“Ctrl＋H”。

6）转到下一张幻灯片，单击、按空格键或回车键、在右键快捷菜单中选择“下一张”选项。

7）转到指定的幻灯片上，键入幻灯片编号，再按回车键，或在右键快捷菜单中选择“定位至幻灯片”选项，然后选择所需的幻灯片。

（六）滚动文本

在制作课件时，对于一些独立的、意义完整的内容，一张幻灯片容纳不下，可以采用几张幻灯片分屏显示，但有时分屏显示不利于学习者对整体内容的学习和掌握，这时可使用滚动文本将更多的内容显示在一张幻灯片上。

滚动文本需要文本框控件来制作，文本框控件是 VBA 控件中的一种。VBA 是 visual basic for application 的简称，是建立在 Office 中的一种应用程序开发工具，即控件工具，所有的 VBA 控件存放在“控件”中。下面以“滚动文本.ppt”为例，介绍文本控件在 PowerPoint 制作幻灯片中的应用。

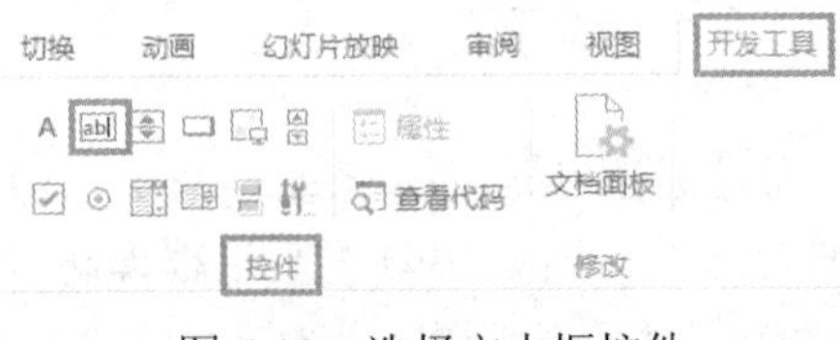

图 6-10　选择文本框控件

1. 选择文本框控件

新建一个幻灯片，选择所需版面。在功能区中依次单击“开发工具→控件→文本框”按钮，如图 6-10 所示。

2. 画出文本框

在编辑区按住鼠标左键拖动出一个文本框，调整到合适的位置及大小。

3. 设置文本框属性

在“文本框”上右击，在弹出的快捷菜单中选择“属性”选项，打开文本框“属性”对话框。或者，选中文本框，单击图中 6-10 的“属性”按钮，也可打开“属性”对话框，如图 6-11 所示。要实现滚动条对文本的控制，需要对文本框的一些属性进行设置。

设置“EnterKeyBehavior”属性为“True”，允许使用回车键换行；设置“MultiLine”属性为“True”，允许输入多行文字；并按需要设置“ScrollBars”属性，利用滚动条来显示多行文字内容，其中“1-fmScrollBarsHorzontal”为水平滚动条；“2-fmScrollBars-Vertical”为垂直滚动条；“3-fmScrollBarsBoth”为水平滚动条与垂直滚动条均存在。当文字不超出文本框时，滚动条设置无效，当文字超出文本框时，则出现滚动条。

其他属性可根据个人需要进行设置。

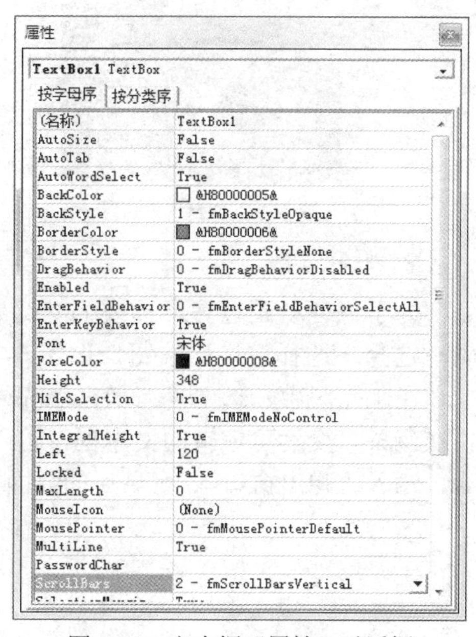

图 6-11 文本框“属性”对话框

4. 编辑文本

右击文本框，在弹出的快捷菜单中选择“文本框对象→编辑”选项，即可进行文本内容的输入，或者复制已有文本粘贴到文本框中，如图 6-12 所示。本例中的文本是“素材→第六章”目录下的“春.doc”。

5. 完成编辑

文本编辑完之后，在文本框外任意处单击退出编辑状态，完成编辑。放映幻灯片，拖动滚动条即可浏览文本框中的所有文字，如图 6-13 所示。

（七）触发器

触发器是 PowerPoint 中的一项功能，它可

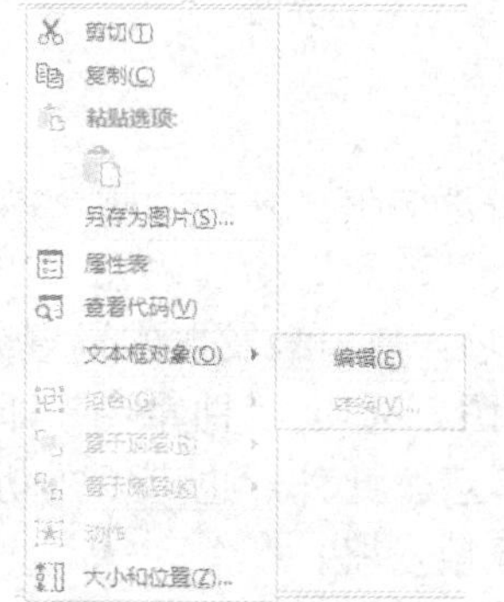

图 6-12 输入文本框内容

春 朱自清

盼望着，盼望着，东风来了，春天的脚步近了。

一切都像刚睡醒的样子，欣欣然张开了眼。山朗润起来了，水涨起来了，太阳的脸红起来了。

小草偷偷地从土里钻出来，嫩嫩的，绿绿的。园子里，田野里，瞧去，一大片一大片满是的。坐着，躺着，打两个滚，踢几脚球，赛几趟跑，捉几回迷藏。风轻悄悄的，草软绵绵的。

桃树、杏树、梨树，你不让我，我不让你，都开满了花赶趟儿。红的像火，粉的像霞，白的像雪。花里带着甜味儿；闭了眼，树上仿佛已经满是桃儿、杏儿、梨儿。花下成千成百的蜜蜂嗡嗡地闹着，大小的蝴蝶飞来飞去。野花遍地是：杂样儿，有名字的，没名字的，散在草丛里，像眼睛，像星星，还眨呀眨的。

“吹面不寒杨柳风”，不错的，像母亲的手抚摸着你。风里带来些新翻的泥土的气息，混着青草味儿，还有各种花的香，都在微微润湿的空气里酝酿。鸟儿将巢安在繁花嫩叶当中，高兴起来了，呼朋引伴地卖弄清脆的喉咙，唱出婉转的曲子，跟轻风流水应和着。牛背上牧童的短笛，这时候也成天嘹亮地响着。

雨是最寻常的，一下就是三两天。可别恼。看，像牛毛，像花针，像细丝，密密地斜织着，人家屋顶上全笼着一层薄烟。树叶儿却绿得发亮，小草儿也青得逼你的眼。傍晚时候，上灯了，一点点黄晕的光，烘托出一片安静而和平的夜。在乡下，小路上，石桥边，有撑起伞慢慢走着的人，地里还有工作的农民，披着蓑戴着笠。他们的房屋，稀稀疏疏的，在雨里静默着。

天上风筝渐渐多了，地上孩子也多了。城里乡下，家家户户，老老小小，也赶趟儿似的，一个个都出来了。舒活舒活筋骨，抖擞抖擞精神，各做各的一份儿事去。“一年之计在于春”，刚起头儿，有的是工夫，有的是希望。

图 6-13 带滚动条的文本框

以是一个图片、文字、段落、文本框等，相当于一个按钮，在 PowerPoint 中设置好触发器的功能后，单击触发器就会触发一个操作，该操作可以是播放一段音乐、影片、动画等。下面以“弹出窗口.ppt”为例说明 PowerPoint 触发器的设置和使用方法。

1. 插入图片、绘制弹出窗口

在工作区中插入图片，选择配套光盘上“素材→第六章”目录下的“万仞宫墙.jpg”图片，如图 6-14 所示。

在工作区中，用矩形形状画出上下位置的两个矩形，并设置不同的填充颜色，分别添加如图 6-15 所示的文字；在上面矩形的右端用直线线条绘制“×”形状，再将这四者组合成为一个整体。

图 6-14　万仞宫墙图

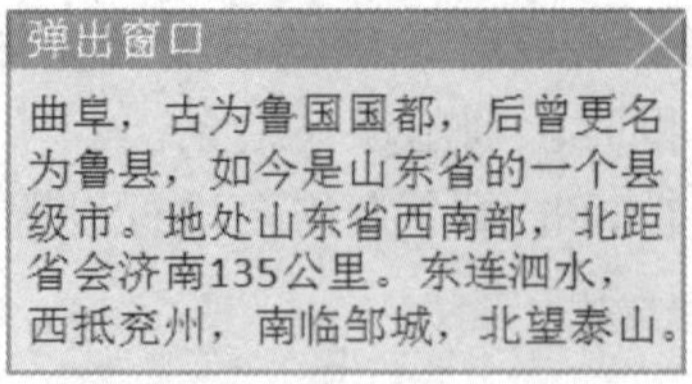

弹出窗口

曲阜，古为鲁国国都，后曾更名为鲁县，如今是山东省的一个县级市。地处山东省西南部，北距省会济南135公里。东连泗水，西抵兖州，南临邹城，北望泰山。

图 6-15　弹出窗口图

2. 命名对象

为了方便动画设置，需要为其组成元素命名。在功能区中，依次单击“开始→编辑→选择→选择窗格”按钮，如图 6-16 所示，打开“选择”窗格。

在工作区中，选中“万仞宫墙.jpg”图片，选择窗格中的相应形状以灰色显示，单击灰色条，变为可编辑的文本框，输入“曲阜图”；同理，在工作区中选择弹出窗口组合，输入“弹出窗口”。命名后的界面如图 6-17 所示。

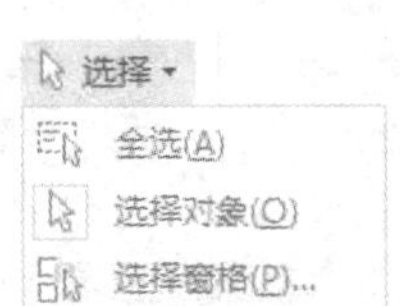

图 6-16　打开“选择”窗格

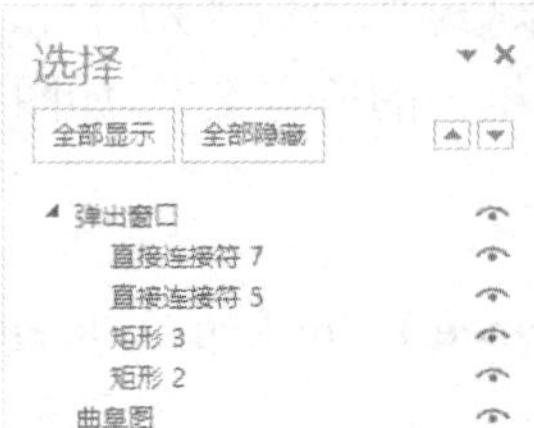

图 6-17　命名后的界面

3. 动画及触发器设置

1）选中“弹出窗口”组合对象，在功能区中依次单击“动画→高级动画→添加动画→更多进入效果”按钮，给“弹出窗口”组合对象添加“进入”动画效果，如“进入→盒状”。单击“盒状”动画下拉按钮，选择“计时”选项，弹出触发器的设置界面。单击“单击下列对象时启动效果”下拉按钮，选择“曲阜图”选项，“曲阜图”即被设置为“盒状”动画效果的触发器，如图 6-18 和图 6-19 所示。此外，也可以在功能区中依次单击“动画→高级动画→触发→单击”按钮来设置触发器。

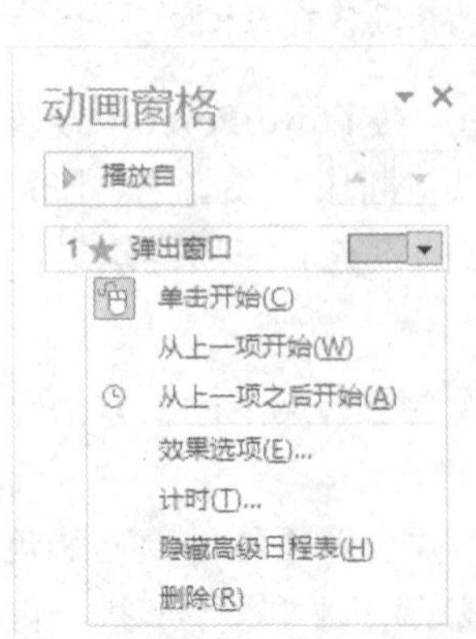

图 6-18　“进入”动画选项

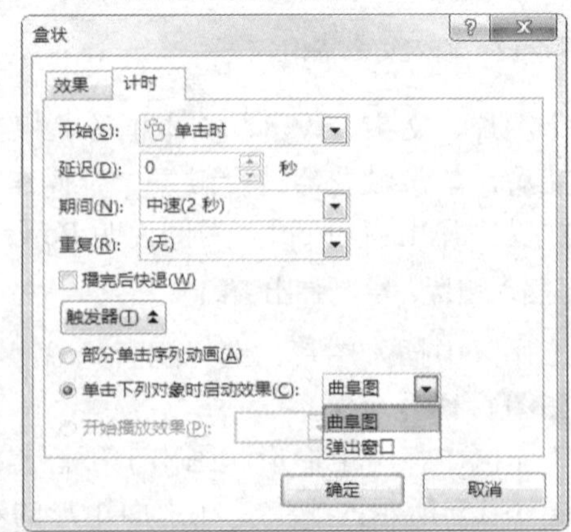

图 6-19　“盒状”动画触发器设置

放映幻灯片，单击“曲阜图”图片，“弹出窗口”组合对象的“盒状”动画被触发，显示“弹出窗口”组合对象。

2）同上，给“弹出窗口”组合对象添加“退出”动画效果，如“退出→百叶窗”。打开“百叶窗”对话框，单击“单击下列对象时启动效果”下拉按钮，选择“弹出窗口”选项，“弹出窗口”即被设置为“百叶窗”动画效果的触发器，如图 6-20 和图 6-21 所示。

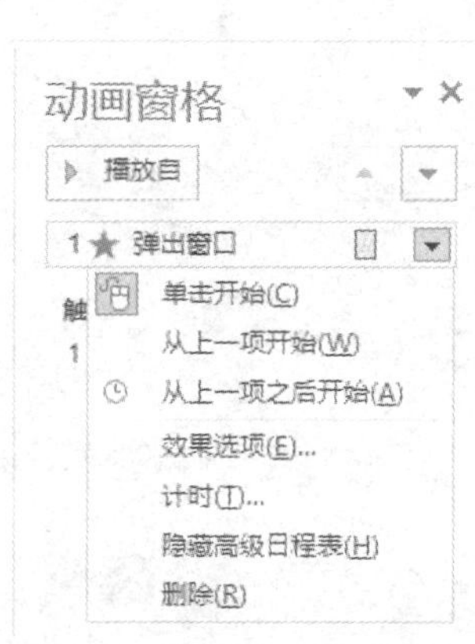

图 6-20 “退出”动画选项

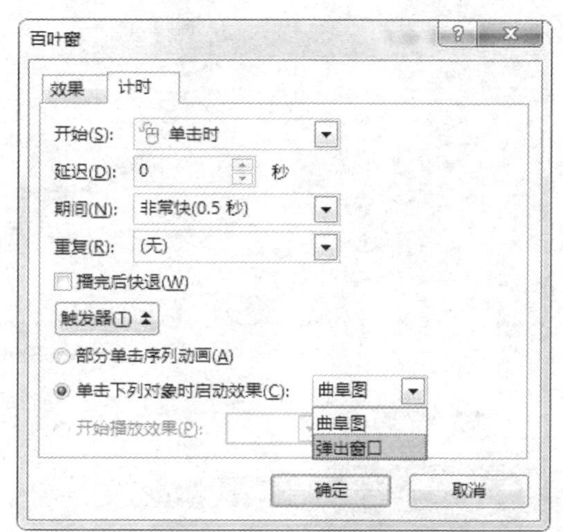

图 6-21 “百叶窗”动画触发器设置

4. 浏览效果、保存

放映幻灯片，浏览效果。实现的总体效果是：单击工作区中的“曲阜图”图片，“弹出窗口”组合对象的“盒状”动画被触发，出现“弹出窗口”对象；接着，单击“弹出窗口”对象，“弹出窗口”组合对象的“百叶窗”动画被触发，“弹出窗口”组合对象消失。

二、其他演示文稿制作工具

（一）AxeSlide

打开 AxeSlide 应用程序，其界面分为菜单栏、工具栏、步序缩略图、画布 4 个主要部分，如图 6-22 所示。

下面以“曲阜旅游.dbk”为例说明斧子演示的简单操作。

1. 选择模板

打开 AxeSlide 或者选择“文件→新建”命令，根据内容需要选择模板，如图 6-23 所示。

在线模板：打开时会看到在线模列表，可以通过关键词搜索筛选模板，单击即可进入编辑状态。

已使用的模板：单击在线模板即可加载到本地，缓存在已使用的模板里。

这里选择的是“在线模板”中“创意”类的“创意铅笔”模板。

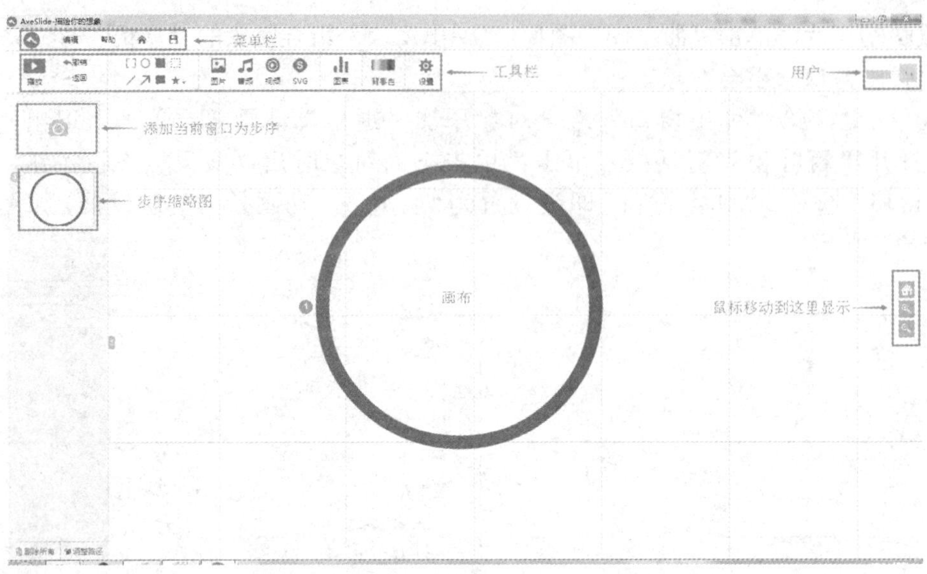

图 6-22　AxeSlide 运行界面

图 6-23　选择模板

2．添加、删除步序

添加步序：在工具栏中的图形框（从左至右依次为括号框、圆形框、矩形框和隐形框）中选择圆形，在需要添加步序的位置画出一个圆，单击图形框上方的“添加步序”按钮，即可将圆形框添加为步序，如图 6-24 所示。可以在步序缩略图中上下拖放步序以调整先后顺序。

删除步序：在步序缩略图中，将鼠标指针放在需要删除的步序缩略图上，右上角出现“×”，单击即可删除步序。但其在画布中的相关内容还存在，要想彻底删除这些内容，需要在画布中逐个删除，如图 6-25 所示。

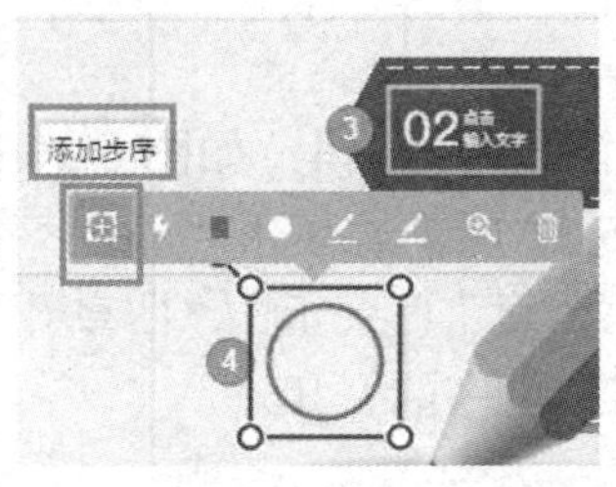

图 6-24　添加步序

图 6-25　删除步序

调整步序后的界面如图 6-26 所示。

3. 输入文字

在步序缩略图中，单击步序 3，进入步序 3 的编辑界面。在画布上双击即可输入文字，软件预设了十多种字体，用户可以根据需求选择字体。修改字体颜色、粗细、斜体、下划线、删除线，以及对齐功能等；同时也支持从其他软件或者网页中复制粘贴文字，如图 6-27 所示。

图 6-26　调整步序后的界面

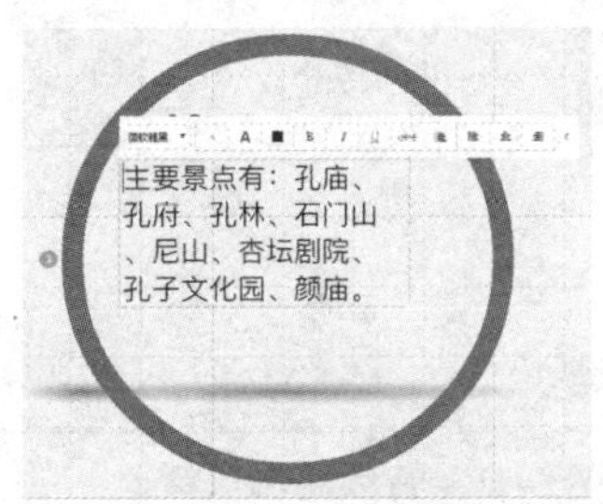

图 6-27　输入文字

4. 插入图片

AxeSlide 支持图片格式包括.jpg、.jpeg、.png 和.gif，可对图片进行裁切，也可以拉伸、缩放和旋转。

在步序缩略图中，单击步序 5，进入步序 5 的编辑界面。在工具栏中，单击“图片”按钮，在打开的文件窗口中选择所需要的图片即可，如选择配套光盘上“素材→第六章”目录下的“孔府.jpg”图片，如图 6-28 所示。

图 6-28　插入图片的工具栏

插入图片后的界面如图 6-29 所示。

图 6-29　插入图片后的界面

5. 插入音频

图片 音频 视频 SVG

图 6-30 插入音频的工具栏

在工具栏中，单击“音频”按钮，如图 6-30 所示。打开音频编辑对话框，如图 6-31 所示。单击“添加”按钮，如选择配套光盘上“素材→第六章”目录下的“曲阜孔儒风.mp3”，对音频进行设置，可将音频设置为背景音乐或为某一步序的音乐。

（1）背景音乐

背景音乐指的是整个作品的背景音乐，如图 6-32 所示。本例是将音频设为背景音乐。背景音乐添加好后会在步序缩略图的顶端显示，单击可以播放预览。

（2）步序音乐

步序音乐指的是单个步序的音乐，可以选择设置为哪一步序的音乐，如图 6-33 所示。

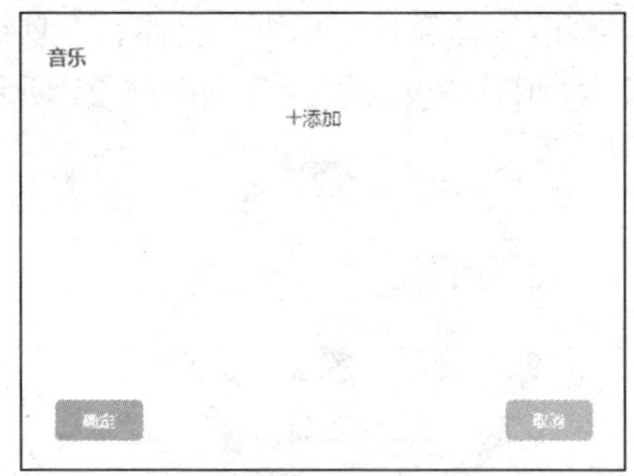

图 6-31 音频编辑对话框

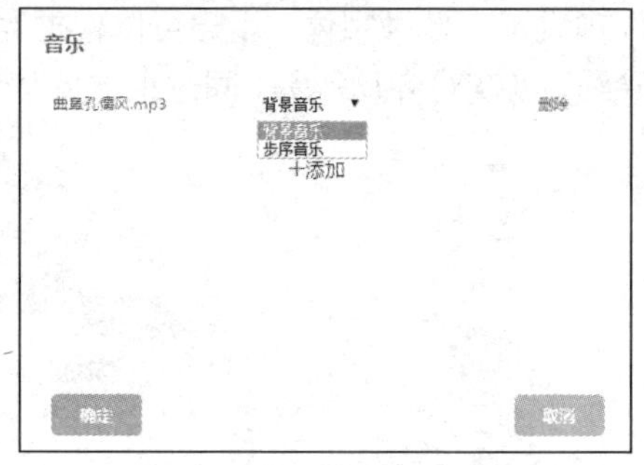

图 6-32 背景音乐设置

6. 添加视频

AxeSlide 支持的视频格式包括.mp4、.webm、.ogg，插入后可以播放预览，缩放、旋转和拉伸，视频必须单独加入到步序，不然不会自动播放。

在工具栏，单击“视频”按钮，如图 6-34 所示。打开视频对话框，选择配套光盘上“素材→第六章”目录下的“曲阜三孔.mp4”视频。插入视频后的界面如图 6-35 所示。

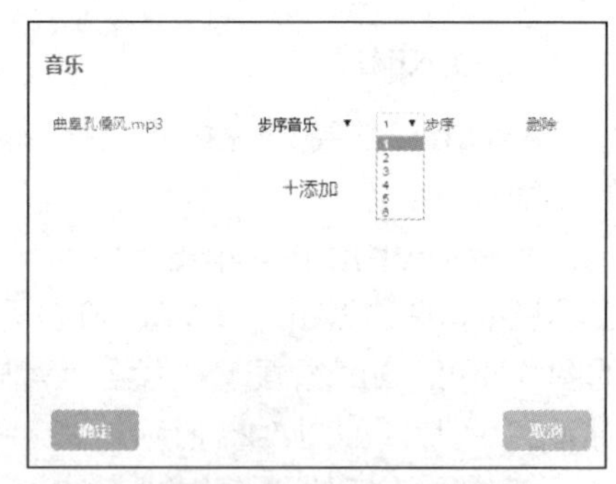

图 6-33 步序音乐设置

图 6-34 插入视频的工具栏

图 6-35 插入视频后的界面

7. 图表编辑

AxeSlide 提供了柱状图、折线图、饼形图、条形图和面积图等常用图表，用户可以单击左侧缩略图进行切换。

在工具栏中，单击“图表”按钮，如图 6-36 所示，出现如图 6-37 所示的界面。

单击右上角的“编辑”按钮，即可修改图表数据（表中数据为虚数，只是用来说明如何编辑），各数据和图 6-37 的对应关系如图 6-38 所示，“A”列输入分类名称，“1”行输入系列名称，中间为数字区。

图 6-36　插入图表的工具栏

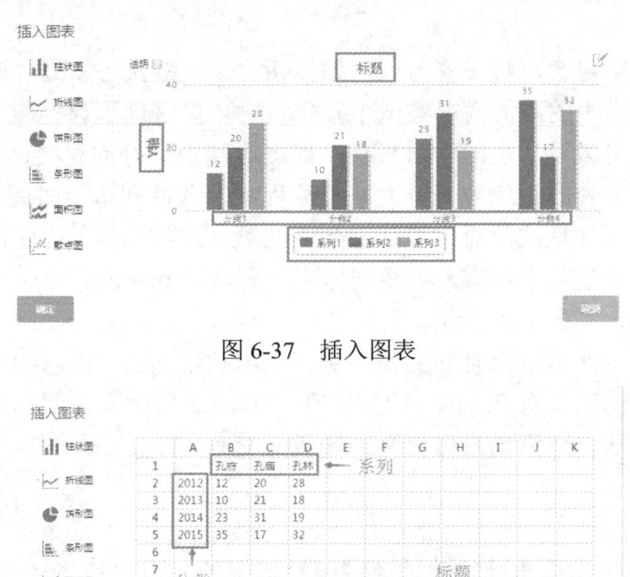

图 6-37　插入图表

图 6-38　各数据项和图 6-37 的对应关系

数字区的数据既可以手动输入数据，也可以从 Excel 中复制粘贴，单击右下角的“刷新”按钮，即修改成功，关闭即取消修改。在表格上右击，可以对表格进行插入、删除等操作，修改完后，单击“确定”按钮，即可生成图表。

8. 保存文件

编辑完成后，保存文件。做好的 AxeSlide 文稿，若想在没有安装 Axeslide 软件的机器上展示，需要导出便携文档。即选择“文件→导出便携文档”命令即可，也可导出 PDF 类型、视频类型的文件，也可以上传到云空间。

（二）Prezi

Prezi 是基于云端的演示文稿制作软件，需要注册才可使用。使用者既可以在 Prezi 网站上在线创建编辑，也可以在客户端（Windows、Mac、iPad、iPhone）上离线编辑制作。Prezi 采用故事板（storyboard）格式让演示者可以缩放图片，通过快捷的动画演示关键点。除了平移和缩放外，Prezi 还支持图片、视频、PDF 等各种媒体素材的嵌入，可以多人在线编辑，生成的演示文稿既可以在本地观看，也可以上传到服务器或嵌入网页在线查看。

用 Prezi 软件制作演示文稿的许多操作和 Axe Slide 文稿的制作方法类似，在此不再赘述。

第三节 交互型课件的设计与制作

交互型课件通常包含多种交互方式，如按钮、超级链接等，交互课件能与使用者进行人机对话，根据学生的不同情况实现个别化教学，更好地因材施教，并且，其较好的交互性、选择性，可激发学生的学习兴趣，促进对知识更好的意义建构。

交互型课件按内容的组织方式分为基于流程线的课件和基于时间轴的课件。

基于流程线的课件是按照流程线从上到下的顺序组织内容，程序在执行时按照流程线的方向从上向下呈现教学内容，主要制作工具有 Authorware，由于基于流程线课件制作工具使用者较少，在此不再介绍。

基于时间轴的课件是依据时间的先后顺序组织教学内容，再以图文声像的形式呈现给学习者，主要制作工具有 Flash。下面以 Flash CS5.5 为例来说明基于时间轴课件的设计与制作的基本方法，分为场景内交互和场景间交互。

一、场景内交互

同一场景内的交互是通过时间轴控制函数实现的。以“风景欣赏.fla”为例，效果图及制作图如图 6-39 和图 6-40 所示。具体制作过程如下。

图 6-39 场景内运行界面

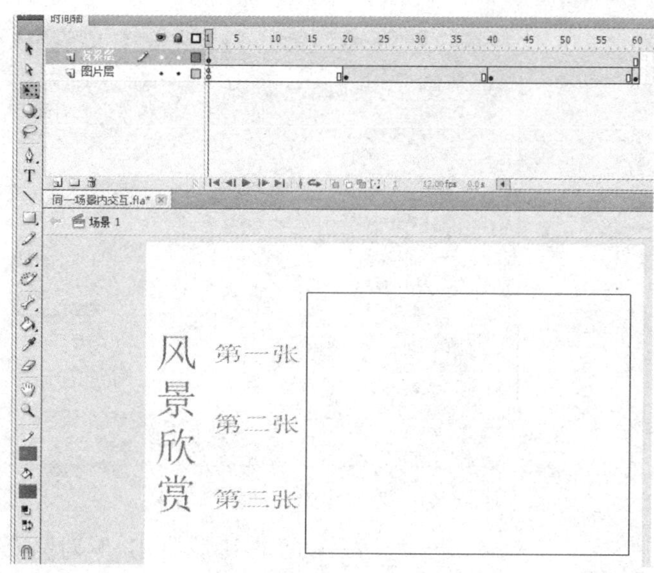

图 6-40　场景内制作界面

1. 背景层

在背景层输入“风景欣赏”4 个汉字，并制作 3 个按钮，分别命名为“第一张”“第二张”“第三张”，在工作区的右侧画一个长方形，以确定风景图片的位置和大小。

2. 图片层

在图片层的第 20、第 40、第 60 帧上分别插入空白关键帧，导入图片，选择配套素材的“素材→第六章”目录下的“北戴河.jpg”“日喀则.jpg”“狮身人面像.jpg”3 张图片。

3. 帧动作设置

在图片层的第 1 帧处右击，在弹出的快捷菜单中选择“动作”选项，在打开的对话框中输入“stop（）;”，目的是使动画运行后在第一帧停止，等待用户的操作。

4. 按钮动作设置

分别对 3 个按钮做动作设置，让用户单击某一个按钮时，能打开相对应的图片，如图 6-41 所示。选中“第一张”按钮，右击，在弹出的快捷菜单中选择“动作”选项，在编辑区输入“on（release）{gotoandstop（20）；}”。这样，当按下第一个按钮并松开鼠标左键的时候，跳转到第 20 帧，并停止在第 20 帧，以等待用户的进一步操作。同理可对其他两个按钮做相应的动作设置。

二、场景间交互

若课件内容很多，为了课件制作的方便，可以将同一方面的内容放在一个场景内，那么，不同的内容就放在了多个场景里面。场景间的交互也是通过时间轴控制函数实现的，与同一场景内交互不同的是，在动作语句里面多了“场景名”这一参数。

图 6-41　为按钮添加动作脚本

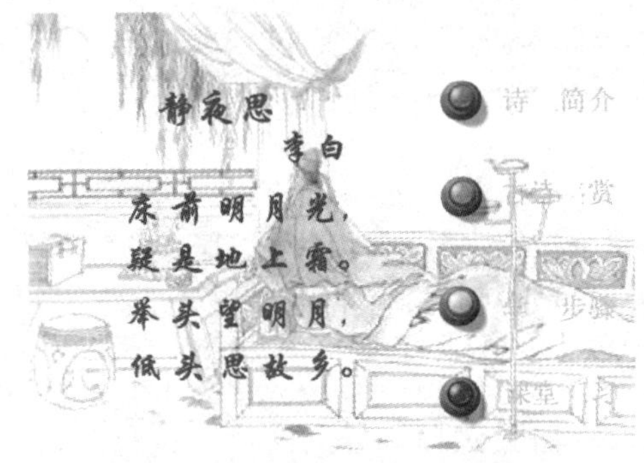

图 6-42　“古诗欣赏”运行界面

以“古诗欣赏.fla”为例介绍制作过程，效果图及制作界面如图 6-42 和图 6-43 所示。

1．场景设置

课件共分为 5 个场景，分别为主界面、诗人简介、古诗鉴赏、学习步骤及课堂练习。选择“窗口→其他面板→场景”命令，添加场景，并按从上到下的顺序修改每一个场景的名字，和上述场景名一致起来。

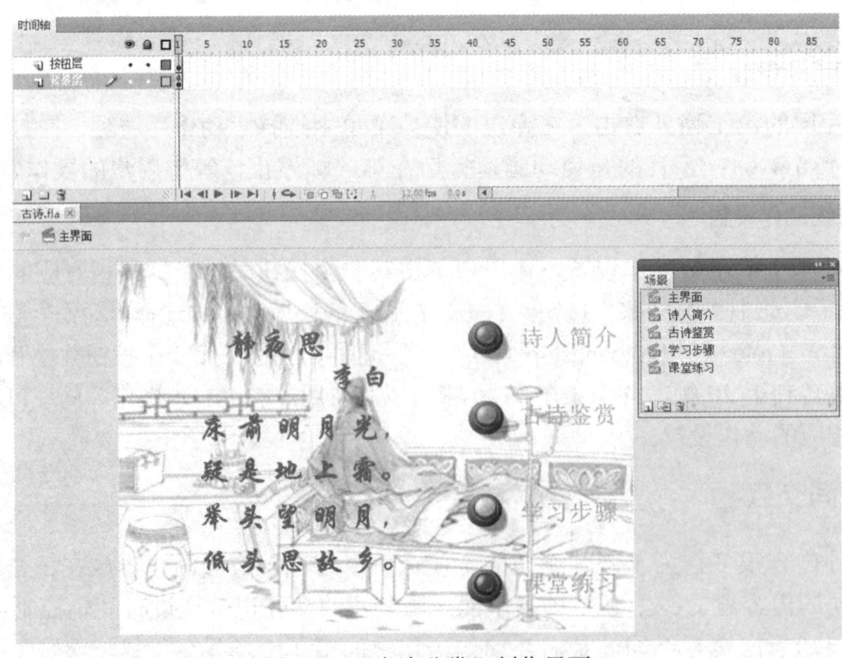

图 6-43　“古诗欣赏”制作界面

为每一个场景的第 1 帧添加帧动作。在第 1 帧处右击，在弹出的快捷菜单中选择“动作”选项，在打开的对话框中输入：“stop（）;”，目的是使动画跳转到该场景后在第 1 帧停止，等待用户的操作。

2．“主界面”场景背景图层设置

使“主界面”场景为当前场景，修改图层名为“背景层”，导入背景图片，选择配套素材的“素材→第六章”目录下的“静夜思背景.jpg”，缩放图片以和工作区大小一致。在背景图片的右侧输入“诗人简介”、“古诗鉴赏”、“学习步骤”、“课堂练习”，使其按上下位置对齐。

3．“主界面”场景按钮动作设置

使“主界面”场景为当前场景，添加图层，修改图层名为“按钮层”，选择“窗口→公用库→按钮”命令，从“库”中引入 4 个按钮，分别和第 2 步中输入的 4 个场景名文本对齐。或者自己设计按钮并导入到舞台中。

分别对 4 个按钮添加动作设置以链接到不同的场景。右击“诗人简介”左侧的按钮，在弹出的快捷菜单中选择“动作”选项，在编辑框中输入“on（release）{gotoandstop（“诗人简介”，1）;}”，语句中对应的参数分别是场景名称和帧数，如图 6-44 所示。同理，可以对其他 4 个按钮做动作设置。

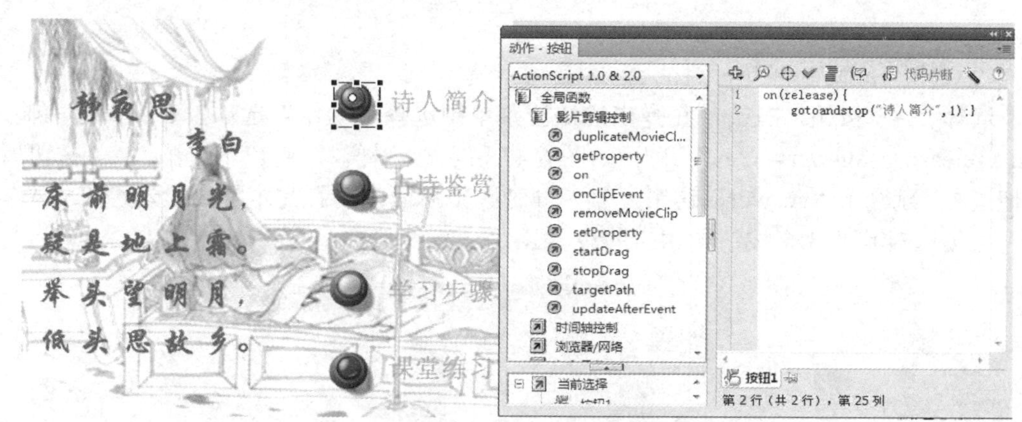

图 6-44　为场景间交互添加脚本语句

4．分场景返回按钮动作设置

在分场景返回主场景时，还需引入按钮，做动作设置，方法同上。

三、制作 Flash 单选题

除了可以制作教学内容外，还可以利用 Flash 制作习题。这里以“单选.fla”为例来介绍通过按钮交互和动态文本制作单选题，效果图如图 6-45 所示。制作步骤如下。

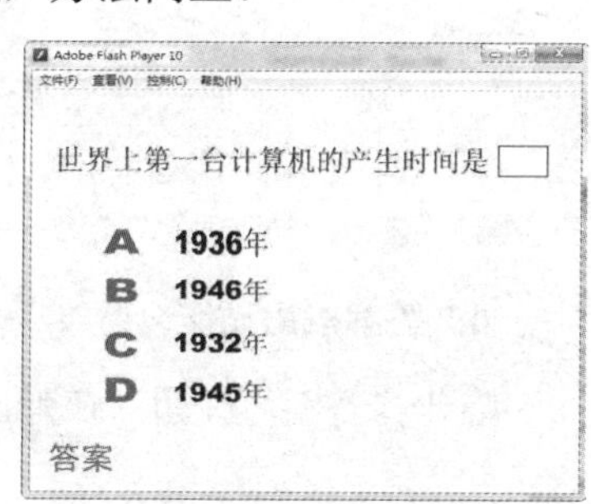

图 6-45　Flash 单选题运行界面

1．背景层设置

将已有图层命名为“背景层”，可以导入背景图片，选择配套素材的“素材→第六章”目录下的“单选题背景.jpg”，缩放图片以和工作区大小一致。或者设置背景颜色，右击舞台，在弹出的快捷菜单中选择“文档属性”选项，在打开的对话框中设置相应的背景颜色。如图 6-45 所示，输入题干及 4 个选项答案。

2. 交互层设置

新建图层，修改图层名称为“交互层”，做 A、B、C、D 四个选项按钮，一个答案按钮。在题干及答案按钮的后面分别加入文本框，打开“属性”对话框，设置为动态文本框，并在变量后面的文本框内输入变量名，分别命名为“answer”和“check”，如图 6-46 所示。变量“answer”记录用户选择的选项，“check”则根据用户的选择情况呈现不同的反馈信息。这样，程序就会跟踪用户的操作。

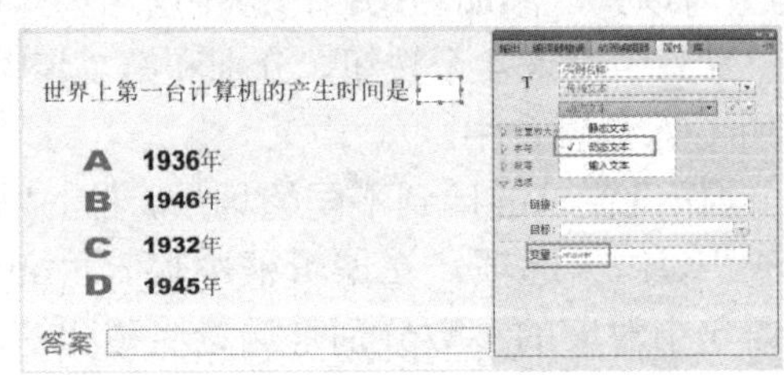

图 6-46　动态文本

3. 选项按钮动作设置

选择“A”按钮，右击，在弹出的快捷菜单中选择“动作”选项，在编辑框内输入“on（release）{answer=“A”；}”，如图 6-47 所示。这样，在用户单击了“A”按钮后，就把“A”赋给了“answer”这个变量，同时题干后面的动态文本框会显示字母“A”。同理，可以对其他 3 个按钮做相应的设置。

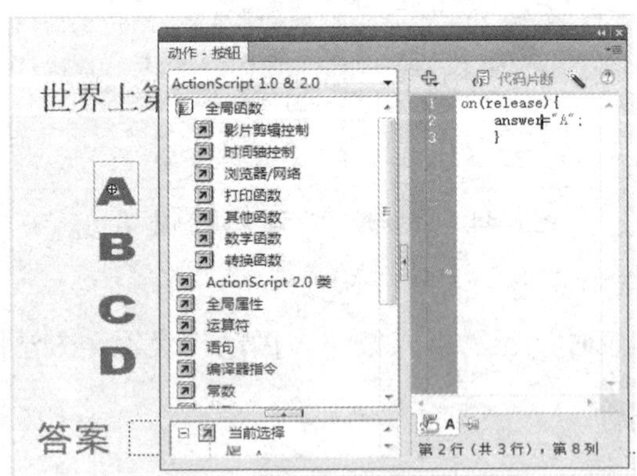

图 6-47　选项按钮的动作设置

4. 答案按钮动作设置

右击“答案”按钮，在弹出的快捷菜单中选择“动作”选项，在打开的编辑框内输入：

```
on (release)
{
```

```
if (answer=="B"){check="答案是B，回答正确，继续努力"；}
else{check="回答错误，请再仔细思考"；}
}
```

如图6-48所示。这里用到了条件判断，根据用户的选择情况，将变量“answer”与单选题的标准答案相对比，变量“check”会显示相应的反馈信息。本题的答案是“B”，如果用户选择了“B”，在单击“答案”按钮验证答案时，“答案”后面的动态文本框就会显示“答案是B，回答正确，继续努力”；如果用户选择的是“B”之外的其他答案，“答案”后面的动态文本框就会显示“回答错误，请再仔细思考”。

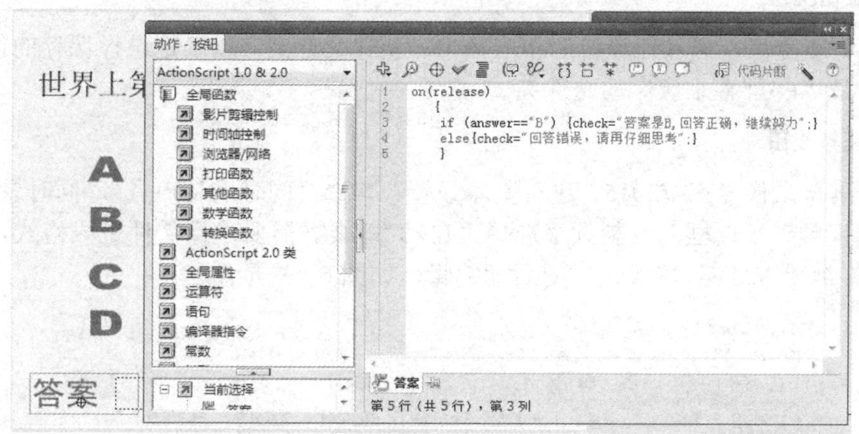

图6-48 “答案”按钮的动作设置

第四节 视频型课件的设计与制作

所谓视频型课件，就是以视频内容为主的课件。大多数是录制的视频，也可以由软件将录制的视频和讲解内容进行合成。

视频课件的制作工具很多，如天柏多媒体课件制作系统、网视宝等。这些系统能将教师讲课场景、学生听课场景、实物展台、教学课件、手写电子板书及黑板板书等多画面，同步实时采集、自动录制，现场同步直播；课后自动上传，立即点播收看，快速组合不同的教学内容，制作网络课件，轻松后期加工制作，生成新的网络课程代替人工重复备课和教学。但这种设备价格昂贵，不适合大众使用。

这里主要借助屏幕录像专家V2015、会声会影X5两种工具，介绍3种常用的视频型课件制作方法，即直接录制型、屏幕录制型、视频编辑型。

一、直接录制型

直接录制型课件经常在网络中出现，如一些视频教学类的课件，将讲解的过程直接录制下来，不需任何编辑，这是最简单的一类视频课件。所用工具，可以是专业级的录像机，也可以是家庭用的DV机。视频的录制方法可参考前面章节中的视频获取方法，在此不再赘述。

二、屏幕录制型

屏幕录制型课件也经常在网络中出现，如一些介绍软件使用的课件。在录制软件操作过程的同时，也将讲演者的声音同时录制下来，声像并茂，形象直观。能实现这个功能的软件很多，如屏幕录像专家、KK 录像机、超级捕快、Snip 等，其中用得较多的是屏幕录像专家。这里以录制“PPT 插入图片.avi”为例，介绍屏幕录像专家 V2015 的使用方法。

1. 准备工作

准备好麦克风，插入计算机的相应插口；新建文件夹，以确定录像保存的位置，这里选择的是“F:\屏幕录像”的文件夹。

2. 基本设置

打开屏幕录像专家 V2015，进行基本设置，勾选“同时录制声音”“同时录制光标”及“录制视频”复选框，录制频率选择“自动”；根据需要选择文件生成格式，一般选择“AVI”或“WMV”格式，以便后期编辑，如图 6-49 所示。

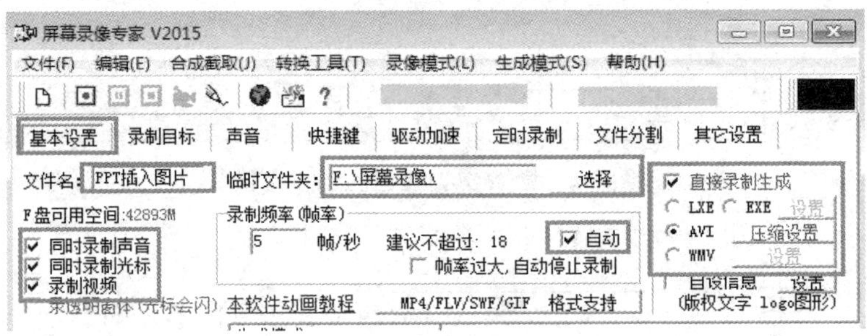

图 6-49 基本设置界面

3. 录制目标设置

选择“录制目标”选项卡，可以根据需要选择“全屏”“窗口”或“范围”，这里选择“全屏”，如图 6-50 所示。

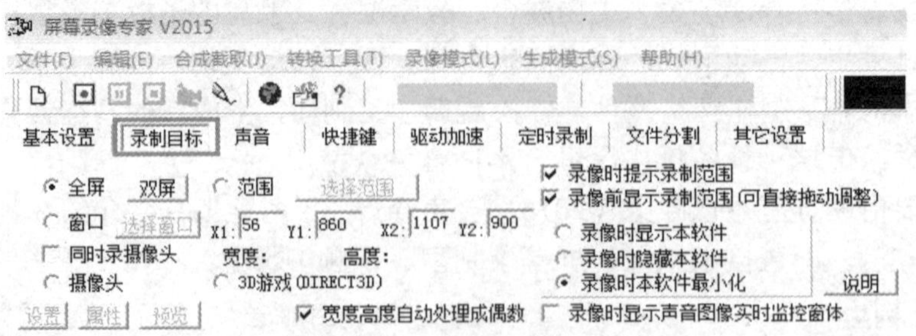

图 6-50 录制目标设置

4. 声音设置

选择“声音”选项卡，设置采样位数（选择“16 位”）和采样频率（选择“11025

次/秒”)，如图 6-51 所示。

5. 快捷键设置

选择“快捷键”选项卡，可以设置自己使用方便的快捷键，也可以使用软件默认的设置，软件默认的“开始/停止”是“F2”，“暂停”是“F3”，如图 6-52 所示。

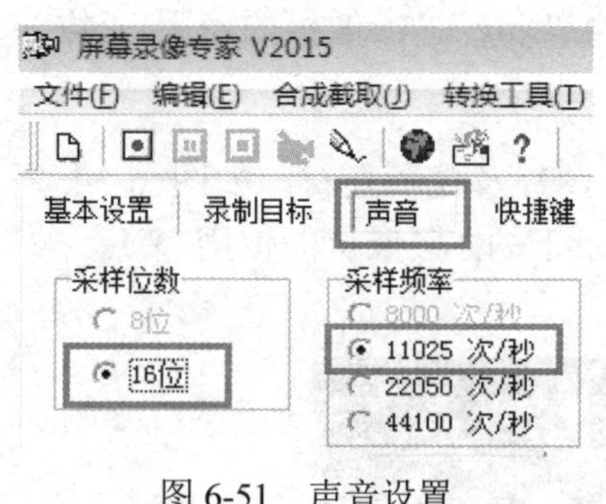

图 6-51 声音设置

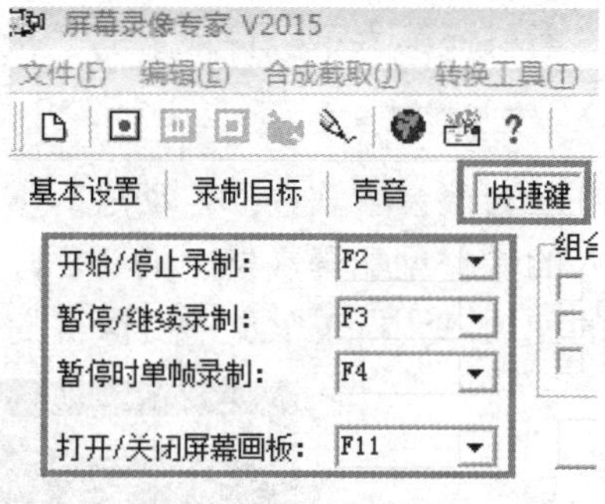

图 6-52 快捷键设置

6. 开始录像

设置完成后，就可以开始录像了。按快捷键“F2”，或者单击图 6-52 的红点按钮，在打开的对话框中单击“确定”按钮，就开始录像了。

7. 暂停与停止

当视频录制完成，按快捷键“F2”，或者单击图 6-52 中的“停止”按钮，即可停止视频录制。录制过程中如需暂停，按快捷键“F3”，或者单击图 6-52 中的“暂停”按钮。

8. 查看录制效果

单击录像文件名(“PPT 插入图片.avi”)，即可查看视频录制的效果，如图 6-53 所示。

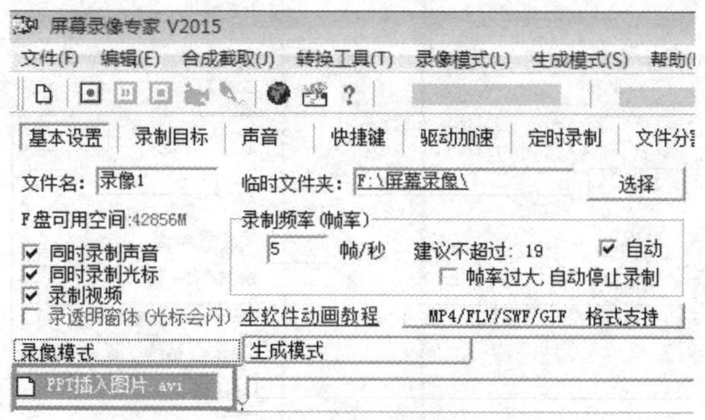

图 6-53 查看录像效果操作界面

三、视频编辑型

无论是第一种类型的视频课件，还是第二种类型的视频课件，都是直接录制而成的，没有经过任何编辑。一般情况下，录制的视频至少需要进行一些简单的编辑，如叠加 PPT 图片、添加字幕等。这里以会声会影 X5 为例来介绍视频的简单编辑方法。

（一）叠加图片

这里以“摄像机的使用.vsp”为例来介绍叠加图片的编辑方法。

1. 素材准备

截取需要插入到视频中的PPT放映画面，保存为图片格式。保存的图片见配套素材中的“素材→第六章”目录下的“摄像机的使用-聚焦.jpg”“摄像机的使用-变焦.jpg”。

2. 导入素材

打开会声会影软件，自动进入编辑界面，导入图片及视频素材，如图6-54所示。所导入的素材见配套素材中的“素材→第六章”目录下的“摄像机的使用-聚焦.jpg”“摄像机的使用-变焦.jpg”及“摄像机的使用.wmv”。

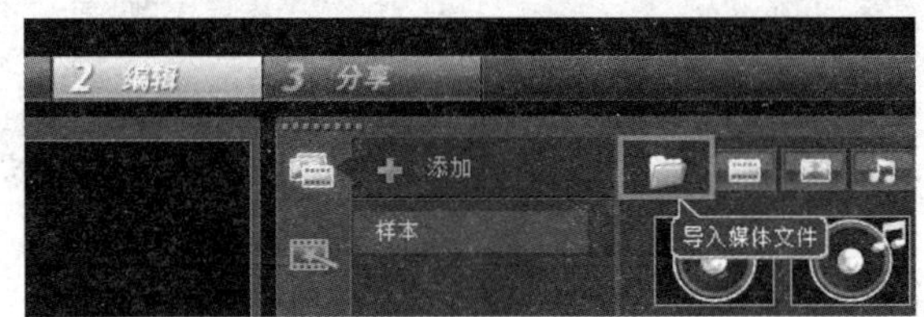

图6-54 导入素材

3. 设置编辑文件格式

选择“设置→项目属性”命令，打开“项目属性”对话框，如图6-55和图6-56所示。将“编辑文件格式”设置为“Microsoft AVI files”，以使项目视频大小和原始视频大小一致，单击“确定”按钮，保存项目，保存名称为“摄像机的使用.vsp”。

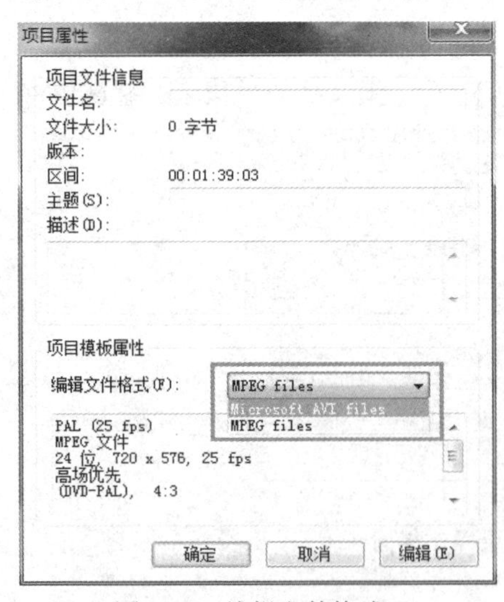

图6-55 编辑文件格式

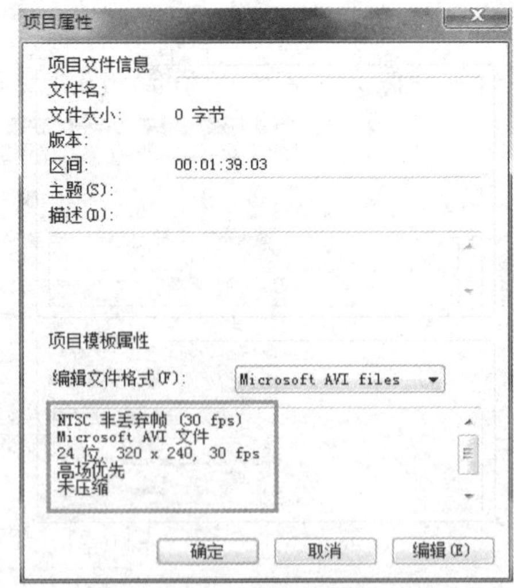

图6-56 编辑文件格式后

4. 插入图片

将视频素材拖动到视频轨上，浏览视频，确定需要插入图片的开始位置及需要持续的时间段，在开始位置处单击时间线，拖动“摄像机的使用-聚焦.jpg”图片到覆叠轨上的开始位置处，如图 6-57 所示。

5. 调整图片大小及持续时间

拖动图 6-57 中插入图片的控制柄，调整图片大小使其和视频画面大小一致。

在覆叠轨上，将鼠标指针放在所插入图片素材的右侧，出现可以左右拖动的标志，根据图片需要持续的时间长短，向左右拖动调整到合适的位置。

调整图片大小及图片持续时间后的界面如图 6-58 所示。

图 6-57　插入图片

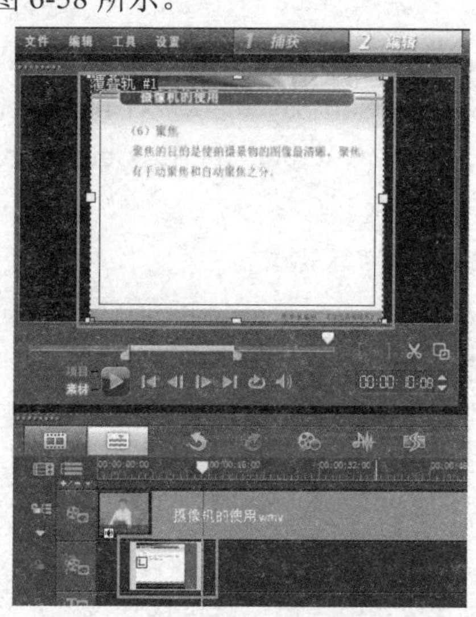

图 6-58　调整图片大小及持续时间

6. 导入另一幅图片

同样的道理，可以插入另一幅图片。最后的整体效果如图 6-59 所示。

7. 创建视频

在分享界面中，选择“创建视频文件”选项，选择“自定义”，在打开的对话框中输入文件名称即可，如图 6-60 所示。编辑完成后，浏览视频的效果。

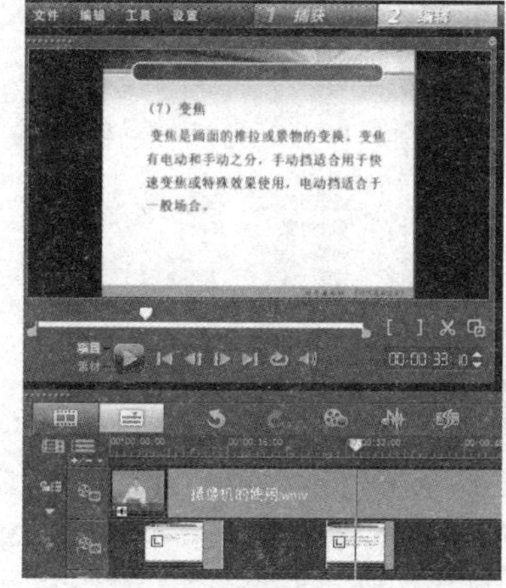

图 6-59　插入两幅图片后的界面

图 6-60　创建视频

（二）添加字幕

虽然会声会影可以通过添加标题的方式制作字幕，但这样做比较烦琐，不方便操作。其实，利用第三方字幕软件的支持，可以把字幕单独做成一个文件，以视频素材叠加的方式制作字幕。这里以“摄像机的使用-字幕.vsp”为例，介绍会声会影和第三方字幕软件 Sayatoo（字幕制作软件）的使用。

1．安装 Sayatoo 软件

安装 Sayatoo 软件，如安装在“C:\Program Files”目录下，把安装目录“C：\Program Files\Sayatoo Soft\Sayatoo KaraTitleMaker\host”下的文件“uvKAJ.vio”复制到会声会影的安装目录“C:\Program Files\Corel\Corel VideoStudio Pro X5\vio”下，会声会影就可以调用字幕文件了。

2．准备字幕素材

（1）导入声音文件

选择“文件→导入音乐”命令，选择配套素材中的“素材→第六章”目录下的“摄像机的使用.wmv”。

（2）导入字幕文件

导入的字幕文件必须是文本格式，即 TXT 文档，每行字幕以回车键结束，每行 10 字左右为宜。

新建 TXT 文档，根据视频文件，逐行录入字幕文字。选择“文件→导入歌词”命令，选择配套素材中的“素材→第六章”目录下的“摄像机的使用-字幕.txt”，选中字幕的第一行，如图 6-61 所示。

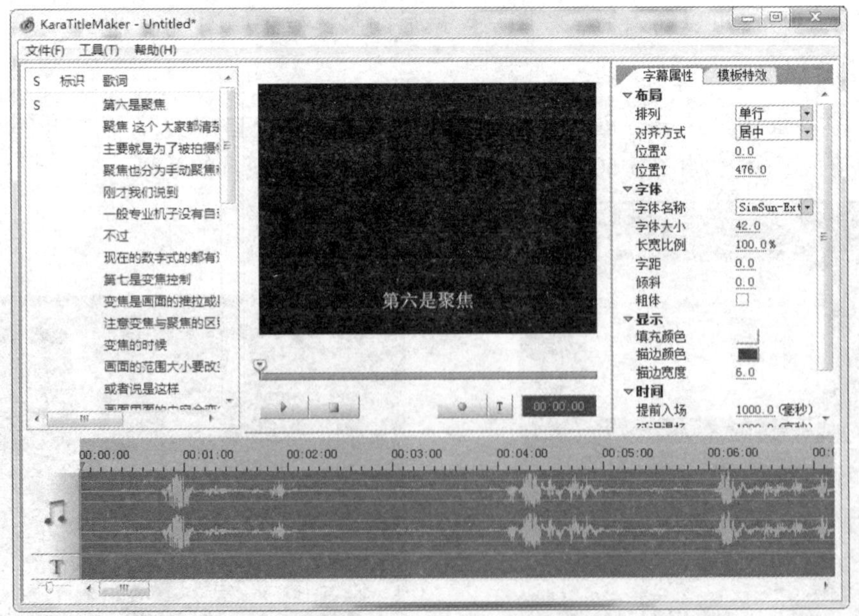

图 6-61 导入字幕和声音文件后的界面

3. 录制字幕

将声音和字幕文件准备好后，单击控制台上的红色录制按钮，开始进行字幕的录制。

（1）录制设置

单击控制台上的红色的录制按钮，在开始录制字幕前会打开对话框，对录制的一些参数进行调整，如图 6-62 所示。

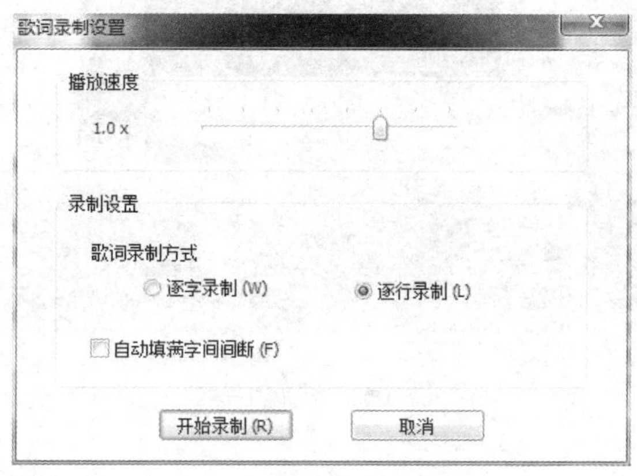

图 6-62　录制设置

1）播放速度。调整录制字幕时声音的播放速度。

2）录制设置。“逐字录制”方式是以字为单位的，需要对每行字幕中的每个词进行时间设定；“逐行录制”方式是以行为单位的，只需对整行字幕的开始结束时间进行设定。这里选择“逐行录制”方式。

（2）用键盘记录字幕时间

开始录制字幕时，可以使用键盘来记录字幕的时间信息。编辑窗口上显示的是当前正在录制的一行字幕。

当音频播放到当前字幕行时，按键盘上的任意键（一般使用空格键），记录该字幕行的开始时间；当该字幕行结束后，松开按键记录下该行字幕的结束时间。按下到松开按键之间的时间间隔为当前这一行字幕的持续时间。

如果需要对某一行字幕重新进行录制，首先将时间线上的指针移动到该行字幕开始前的位置，然后在字幕列表中单击选择需要重新录制的字幕行，再单击控制台上的录制按钮对该行字幕进行录制，如图 6-63 所示。

（3）在时间线窗口直接修改字幕时间

字幕录制完成后，在时间线窗口上会显示出所有录制字幕的时间位置。可以直接用鼠标修改字幕的开始时间和结束时间，或者移动字幕的位置。在字幕轨道上，将鼠标指针放在某一段字幕的开头和结尾处，鼠标指针变为可以左右拖动的形状，然后根据音频和字幕的对应关系左右拖动鼠标指针，改变该段字幕的开始和结束时间点，以和音频文件相对应。

（4）设置字幕属性

当字幕录制好后，可以在右侧的属性窗口中对字幕的布局、字体、显示、时间等各项属性进行调整以适合不同的需要。

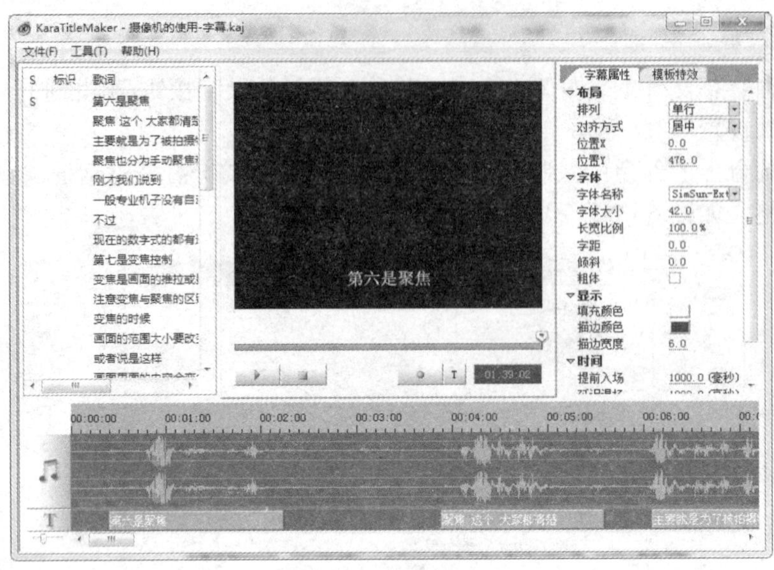

图 6-63　录制字幕

（5）保存文件

保存.kaj 格式的字幕文件，如保存为“摄像机的使用-字幕.kaj”。

4. 叠加字幕文件

在会声会影中打开上述“摄像机的使用.vsp”的例子，在此基础上添加字幕。导入第 3 步中制作的字幕文件“摄像机的使用-字幕.kaj”。将覆叠轨设为 2 个，并将其拖动到覆叠轨 2 上。改变字幕画面的大小，以使其和视频画面大小一致，如图 6-64 所示。

图 6-64　拖动字幕文件到覆叠轨上

最终效果如图 6-65 所示。

图 6-65　字幕效果图

思考与练习

1. 如何在同一演示文稿中使用不同的模板或主题？
2. 设计制作一个自己喜欢的模板或主题。
3. 使用 PPT 制作一个简单的交互课件，主题自选，内容完整，至少 15 张幻灯片。
4. 使用 AxeSlide 制作一个课件，并尝试插入多种媒体素材。
5. 尝试录制一段视频，插入图片和字幕。

知识拓展

第七章
微课的设计与制作

【问题提出】

随着现代信息技术的发展，微课应运而生，它是以短小精悍的微型教学视频为主要载体，针对某个学科知识点或教学环节而精心设计开发的一种情景化、趣味性、可视化的数字化学习资源包。微课的出现为混合式学习、移动学习、泛在学习、翻转学习等新型学习方式的实施运用提供了可能和支持。那么如何设计与开发微课？如何在微课的支持下实施翻转学习？这正是本章要探讨的问题。

【学习引导】

学习者首先要了解微课的产生与发展，以及它的出现对教育信息化推进的积极意义。其次在理解微课含义、特点等的基础上，掌握微课设计与开发的流程、微课案例的开发。最后理解翻转课堂的含义，能够辨析微课与翻转课堂的关系。

【本章知识点】

- 微课的基本含义、特点及类型
- 微课的设计原则
- 微课设计与开发的流程
- 微课与翻转课堂的关系

第一节 微课概述

随着计算机技术、网络等现代信息技术的迅猛发展，人们接受的信息单元越来越微型化，接受信息的方式越来越多样化。在这种背景下，微课作为一种教学资源表现形式应运而生，微课是以教学视频为主要呈现方式，围绕学科知识点等进行的教学活动过程及相关资源的有机结合体。

微课不仅是一种新的学习资源，更是一种新的学习方式，这种新的学习方式为新课程改革背景下的课程教学打开了新的思路。微课的出现打破了传统的网络教学模式，它能利用学生零散的时间进行随时随地的移动学习，让学习者每次只接触少量的学习内容，比较容易被吸收。微课可以将课程内容进行细化，并且借助现代的信息技术将细化的内容以短小的视频形式呈现给学习者。这些短小的视频可以较容易调动学生学习的积极性、主动性，集中学生的注意力，方便自主化、个性化学习的实施。

一、微课的概念

在国外的研究中，微课的雏形来源于美国北爱荷华大学学者勒鲁瓦·A. 麦格鲁（LeRoy A. McGrew）教授所提出的60秒课程（60-second course）和英国纳皮尔大学学者特伦斯·记（Terence Kee）提出的一分钟演讲（the one minute lecture，简称OML）。

2008年秋，美国新墨西哥州圣胡安学院的戴维·彭罗斯（David Penrose）首创了影响广泛的“一分钟的微视频”，他也因此被人们戏称为“一分钟教授”（the one minute professor）。戴维·彭罗斯把微课称为“知识脉冲”（knowledge burst）。其核心理念是要求教师把教学内容与教学目标紧密地联系起来，以产生一种“更加聚焦的学习体验”。

近年来，随着可汗学院、Coursera、Udacity、edX等在线学习平台相继上线，基于微课的“翻转课堂”“电子书包”“混合学习”等教育改革项目也相继展开，国外越来越重视“微课”“微课程”“微视频”的研究。

2011年，在我国“微课”开始进入人们的视野，2011年10月，广东佛山市教育信息中心胡铁生老师率先提出“微课”这一新概念。随后逐渐成为国内学者、教师等关注的焦点，与微课有关的实践活动、研讨活动陆续在全国各地展开。众多的教师热情高涨地参与到微课设计、开发、应用大潮中，不断进行总结反思，在实践探索基础上进行理论研究。

随着对微课实践的开展，研究视野的开阔，多位学者从不同角度出发对“微课”进行探索研究。从名称上来看，“微课”“微课程”两种称呼没有严格的界定与区分；从内涵来看，多位学者对“微课（微课程）”进行了定义，尽管定义的表述存在一定差异，但是在其内涵上又体现出了一些公认、共有的特征。例如广西师范学院郑小军教授将“微课”的含义表述如下：微课是为支持翻转学习、混合学习、移动学习、碎片化学习等多种学习方式，以短小精悍的微型教学视频为主要载体，针对某个学科知识点或教学环节而精心设计开发的一种情景化、趣味性、可视化的数字化学习资源包。

微课作为一种新资源表现形式，它的出现为基础教育课程改革提供了新的思路。微课的核心组成内容是课堂教学视频（课例片段），同时还包含与该教学主题相关的教学设计、素材课件、教学反思、练习测试及学生反馈、教师点评等辅助性教学资源，它们以一定的组织关系和呈现方式共同“营造”了一个半结构化、主题式的资源单元应用“小环境”。因此，微课既有别于传统单一资源类型的教学课例、教学课件、教学设计、教学反思等教学资源，又是在其基础上继承和发展起来的一种新型教学资源。

二、微课的特点

微课是在新兴媒体应用于教学而产生的全新应用形式。纵观国内外微课的发展，可以发现，微课，形式上“微”，内容上“精”，效果上“明显”。依据对微课含义的分析，可以发现微课共有的特征如下。

（1）教学时间较短

教学视频是微课的核心组成内容。根据中小学生的认知特点和学习规律，微课的时长一般为 5～8 分钟，最长不宜超过 10 分钟。因此，相对于传统的 40 分钟或 45 分钟的一节课的教学课例来说，微课可以称之为“课例片段”或“微课例”。

（2）教学内容较少

相对于较宽泛的传统课堂，微课的问题聚集，主题突出，更适合教师的需要。微课主要是为了突出课堂教学中某个学科知识点（如教学中重点、难点、疑点内容）的教学，或是反映课堂中某个教学环节、教学主题的教与学活动，相对于传统一节课要完成的复杂众多的教学内容，微课的内容更加精简，因此又可以称为“微课堂”。

（3）资源容量较小

从大小上来说，微课视频及配套辅助资源的总容量一般在几十兆左右。视频格式是支持网络在线播放的流媒体格式（如 RM、WMV、FLV 等），师生可流畅地在线观摩课例，查看教案、课件等辅助资源；也可灵活方便地将其下载保存到终端设备（如笔记本电脑、手机、MP4 等）上实现移动学习、“泛在学习”，非常适用于教师的观摩、评课、反思和研究。

（4）资源构成“情景化”

微课选取的教学内容一般要求主题突出、指向明确、相对完整。它以教学视频片段为主线“统整”教学设计（包括教案或学案）、课堂教学时使用到的多媒体素材和课件、教师课后的教学反思、学生的反馈意见及学科专家的文字点评等相关教学资源，构成了一个主题鲜明、类型多样、结构紧凑的“主题单元资源包”，营造了一个真实的“微教学资源环境”。这使得微课资源具有视频教学案例的特征。

广大教师和学生在这种真实的、具体的、典型案例化的教与学情景中可易于实现“隐性知识”、“默会知识”等高阶思维能力的学习并实现教学观念、技能、风格的模仿、迁移和提升，从而迅速提升教师的课堂教学水平，促进教师的专业成长，提高学生学业水平。就学校教育而言，微课不仅成为教师和学生的重要教育资源，也构成了学校教育教学模式改革的基础。

三、微课的类型

根据不同的分类依据，微课有不同的分类方式，呈现出不同类型。在实际教学中，可以根据教学需要，设计开发应用相应类型的微课。下面介绍几种常见的分类方法。

1. 按照课堂教学方法分类

李秉德教授曾对我国中小学教学活动中常用的教学方法进行了分类，共分为 11 类，对应教学方法的分类，有的学者将微课也划分为 11 类，分别为讲授类、问答类、启发类、讨论类、演示类、练习类、实验类、表演类、自主学习类、合作学习类、探究学习类。

2. 按课堂教学主要环节（进程）分类

（1）课前复习类

根据学生学习新知识的需要，教师将已经学过的知识点设计制作成微课，让学生在新课开始之前课下自行观看微课，复习巩固旧知识，为新知识学习做好准备。

（2）新课导入类

根据学生的兴趣和需要，教师设计有趣的导课方式并制作成微课，在讲授新知识点前先让学生观看微课视频，然后引入到新课讲授。

（3）知识理解类

教师将重难点知识讲解制作成微课，让学生在课下或者课上进行自主学习或合作学习帮助学生理解知识。

（4）练习巩固类

教师将经典习题制作成微课，让学生在遇到学习困难时观看微课，可帮助学生巩固知识。

（5）小结拓展类

教师将课堂小结或者拓展资料制作成微课，引导学生对所学知识归纳总结并拓展延伸。

3. 按照制作方式分类

（1）摄像机实景拍摄型

一般采用摄像机对教学过程进行实景拍摄，拍摄完成后再对视频进行后期编辑和美化，最终形成微课。

（2）可汗学院（手写板）型

由教师通过手写板和画图工具对教学过程进行讲解演示，并使用屏幕录像软件录制成微课。

（3）计算机屏幕录制型

借助录屏软件对利用 PPT 讲解知识的过程进行录制或者对计算机软件操作的过程进行录制形成微课。

（4）数字故事型

一般先按照讲故事的形式制作成图文并茂、有背景音乐的 PPT 演示文稿，然后把 PPT 演示文稿发布成视频。

（5）虚拟仿真动画型

由设计者按照教学内容在计算机中建立一个虚拟的世界，采用专门软件进行二维、三维动画创作，然后发布成视频。

四、典型微课网站介绍

近年来，微课程资源网站不断涌现，并不断取得进展，如国外的可汗学院、TED-ED，国内的中国微课网、微课网、全国高校微课教学比赛官网、各类大中小学优秀微课作品展播平台等。下面介绍部分典型的微课资源网站。

1. 可汗学院

2006 年孟加拉裔美国人萨尔曼·可汗（Salman Khan）推出可汗学院（Khan Academy），它利用了网络传送的便捷与视频重复利用成本低的特性，通过在线网络视频课程，向世界各地的人们提供免费的高品质教育。每段课程影片长度约 10 分钟，从最基础的内容开始，以由易到难的进阶方式互相衔接。在我国，网易公开课、新浪公开课也相继推出了“中文版的可汗学院”，如图 7-1 所示。

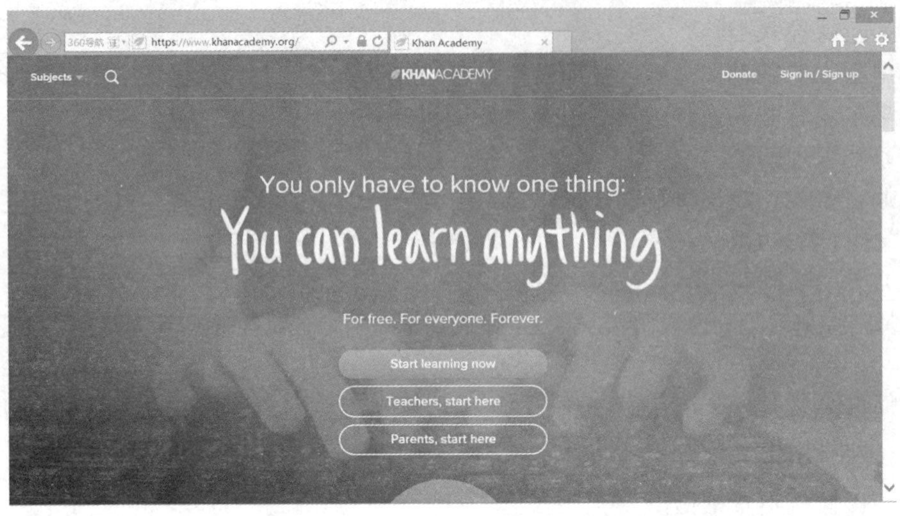

图 7-1 可汗学院微课首页

2. TED-ED

TED 是一个由克里斯·安德森（Chris Anderson）基金会主办的尖峰会议，TED 即指 technology（技术）、entertainment（娱乐）、design（设计）。每年春季，会有众多各领域的杰出人物，分享他们关于技术、社会、人的思考和探索。TED-ED 是 TED“用思想的力量来改变世界”的精神在教育领域的发展。TED-ED 的课程资源主要是视频，呈现环境主要是网络环境。TED-ED 的视频更侧重于在教育中的应用，致力于为教师和学生创造更好的视频教学资源，激发人们自主学习的热情。

TED-ED 的微课包含 32 个主题，不仅有中小学课程内容，还涉及大学课程，包括艺术、科技、教育等多个学科。微课内容多以卡通动画及真人演讲的形式呈现，视频常配有同步讲授旁白、字幕及知识介绍，具有界面生动多彩、内容简短精练、知识点明确等特点，符合中小学生的心理特征及学习水平，如图 7-2 所示。

图 7-2 TED-ED 微课

3. 中国微课网

中国微课网是国家教育部教育管理信息中心为举办首届“中国微课大赛”而创建的资源平台，该平台包含 4 个部分：中国微课大赛、翻转课堂课题研究、翻转课堂教学平台、教师专业培训。目前，中国微课网涵盖来自全国 31 个省市的中小学教师上传的参赛微课视频，涉及语文、数学、英语、物理、地理、化学、生物、政治、历史、信息技术、科学、历史与社会等学科，授课时长基本在 10 分钟以内，微课内容主要来源于中小学常规课的教学内容，如图 7-3 和图 7-4 所示。

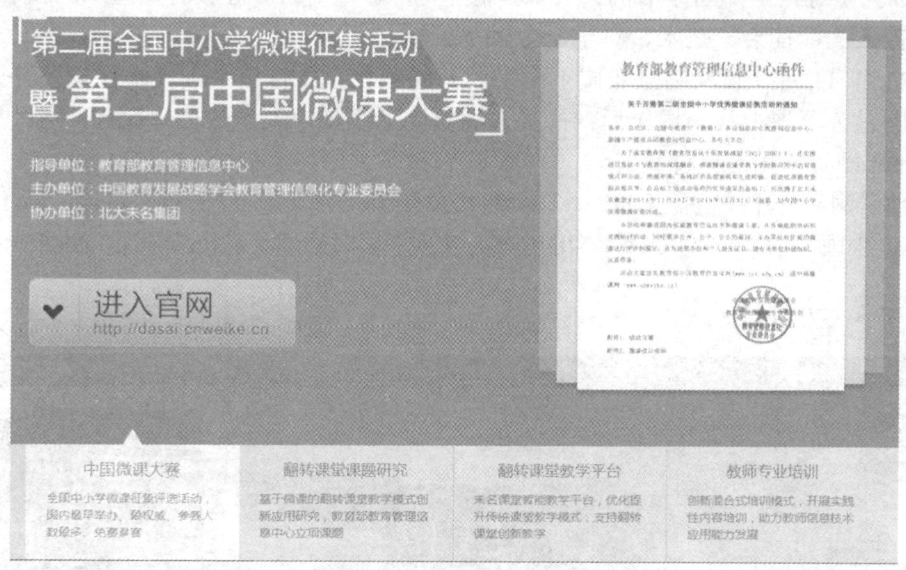

图 7-3 中国微课网首页

图 7-4 中国微课网——中国微课大赛

中国微课网主要面向中小学教师，在每个微课中均设有授课教师的“微教案”“微课件”“微反思”及“其他附件”。这些资源与微课视频结合后，可以用于教师的专业发展及同学科教师之间的交流。

4．网易公开课

2010 年 11 月 1 日，网易正式推出“全球名校视频公开课项目”，首批 1200 集课程上线，其中有 200 多集配有中文字幕。用户可以在线免费观看来自于哈佛大学、牛津大学、耶鲁大学等世界知名学府的公开课课程，可汗学院、TED等教育性组织的精彩视频，内容涵盖人文、社会、艺术、科学、金融等领域。

2011 年 11 月 9 日网易宣布旗下网易公开课项目正式推出中国大学视频公开课，这也是继网易公开课上线一周年后，首次大规模地上线国内大学的公开课程。网民只要通过 Internet 即可享用这些课程。

目前，网易公开课涵盖了 TED、国际名校公开课、中国大学公开课、赏课、可汗学院、Coursera、中国大学 MOOC 等多平台的资源，实现了随时随地上名校公开课，如图 7-5 所示。

图 7-5　网易公开课

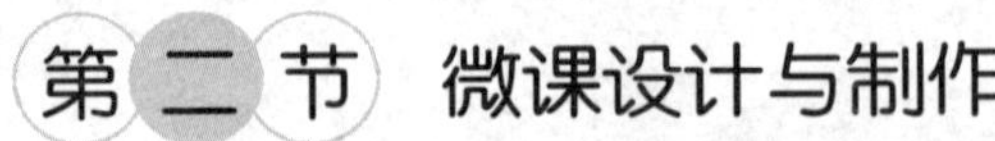

第二节　微课设计与制作

一、微课设计原则

微课的设计总体遵循以建构主义为指导的以“学”为中心的教学设计原则，但是微课不同于传统的课堂教学设计，有其自身的特点。根据微课自身的特点，微课设计应遵循以下几个方面的原则。

1. “微”原则

“微”是微课的最显著特点，内容微小、时间短小、容量也小。在设计微课时，要对选定的知识点进行科学的分析和处理，将学习内容尽可能细化，细化为一个个小的学习对象，尽可能实现一个学习对象只承载一个明确的知识点。因此，微课设计时，要充分考虑“微”原则，突出微课的优势。

2. 学习者中心原则

在微课设计开发前，要充分了解学习者的知识基础、学习需求，学习目标的设定不能过高或者过低，要符合维果斯基的“最近发展区理论”，让学习者“跳一跳，摘到桃”，激发学习者学习的动机，使学习者通过微课内容的学习，在知识和能力上要有所获得、有所进步，让学生能够体验成功感，增强自信心。

3. 创新性原则

创新就是要突破、创造，要打破旧的思维模式，开拓新的思维空间，要推陈出新。在微课设计时，要秉承创新是设计灵魂的原则。从学习内容呈现、媒体资源应用、教学过程安排等方面都需要尽可能突破传统的教学方式、方法，创造出符合学生认知特点、能激发学生兴趣、吸引学生注意力、有教育意义、形式新颖的教学资源，在讲授方式、内容呈现方式等各方面都要求新、求变、求活。

4. 实用性原则

任何一种教学资源，一个重要的设计原则就是它的实用性，因此，在微课设计开发前，一定要分析所选微课主题的实用价值，充分了解学习者的实际需求，让学生学以致用。

5. 内容分割的科学性原则

因微课聚焦的是某一知识点，在微课设计时，可能就要将某一知识模块进行细致的划分，分成一个个小的知识点。在知识内容的细化过程中，要注意科学地划分学习内容，保证某一知识点内容的相对完整性，不能随意地将知识点割裂，更不能受其他因素的干扰影响知识的完整性，如微课时长，不能因为微课时长的限制而人为地对知识内容分割。

因此，在微课设计过程中，要根据学习内容的特点、学习者的学习条件、学习方式等方面将课程内容进行科学分解。

二、微课开发方式

微课开发方式有多种，下面从常用的开发工具和开发方式两个方面简述不同类型的微课开发方法。

1. 录屏软件＋PPT

“录屏软件＋PPT”的开发组合主要用于制作需要教师同步讲解或者数字故事类的微课。所需的开发工具和开发方式如下。

（1）开发工具

所需的开发工具主要包括计算机、耳麦、话筒屏幕录像软件、PPT 软件、视频编辑软件等开发软件。

（2）开发方式

第一步，根据选定教学内容特点，搜集素材，制作 PPT 演示文稿。

第二步，打开屏幕录像软件和 PPT 演示文稿，以 Camtasia Studio 为例，进入 Camtasia Studio 工作界面，播放 PPT 演示文稿，单击“录制屏幕”或“录制 PowerPoint”按钮，开始录制，执教者一边演示一边讲解，Camtasia Studio 就把教学过程录制下来。

第三步，录制完毕后，对微课视频进行修饰和编辑，如剪掉多余的视频片段，添加片头片尾，然后渲染生成微课视频。

2. 录屏软件＋计算机屏幕

“录屏软件＋计算机屏幕”的开发组合主要用于制作计算机软件操作类的微课，如用 PPT 软件做教学课件，用音频处理软件 Cool Edit 编辑声音，用 Flash 制作动画等，通过录屏软件将计算机的操作过程记录下来。所需的开发工具和开发方式如下。

（1）开发工具

所需的开发工具主要包括计算机、耳麦、话筒等硬件设备，屏幕录像软件、视频编辑软件等开发软件。

（2）开发方式

第一步，根据选定教学内容特点，搜集素材。

第二步，打开屏幕录像软件，以 Camtasia Studio 为例，进入 Camtasia Studio 工作界面，单击“录制屏幕”或“录制 PowerPoint”按钮，开始录制，执教者一边操作软件一边讲解，尽量清晰地呈现每一个操作步骤，Camtasia Studio 就把教学过程录制下来。

第三步，录制完成后，进行后期编辑处理，然后渲染生成微课视频。

3. 摄像机＋黑板

“摄像机＋黑板”的开发组合主要用于制作类似课堂实录式的微课，用视频记录教学过程，画面中会出现教师授课场景、师生互动场景等。所需的开发工具和开发方式如下。

（1）开发工具

所需的开发工具主要包括便携式录像机、数码相机、智能手机或平板电脑等录像设备及其他教学演示工具，视频编辑软件等开发软件。

（2）开发方式

第一步，根据选定的微课主题，形成教学设计方案，并准备相应素材，如 PPT 课件、图片模型等。

第二步，借助黑板展开教学过程，用摄像设备将教学过程拍摄下来。

第三步，对录制视频进行编辑处理，可选择 QQ 影音、Movie Maker、会声会影等软件进行视频编辑。

4. 摄像机直接录制

“摄像机直接录制”的方式主要用于制作需要现场演示的实验教学类微课，如自然学科中的一些实验，可通过视频记录来呈现操作过程。所需的开发工具和开发方式如下。

（1）开发工具

所需的开发工具主要包括便携式录像设备、实验材料、视频编辑软件等。

（2）开发方式

第一步，选定微课主题，做教学设计方案，写分镜头稿本。

第二步，现场演示实验操作过程，利用便携式录像设备将操作过程拍摄下来。

第三步，对录制的视频进行编辑处理。

5. 手机＋白纸

“手机＋白纸”的开发组合主要用于制作教师通过手写展现教学过程并同期讲解式的微课，如记录数学、物理等学科知识的演算、书写过程。所需的开发工具和开发方式如下。

（1）开发工具

所需的开发工具主要包括具有视频录制功能的手机、白纸、不同颜色的笔、视频编辑软件等。

（2）开发方式

第一步，选定微课主题，做教学设计方案。

第二步，用笔在白纸上展现教学过程，可以画图、书写等，利用便携式录像设备将操作过程拍摄下来。

第三步，对录制的视频进行编辑处理。

6. 混合录制：屏幕录制软件＋手写板＋画图工具

这是一种混合录制方式，一般用来录制对某个问题的讲解、推理过程。录制这类微课，教师一般不出现在视频中。所需的开发工具和开发方式如下。

（1）开发工具

所需的开发工具主要包括手写板、麦克风等硬件设备，屏幕录像软件、画图工具、视频编辑软件等开发软件。

（2）开发方式

第一步，选定微课主题，进行详细的教学设计，形成教案。

第二步，教师通过手写板和画图工具对教学过程进行讲解演示，使用屏幕录像软件录制教学过程并配音。

第三步，对录制的视频进行编辑处理。

三、微课设计与开发流程

一般来说，微课的设计与开发由下面几个环节构成：微课需求论证、微课教学主题的选择和确定、微课知识点的细化和分割、微课资源要素准备、微课视频的录制准备及拍摄制作、微课视频的后期编辑与输出。参照多媒体课件设计与开发的基本流程，微课设计与开发的一般流程如图 7-6 所示。

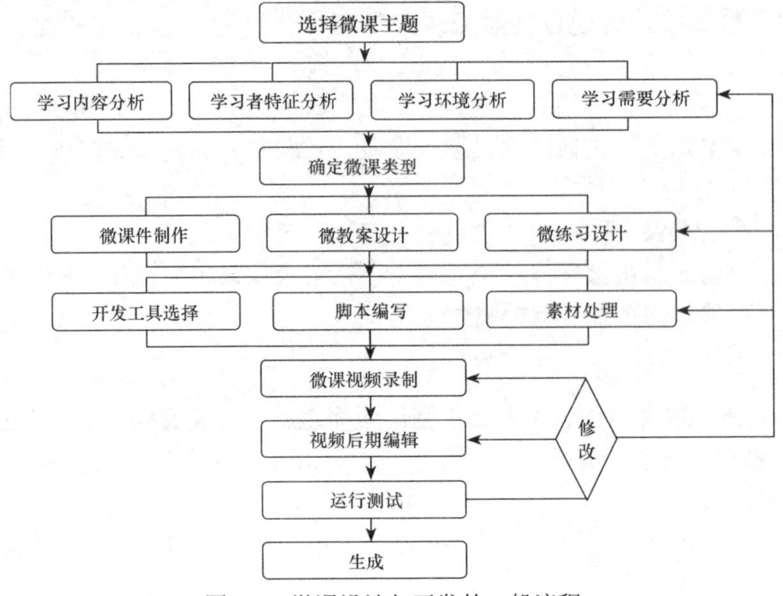

图 7-6 微课设计与开发的一般流程

1. 微课教学主题的选择和确定

微课的设计开发从选题开始。微课的选题要遵循“微”原则，细化知识点。应该选择学科教学中有教学价值的知识点或者教学环节，或者教学活动中学生需要帮助理解和创造情境的重点、难点。要考虑到所选择教学内容的特点，是否能充分发挥微课的优势。

2. 前端分析

前端分析是后边资源要素的设计与开发的基础。主要包括学习内容分析、学习者特征分析、学习环境分析、学习需要分析。

1）学习内容分析主要包括确定教学内容的重、难点，确定适合微课展现的、优于传统教学的知识内容。

2）学习者特征分析主要是分析学习者在学习新知识时，原有知识水平或原有的心理发展水平对新的学习的适应性，包括学习者的年龄、知识水平、学习风格、学习动机等。

3）学习环境分析主要包括微课的开发环境、实施应用环境。微课的实施应用环境越符合学习者的需求，学习者的知识、技能和态度就越容易迁移。

4）学习需要分析目的就是要了解学习者的学习需求，只有学习者对某部分知识有真正的需求的时候，他才会主动地去学习。

3. 确定微课类型

根据学习内容分析、学习者特征分析等前端分析，选择微课类型，如从课堂教学方法的角度可以选择讲授类、演示类、练习类等；从课堂教学主要环节的角度可以选择课前复习类、新课导入类、知识理解类；从制作方式的角度可以选择屏幕录制类、摄像机录制类、可汗学院类等。

4. 微课资源准备

微课的资源构成主要包括微教案、微课件、微练习。根据微课设计方案，微课可能需要用到文本、图形、图像、动画、视频、音频等素材。

在实际制作过程中，获取素材、加工处理素材是需要耗费较大时间和精力才能做到精益求精的。例如，如果需要一张图形素材，根据前期设计意图就要去网络上或者素材库里寻找，有时候在网络上找到的素材不是完全符合自己需要的，就要用图形处理工具进行加工处理，如美图秀秀、Photoshop 等软件，有时候还需要自己绘制。再如，如果需要一段背景音乐，通过网络或其他途径找到素材后，可能还有进行音频的分割或组接等处理等。

微课教学设计方案模板如表 7-1 所示。

表 7-1 微课教学设计方案模板

设计者__________ 单位__________ 时间__________

课程名称：			
使用对象		时间长度	
教学目标			
教学重难点			
教学资源与环境			
教学过程：			
设计意图：			
反思：			

5. 微课视频录制

根据微课教案设计，需要编写制作脚本，选择录制方式、开发工具，然后进行微课视频录制。

（1）编写制作脚本

微课的脚本设计是在前期微课教学设计基础上，微课制作者根据教学设计方案，将教学过程分解为多个场景，并对每一个场景编号，设计每个场景的画面、需要配置的旁白。制作脚本是微课视频制作的直接依据，所以规范清晰的脚本对保证微课视频的质量、提高开发效率具有积极作用。微课制作脚本模板如表 7-2 所示。

表 7-2 微课制作脚本模板

设计者__________ 单位__________ 时间__________

课程名称			计划时长	
场景编号	时间/秒	画面	效果	旁白

（2）开发工具选择

微课设计的意图、思想需要通过选择相应的开发工具才能展现出来。微课用到的开发工具和开发方式多种多样，如可以选择用摄像机、手机等拍摄工具直接拍摄场景，也可以选择屏幕录制软件，如屏幕录像专家、Camtasia Studio 等录制屏幕。所以要根据微课的内容设计，选择微课类型，然后选择相应的微课开发工具。

（3）微课视频录制

根据准备好的素材如 PPT 课件等，利用开发工具对微课视频进行录制。在视频录制阶段，需要注意录制环境的选择，如要选择好光线，防止录制的视频因过于灰暗或过于明亮导致看不清画面内容；要注意画面的构图，以防影响画面的美感，特别要注意在进行教师授课课堂实录时，教师在画面中的位置；进行屏幕录制时，要设置好屏幕分辨率，不宜太高或太低。

录制视频要注意的事项：录制屏幕时，鼠标不要来回乱晃；录制操作步骤时，鼠标操作速度不要太快；录制视频时要保持环境的安静，尽量避免噪声；要尽量镜头避免晃动，特别是近景和特写镜头。

6. 微课视频的后期编辑与输出

微课视频制作完成后，制作者可以根据教学需要对视频进行一定的加工和美化处理。例如，在适当地方添加醒目的注释、标注等。如果需要添加字幕、背景音乐、片头片尾或者需要剪辑处理的，需要借助视频编辑软件，进行视频的剪辑合成等处理，如会声会影、Premiere 等视频编辑软件。如果是用 Camtasia Studio 录屏，也可以直接用 Camtasia Studio 进行视频的加工处理。如果还需要进行视频格式转换，就要借助格式转换软件进行格式的转换处理，如格式工厂、狸窝视频转换器等软件。

微课视频编辑时要注意的事项：字幕颜色和背景颜色要搭配好，字体大小调整好；恰当使用背景音乐，注意音量的大小控制，背景音乐声不要太大。

微课视频制作完成后，就可以生成视频文件了。但是对于生成的视频文件要进行试运行，查看视频拍摄、制作效果，特别是剪辑效果，如果在运行过程中感觉不满意或者出现错误，如字幕错误、语言错误、操作错误等，都需要重新进行更正处理，然后才能正式输出和发布使用。

上海师范大学教育技术系黎加厚教授给出了微课程设计的 17 条具体建议。

1）时刻谨记微课程的用户是学生。

2）一个微课程只说一个知识点。

3）尽量控制在 10 分钟以内。

4）不要轻易跳过教学步骤，即使很简单、很容易的内容。

5）要给学生提供提示性信息，如用颜色线标识、屏幕侧边列出关键词、用符号图形标注等。

6）微课程是整个教学组织中的一个环节，要与其他教学活动环境配合，记住：在微课程中适当位置设置暂停，或者后续活动的提示，便于学生浏览微课程时转入相关的学习活动，让学生在学习单统一调度下学习微课程。

7）微课程应有恰当的提问，问题的设计要恰当安排基本问题、单元问题和核心问题，灵活使用多样化的提问策略促进学生思考。

8）每一个微课程结束时要有一个简短的总结，概括要点，帮助学习者梳理思路，强调重点和难点。

9）对一些重要的基本概念，要说清楚是什么，还要说清楚不是什么，让学生明确基本概念和原理；对于关键技能的教学，要清楚地说明应该如何做，不应该如何做。

10）用字幕方式补充微课程不容易说清楚的部分，注意：只需呈现关键词语，不必像电视剧一样将所有的台词都打出字幕，这会增加学生的阅读认知负荷。

11）教师要培养学生养成良好的自主学习的习惯。例如，要根据学习单的指导来看视频，看完视频以后要回到学习单来讨论、练习；要告诉学生使用微课程的技巧，如遇到没有听懂的地方可以暂停重听。

12）在学习单上将微课程和相关的资源与活动超链接起来，方便学生在学习单的统一调度下跳转学习。

13）一门课程开始的时候，要清楚地介绍这个课程的评价方法和考试方式，引导学生根据教学目标学习。

14）开始时，要介绍主讲教师本人的情况，让学生了解教师。

15）注意研究借鉴可汗在讲与你的类似课程时所采用的教学方法。

16）留心学习其他领域的设计经验，注意借鉴、模仿与创造，如从电影、电视、广告等大众媒体中找到可以借鉴的创意。

17）有关微课程制作的操作技术细节：鼠标指针不要在屏幕上乱晃；字体和背景的颜色要搭配好；讲解课程时，鼠标指针在屏幕上的移动速度不要太快；画面要简洁，与教学内容无关的图标、背景、教师人头像等，都要删除；录制视频的环境要安静、不要有噪声。

第三节 微课与翻转课堂

翻转课堂译自“flipped classroom”或“inverted classroom”，是指重新调整课堂内外的时间，将学习的决定权从教师转移给学生。其基本思路是：把传统的学习过程翻转过来，让学习者在课外时间完成针对知识点和概念的自主学习，课堂则变成了教师与学生之间互动的场所，主要用于解答疑惑、汇报讨论、展示成果，从而达到更好的教学效果。可以说，翻转课堂极好地体现了开放式的学习理念，大大释放了传统学习下的时间和空间，不但提高了学生学习的主动性，而且提高了学习效率。

一、翻转课堂的内涵与优势

2006 年孟加拉裔美国人萨尔曼·可汗推出可汗学院，它利用了网络传送的便捷与视频重复利用成本低的特性，通过在线网络视频课程，向世界各地的人们提供免费的高品质教育。每段课程影片长度约 10 分钟，从最基础的内容开始，以由易到难的进阶方式互相衔接。

2007 年，美国科罗拉多州的化学老师乔纳森·伯尔曼（Jon Bergmann）和亚伦·萨姆斯（Aaron Sams）在萨尔曼·可汗的基础上，提出了“翻转课堂”（flipped class model）（也叫 “颠倒课堂”）教学模式。他们把结合实时讲解和 PPT 演示的视频上传到网络，以此帮助课堂缺席的学生补课，而那时 YouTube 才刚刚开始。不久，他们进行了更具开创性的尝试——逐渐以学生在家看视频、听讲解为基础，在课堂上，教师主要进行问题辅导，或者对做实验过程中有困难的学生提供帮助。并推动这个模式在美国中小学教育中的使用。

随着 Internet 的发展和普及，翻转课堂的方法逐渐在美国流行起来并引起争论。

1. 翻转课堂的内涵

所谓翻转课堂，就是首先教师创建视频，学生在家中或课外观看视频中教师的讲解，然后回到课堂中师生、生生间面对面分享、交流并完成作业实现教学目标的一种教学形态。翻转课堂实际上是一种以课堂面授教学为基础，再利用多种技术工具来实现教学流程重组的教学组织形式。它重新调整课堂内外的教学组织结构和教学分配时间，将学习的主动权从教师转移给学生。

在这种教学模式下，课堂内的宝贵时间，学生能够更专注于主动的基于项目的学习，共同研究解决问题，从而获得更深层次的理解。教师不再完全占用课堂的时间来讲授信息，而是需要学生通过自主学习完成课前学习、课后复习，他们可以看视频讲座、听播客、阅读功能增强的电子书，还能在网络上与别的同学讨论，能在任何时候去查阅需要的材料，同时教师也能有更多的时间与每个人交流。

2. 翻转课堂的优势

翻转课堂模式主要以建构主义和掌握学习理论为指导，以现代教育技术为依托，从教学设计、教学视频的录制、网络自学、协作学习、个性化指导、教学评价等方面都是对传统教学的颠覆，由此将引发教师角色、课程模式、管理模式等一系列变革。可以说，翻转课堂极好地体现了开放式的学习理念，大大释放了传统学习下的时间和空间，不但可以提高学生学习的主动性，而且可以提高学习效率。翻转课堂与传统课堂相比具有以下优势。

（1）翻转课堂突破了传统课堂的教学局限

传统课堂依然是传授知识概念的良好形式，然而传统课堂最大的局限在于教与学必须发生在特定的时间（课堂 40～50 分钟）及特定的地点（教室）。对于那些因特殊事情无法按时到校上课，或者因身体原因不便频繁地来往于学校及学习接受能力较差的学生，翻转课堂可以让他们坐在家里自主学习，直至学会为止。所以，翻转课堂突破了时空局限，可以支持繁忙与困难学生的学习。

（2）翻转课堂重构教学结构

教学结构是在某个环境中展开的教师、学生、教材和教学媒体四要素相互作用、相互联系的教学活动进程的稳定结构形式。目前，常见的教学结构形式主要有以教师为中心的教学结构、以学生为中心的教学结构。而翻转课堂的内涵，它并不属于上述任何一种教学结构。翻转课堂由“先教而后学”转向“先学而后教”，由“注重学习结果”转向“注重学习过程”，由“以教导学”转变为“以学定教”。

（3）翻转课堂体现新的教学理念

首先，翻转课堂实现了学生的个性化学习。每位学生的学习能力和兴趣各不相同，传统教学虽然意识到了这一点，但在具体实践中很难做到因材施教。翻转课堂则在课前通过视频控制进行分层教学，然后在课堂中进行有针对性的指导。其次，翻转课堂改变课堂职能。传统课堂中，教师必须全力利用好课堂 40～50 分钟的时间，来对学生讲解教学所规定的内容。学生稍有分心，就会跟不上进度，教学效果也就会受到影响。课堂翻转后，课下学习，课堂上交流，课堂教学的目的及控制策略发生了改变。再次，翻转课堂更加注重交互。翻转课堂课前交互包括教师和视频教材的交互、教师与学生的交互、学生与视频的交互；课堂中的交互包括教师与学生的交互、学生与学生的交互等。与传统教学中提问、讨论等交互形式相比，翻转课堂提升了课堂互动的数量和质量。

二、微课与翻转课堂的关系

网络的普及，微课资源的应用，使翻转课堂式的教学模式变得可行和现实。翻转课堂中课前或课后学生自学环节，离不开教学视频等资源的支持，否则无法实现课外自学与课堂交流之间的无缝结合，而微课恰恰是实现翻转课堂教学组织形式的具体技术设计方案。所以，微课是翻转课堂不可或缺的教学资源。

传统课堂教学中，知识传授是通过教师在课堂中的讲授来完成的，知识内化则需要学生在课后通过作业、操作或者实践来完成。在翻转课堂上，这种形式受到了颠覆，知识传授通过信息技术的辅助在课前完成，知识内化则在课堂中经教师的帮助与同学的协助而完成的，从而形成了翻转课堂。

翻转课堂需要网络环境和数字化学习资源及平台的支撑，课前学生通过手机、PC在网络中学习微课。目前，在我国，在非数字化学习环境下，特别是在全寄宿制学校，学校无法提供网络环境和教学资源，学生无法通过终端进行网络学习，如何利用微课实现课堂的翻转值得思考。对于这种状况，可以把微课学习环节搬到课堂上，根据翻转课堂理念先让学生通过微课对教学的重、难点进行自学，再在课堂上通过教师的指导、学生间的协作学习掌握和内化知识，实现先学后教的课堂翻转。

思考与练习

1. 微课有哪些特点？
2. 微课设计遵循的原则有哪些？
3. 常见的微课开发方式有哪些？
4. 微课设计与开发的基本流程是什么？
5. 尝试应用视频拍摄、屏幕录制等方法制作不同形式的微课。
6. 微课与翻转课堂的关系是什么？

第八章

慕课的设计与制作

【问题提出】能够上网的地方就能学习、相对宽松的学习时间、独立成篇的视频片断、授课教师来自全球各大名校、同班上课的学生来自各个国家，集合了这些特征的，就是目前流行的慕课（MOOC）课程，那么慕课是如何产生和发展的？如何制作一门优秀的慕课课程？制作慕课课程需要教师付出怎样的努力？需要制作者掌握哪些技能？

【学习引导】

慕课因其丰富的资源、低廉的价格，以及易于使用、开放等优势而迅猛发展。如果教师能够投身慕课浪潮中，无疑将会极大地提高教学效能。本章以制作慕课课程为中心，介绍制作一门慕课课程的完整流程，即从课程设计、课程拍摄到后期制作等操作过程，并辅以优秀课程案例介绍，帮助理解掌握慕课课程设计制作技巧。

【本章知识点】

- 慕课的概念、特点、发展历程
- 慕课的类型、与微课的关系
- 慕课课程开发流程、制作要点、录制类型
- 慕课视频、练习、讨论的设计

第一节 慕课概述

一、慕课的概念、特点、课程模式及与微课的区别

（一）慕课的概念

慕课是近年来在全球范围内涌现出来的一种在线课程模式。慕课掀起的风暴被比作教育史上的“一场数字海啸”，呈现出“未来教育”的曙光。

慕课（MOOC）即massive open online course的首字母的缩写，顾名思义，massive指与传统课程只有几十个或几百个学生不同，一门慕课课程可以同时有上万人甚至十几万人注册学习；open指世界各地的学习者只要能连接网络就可以学习相关课程，课程资源对所

有选课者开放；online 指在网上通过看视频、做练习等方式进行学习，不受时空限制；course 就是课程的意思。用汉语翻译过来就是“大规模开放在线课程”，中文音译为“慕课”。

西门思（Siemens）、科米尔（Cormier）等对慕课的概念也进行了解析：“大规模”指参与学习的学习者数量众多，一门课程的学习者可以成百上千；“在线”指学习资源和信息通过网络共享，学习活动发生在网络环境下；“开放”指学习是一种开放的教育形式，没有限制。

科米尔提出了成功学习慕课课程的 5 个步骤：确定学习目标、在博客与微博等社交网络介绍和展示自己、构建个人学习网络、参加学习小组和学习社区、关注个人学习进程和内容。

西门思提出了有效参与关联主义慕课的 9 个步骤：确定学习目标、在社交网络上展示自己、交互、构建学习网络、管理课程资源、创作与分析、发现和解决问题、合理期望、坚持参与。

Koutropoulos 与霍格（Hogue）认为成功进行慕课课程学习要从课前、课中、课后 3 个阶段入手。在课前，要通过浏览网站了解课程内容、考虑个人时间安排、熟悉课程将用到的学习工具；在课中，要及时进行自我介绍，积极参与课程讨论与交流，学会提出问题，学会从大规模信息中过滤有用知识等；在课后，要继续保持学习者之间的交流。

（二）慕课的特点

慕课是一种基于微课的新型网络教学组织形式，是开放性教育资源在新的教学设计思想指导下的一种新的表现形式，具有以下几个方面的特点。

1. 课程资源丰富

在慕课平台上，可以接触到来自全球各个顶尖高校的课程和知名的大学教授，课程涉及理工、经管、人文社科、医学等各个方面，学生可以在上面自由选择想要选修的课程。

2. 教学体系完整

慕课课程流程非常接近传统的课堂流程，有开课和结课时间，每门课程 5～8 周，有相应的课程作业和期末考试，平时学生一周在一门课上花费 3～10 个小时不等的时间。要想拿到高分，不仅需要学生观看每一周的课程内容，还要上交作业，参加测验。

3. 学习体验愉悦

在慕课课程中，为了保证学生线上学习时集中注意力，每个视频长度都在 6～15 分钟，甚至更短。同时，在教师讲课期间，通常会穿插一些提问，帮助学生将注意力集中在课堂上，学生只有作答之后，才能继续观看。此外，一般慕课的学习都有时间限制，即课程截止日的存在，让慕课学习更有节奏性和阶段性。

4. 获得学分及证书

随着慕课的快速发展，提出了学分认证问题并备受关注。学分认证是对慕课学习结果更加权威的一种认证，即将慕课学习结果认定为大学学分。目前，大部分大学还不能为全日制大学生提供慕课课程的学分，但是通过课程的学生会获得开课教授签署的“课程结业证明”和成绩单。美国有些大学已开始尝试区别性地为修完慕课课程的学生提供学分。学分认证是慕课学习成果认证的理想模式，但因存在较大现实困难，目前尚处于探索之中。

随着教育理念和模式的发展，大学一旦能够为每一位在线学习者提供学分和学位，慕课将对传统大学构成革命性影响。虽然慕课也许终究也不会替代学校教育，但是慕课课程对于建设学习型社会终身教育可以起到更大的作用，走出校门以后的很多在职学习完全可以利用这种形式。

（三）慕课的课程模式

1. cMOOC 课程模式

2008 年，加拿大学者西门思和史蒂芬·道恩斯（Stephen Downes）开设了第一门慕课课程：*Connectivism and Connective Knowledge Online Course*（CCK08），25 名来自曼尼托巴大学的付费学生以及 2300 多名来自世界各地的免费学生在线参与了这门课程的学习。这种慕课类型基于关联主义学习理论，也被称为 cMOOC，并在随后得到逐步推广。但整体而言，cMOOC 课程范围基本上还局限于教育学科相关领域。西门思、科米尔、史蒂芬·道恩斯是研究 cMOOC 的主要学者，也是慕课概念的提出者与课程的主要实践者。

cMOOC 的理论基础是关联主义学习理论，即知识是网络化联结的，学习是连接专门节点和信息源的过程。西门思指出，cMOOC 的核心包括关联主义、知识建构、师生协同、分布式多空间交互、注重创新、同步与共鸣、学习者自我调节等。cMOOC 将分布于世界各地的授课者和学习者通过某一个共同的话题或主题联系起来，学习者通过交流、协作，构建学习网络，建构知识。

在 cMOOC 模式中，学习者的基本学习活动包括：浏览课程内与安排，注册课程；获取教师在学习网站上提供的各种类型学习材料；参加讨论组、在线讲座等活动，参与讨论学习内容，分享个人观点；制作个人学习资源，如音频视频等，并进行分享；充分利用社会化网络工具，如微博、博客、社交网络等开展学习活动，建立学习网络。

2. xMOOC 课程模式

xMOOC 是慕课的一种新型发展形式，以 2012 年发展迅速的 Coursera、Udacity、edX 等为代表。xMOOC 与 cMOOC 都是基于网络的大规模在线学习课程，但两者具有不同的应用模式。与 cMOOC 相比，xMOOC 更接近于传统教学过程和理念。一个 xMOOC 课程一般会在预定的时间开始。为了及时参加课程，学习者需要提前了解课程介绍与课程安排，进行注册。在学习过程中，也可以根据个人学习情况，退出某门课程的选课。

课程开始后，教师定期发布课件、作业、授课视频。这些视频不是校内课堂的录像，而是专门为 xMOOC 课程录制的。很多视频会延伸课程的开放程度，提供多语言字幕（如中文），以方便全球学习者学习。由于视频学习是一种单向传递，学习者需要在没有他人监控的条件下，运用足够的注意力保持对学习内容的关注与交互。xMOOC 课程为了更好地保证学习效果，学习视频一般比较短小，而且会在视频中安排及时的问题与测试。通过短片段的视频并辅以及时的问题测试，可以保持学习者注意力的有效集中和对学习内容的理解。同时，这种短视频方式也有助于学习者对学习步调的把握，能够比较方便地定位到自己的学习位置。

课后有需要完成的阅读和作业。作业通常有截止日期，学习者可有计划地按时完成课程作业。作业成绩可以通过在线自动评分、自我评判打分、学习者互评（peer assessment）等方式获得评估。

课程会安排小测试和期中、期末考试。在此过程中，学习者在规定的时间内参加考试，获得考试成绩。学习者被要求遵守诚信守则，诚实而独立地完成学习、作业与考试。edX、Udacity 等主要的 xMOOC 项目正在开始与培生等公司合作，使学习者可以在全球分布的培生考试中心参加考试。

课程网站还开设有讨论组，学习者可以进行在线学习交流。课程还会组织线下见面会，方便学习者进行面对面的交流活动。完成课程并考试合格后，学生可以得到某种证书。某些机构或组织已有开始为 xMOOC 课程提供学分的计划，如美国教育委员会于 2012 年 11 月启动了一个新的项目，旨在通过高校学分推荐服务，对 Coursera 在线课程进行学分评估。

3. SPOC 课程模式

SPOC（small private online course，小规模限制性在线课程）是指使用在线的课程（类似于慕课）对少数真实在校注册的学生实施的课程教育，是由加州大学伯克利分校的阿曼德·福克斯（Armando Fox）教授最早提出和使用的。“small”和“private”是相对于 MOOC 中的“massive”和“open”而言的，“small”是指学生规模一般在几十人到几百人，“private”是指对学生设置限制性准入条件，达到要求的申请者才能被纳入 SPOC 课程。

当前的 SPOC 教学案例，主要是针对围墙内的大学生和在校学生两类学习者进行设置的，前者是一种结合了课堂教学与在线教学的混合学习模式，是在大学校园课堂，采用慕课的讲座视频（或同时采用其在线评价等功能），实施翻转课堂教学。后者是根据设定的申请条件，从全球的申请者中选取一定规模（通常是 500 人）的学习者纳入 SPOC 课程，入选者必须保证学习时间和学习强度，参与在线讨论，完成规定的作业和考试等，通过者将获得课程完成证书。

2013 年，哈佛大学对 3 门课程进行了 SPOC 实验。第一门是法学院在 edX 平台开设的“版权法”（Copyright）课程，这门课程模仿传统的哈佛法学课堂，将学生分成少于 25 人的项目组，由助教组织各个项目组成员之间的讨论。课程结束后，在线学生要像传统的哈佛大学法学院学生一样，参加 3 小时长的考试，通过者获得课程完成证书和一份书面评价。

第二门是肯尼迪政治学院开设的“美国国家安全、战略和媒体面临的主要挑战”（*Central Challenges of American National Security，Strategy and the Press：An Introduction*），课程要求学生在课外观看视频，每周阅读约 75 页的文献，完成所有的作业，并参加由助教组织的主题讨论、在线学生的讨论以及哈佛大学校园学生的讨论。课程结束时，达到课程要求的学生被授予 HarvardX 证书。

第三门是设计学院为其新入学的研究生开设的“建筑学假想”（*The Architectural Imaginary*）SPOC 课程，将来有望对更多人开放。

在国内，浙江大学计算机科学与技术学院的翁恺老师在 2014 年 9 月开始采用 SPOC 的方式来辅助课程。2014 年 12 月 20 日 18 时 30 分，天津大学机械学院副教授姜杉、徐健主讲的“工程图学”课程，现场的 100 多名天津大学各专业学生和全国 21 个城市 32 所高校的 2500 余名学生通过各自学校的视频教室同步进行了该课程的学习。该课程全国“同时异地”授课是教育部“信息技术支持下的高等教育教学模式研究”项目，是天津大学第一门 SPOC 课程，已在哈佛大学等名校小试牛刀。

SPOC 是对慕课的补充，“small”和“private”表明上课者通常会接受筛选，经过筛选背景更好的学生可以教授更难的课程。接受 SPOC 的学生会获得更多的帮助，享用更多的资源。这都是在尝试弥补慕课的缺点，提高社会认可度的可能。SPOC 更集中在专业领域，SPOC 学生一部分为从业人员的职业，通过 SPOC 了解新技术新领域，补充知识体系。也会作为在校大学生的一种教育形式，有机会让普通大学学生接受顶级大学教育。

（四）慕课与微课的区别

微课和慕课是近几年来备受关注的新型网络学习资源，两者在理论基础、设计模式、教学实践等方面有类似之处，但是也有其各自的特点，其主要区别如下。

1）规模。慕课规模大，微课规模较小。慕课作为大规模在线开放课程现在已在全世界开展起来，并受到广泛欢迎。而微课的规模还很小，目前为止仅在国内很热。

2）受众对象。慕课涉足领域很多，中小学教育、大学教育和职业教育等都有涉及，其中侧重点在大学。现在，慕课已经与斯坦福大学、杜克大学、耶鲁大学等许多世界知名大学合作，开展课程；而目前为止，微课主要针对的是中小学群体。

3）交互性。慕课的交互性强，微课的交互性较弱。慕课通常有课堂测验与课后作业，其中作业有以小组形式完成的内容，并且有相应的论坛供学生交流讨论，学业成绩以 20%的平时成绩和 80%的考试成绩计算；微课通常在视频结束后布置一些作业，但效果往往不理想，因许多学生不会付之实际。

4）获得成果。慕课在与大学合作后，学生在修完某门课程并通过考试后会得到相应的证书，如果是在校大学生则可通过选修慕课上自己大学的课程以此来获得相应学分，如美国的几家公司发表声明认可在慕课上获得的学历，而这也成为慕课未来发展的趋势；学生在观看微课后仅学到相应知识，没有证书或学分。

5）评价体系。在慕课中，学生可以对所选课程及教师进行打分，而教师之间可以进行互相评价；微课目前没有评价功能。

二、慕课的发展历程

慕课是网络教育的重要分支之一，其在我国的发展历程和网络教育一脉相承。1998

年 12 月，教育部制定《面向 21 世纪教育振兴行动计划》，该计划明确提出要建设“现代远程教育工程”。1999 年 3 月，教育部批准清华大学、浙江大学、湖南大学、北京邮电大学 4 所高等院校开展远程教育试点。自此，“网络教育”一词出现在中国教育的舞台上，回顾网络教育十几年的发展过程，可以将其分为 3 个阶段：试验探索阶段、规范管理阶段、全面发展阶段。

（一）试验探索阶段（1998 年 12 月～2002 年 7 月）

1998 年 12 月，教育部制定《面向 21 世纪教育振兴行动计划》，明确提出“实施‘现代远程教育工程’，形成开放式教育网络，构建终身学习体系”的战略任务。由此，教育部于 1999 年 3 月发文“批准清华大学、浙江大学、湖南大学、北京邮电大学 4 所大学先行试点”，第一批试点高校开始了网络教育的初步探索。首批试点开展一年后，4 所试点大学招生均达千人以上，现代远程教育的基础设施建设也日臻完善。到 2002 年 2 月，教育部先后批准了 61 所普通高等院校开展远程教育试点。加上中央广播电视大学、首批四校和 2003 年批准招生的东北师范大学，就形成了现在 68 所试点高校的格局。

（二）规范管理阶段（2002 年 7 月～2007 年）

在扩大试点高校后不久，网络教育招生、考试等环节就陆续出现违规行为和管理漏洞。2001 年湖南大学非法扩招 6.5 万名学生，导致管理失控，后又曝出其远程教育广州财校考点考试集体作弊案，引起了社会各界的广泛关注，各大媒体纷纷质疑远程教育监管失控，网络教育一时之间沦为“文凭工厂”。

2002 年 7 月，教育部出台《关于加强高校网络教育学院管理提高教学质量的若干意见》（以下简称“8 号文件”），明确提出：“高校网络教育学院要以在职人员的继续教育为主。要减少并停止招收全日制高中起点普通本专科网络教育学生。”此外，为了提高网络教育质量，教育部于 2004 年 1 月规定，网络教育学员必须通过“高校网络教育考试委员会”举办的语文、数学、英语、计算机统考，成绩合格者方有高等教育学历证书电子注册资格。之后，教育部又规定在网络教育毕业文凭上加注“学习形式（网络）”的字样。

这一系列政策的出台，使得我国的网络教育由一种“新型的教育方式”变成了继续教育的高级手段，这种定位的逆转大大挫伤了网络教育研究者的积极性，文凭的变化也给试点高校带来了极大的困扰和阻碍。

（三）全面发展阶段（2007 年至今）

自 2002 年 8 号文件后，我国的网络教育的办学方向没有再发生重大调整，发展环境相对稳定。随着信息技术在在线阅读、出版印刷、电子商务等行业的普遍应用，教育产业也在悄然变化。如此的社会环境，加之网络环境的进步和试点高校的完善，人们对网络教育的认可和期待逐渐提高。在连续 3 年的招生低潮过后，2006 年，我国网络教育招生达 113 万人，创历史新高。

2007 年，网络教育迎来关键性的一年。“发展远程教育和继续教育，建设全民学习、终身学习的学习型社会”写进党的十七大报告。教育部长周济指出：“以信息技术的应用作为提高教学质量的新手段”；同时，教育部批准“知金教育”和“弘成科技”两家公司开展现代远程教育公共服务，加上之前的“奥鹏”，教育部已经发出高校现代远程教育公共服务体系试点的3张“牌照”；此外，在2007年的国家精品课评选中，有49门网络教育课程入选，这些举措和成绩不仅保证和提高了网络教育的教学质量，更表明了网络教育的真正定位并非是继续教育的手段升级，而是提高高等教育质量、改变教育思路的重要途径。

随着我国网络教育进入全面发展阶段，一种新兴的网络教育形态悄然进入了人们的视野，这就是慕课。慕课这一术语是2008年由加拿大爱德华王子岛大学网络传播与创新主任科米尔与国家人文教育技术应用研究院高级研究员布莱恩·亚历山大（Bryan Alexander）联合提出来的，用于描述加拿大曼尼托巴大学推出的一门公开在线课程“连通主义与连通知识”，该课程采用连通主义学习理论和架构，支持学习者的大规模参与，有25位曼尼托巴大学的付费生和2300多位世界各地的免费学生参与了该课程的学习。此后，玛丽华盛顿大学的吉姆·格鲁姆（Jim Groom）教授以及纽约城市大学约克学院的迈克尔·布莱森·史密斯（Michael Branson Smith）教授都采用了这种课程结构，并且成功地主办了他们的大规模网络开放课程。可以说，慕课的诞生是开放网络课程和大规模在线会议的出现所催生的结果。同时慕课的相关研究开始出现，但质量相对较低，之后这一术语及其所表述的教育现象一直沉寂，直到2011年慕课的出现，迎来了网络教育的崛起。

慕课最重要的突破发生于2011年秋，来自世界各地的16万人注册了斯坦福大学塞巴斯蒂安·特伦（Sebastian Thrun）与彼得·诺威格（Peter Norvig）联合开出的免费课程《人工智能导论》。慕课开始受到各方关注，媒体和商业机构的加入，更加推进了慕课的席卷之势。12月，用于描述该课程的缩写词MOOC最先出现在美国“高等教育谍报”。慕课平台的“三驾马车”Udacity、Coursera以及edX也于该年成立，多家世界著名大学参与其中，《纽约时报》把2012年称为“慕课之年”，而远程教育领域的“风云人物”约翰·丹尼尔（John Daniel）爵士也认为“慕课”是“2012年教育流行词汇”。2012年3月，斯坦福大学校长约翰·亨尼西（John Hennessy）接受《纽约客》采访时指出：一场海啸正在来临。2013年慕课开始在中国发展，国内高校积极参与，教育界也高度重视。2013年5月，北京大学、清华大学、香港大学、香港科技大学加入edX；2013年7月，复旦大学和上海交通大学申请加入Coursera。由此，中国开启了“MOOC元年”，也迎来了中国网络教育翻天覆地的新时代。

三、国内外常见的慕课平台

慕课平台是慕课课程的载体，慕课课程涵盖理、工、文等各个学科，都是由世界名校教师录制，由不同的慕课平台提供的。慕课平台会提供多个慕课课程信息，包括开课时间、注册服务、课程表和教学大纲等。课程开始后，教师定期在平台上发布教学视频，视频相对短小，视频中会有即时的测验，课后则有要求完成的阅读和作业，作业通常有截止日期，课程通常有期中考试和期末考试。另外，慕课平台还提供了互动机制，包括师生之间的互动、学生与学生之间的互动等。通过师生互动，教师就可以评价学生的学习成效并给予适当的修课证明；除了师生之间的互动，慕课平台还可以提供学生彼此之间的互动管道，产生学习社群。最后，学生们被要求遵守一定的规则诚信而独立地完成考试。结课后，可以得到有授课教师签字的证书。

在众多的慕课平台中，规模最大且被主流认可的慕课平台是 Coursera、edX、Udacity 三大平台。目前，这三大平台已陆续与中国高校合作，进入中国教育市场。下面对主流的慕课平台进行简单的介绍。

1. Coursera

Coursera（https: //www.cousera.org）是由美国斯坦福大学两名计算机科学教授吴恩达（Andrew Ng）和达芙妮·科勒（Daphne Koller）于 2012 年 4 月创办的大型公开在线课程项目。Coursera 的主要教学理念是：通过提取和测验重要知识点，借助同伴评价提升学习积极性，帮助学习者掌握学习理论，提高在线学习效能。其网站主页如图 8-1 所示。

图 8-1　Coursera 平台网站

目前，Coursera 共有 600 多门课程，涉及计算机科学、数学、生物学、人文科学、社会科学、医学、工程学及教育学等学科，注册用户 600 多万，并且这些数据还在快速更新。Coursera 的合作高校在利用该平台为校内许多学生实施混合教学的同时，还为那些愿意为获取额外作业、教师指导和考评而支付费用的学习者提供 Coursera 班级的学分（如华盛顿大学）。另外，还有一些大学在核准所学课程的前提下承认该校学生学习 Coursera 课程的学分（如 Antioch 大学洛杉矶校区）。

2. edX

edX（https: //www.edX.org）是麻省理工学院和哈佛大学于 2012 年 5 月联手创立的非营利、带有浓厚研究性质的平台。目前，该平台提供哈佛大学、麻省理工学院、加州大学伯克利分校的开放课程，涉及化学、计算机科学、电子学和公共健康等多个学科。这些课程的共同特点是在针对学校学生开设的校内课程基础上，通过网络将课程免费向全球开放。其网站主页如图 8-2 所示。

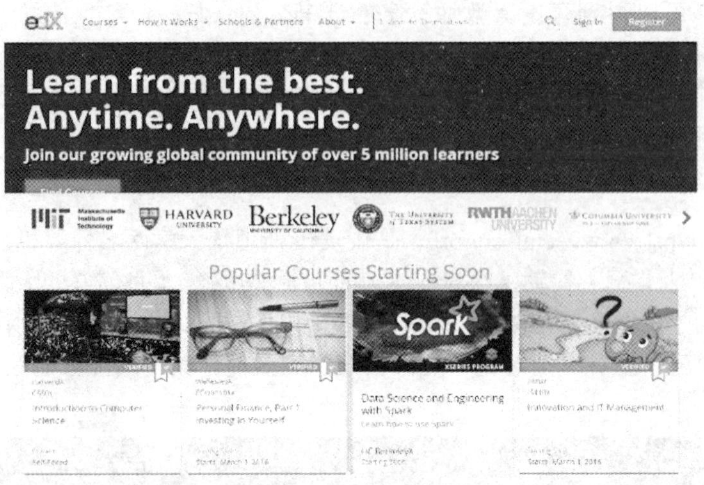

图 8-2　edX 平台网站

edX 除了为全世界提供高质量的教育资源、为全世界的学生提供免费课程以外，还致力于研究学习和教育本身，尤其是研究现代技术对于学习和教育的影响。所以，edX 更像是一个大学的实验基地，通过研究线上、线下混合教学的模式，提高传统校园的教学和学习效果。

3. Udacity

Udacity（https://www.Udacity.com）是由斯坦福教授塞巴斯蒂安・特伦和迈克・索科尔斯基（Mike Sokolsky）在 2011 年创建的营利组织。从 2012 年开始，Udacity 已经为全球各地超过 75.3 万学生提供注册报名和网上授课，并开始帮助这些学生在业内合作公司就业。其网站主页如图 8-3 所示。

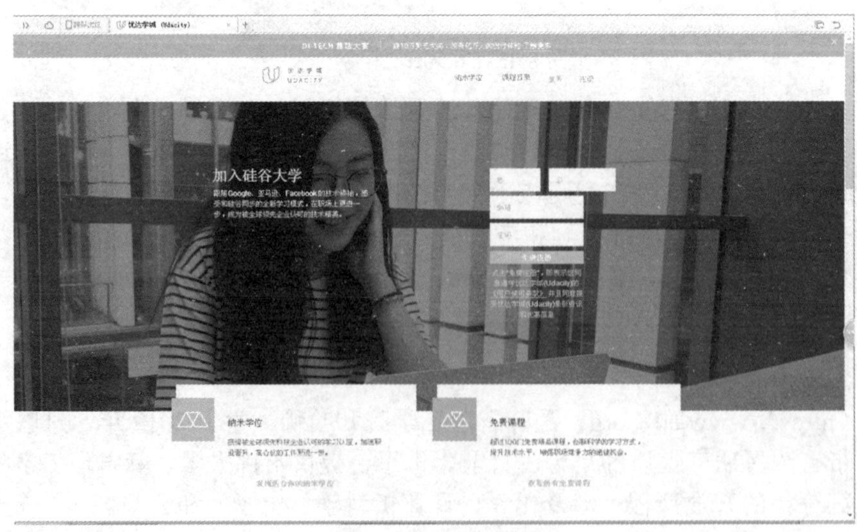

图 8-3　Udacity 平台网站

目前，Udacity 开设涉及 4 个学科的 20 多门网络课程，这些课程包含衡量课程掌握程度的积分系统，当学生在一门课程中的积分达到 1 级时就可以获得证书。另外，一些课程还提供大学学分，不过这需要学生支付一些费用。

4. 中国大学 MOOC 平台——爱课程

爱课程网（http://www.icourse163.org）是教育部、财政部“十二五”期间启动实施的“高等学校本科教学质量与教学改革工程”支持建设的高等教育课程资源共享平台。爱课程平台集中展示中国大学视频公开课和中国大学资源共享课，并对课程资源进行运行、更新、维护和管理。网站利用现代信息技术和网络技术，面向高校师生和社会大众，提供优质教育资源共享和个性化教学资源服务。其网站主页如图 8-4 所示。

图 8-4　中国大学 MOOC 平台

作为国内高校最权威的慕课联盟之一，爱课程平台目前已经有 100 多门课程上线。2014 年 8 月，爱课程平台正式推出了认证证书服务，学习者修完课程并考试合格后可获得纸质版认证证书，该认证证书由中国大学 MOOC 平台、高教社、高校、教师四方确认成绩有效后，关联实名信息发放，支持二维码永久验证，流程严谨，认证可靠。中国大学 MOOC 平台是目前国内少有的推出证书服务的公共 MOOC 平台，此举具有权威性和示范性。

5. 学堂在线

学堂在线（http://www.xuetangx.com/）是由清华大学研发推出的中文慕课平台，于 2013 年 10 月 10 日正式启动，面向全球提供在线课程。任何拥有上网条件的学习者均可通过该平台在网上学习课程视频。其网站主页如图 8-5 所示。

目前，学堂在线运行了包括清华大学、北京大学、麻省理工学院、斯坦福大学等 60 多所国内外高校的超过 500 门课程，涵盖计算机、经管创业、理学、工程、文学、历史、艺术等多个领域。学堂在线是基于互联网的新型学习平台，支持面向学生的学习系统和面向教师的课程管理系统，旨在汇聚并共享全球优质教育资源，引领教育教学模式创新，提升教学质量，促进教育公平。

广袤世界 在你指尖

推荐课程

图 8-5 学堂在线平台

第二节 慕课课程的设计与制作

慕课是在现代教育理念与新兴媒体技术促进下的课程展现新形式，是教育电视网络传输的新类型，是精品课程教学录像的丰富和发展，在课程内容形式、主讲教师、传播渠道、传播受众等方面具有鲜明特点，这就决定了其课程的设计与制作较传统课程有显著的不同。

慕课运用影视拍摄手法，以精美的画面更好地呈现课程；清晰、饱满的录音把主讲教师精湛的讲解表现得淋漓尽致，完美展现名校、大师及精品课程。近一年多来，国内开始陆续出现以清华大学“学堂在线”为代表的慕课平台和一批制作精良的慕课视频，通过网络传播，让全球学子领略了中国高等教育的实力和名师的教学风采和魅力。

目前，慕课课程构成大致包括 1～2 分钟的课程介绍视频，文字课程描述，课例视频，包含在视频中的测验、周作业、在线考核、讨论论坛等诸多要素，每门课程的录制周期在 2 个月左右。

一、慕课制作团队构成

慕课课程制作团队一般包括项目经理、授课教师、助教团队、课程志愿者、制作人、摄制团队、网络工程师（技术团队、运营团队）等人员构成。慕课制作团队构成如图 8-6 所示。

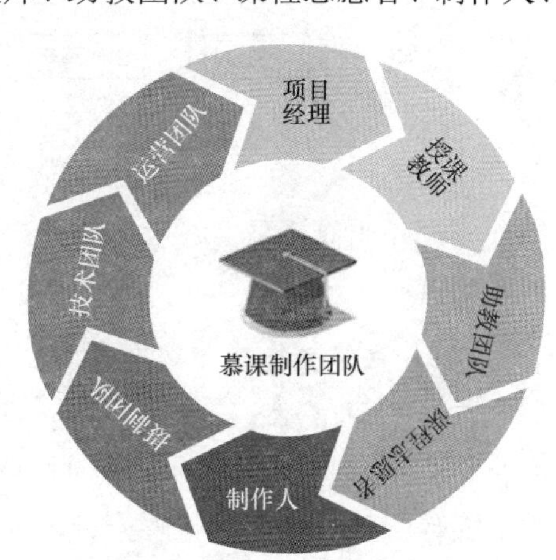

图 8-6　慕课制作团队构成

（1）项目经理

项目经理是慕课课程制作的总协调和总监工。其主要职责是协调学校有关部门、监督项目的进度、协调和组织项目组中各个岗位的工作。

（2）授课教师

授课教师是慕课课程的总设计师和主演。授课教师是慕课课程的灵魂人物，主要负责制定课程的教学大纲、确定授课风格和授课内容、担任课程主讲人。同时，还要在论坛与学生进行互动交流、答疑解惑。最后还要对学生的学习效果进行评价。

（3）助教团队

助教团队配合授课教师完成课程设计，先行测试课程；将授课课件上传到慕课平台，管理论坛，与学生互动交流，答疑解惑；负责调动一切手段，对课程进行宣传推广。

（4）课程志愿者

课程志愿者通常由学过该课程的本科生组成，提前体验课程，测试课程效果；配合助教管理论坛，及时反馈学生的意见和建议；配合助教进行慕课课程的宣传推广，维护课程人气；向课程注册学生发送邮件（包括课程预告、提醒开课时间等）。

（5）制作人

制作人领导摄制团队完成授课视频的制作，同时密切配合授课教师确定课程内容、教学方法和授课风格，找到最适合该课程的镜头语言来呈现课程，体现专业水准。

（6）摄制团队

摄制团队包括摄像、剪辑、字幕、二维或三维特效等岗位，完成视频单元的制作。

（7）网络工程师

网络工程师负责完成课程的网络模块设计以及课程内非视频单元（含板书、PPT、练习、论坛等）的设计、制作及网页维护。

二、慕课的开发流程

一般来说，慕课开发大致可分为前期准备、录课过程、后期制作 3 个阶段，慕课的开发流程如图 8-7 所示。

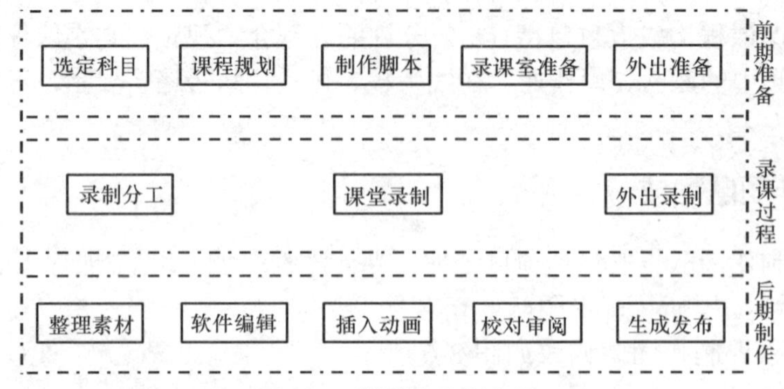

图 8-7　慕课的开发流程

要制作出高质量、好效果的慕课，需要注意前期准备、录课过程、后期制作 3 个方面的问题。

（一）慕课制作的前期准备

从决定制作慕课到实际录制期间需要做很多的工作，前期的准备是必不可少的，主要包括：课程的选定、课程的规划、知识点设计、课程设计、制作拍摄提纲和拍摄脚本、PPT 课件制作、录课室装修、设备安装调试等。

1．选定授课科目

授课科目的选定要结合市场现状及需求、本校教师情况综合考虑。所以在选课时要注意：最好不选网上已经有的课程、本校没有过硬的教师的课程，要选择那些具有授课教师专业过硬的课程。

慕课需要教师具有很强的责任心，因为它不像网络公开课，慕课的授课教师在制作完课程后，要每周定时上线解答学生的问题，如课堂互动、批改作业等，所以在选择教师时，要选择很负责任的教师，每个学科选一或两人即可，一名教师作为主讲教师，也可为主讲教师带一名助理。

2．课程的规划

选定科目和授课教师后，授课教师要规划授课内容、授课进度，准备教案和课件，确定知识点及知识点的呈现方式，也就是课程设计。教师要细致地规划出重难点等，要设计如何授课，要提前写出课程的整体规划，最少两周课程的详案，并反复斟酌修改，最好是将多年备课授课的积累加以整理，有一套丰富的教案，最后定稿。

3．制作拍摄提纲和拍摄脚本

教案准备完成后，授课教师要和信息技术教师商议如何拍摄，制定拍摄提纲，信息技术教师根据提纲编写脚本，之后交给授课教师审议修改。待敲定拍摄脚本后，方可进入实际的拍摄阶段。

脚本的编写要注意考虑学生的听课喜好来制定，不能通篇都是教师讲的内容，不能全是操作的演示，但也不能通篇都是影片的播放，要注重知识的传授。

4. 录课室的装修和设备安装调试

目前，一般高校都已经具有自己的专业的录播教室，其具有使用灵活、操作简易、成像清晰、全自动课堂录播等特点优势，这大大提高了录播效果。没有录播教室的学校，可以着手建立或校外租赁。信息技术教师要在录课前对录播教室的各设备进行调试，保证录课的正常进行以及录课质量。

5. 外出拍摄的前期准备

慕课中有可能需要一些手头上没有的素材，需要外出拍摄采集，这就需要规划行程，和有关单位及人员沟通确定出行时间和随行人员、选择交通方式及购票准备，提前通过通信方式解决食宿问题，相关人员准备相应设备等外出拍摄的前期准备工作。同时，还要考虑素材的存放方式，如为电子形式存放的素材，要准备充足可靠的记录存储卡，需要用电的设备要考虑电池充电或补给问题。

（二）录课过程

1. 慕课制作的人员配置及责任

在录课过程中，慕课制作的人员配置及责任如表 8-1 所示。

表 8-1　慕课的人员配置及责任

人员	数量/人	职责
授课教师	1 或 2	负责备课、上课、全程跟踪编辑指导校正、课程在线答疑、作业批改等
摄像师	2	负责撰写拍摄提纲和脚本，课程的摄像和录制
后期制作人员	1～2	负责课程的后续集成编辑、修改、生成工作

2. 慕课的录制

在慕课的录课过程中，要保证录制的视频质量，需要注意一些事项，并掌握一些录制的技巧，同时消除对慕课制作的一些误会。

（1）慕课录制的注意事项

1）慕课录制中，要优先保证声音品质，全面、无失真地记录现场声音，主要是教师讲课声音、学生发言声音、课程里的有效声音等。

2）录制要保证画面品质，清晰、稳定、构图合理，为后期制作做好铺垫。

3）录制要根据脚本一幕一幕拍摄，保证课程环节不丢失，在一节课拍完后，要整理校对，对缺失镜头要及时进行补拍。

（2）慕课录制的技巧

慕课的视频和知识点必须要进行拆分，同时要想尽办法，让每个学习者感受到教师在给他上课，从而增强学生的代入感。

所以在录制过程中，要运用一些技巧，如适当录制几次教师出镜的视频，可以是教师全部出境，也可以是采用画中画的形式在视频的右下角出境；几分钟视频或一个知识点过后马上设置一个与之相关的小题目，可以采用选择题的方式设置；每次课后要布置作业且规定提交时间，过期不候等。慕课这样做的原因是在网络环境中，致使学生溜号的诱惑太多，学生不容易长时间紧跟教师的授课思路，综合利用这些技巧进行课程的录制，才能制作高效的慕课内容。

（3）消除对慕课制作的误解

有的人认为：慕课不外乎就是教师该怎么上课就怎么上课，录制好授课视频后，经过精心的后期剪辑、加工即可。

这种认识是错误的，它混淆了慕课与网络公开课这两个概念，中科云海计算机技术服务有限公司总经理、YOCSEF 哈尔滨副主席鹿泽光先生对这两个概念解释道："网络公开课是把一系列的教学视频上传到网上，没有与选课的学生进行互动，授课教师一劳永逸；而慕课需要授课教师与学生通过论坛、SMS 进行及时互动，获得学生的反馈，课件可以边准备边上传，需要教师有较强的责任心。"

（三）后期制作

1. 慕课的后期制作流程

慕课后期的制作流程为：导入素材→声画对位→粗剪→镜头组接→精剪→特效及包装→字幕及校正→流媒体转码。

2. 常用编辑软件

慕课后期编辑制作常用的软件有专业非线性编辑软件、平面设计软件、特效制作软件、动画制作软件和字幕制作软件等，其常用的软件名称如表 8-2 所示。

表 8-2　常用的编辑软件

类型	软件名称
专业非线性编辑软件	Premiere、EDIUS、大洋、索贝等
平面设计软件	Photoshop、CorelDraw、Illustrator 等
特效制作软件	After Effects 等
动画制作软件	Flash、3D Max、Maya 等
字幕制作软件	TIMEM 时间机器、SRT 字幕制作助手等

3. 用动画效果提高观赏性

课程可结合 3D Max、Flash 制作的演示、虚拟动画和实景素材串接等手段，以极大地提高观赏性和感染力。

4. 校对审阅

授课教师要跟随后期制作过程，反复地审阅，以求达到最理想的课程效果。最好是在粗剪后一次审阅，精剪后二次审阅，字幕制作后三次审阅，最终做到无错误为前提，课程精彩为提升。

5. 生成发布

在制作完一课或几课后，就可以将其发布在网络的慕课平台上，但考虑到网络学习的特点，课程要每周内容定期播放，类似于学生每周上课。慕课的制作要具有提前性，要在上传进度提前两周的时间将其制作完成。

三、慕课的模块设计

在慕课课程中，每一个学习单元都是一个模块，包括视频与非视频模块，两者必须有机结合在一起。如果说授课视频像是一幕一幕戏的主体内容，非视频单元则是幕与幕之间的起承转合。把二者做精做细，才能让戏跌宕起伏，引人入胜，使学习者即使远在课堂之外，依然可以身临其境。下面分别来介绍两个模块的设计要点。

1. 视频单元模块的设计要点

慕课不是传统课堂简单的重放，要根据讲授知识的需要，摆脱教学场地及设备的局限，对慕课课程的视频内容和形式进行有创意的编排和设计。目前，慕课课程视频主要有如下几类：出镜讲解、手写讲解、实景授课、动画演示、专题短片、访谈式教学等。

（1）出镜讲解

出镜讲解是授课教师对着平行机位的摄像机镜头讲授，这一方式很容易抓住学习者的注意力，形成一对一授课的亲切感觉。多数慕课课程都可以采取这样的形式，特别是那些不需要多少推导过程的课程。出镜讲解可以直接站在黑板、白板、演播室的蓝布或绿布前（后期进行抠像处理），再把幻灯片的授课内容后期叠加到视频当中。

（2）手写讲解

手写讲解更适合那些涉及大量的推导过程、公式演算等理工科课程、经济金融类的课程。一方面吸收了传统课堂中的板书讲解的全部优点，另一方面还可以通过后期剪辑，剪去那些不必要的拖沓，提升讲解的效率。具体操作时，可以配置一台带有电子书写笔的平板电脑或者具有手写功能的显示屏，通过录屏的形式保存下书写内容，再通过后期剪辑进行精加工。

（3）实景授课

实景授课是对传统课堂的一个极大的补充，没有了教室的空间限制，理论上可以到任何理想的场所进行授课。例如，需要讲解相关实验，就可以到实验室中边实验边讲解；需要讲解名家名画，就可以到博物馆实景地进行讲解；还可以到工厂车间、金融交易市场等地方进行讲解，让学习者一边感受实地氛围，一边更好地掌握知识。利用好实景授课，可以极大地发挥慕课授课的优势和魅力，达到更好的教学效果。

（4）动画演示

通过二维或三维动画，将抽象的知识形象化，生动活泼，易于理解，增加课程的趣味性。目前二维动画运用得较多，成本较三维动画低，也可以进行简单的手绘画，或者Flash动画。文科、理工科及商科的课程都可以运用。

（5）专题短片

以短片的形式快速地介绍背景资料，很容易将学生尽快地带入课程，集中注意力，便于对知识点的深入了解。

（6）访谈式教学

将访谈类电视节目的形式运用在慕课课程中，通过访谈的形式传递知识，可以让学习者接触到更多的知识空间，吸引学习者的注意力。这种形式更适用于人文艺术学科。

2. 非视频单元模块的设计要点

常见的非视频模块包括练习（选择题与填空题）、投票、阅读材料、讨论区等，非视频模块的创意空间也很大。

目前，有些慕课课程也在尝试一些新的形式，如一些化学或工程类的课程可以尝试在线仿真实验、计算机学习类课程可以进行程序测评等，目的就是调动学生的互动情绪和参与热情，使课程更加精彩。

四、慕课录制的种类

1. 精品课改造型

该类慕课的录制是在精品课程的基础上进行改造而成的。其优点是投入小，利用多媒体手段补充课堂授课的不足；缺点是需要重新改造原有的精品课材料。例如，大学计算机课程“计算思维导论”课程如图 8-8 所示。

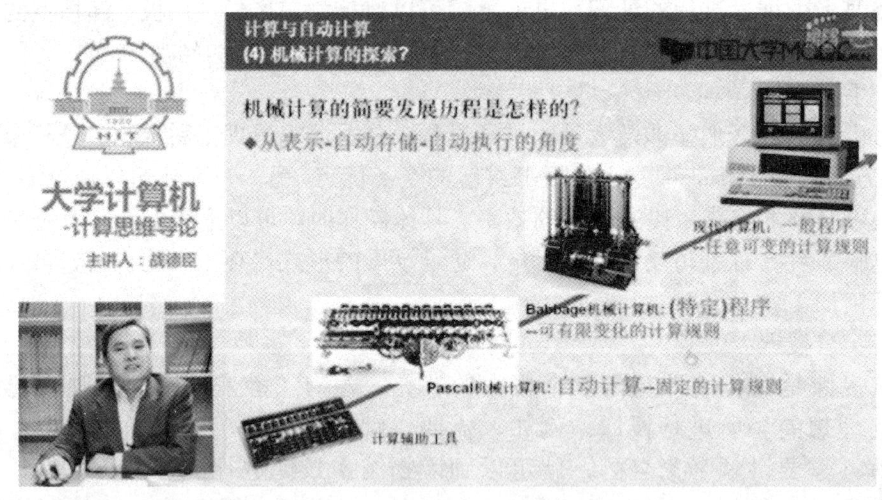

图 8-8　精品课改造型类型

2. 录屏式

该类慕课的录制是利用录屏软件进行录制的。其优点是投入小，教师个人在家即可制作，需要配备一个可以手写的笔记本或者手写板配合计算机，外加一个录屏软件（如 Camtasia Studio）；缺点是教师还需要后期补录一些镜头作为穿插过渡之用。例如，“Principles of Electric Circuits”课程如图 8-9 所示。

3. 个人搭建的摄像机

该类慕课的录制是利用个人搭建的摄像机进行录制的。其优点是方便，可以自己在家里完成，有比较鲜明的个人特色；缺点是表现形式单一，缺乏直观生动的元素。例如，浙江大学的“C 语言程序设计”课程如图 8-10 所示。

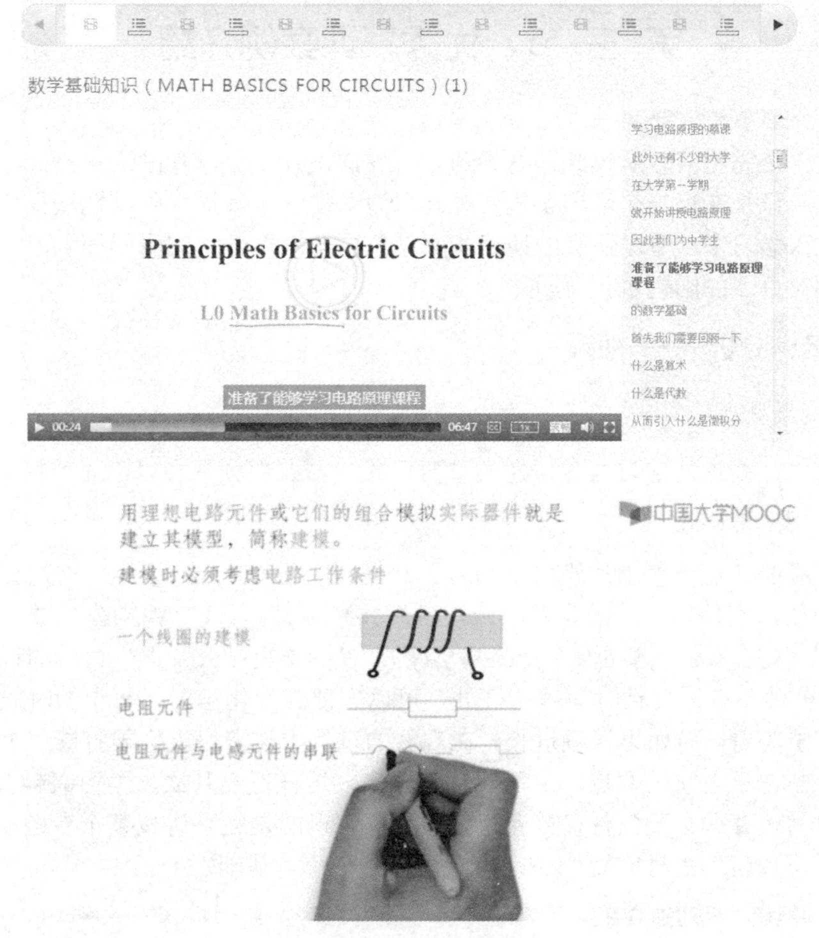

图 8-9　录屏式类型

4．专门的慕课录制教室

该类慕课的录制是利用个人搭建的摄像机进行录制的。其优点是需要学校或者其他机构提供，而且要有专人负责录像，即需要教师与录制人员配合完成；缺点是投入费用较大。例如，中国大学慕课课程“高等数学”课程如图 8-11 所示。

图 8-10　个人搭建的摄像机类型

图 8-11　专门的慕课录制教室类型

第三节 优秀慕课案例介绍

慕课是一个完整的教学模式，有参与，有反馈，有作业，有讨论和评价，一门优秀的慕课课程应该是在每一个环节都用心雕琢，力求使学习者最大限度地获得代入感，从而全身心投入学习中，通过积极的谈论和互助氛围，最终顺利完成课程学习。下面主要从 3 个方面对慕课的结构进行分析。

一、慕课结构分析 —— 视频

（一）视频概述

在慕课中，视频是学习内容传递的重要形式。慕课视频具有以下 4 个特点。

1. 小片段，时间短

慕课视频的特点是“小片段，时间短”，一般是 3～15 分钟不等，这是慕课视频给人的第一印象，也是其和“国家精品课（资源共享课）”以及“视频公开课”相比，最直观的不同之处。“国家精品课（资源共享课）”以及“视频公开课”一般的视频长度都在 30～50 分钟不等。视频时间短的好处是可以方便碎片化学习，等车的时候或者工作间隙抽空就能观看。而如果视频过长，在观看的过程中就有可能会被打断，重新看的时候往往已经忘记了之前的要点，又需要从头再来，这样反复几次，学习兴趣会大减。

但是时间短并非必要条件，慕课视频最需要强调的是完整讲授某个专题，因此，慕课视频的“小片段”、“时间短”必须建立在第二个特点基础之上。

2. 主题聚焦，相对独立完整

“主题聚焦，相对独立完整”是慕课视频设计最为核心的要点，强调模块化分割内容。慕课中，每个小视频自成一体，围绕一个概念，或一个原理，或一个话题，逐步深入，有始有终，相对完整。这样做的好处是便于学生有针对性地选择需要学习或复习的内容。清晰的主题划分就像字典一样，可以让学生快速找到需要学习和了解的信息。在一定意义上，这样就可以满足不同的学习需求，也可以提高学习者的学习效率。

不过，这样的特点就需要授课教师去重新规划和设计自己的教学，需要思考在这一讲或这一周的时间里，学生究竟需要掌握哪些知识点，按照什么样的逻辑顺序来讲学生最容易吸收掌握。也就是说，在划分知识点的时候，可能会与传统的教学有较大的区别，需要考虑学生的学习过程。例如，在北京大学首批上线的慕课“计算概论 A”中，李戈老师就先把整个课程分成几个明确的“迭代周期”，把每个“迭代周期”分为多个相对独立的“问题单元”，把每个“问题单元”做成一个“12 分钟课程视频”。

在制作慕课视频时，授课教师还需要思考如何把这个知识点或话题讲清楚、讲完整。因此，对具体一个视频而言，非常考验教师对具体话题或知识点的内容进行“编码”的能力。从讲授方式来看，有些课程采用演讲的形式，类似于视频公开课，如北京大学毕明辉老师的“20 世纪西方音乐”；也有些课程采用“家教”的口吻，像剥洋葱一样一层一层慢慢说更有味道，如可汗学院的系列课程“*Shakespeare's Hamlet：text，performance，and culture*”、北京大学的李晓明老师的《人群与网络》。

这个特点也是慕课视频和“国家精品课（资源共享课）”以及“视频公开课”相比，更深层的不同之处。“国家精品课（资源共享课）”的视频主要是教学录像，完整地展示教师在传统一堂课中的教学过程；而“视频公开课”的视频主要是将大学的通识课程或专业课的引论部分拍成视频，起到提高全民文化素质和科学素养的作用。

3．形式多样，强调借助技术最大化教学效果

慕课视频在表现形式上也是风格各异、丰富多彩的，这体现了媒体技术在视觉化效果方面的推动和影响。慕课视频可以拍摄教师站在黑板前讲授；也可以用平板电脑代替黑板，边讲边画，甚至可以全是 PPT 播放，只闻其声，不见其人；还可以用动画制作的方式，更加清晰地呈现知识演变的过程，或者呈现一些用文字和语言不好表达的内容；还有些慕课视频会拍摄两人交谈或多人讨论的过程。从视频拍摄和后期剪辑的技术手段来说，可以有若干种组合，视频形式的选择取决于知识表达的特点，也取决于教师的习惯和特点。

有些慕课课程中，也会提供一些现场的视频，不过这些视频也是经过后期加工和处理的。例如北京大学的“生物信息学”课程中就把学生讲演的课堂录像放在慕课课程中，“社会调查与研究方法”课程中也在录制的视频中整合了一部分课堂录像，“计算概论 A”在第二次开课时也计划把一部分课堂现场录像经过加工和处理放在课程中。这样做的好处是将实体课堂的讨论延伸到网上，给网上学生带来不同的学习体验。

4．系统完善、相对独立，组合学习路径

前面的 3 个特点都是针对具体的一个视频而言的，第四个特点是和课程中视频之间的延展关系有关的。一门慕课课程中包含有很多视频，这些视频是比较细碎的，这些视频组合成若干集合，就形成了每周或每讲的内容，每讲内容又构成了课程的教学序列，这种序列化的安排是教师推荐学生学习的序列，也是教学开展、逐步深入的过程。当然，学生学习的过程中，也可以根据自己的学习需求自己定义学习路径，支持个性化的学习。

除了上述的 4 个特点之外，慕课视频还可以在平台的支持下，和练习活动进行整合，这将大大加强慕课视频的学习效果。观看视频进行学习，其实非常考验瞬时记忆的能力，因此，穿插在视频中的练习活动，或者让学生带着问题去观看视频，或者检查提醒学生刚看过的概念和观点，是有效保持学习者注意力的有效手段，同时也能提高视频学习的记忆保持率。这样的一种方式还可以营造视频“一对一家教”的效果，借助技术模拟“你问我答”的互动环节。

此外，慕课视频大多都会添加字幕，有的是自己添加，也有的是系统自动生成，如

Coursera 可以自动生成字幕，edX、学堂在线和中国大学慕课需要自己添加字幕文件。也有的课程是在视频下面直接添加字幕文档供学生下载。不要小看字幕的作用，这样的做法等于在针对同一主题提供用不同呈现形式的学习内容，如视频、音频、文字等，不仅可以满足不同学习风格的人群需要，包括一些有身体障碍的人群，也可以满足不同母语的学习者的需要。有研究表明课程的语种会影响学生的结业率，因此中文授课的课程如果有英文字幕，会提高外国学生坚持学习的可能性。

简而言之，短小精悍、主题明确、形式多样且自成体系的慕课视频，允许学习者进行个性化的学习，也为慕课教学效果超越传统课堂提供了可能。

（二）视频相关的部分案例

1. 案例一

在杜克大学的沃尔特·辛诺特-阿姆斯特朗（Walter Sinnott-Armstrong）教授的“*Think Again：How to Reason and Argue*”这个慕课课程中，教师通过背景布置、眼神和肢体语言，营造出一种一对一或者是说面对面的学习气氛，仿佛透过镜头直面学习者，传达出一种教师就在跟学生进行面对面的沟通的感觉，这样的视频是非常能够促进学生积极主动地去学习的，如图 8-12 所示。

图 8-12 眼神交流视频

2. 案例二

在麻省理工学院最受欢迎的一位物理学教授沃尔特·列文（Walter Lewin）教授的“*Classical Mechanics*”慕课课程中，出现了多种多样的实物和力学场景，教授通过借助这些真实的场景并配合一些实物亲身演示，身临其境地去把要讲授的内容为大家演示出来，从而为学习者进行更好的课程讲解，如图 8-13 所示。

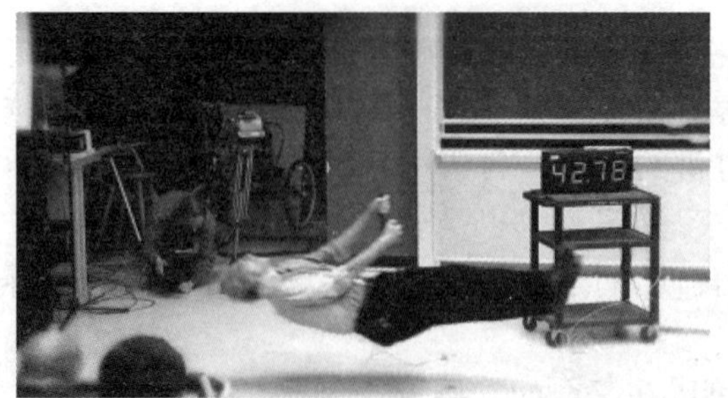

图 8-13 身临其境视频

3. 案例三

在清华大学彭林教授的“文化精品与文化中国”慕课课程中，彭教授把课堂搬到了博物馆，搬到了实际的文物面前，为大家一点一点地展示这个课程是怎样进行的。例如，彭教授在讲授中国古帆船结构，在一个实物模型前，配合视频动画演示，彭教授非常直观地向学习者展示了整个帆船的组成结构，如图 8-14 所示。

4. 案例四

在阿南特·阿加瓦尔（Anant Agarwal）教授的“*Circuits and Electronics*”慕课课程中，两位教师手持电锯，通过滑稽剧的形式向学生演示，通过幽默的元素来活跃学习气氛，以幽默的方式结合所要教授的知识进行讲解，提高了学习者观看慕课视频的积极性和注意力，如图 8-15 所示。

图 8-14 实物模型视频

图 8-15 幽默元素视频

5. 案例五

在杜克大学丹·艾瑞里（Dan Ariely）教授的“*A Beginner's Guide to Irrational Behavior*”慕课课程中，教授将自己的讲解用一种讲故事的方式来引导学习者跟随，一起来想象，引导学习者进行理解，最终形成自己对于所讲知识点的一个理解，如图 8-16 所示。

6. 案例六

在北京大学李晓明教授的“人群与网络”慕课课程中，教授在讲授网络结构图时，结合手写的方式帮助学生理解和掌握关键的一个学习步骤，包括分解知识的各个过程，这就能够促进学生跟着教师的思路来理解所要教授的知识，如图 8-17 所示。

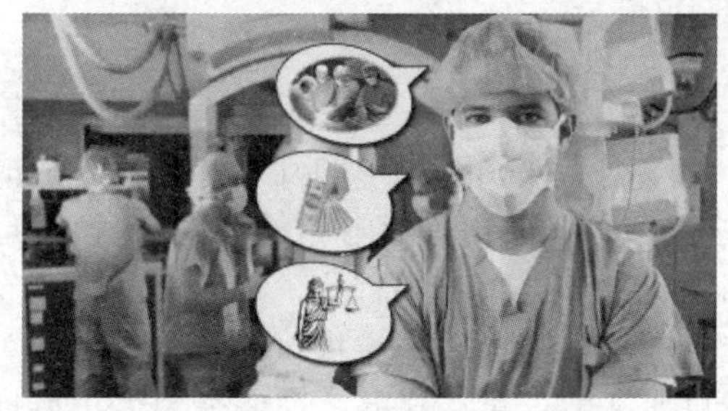
图 8-16 跟随想象视频

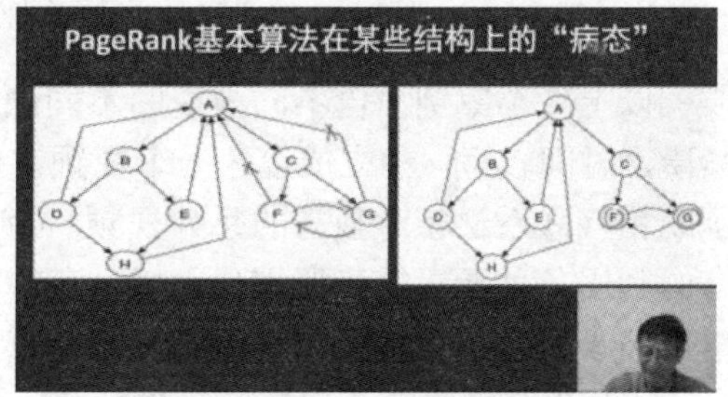

图 8-17 手写结合视频

7. 案例七

在可汗学院系列课程中，用纯手写的方式为大家写出或者画出所要教授的内容，这种视频给学生带来一种家教的感觉，就像剥洋葱一样，一层一层地慢慢解说，这样的视频能够给学习者带来不同的学习体验，如图 8-18 所示。

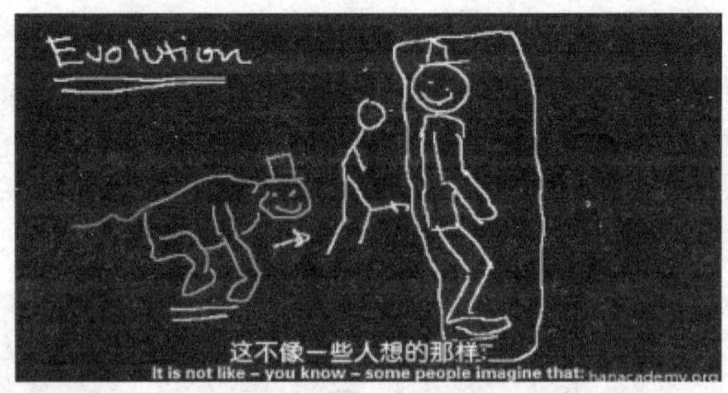

图 8-18　手写视频

8. 案例八

在北京大学陈江老师的“电子线路”慕课课程中，教师配合非常精美的动画进行细致的讲解，能够促进学生对于深奥概念的一种理解，如图 8-19 所示。

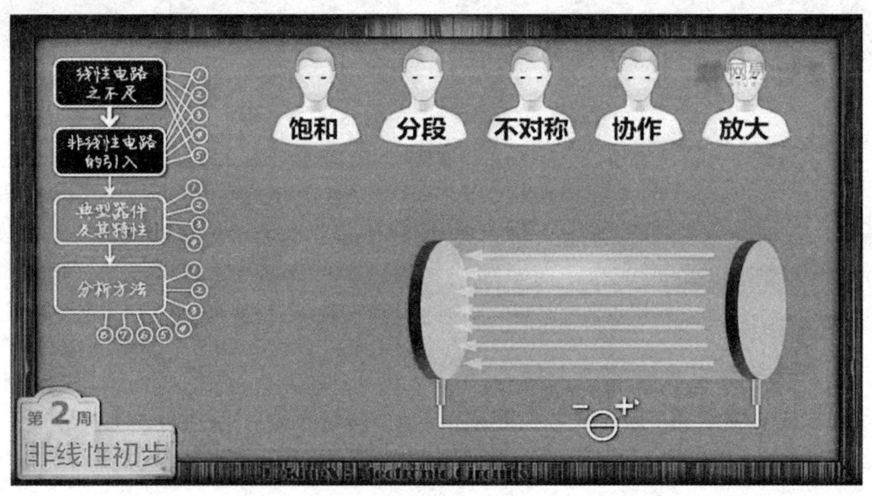

图 8-19　动画视频

以上 8 个案例出自不同教授的不同课程，但是它们都具有一些相同的特点，即编排紧凑，时间较短，独立成篇，一个视频讲授一个知识点或相对集中的几个知识点，形成了既相互联系又相对独立的系列视频。同时，这些案例又各自具有非常鲜明的自身特点，有的利用各种元素提高课程代入感，有的利用实物提高课程直观程度，有的增加幽默元素提高吸引力，有的把课堂搬入特定地点，有的直接以纯手写形式提供新颖体验等，总之，成功的慕课教学视频各有各的特色，但是只要能够促进、帮助慕课的学习者更好地学习和理解，就称之为一个好的视频。

二、慕课结构分析 —— 练习

（一）练习概述

用大量精心设计的练习来促进学生掌握和吸收知识是慕课的核心教学理念之一。练习活动的设计与实施需要考虑所使用的慕课平台的现有练习功能及平台的开放可扩展性。例如，一些程序设计类作业就需要利用平台的开放接口与授课学校自有的自动判题系统对接，一些交互模拟类练习也需要用开放接口编程外接，常见题型慕课平台都是支持的。

目前，大多数慕课都会包含下面 3 类练习活动：测验活动、视频中或视频之后的小测、作业活动。下面对它们做简要介绍。

1. 测验活动

测验主要以客观题为主，支持的题型越来越多。例如，Coursera 支持单选、多选、填空、程序结果验证题；edX 除了支持上述题型之外，还有一些拖动匹配题，呈现形式更加活泼有趣。

慕课中的测验多采用机器自动评阅方式，以解决慕课学员众多、难以人工批改的问题。如果教师在编制测验的时候提供了选项说明信息或者解题的提示，那么学生在做错的时候就可以得到及时反馈，马上修正，这比传统教学更有优越性。在传统环境下，我们收集学生作业、批改后返还往往已经在几天之后，学生看到做错的题目可能已经忘记了之前自己是怎么思考的了。而慕课测验的及时反馈，让学生可以马上看到对与错，甚至还可以看到自己出错的原因，这会大大强化学习效果。

借助于信息技术，慕课课程的测验还可以允许学生多次尝试，如取最好的成绩作为测验成绩，这会大大增强学生学习的兴趣。在慕课的一些研究中，也已经发现有些学员会先做练习，用练习诊断来确定需要学习的内容，以提高学习的针对性，这是一种不错的学习方法。

为了支持慕课学生者通过多次练习掌握知识，现在大多数慕课平台都有“随机出题”功能，且能实现 3 种不同层次的“随机”。第一层是“序列随机”，即测验中题目出现顺序随机，题目中选项的出现顺序也可以随机；第二层是“选项随机”，也就是同一道题目，每次都会呈现不同的选项内容，前提是教师出题时设置的选项数量多于题目呈现所需要的选项数量；第三层是“题目随机”，也就是同一个考核点，可以有不同的题目，每次都会随机出现完全不同的题目。

2. 视频中或视频之后的小测

Coursera 和中国大学慕课平台都支持视频嵌入小测功能，edX 和学堂在线采用的是在视频之后进行随堂测验活动。这些都是为了强化观看教学视频而形成的短时记忆。两者设计的出发点略有不同。Coursera 模拟的是教师在讲课中间的停顿，edX 模拟的是教师讲完一段后的提问。这类练习也主要是教你如何做慕课的客观题，系统自动评阅，不计入课程成绩，因为是在模拟传统课堂中无风险的问答活动。

视频中的小测活动一般都比较简单，但是所有的练习活动设计都需要考虑教学目的。例如，有的教师是因为视频长度有点长，希望借助视频中的小测抓回学生的注意力；有的教师是希望借助视频中的练习提醒学生关注教学重点或概念；也有的教师是通过视频中的问题推动学生深入思考，后者甚至不需要学生回答，只需要学生带着问题去看下面的视频即可；还有的教师是希望借助视频中的练习督促学生仔细观看视频，所以所出的题目会和前面的视频内容紧密相关。

3. 作业活动

作业与测验的区别是作业往往需要花较长的时间来完成，而且可能需要借助一些其他资源或者与他人合作。有些作业可以由软件自动批改，如程序作业，也有一些作业，如文章类作业，就需要人工批阅。目前，慕课主要是借助“同伴互评”功能来组织学员对这类主观性较强作业进行批阅、提供评语的。有研究表明，学生按照教师提供的评分标准进行作业自评或他评，会提高学生对教学目标的理解、提高对教学内容的认识、拓展解题思路，是一种很有效的教学方法。

目前，大多慕课平台都要求学生先交作业，交了作业的学生才能够有资格批改他人的作业。作业评分标准的设计对互评活动的质量至关重要。好的评分标准应该明确具体，没有歧义，不因批阅人不同而有太大的分数差异。有些慕课平台为了保证同伴互评的质量，还提供了根据评分标准对范例批阅的训练功能。

除了上述的 3 种练习活动之外，有些课程还会借助外部软件和工具开展更高级或更有趣的练习活动，如国立台湾大学叶丙成老师的“概率”课程就引入了游戏引擎，斯坦福大学蒂娜·齐莉格（Tina Seelig）老师的“创意课（A Crash Course on Creativity）”的作业，则需要各个小组收集有趣的信息，最后完成幻灯片或视频，上传到 SlideShare、YouTube 等网站上，在课程中分享作业的链接。简而言之，慕课背后最重要的教学理念是掌握学习理论，其实现主要依赖练习活动的开展。慕课学生是自主的学习者，他们需要通过练习知道自己学到了什么，学到了什么程度，还有哪些不足。练习对慕课教学质量的重要性不亚于教学视频。

（二）练习相关案例

在 Coursera 平台下的“数据结构与算法”课程中，教师会随着教学内容的发布逐步布置编程作业。依托 Coursera 平台，学习者可以在课程左边的侧边栏单击编程作业来查看编程作业的具体内容以及每一周的作业。下面以该课程中第一周“概论”里的“A＋B 的作业”为例来介绍课程作业是如何完成的。

“A＋B 的作业”目的是让学习者直观感受程序是如何编写并运行的，其内容为：通过编码实现程序自动计算变量 A 加变量 B 的结果。首先，学习者单击 view instructions 来看具体的编程作业的内容，主要是编程作业的具体细节，包括时间限制、描述、输入、输出、样例输入、样例输出等，学习者可以根据题目的具体要求来进行编程实践。例如，A＋B 这个作业，学习者可以用 C＋＋在平台上编写实现程序，然后保存并将保存文件提交到平台上。在提交以后系统就会对作业进行自动的编译和评测，并会在 30 秒以内将结果返回，学习者可以返回编程作业栏目来查看这一次提交的结果。学习者在编程作业栏目下，可以单击“feedback”按钮查看具体的反馈，如果提交代码正确，即可获得相应分数，如果提交代码错误，系统会在提交的错误代码之后提供出错的测试点数据。测试点数据包含两个链接，分别为错误测试点的输入和错误测试点的正确输出，学习者可以把它们下载到本机，与自己代码的输出进行比对，来帮助查找代码的错误。A＋B 作业如图 8-20 所示。

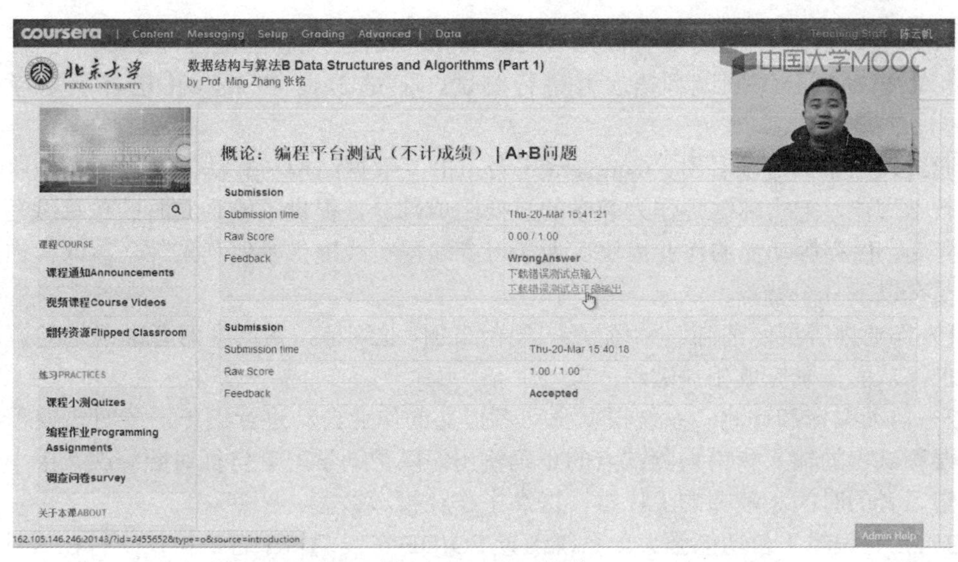

图 8-20　A+B 作业

除了在本机编写代码提交以外，课程还提供了一个在线编程平台 POIDE，学习者在查看具体指导的页面，单击右侧 POIDE 下方的“GO”按钮进入 POIDE 页面。在 POIDE 平台下学习者可以编写具体的代码，编写的代码将会一直保存在线上，下一次可以打开继续，不必把代码保存到本地。当学习者编写完成后可以单击运行，在左下角进行数据的输入，在右下角观察数据的输出来测试输入的代码。同时 POIDE 还提供断点调试功能，学习者可以非常方便地设置断点并进行调试。代码提交到平台后，平台将进行自动化的测试，而不必再提交文件。POIDE 如图 8-21 所示。

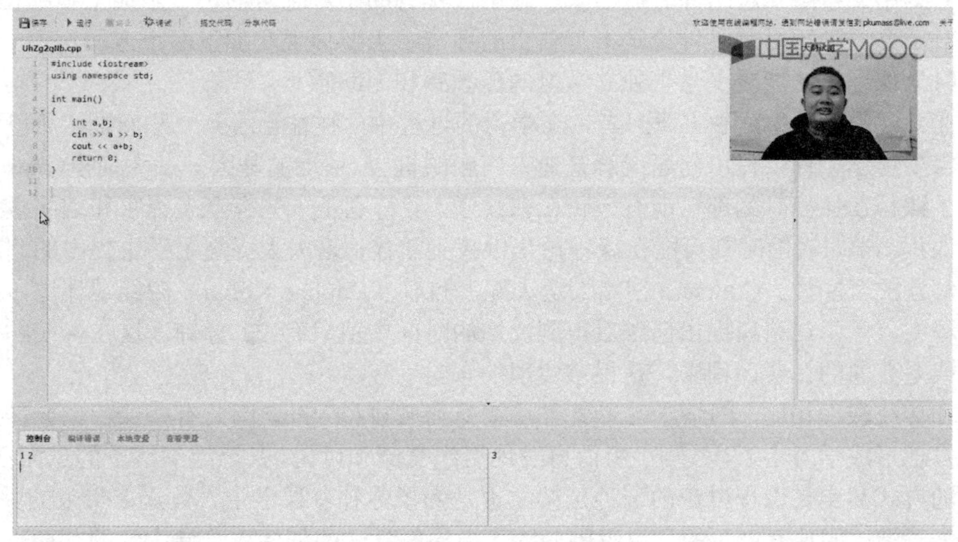

图 8-21　POIDE

该课程不仅支持使用 C＋＋来完成编程作业，也支持使用 Java 或者 Pascal 来完成编程作业。通过在代码开头添加“language：Java、Language：Pascal”的注释，系统可以自动区分不同编程语言并进行测试，但是 Java 和 Pascal 语言不支持在线编程。

通过以上案例可以看出，Coursera 平台下的“数据结构与算法”课程遵循程序设计课程教学规律，把实际编程作为教学的重要组成部分，提供了较为完善的包括编写、调试、提交、保存等功能的作业模块，为学习者编程实践提供了便利条件。该课程作业模块主要有以下几个特点。

1）作业内容展示清晰。系统展示了详细的作业细节，帮助学习者准确地把握作业的要求，从而正确完成相关编码。

2）自动编译和评测。系统根据学习者提交的作业自动进行编译，并对错误程序提出错误测试点的输入和错误测试点的正确输出，以帮助学习者自行对照修改，极大地节省了学习者的时间和教师的工作量，提高了作业批改效率。

3）在线编辑平台功能强大。系统内置 POIDE 在线编辑平台，不仅支持在线保存，而且支持断点调试，尽可能地为学习者提供编码和调试便利。

4）支持多语言。系统支持 C++、Java 和 Pascal 三种语言，实现了在一个课程内提供多种编程语言练习，提高了作业模块的适用范围。

三、慕课结构分析 —— 讨论

（一）讨论概述

在慕课中，讨论和视频、练习一样，也是一种重要的教学活动。有研究表明，在线讨论甚至比面对面的讨论更能促进深刻地思考，因为和直接发言相比，学生在论坛中发言时需要用文字组织思路并表达出来，这个过程有助于对思考的进一步加工和细化。

对于慕课学习而言，讨论是不可缺少的环节，主要体现在如下两个方面。

（1）课程论坛能减少学生独立学习的孤独感和无助感

在慕课中，学生是独立学习者，在学习的过程中，往往会遇到一些问题，所以网上课程需要给学生提供提出问题或解答他人问题的机会。慕课的基因——大规模（massive）决定了课程在任何时刻都可能有人正在在线学习，特别是一些有众多国家和地区学生选修的课程，学习者随时都可能在课程论坛中找到学伴，这大大提高了学生提出的问题被及时解答的可能性。Coursera 创始人达夫妮·科勒（Daphne Koller）曾经统计过，在她的课程中，学生在论坛提出问题后得到反馈的时间中值只有 22 分钟，这在传统的面授课程或是普通的在线课程中，是很难实现的。

和传统课程相比，网络学习者更容易感受到孤独和无助，因此有些课程也会鼓励学生自发地形成学习小组，鼓励小组内自发地组织交流和讨论，甚至组织线下的见面活动，这样的方式其实是课程讨论的一种延续，也是为了弥补慕课学生人数众多带来的弊端，以此来营造“同伴互助”的学习氛围。同伴指导教学法的创始人哈佛大学的艾瑞克·马佐（Eric Mazur）教授就曾经提出：与向教授请教相比，学生似乎更乐于从同伴那里获得指导，因为他们了解类似处境的人在遇到困难时是怎样思考的。因此，借助课程论坛帮助学生找到同伴，共同学习，会增加学习者学习成功的概率，也会促使学生更高程度地参与课程。

（2）从促进掌握学习的角度，学生需要借助讨论开展深入的思考和学习

从社会建构主义的角度来说，学生也需要借助讨论活动来充分理解并建构自己的知识体系。在慕课中，“讨论”也是培养学生高级思维能力的重要策略。从布卢姆的教学目标分类层次来看，学生在学习过程中，观看课程中的视频和学习材料，这一教学过程更容易让学生记住知识，配有测试题，可以在一定程度上帮助学生理解或应用知识。而学生在讨论的过程中，需要提出问题、进行解释、辩论和争论、找出答案，在这类质疑和解释等活动的过程中，学生就容易记住并正确理解知识，并逐步提升自己高层次的思维能力，如分析、综合、评价。不管是多个学生针对相同问题进行争论，还是单个学生在浏览他人帖子中的问题和评论时进行自我思考和解释冲突，都是一种深刻学习的表现。

和传统课程相比，慕课课程的学生群体相对比较复杂，还有不少在职学习者，他们可能已经具备相关的丰富的经历和经验，这类学生在学习的过程中会自然地结合自己的经历和实践来理解课程中的相关内容，他们的经历和经验对于课程来说，都是天然的宝藏，不仅在一定程度上丰富了课程的实践案例，也可能在讨论的过程中帮助缺少实践经验的人更好地去理解课程内容。

学生并不是天生就会使用论坛进行学习的，需要教师引导学生学会讨论。从慕课课程的论坛情况来看，经常会出现一些重复提问，或者浅层提问的情况，并没有真正起到促进学生学习的作用。例如，一门课程中，有学生发帖：“第二讲的练习题是错的”，有人跟帖：“我也认为是错的”，助教回复：“没有错，去做吧”。这样的对话无法解决学生遇到的问题，对于让授课团队了解学生的认识局限也没有任何帮助。因此，为了有效地开展慕课教学，教师和同学都需要学习使用讨论区开展有效知识建构的方法和策略，掌握网上授课、网上学习的技巧和方法。

目前主流的慕课平台上，自带的讨论区都相对较弱，能够支持的功能主要有论坛结构划分（论坛的分支结构）、投票、发帖/回帖、帖子订阅等，远不如社交媒体能更好地支持通过讨论来形成共识，因此有些课程已经开始尝试引入外部工具来促进学生的讨论或知识共建，如在 Coursera 平台上，有些课程会使用一些社交媒体引导学生建立属于自己的学习社区。

简而言之，不同层次的讨论活动进一步缩短了学生在时空上的距离，而营造相互指导和帮助的学习氛围，也可以帮助学生建立自己的归属感和成就感，获得更好的学习体验和学习效果。

（二）讨论案例

在斯坦福创意课程中，学习者在课程刚开始的时候，就由系统随机分成了不同的学习组，这样就避免了学习者在不了解课程、不了解同伴的迷茫情况下，放弃课程。在随后的小组合作中，通过小组合作完成作业的形式，辨别出那些不活跃的，或者已经退课的组员，通过和小组中这些积极的、参与度高的成员互动，完成任务。最后，允许学习

者自己组队，搭建迎接终极作业的理想团队，让学习者自己组队总是要比随机分派小组更好，通过前几轮的试水，谁更活跃、谁是“僵尸”一目了然，这个时候组建起来的团队总是更积极、更有效率。

通过斯坦福创意课程案例可以看出，经过随机分配学习组、合作作业筛选组员、自行组成理想团队这样一个流程，可以建立一个以合作为基础的、以组建理想团队为目的的、同学习过程紧密相连的配合讨论机制，通过不断地交流讨论协作，使得学习组不断筛选磨合，帮助成员共同学习、共同破解难题、共同完成课程。

思考与练习

1．什么是慕课？慕课的特点有哪些？

2．试述慕课的发展历程，并对每个发展历程进行简要介绍。

3．三大慕课平台是什么？分别由谁于哪一年建立？其主要目的是什么？

4．慕课课程构成包括什么？

5．慕课开发大致流程是什么？

6．开发慕课课程前期准备工作包括哪些？

7．慕课制作需要哪些必要人员？

8．慕课后期制作流程是什么？

9．试述慕课团队构成并简要叙述其各自的职责。

10．慕课课程视频主要分几类？每类视频的特点是什么？

11．慕课录制的种类有哪些？分别具有什么优点和缺点？

12．慕课课程一般包括哪三类练习？特点分别是什么？

13．慕课课程视频具有什么特点？

14．慕课课程中讨论活动的目的是什么？

第九章

现代教育技术技能实验

实验一 摄影实验

一、实验要求

通过摄影教学，让学生掌握静态图像生成技术；学会为多媒体教材的制作准备素材；培养和提高学生的艺术素质。本实验要求学生学习和实践以下内容。

1）掌握数码相机的基本结构、基本原理和主要性能。

2）熟悉数码相机的各种按钮和基本操作。

3）掌握曝光控制和景深控制，能恰当地选择不同的曝光模式。

4）运用多种拍摄手段进行拍摄，能够正确、独立地使用数码相机。

二、知识准备

1. 数码相机的外观结构及操作按钮

以Canon PowerShot S95数码相机为例来介绍相机的外观结构及操作按钮，如图9-1所示。

图9-1　数码相机的外观结构及操作按钮

(f)　　(g)

图 9-1　数码相机的外观结构及操作按钮（续）

①变焦镜头；②液晶屏；③电源按钮；④快门按钮；⑤模式转盘；⑥闪光灯；
⑦变焦扳手；⑧多重选择转盘；⑨功能/设置按钮；⑩菜单按钮；
⑪电池；⑫存储卡；⑬控制环；⑭播放按钮；⑮显示按钮；⑯输出端口；⑰HDMI 端口

2. 景深的控制

景深是镜头成像前后清晰点之间的距离。景深与镜头焦距、物距和光圈 3 个因素有关。

镜头焦距越长，景深越小；焦距越短，景深越大。照相机与被摄主体的距离越远，景深越大；距离越近，景深越小。镜头的光圈越大，景深越小；光圈越小，景深越大。

3. 曝光量的控制

选择合适的曝光量，是照片画面质量的保证。曝光量是由光圈大小、快门速度、感光度和曝光补偿来控制的。

光圈变大，进入照相机的光线就越多，但景深就变小，不适合拍摄大范围的场景，适于拍摄有虚实变化的画面，常用来虚化前景和背景，以突出主体，同时要特别注意调整画面的清晰程度；光圈变小，进入照相机的光线就越少，但景深变大，适合拍摄大范围的场景。

快门速度变慢，进光量就多，在较暗的环境下就需要放慢快门速度拍摄，但拍摄移动的物体，容易模糊；快门速度变快，拍摄运动的物体，也能保证物体比较清晰，但进光量变少，不适合在较暗的环境下拍摄。

ISO 感光度是指传统相机中的胶卷对光线的敏感度。数码相机的 ISO 感光度即 CCD 对光的敏感度，以及电路处理能力和影像再现能力，等效转换为胶卷的感光度值。在光线昏暗的场所拍摄运动的物体，需要慢速快门长时间曝光，但这样运动物体就会模糊。这时可设定高感光度值，用较快的快门速度就可获得比较满意的照片，但是色彩的鲜艳度和真实性则会受到影响。如果使用高档数码相机，则这种影响就会很小。

曝光补偿是数码相机用来控制曝光量的又一个方法。数码相机在程序曝光、光圈优先、快门优先等模式下，可自动测定景物的亮度，并给出一个曝光组合，拍摄出一张比较满意的照片。而曝光补偿能让拍摄者根据自己的意图，在自动曝光的基础上，手动调节照片的明暗程度，以创造出独特的视觉效果。特别是在景物过亮、过暗，或是主体与背景之间亮度反差太大的情况下，自动曝光就会出现较大的偏差，这时使用曝光补偿，就可以逐级增加或减少曝光量，以获得一张满意的照片。

三、实验环境（设备）

数码相机（以 Canon PowerShot S95 为例）、电池、存储卡、USB 数据线等。

四、实验内容

1. 了解数码相机的基本结构及功能

对照教师的讲解和使用说明书，了解数码相机各部分的名称、功能，学习正确使用数码相机。

2. 数码相机的基本操作

（1）拍摄前的准备工作

检查数码相机的外观是否完好，电池⑪、存储卡⑫是否齐全，是否需要三脚架。装卸存储卡应当在关机状态下操作。要对准方位，注意标记，用力要均匀，一定要推装到位。取卡时还需注意防止卡落到地上。

（2）检查基本功能

按电源按钮③，启动数码相机，查看液晶屏显示，电池容量是否足够，存储卡中是否有足够的空间，检查数码相机的基本功能是否正常。

（3）选择应用模式

数码相机可在拍摄、播放、打印等状态之间转换。在拍摄状态，根据所要拍摄的景物和达到的效果，通过模式转盘⑤，选择适当的曝光模式、特殊场景或视频短片等。

（4）设置分辨率和压缩率

分辨率和压缩率直接影响所拍摄影像的质量，应根据所拍摄影像的实际用途、拍摄需求，以及所用的存储卡的容量，进行合理的选择。使用功能/设置按钮⑨和多重选择转盘⑧，可设置分辨率；使用功能/设置按钮⑨和显示按钮⑮，以及多重选择转盘⑧，可选择压缩率。

（5）取景拍摄

数码相机转换至拍摄状态，镜头对准被摄景物，通过液晶屏取景，然后聚焦和变焦⑦，调整合适后，及时轻轻地按下快门按钮④的一半。注意手保持状态，不要松手。这时，相机进入自动测光、自动对焦状态，同时自动调整曝光时间等。调整完成后，相机会有相应的提示。然后增加力度，将快门按钮按到底，听到声音提示，松开手，一张数码照片就拍摄完成了。

（6）查看拍摄影像

按播放按钮⑭，在数码相机的液晶屏上即可显示所拍摄的照片，可使用多重选择转盘⑧来选择查看。

（7）在电视机上显示影像

用数码相机自带的视频线将数码相机的输出端口⑯与电视机的视频输入端口连接

起来，电视机调至 AV 状态，即可在电视机上播放所拍摄的影像。若使用高清电视显示影像，则连接 HDMI 端口⑰。

（8）影像文件存储格式

数码相机拍摄的影像，经数字化后是以图像文件形式存储的，常用的文件格式有 JPEG、TIFF、BMP、PNC 等。

（9）数码照片导入计算机

将数码相机的图像文件传输到计算机一般有两种方法。

1）使用 USB 数据线。将 USB 线的标准接头插到计算机的 USB 端口上，另一端 MiniUSB 接头插入数码相机输出端口⑯，即可在计算机上打开数码相机存储卡上的图像文件。

2）使用移动闪驱（读卡器）。将存有影像文件的存储卡插入移动闪驱，同时将移动闪驱与计算机连接起来，即可在计算机上打开存储卡上的图像文件或进行其他操作。

3. 数码相机的曝光控制

（1）改变快门速度

将模式转盘⑤旋转至 M 手动模式，旋转多重选择转盘⑧，分别选择 1/10、1/40、1/160 的快门速度，拍摄 3 张运动物体的照片。首先比较不同的曝光量所拍摄的画面，其亮度、对比度、色彩还原及画面层次的不同；其次比较照片中运动物体的模糊与清晰的变化，并总结与快门速度的关系。

（2）改变光圈大小

将模式转盘⑤旋转至 M 手动模式，旋转控制环⑬，分别用 F2.8、F5.6、F8.0 的光圈值，拍摄 3 张同一画面的照片。比较不同的曝光量所拍摄的画面，其亮度、对比度、色彩还原及画面层次的不同。

（3）改变感光度

在 M 手动模式下，旋转控制环⑬，分别选择 ISO 感光度：80、100、800，拍摄 3 张同一画面的照片。比较不同的感光度所拍摄的照片有什么不同，特别是清晰度、画面噪点与感光度的关系。

（4）调整曝光补偿

在程序曝光 P、光圈优先 Av 和快门优先 Tv 模式下，旋转多重选择转盘⑧，分别选择－2、0、＋2，拍摄 3 张同一画面的照片。比较不同的曝光量所拍摄的画面，其亮度、对比度、色彩还原及画面层次的不同。

4. 数码相机的景深控制

（1）改变物距

在程序曝光 P 模式下，将变焦扳手⑦扳至中间位置，分别对准 6m 远、3m 远和 2m 远的主体物，手动调整画面清晰拍照。注意画面中要有前景和背景，比较 3 张照片的景深大小。体会相机和被摄物之间的距离与景深之间的关系。

（2）改变焦距

在程序曝光 P 模式下，分别将变焦扳手⑦扳至长焦位置、中间位置和广角位置，拍摄 3 张照片。注意画面中要有前景和背景，比较 3 张照片的景深大小。体会镜头焦距与景深之间的关系。

（3）改变光圈

在光圈优先 Av 模式下，旋转控制环⑬，分别用 F2.8、F5.6、F8.0 的光圈值，拍摄 3 张同一画面的照片。比较不同的光圈值所得到的景深大小的不同。重点观察大光圈所拍摄的画面，其中的主体物实，而前景和背景虚的变化，那种小景深所带给画面的艺术效果。

5. 手动调整白平衡

按功能/设置按钮⑨，出现各种功能图标，使用多重选择转盘⑧，选择白平衡，按功能/设置按钮⑨确认，出现多种白平衡调整方式，再按多重选择转盘⑧，选择手动调整白平衡。对准一个白色物体，并通过变焦，让白色物体充满整个画面，然后按菜单按钮⑩，手动调整白平衡完毕。注意观察画面的色彩还原是否真实，并体会其中的原理。再分别对准一个红色物体、绿色物体和蓝色物体，并让其充满整个画面，然后按菜单按钮⑩，注意观察每次手动调整白平衡完毕后，画面的颜色偏向何种色调。最后总结白平衡调整与画面色调之间的规律，掌握如何改变照片画面色调的技巧。

实验二 摄像实验

一、实验要求

通过学习摄像技术，可以让学生掌握视频的拍摄技术；学会为多媒体教材的制作准备素材；培养和提高学生的艺术素质。本实验要求学生学习和实践以下内容。

1）掌握数码摄像机的基本结构、基本原理和主要性能。

2）熟悉数码摄像机的各种按钮和基本操作。

3）掌握变焦控制和镜头运动控制，能恰当地运用“推”“拉”“摇”“移”等拍摄手法。

4）能够正确、独立地使用数码摄像机。

二、知识准备

1. 数码摄像机的外观结构及操作按钮

以松下 Panasonic 数码摄像机 HDC-HS60GK 为例来介绍数码摄像机的外观结构及操作按钮，如图 9-2 所示。

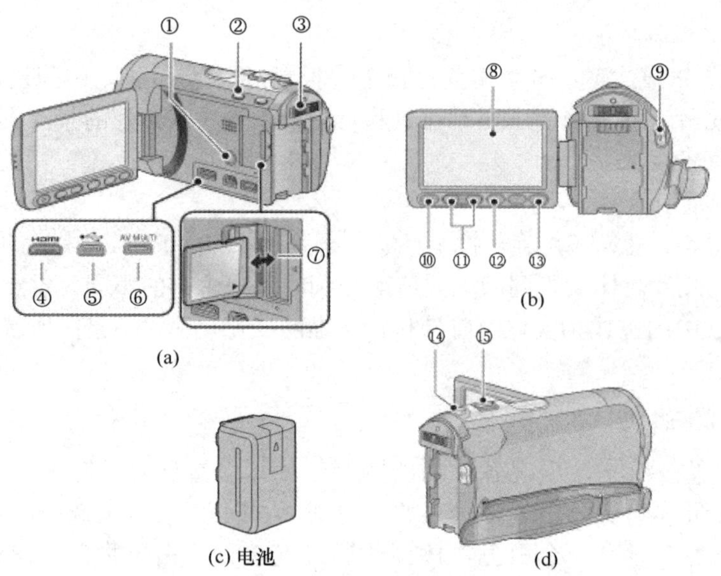

图 9-2　数码摄像机的外观结构及操作按钮

①电源按钮；②智能自动/手动按钮；③模式开关；④HDMI 端口；⑤USB 端口；⑥AV MULTI 端口；⑦存储卡插槽；⑧LCD 液晶屏；⑨录制开始/停止按钮；⑩次录制开始/停止按钮；⑪变焦按钮；⑫菜单按钮；⑬删除按钮；⑭拍照按钮；⑮变焦/音量杆

2. 变焦与景别

视频画面具有平面造型的特性，即在二维平面上表现三维的空间。摄像机主要利用构图、拍摄角度、景别的变化和镜头的运动等手法，在平面上创造出具有纵深感的立体空间。其中景别的变化则主要是运用改变物距，或改变镜头焦距来实现的，而改变镜头焦距是最常用和最方便的方法。当变焦镜头由短焦距变为长焦距时，景别便由中景或全景变为特写；当变焦镜头由长焦距变为短焦距时，景别便由中景或特写变为全景。上述两个改变镜头焦距的过程就是专业术语中的“推”镜头和“拉”镜头。

改变镜头焦距有电动和手动之分，电动挡适用于一般场合，而手动挡则适用于快速变焦或特殊效果。随着镜头焦距的变化，即景别的改变，画面中的景物会由多变少，同时会由小变大；或是由少变多，同时会由大变小，使人们产生深入空间，或退出空间的感觉。当使用大光圈，而景深变的小时，镜头同时对准一远一近两个物体，通过变焦，使一个物体清晰，另一个物体模糊；此时再进行变焦，使模糊的物体变清晰，同时原本清晰的物体变模糊，这种景物的虚实变化，既能以虚衬实，突出主体，又可以始终吸引观众的注意力跟随变清晰的物体远离观众，或靠近观众，在空间的纵深方向上进出自如。

3. 摇镜头与移动镜头

摇镜头是摄像机绕垂直轴水平摇动，或绕水平轴上下摇动，可展现空间的宽广和高大。特别是使用广角镜头摇动时，会产生夸张的空间透视效果，旋转变化，让观众恍若置身画面中。

移动镜头是摄像机在移动中拍摄，一般是水平移动和上下移动，也可以是沿着任何方向、任意轨迹移动，最常用的是摄像机跟随主体物移动。移动镜头在表现空间结构时，比较灵活、随意，让人仿佛置身其中，并且在画面中运动，在画面中观察，有很强的亲切感、参与感和立体感。

4．起幅与落幅

无论是“推”镜头、“拉”镜头，还是“摇”镜头、“移”镜头，都要首先选择一幅构图良好的画面，并调整景物清晰，在镜头静止的状态下，拍摄 5 秒钟以上，作为起幅，然后开始“推”“拉”“摇”“移”镜头，速度要均匀。结束时，要刚好停在一幅构图良好，景物清晰的画面上，并继续拍摄一段时间，这一段镜头静止的视频叫落幅，落幅要比起幅更长为好。

5．运动镜头的应用

在运用“推”“拉”“摇”“移”镜头时要注意画面的平、稳、准、匀。

平：是指手持摄像机时，画面中的地平线要水平，从液晶屏中看到的景物应横平竖直。我们可用画面的边线作参照，景物的水平线应与上下边线平行，垂直线要与左右边线平行。如果景物歪斜了，构图失去平衡，画面就会产生紧张、压抑的感觉，只有在少数特殊情况下，才会使用这样的构图来拍摄。

稳：是要求镜头在运动时，视频画面要稳定。如果镜头晃动，画面不稳，就会影响画面内容的表达，破坏观众的欣赏情绪，使眼睛疲劳。所以应尽量利用三脚架或其他各种支撑物，以减小镜头的晃动。

准：是指落幅要准。当运动镜头结束时，画面的构图应恰到好处，景物清晰。如果落幅后还再修正构图，就会造成一种模棱两可的感觉。由于镜头在运动时，画面构图会不断地变化，要保持构图均衡，落幅是最佳构图，是需要长期训练的，所以“准”的要领是较难掌握的。

匀：是指运动镜头的速率要均匀，不能忽快忽慢。镜头的起幅与落幅应缓慢，不能太快，中间过程必须是匀速的。

6．拍摄要求

拍摄视频时应准确掌握不同景别的特点，不同景别之间的差别要明显，要有变化。

多拍摄多用途镜头，为后期的编辑制作提供尽可能多的剪辑素材。

要避免拍摄同主体、同景别、同方向的三同镜头，以免造成后期编辑的困难。

三、实验环境（设备）

数码摄像机（以松下数码摄像机 Panasonic HDC-HS60GK 为例）、电池、存储卡、USB 数据线。

四、实验内容

1. 了解数码摄像机的基本结构及功能

详细阅读说明书，并对照教师的讲解，熟悉数码摄像机的各部分的名称和功能，学习正确使用数码摄像机。

2. 数码摄像机的基本操作

（1）拍摄前的准备工作

查看数码摄像机是否有损伤，电池、存储卡⑦是否齐备，三脚架、充电器等是否需要准备。

（2）检查基本功能

按电源按钮①，启动数码摄像机，查看液晶屏显示，电池电量是否充满，硬盘和存储卡的空间是否足够，检查数码摄像机的基本功能是否正常。

（3）选择应用模式

扳动模式开关③，数码摄像机可以在视频拍摄、照片拍摄和播放模式之间转换。使用智能自动/手动按钮②，可以选择智能自动状态，此时摄像机上的光圈、快门、聚焦、增益和白平衡等都会自动调整，拍摄时不需要人为调整。如果遇到非正常光线或有艺术要求的拍摄时，可选择手动状态，上述各项自动调整功能都变为手动可调，可以进行一系列的手动调整拍摄。

（4）设置影像尺寸、高宽比和质量

将模式开关③扳至视频拍摄模式，按菜单按钮⑫，液晶屏上出现菜单，用手指触摸液晶屏，选择“图片→图片尺寸”选项，可以设置视频画面的大小；选择“图片→高宽比”选项，可以设置视频画面的宽高比例。将模式开关③扳至照片拍摄模式，按菜单按钮⑫，然后触摸液晶屏上的菜单，选择“图片→图片尺寸”选项，可以设置照片的大小；选择“图片→高宽比”选项，可以设置照片的宽高比例；选择“图片→质量”选项，可以设置照片的画面质量。

（5）拍摄视频

将开关模式③扳至视频模式，按录制开始/停止按钮⑨或次录制开始/停止按钮⑩，就可记录摄像机摄取的视频信号，再按一次录制开始/停止按钮⑨或次录制开始/停止按钮⑩，则停止视频的记录，如果再按一次录制开始/停止按钮⑨或次录制开始/停止按钮⑩，则又开始视频的记录，如此反复操作即可进行拍摄视频。

（6）查看拍摄的视频

将开关模式③扳至播放模式，然后触摸液晶屏上的菜单，选择需要查看的视频图标，再触摸播放图标，即可播放拍摄的视频。

（7）在电视机上显示视频

用自带的视频线将数码摄像机的输出端口⑥与电视机的视频输入端口连接起来，电视机调至AV状态，即可在电视机上播放所拍摄的视频。若使用高清电视显示影像，则连接 HDMI 端口④。

（8）数码视频导入计算机

将 USB 线的标准接头插到计算机的 USB 端口上，另一端 MiniUSB 接头插入数码摄像机的 USB 端口⑤，即可在计算机上打开数码相机存储卡上的图像文件。

3. 变焦练习

（1）推镜头

将数码摄像机模式开关③扳至视频模式，镜头对准主体物取景，构图要适中，按录制开始/停止按钮⑨或次录制开始/停止按钮⑩，开始记录视频信号，按变焦按钮中⑪的 T 按钮，或用右手食指往 T 端扳动变焦/音量杆⑮，镜头焦距逐渐变长，直至画面变成主体物的特写，按录制开始/停止按钮⑨或次录制开始/停止按钮⑩，停止记录。注意在接近特写时，画面会出现抖动，最好使用三脚架，或设法稳定摄像机。

（2）拉镜头

将数码摄像机调至视频模式，镜头对准主体物，按录制开始/停止按钮⑨或次录制开始/停止按钮⑩，开始记录，按变焦按钮⑪中的 W 按钮，或用右手食指往 W 端扳动变焦/音量杆⑮，焦距逐渐变短，直至画面变成中景或是全景，并且构图要恰当，按录制开始/停止按钮⑨或次录制开始/停止按钮⑩，停止记录。

拉镜头通常采用两种方法：一种是变焦时，画面中心位置保持不变，取景范围向四周对称的扩展变化；另一种是变焦时，取景范围的左边线和上边线保持不变，取景范围向右、向下扩展，画面中心位置向右下移动。

推镜头与拉镜头应连起来练习，反复进行，直至景别在变化时，速度均匀，画面平直、稳定。练习时注意揣摩特写、中景和全景的画面特征，它们分别适合表达的含义，以及各自的局限性。

4. 摇镜头

（1）扫描式摇镜头

数码摄像机变焦至特写，按录制开始/停止按钮⑨或次录制开始/停止按钮⑩，开始记录，水平摇动镜头，速度要均匀，然后上下摇动镜头，按录制开始/停止按钮⑨或次录制开始/停止按钮⑩，停止记录。

（2）一览式摇镜头

摄像机再变焦至中景或全景，并且构图良好，按录制开始/停止按钮或次录制开始/停止按钮，开始记录，水平摇动和上下摇动镜头，注意落幅时的构图，按录制开始/停止按钮或次录制开始/停止按钮，停止记录。

注意体会特写时和全景时的摇镜头有什么不同，分别适合表现什么场景，在什么情况下应用。

5. 移动镜头

（1）移动镜头基本练习

数码摄像机变焦至中景，构图应良好，按录制开始/停止按钮或次录制开始/停止按钮，开始记录，水平移动摄像机，自己的脚步迈动要轻柔、舒缓，保持画面的平稳、匀速。然后上下移动摄像机，可以采用蹲下、站起的方法，尽量保持画面的平稳、匀速，落幅时的构图要适中，按录制开始/停止按钮或次录制开始/停止按钮，停止记录。

（2）横向跟拍主体物

镜头对准一个活动的主体物，按录制开始/停止按钮或次录制开始/停止按钮，开始记录，并跟随主体物一起横向移动，即在平行于画面的二维平面中移动，尽量保持与主体物的距离，移动结束，按录制开始/停止按钮或次录制开始/停止按钮，停止记录。

（3）向前跟拍主体物

镜头对准主体物的后面，按录制开始/停止按钮或次录制开始/停止按钮，开始记录，跟随主体物向前移动，保持距离，向画面的纵深方向前进，移动结束，按录制开始/停止按钮或次录制开始/停止按钮，停止记录。

（4）向后跟拍主体物

镜头对准主体物的前面，按录制开始/停止按钮或次录制开始/停止按钮，开始记录，随着主体物的前进，摄像机向后倒退，自己仿佛不停地在退出画面，移动结束，按录制开始/停止按钮或次录制开始/停止按钮，停止记录。

练习移动镜头熟练后，可组合练习，灵活运用，创新出新。注意体会移动镜头的参与感、主观性，感受各种移动镜头的不同之处，弄清应当怎样运用，在什么情况下应用。

实验三 多媒体教室的使用

一、实验要求

本实验要求学生学习和实践以下内容。

1）了解多媒体教室的基本结构、系统配置与基本功能。

2）掌握多媒体教室主要设备的基本原理、主要性能和连接方法。

3）了解在教学过程中如何使用多媒体教室。

二、知识准备

1. 多媒体教室的用房

多媒体教室的大小与形状直接影响着多媒体教学的效果。当银幕的对角线与教室的长度比例为（1∶4）~（1∶3.5）时，看银幕上的信息最舒适，前排、后排的学生都能看清银幕上的细节；如果比例大于1∶5，后排就会有一部分学生无法看清银幕上的细节；若比例小于1∶3，前排的学生就会感觉银幕上的影像太大，不舒服。

2. 投影机亮度的选择

多媒体教室的座位若是60～70个，投影机的亮度建议选择1500～2000ANSI流明；座位若是100人以上，可以选择2000～3000 ANSI流明的投影机；座位若在200人以上，可以选用3000 ANSI流明以上的投影机。

3. 投影银幕的性能

投影银幕常见的有白基布银幕、金属银幕和玻璃珠银幕。

白基布银幕：视角范围大于120°。

金属银幕：反射率高，图像亮度高，对比度强，视角范围只有90°。

玻璃珠银幕：反射率、视角范围介于白基布银幕和金属银幕之间。

三、实验环境（设备）

多媒体集成控制器、多媒体投影机、视频展台、多媒体计算机、电动银幕、录像机、影碟机、录音卡座、功放、音箱、有线话筒、领夹式话筒、彩色监视器、多功能讲台等。

四、实验内容

1. 了解多媒体教室

观察多媒体教室的整体结构，它的长宽比以及与银幕对角线的比例是否合理。在前排与后排的座位上，以及左边与右边的座位上，看银幕上的细节是否清晰、舒适。观察多媒体教室的布局，认识其中的各个多媒体设备。

2. 熟悉多媒体设备之间的连接

通过连接各设备之间的连接线，弄清楚信号在其中的走向，以及各个输出输入接口的连接方式。熟悉各个多媒体设备的基本原理、性能指标和功能特点。

3. 认识多媒体集成控制器

通过操作多媒体集成控制面板上的按钮，观察控制的是那种设备的何种功能，以便熟悉多媒体集成控制器的界面，弄清每个设备所承担的任务。

4. 操作多媒体投影机

详细了解多媒体投影机的主要技术指标和主要特点，熟悉其各种信号的输入、输出接口，以及遥控器和机身面板上各个按钮的功能。

5. 操作视频设备

练习多媒体计算机、视频展示台、影碟机和录像机的各种功能的操作，并把各路视频信号分别切换到投影机上，展示在银幕上。注意各项功能的协调配合，综合运用。

6. 操作音响设备

练习多媒体计算机、功率放大机、无线话筒接收机等设备的各种功能的操作，熟悉各路音频信号的切换和播出。特别是话筒的使用、音量的控制等。

7. 操作其他设备

通过遥控器和控制面板上的按钮来控制电源的开和关、银幕的升和降、输入信号的切换、投影图像的各项调整、声音的调控、窗帘的开关操作以及室内灯光的调节等。

实验四　微格教室的使用

一、实验要求

本实验要求学生学习和实践以下内容。

1）了解微格教室的基本结构、系统配置与基本功能。

2）初步掌握微格教学的基本技能和方法。

3）掌握微格教室主要设备的基本原理、主要性能和连接方法。

4）能结合自己所学专业的学科内容运用微格教学系统进行训练教学技能的实践。

二、知识准备

1. 微格教学系统的用房

微格教学系统主要由微格教室、控制室和观摩研讨室组成。微格教室可容纳 10 个左右的学生座位，讲台上有多媒体教学系统、黑板、电动银幕等。室内安装至少两个带云台的摄像头，安装有老师和学生用的话筒，安装有拍摄指示灯等。

控制室内安装有云台控制器、视频记录设备、切换台、特技台、混音台、监视器等。控制室与微格教室之间最好安装上单向玻璃窗，因为通过单向玻璃窗观看微格教室内的情况，视角非常宽阔，而通过摄像镜头从监视器上观看微格教室内的情况，则受镜头视角的局限，很难一目了然。

观摩研讨室内安装监视器和学生座位。观摩研讨室与微格教室之间也最好安装上单向玻璃窗，可以全面地观察微格教室内的情况。也可以不安装单向玻璃窗，而通过监视器来观察。当然，还可以省去观摩研讨室，去微格教室内观摩研讨。

2. 微格教学与教学技能

通常的微格教学训练是将教学技能分为语言技能、提问技能、讲解技能、导入技能、变化技能、强化技能、演示技能、实验技能、电教技能、板书技能、结束技能和课堂组织等。每项教学技能根据国家教育部颁发的《微格教学标准》分解为若干可度量的评价指标，并根据实际情况分配调整权重，评估打分，对受训者的教学技能进行量化评估。

三、实验环境（设备）

微格教学系统、多媒体教学设备以及其他常规教学媒体设备若干。

四、实验内容

1. 观察微格教学系统的布局

观察微格教室、控制室和观摩研讨室的结构，以及它们之间的联系。在控制室内，通过微格教学系统的监视器观看微格教室内的情况，再通过单向玻璃窗观看微格教室内的情况。然后到观摩研讨室内，分别通过监视器或单向玻璃窗观看微格教室内的情况。

2. 观察微格教学系统的构成

认真观察微格教室的布局，主摄像头和辅摄像头的位置、性能指标，云台的结构、活动范围，以及话筒的位置。查看开始拍摄和停止拍摄的信号指示灯的显示。

观察控制室的布局，控制台、切换（特技）台、录像机（或硬盘录像机）和混音台等设备的位置、功能、基本原理及所担负的任务。

查看观摩研讨室的布局，了解监视器和录像机（或硬盘录像机）的功能。

3. 设计微格教学方案

选定本学科的教学内容，依据教学设计的要求，确立学生的行为目标。根据知识点的内容需要，选择教学媒体，创设学习环境。根据学习者的特点和教学媒体做好学习策略的设计。同时设计好教学过程的结构以及对学习结果的评价方式等。

4. 实施微格教学

（1）修改微格教学方案

分组讨论，并修改微格教学方案。

（2）实施准备

微格实验小组的学生进入微格教室，观摩组的学生进入观摩研讨室。控制室的操作人员做好准备后，发出录制信号。

（3）记录微格教学试讲过程

讲台上扮演教师的学生，看到录制信号后开始试讲，并按照具体的教学技能训练的要求进行讲课。

（4）控制室的操作

操作人员操控主摄像头和辅摄像头分别拍摄试讲的“教师”和听讲学生，注意画面构图和取景范围，特别是“教师”的近景镜头。调节混音台，让“教师”和学生的音量适中。操控切换台，让监视器上的画面在“教师”镜头、学生镜头、黑板镜头和银幕的镜头之间自如地切换。同时适当运用特写镜头，添加必要的特技效果。

（5）观摩微格教学试讲过程

所有学生到观摩研讨室，共同观摩回放的微格教学试讲过程。

（6）评价讨论

“教师”自我分析，指导教师和学生共同讨论评价试讲的结果，及时反馈纠正存在的问题。

（7）再实践

再次进行微格教学实践。

实验五　多媒体素材的编辑与处理

【实验任务一】

综合使用美图秀秀、Flash 等软件，结合所学知识，设计制作一个包含视频剪辑元件和按钮元件的 Flash 动画。

一、实验要求

本实验要求学生学习和实践以下内容。

1）培养利用各类图像处理软件进行图片素材处理的能力。

2）理解 Flash 软件中各种元件的创建、使用方法。

3）掌握将获取或原创的图像素材利用 Flash 软件集成的方法。

4）能够利用 Flash 软件制作简单动画。

二、实验环境（设备）

硬件环境：多媒体计算机。

软件环境：Win7/Win8/Win10 操作系统，预装美图秀秀、Flash 等软件及相关素材。

三、实验步骤

1）根据个人构思确定动画大致内容，并用网络、素材光盘或其他渠道获取所需图像素材。

2）将图像素材利用美图秀秀等软件进行相应处理，并可根据需要进行原创设计。

3）在 Flash 软件中制作视频剪辑元件和按钮元件，并将其保存到库中。

4）将制作好的元件摆放至舞台中，并根据需要设置属性、时间轴，添加动作命令等。

5）调试动画，保存源文件，并进行发布生成。

【实验任务二】

利用Cool Edit Pro、会声会影等软件，结合所学知识，剪辑制作一段有片头片尾，配有字幕、有背景音乐的视频文件，总长度2分钟左右。

一、实验要求

本实验要求学生学习和实践以下内容。

1）掌握利用Cool Edit Pro软件录制、剪辑音频的方法。

2）掌握使用会声会影软件，编辑视频、添加片头片尾、配乐、添加字幕、转场效果的方法。

3）能够独立制作简单视频文件。

二、实验环境（设备）

硬件环境：多媒体计算机，可以通过局域网连接Internet。

软件环境：Win7/Win8/Win10操作系统，预装Cool Edit Pro、会声会影软件及相关素材。

三、实验步骤

1）构思视频大致内容，并利用手机、DV等工具进行视频素材的录制，也可通过网络、光盘等渠道获取所需视频素材。

2）利用格式工厂等软件将视频素材转换成需要的格式，将其导入至会声会影软件中。

3）根据需要运用会声会影软件对视频素材进行剪辑、组接，并设置转场动画。

4）根据视频画面内容、节奏，收集适合的音频素材文件，使用Cool Edit Pro软件进行音频的编辑，制作成背景音乐，并将制作好的背景音乐加入视频文件当中。

5）运用会声会影软件给编辑好的视频添加片头、片尾及字幕。

6）将制作完成的视频文件，保存源文件，发布生成。

实验六 演示型课件的设计与制作

选择一个主题，如介绍自己美丽的家乡，用PowerPoint制作一套多媒体演示文稿，具体要求如下。

1）有一个首页（标题幻灯片）。

2）把要介绍的几个部分的标题组成一个目录页，并设置超链接，单击某一标题就能进入相应的部分，该部分结束后仍然返回目录页。

3）若内容多，且又不能放在两页或多页显示，用滚动文本框容纳所需文本。

4）在需要的地方插入事先准备好的多媒体素材。

5）选用一套幻灯片模板或自己做一个设计模板。

6）为幻灯片设置动画效果和动画片切换效果。

一、实验要求

本实验要求学生学习和实践以下内容。

1）掌握利用 PowerPoint 制作多媒体演示文稿的基本方法。

2）着重掌握文本的输入和编辑、图表对象的插入和绘制、多媒体对象的使用、演示文稿的外观设置和放映设置等。

二、实验环境（设备）

硬件设备：多媒体计算机。

软件环境：Windows 操作系统、Microsoft Office 办公软件等。

三、实验步骤

1）编写演示文稿脚本。

2）把搜集到的所需要的多媒体素材，分类放入不同的文件夹，以方便使用时查找。

3）打开 PowerPoint，新建一个演示文稿，按一定的路径和文件名保存。

4）在标题幻灯片中用艺术字给出标题，也可采用相应的图片编辑软件，如 Photoshop 制作图片标题，并设置适当的大小、位置和格式。

5）根据脚本的设计，在幻灯片上插入图片或其他多媒体素材，并进行适当的调整。

6）应用一个设计模板，如果系统自带的模板不适合自己使用时，可以自己制作一个模板或修改母版，并保存下来供以后使用。

7）在目录页的项目小标题上设置超级链接。在各部分的末尾，插入一个动作按钮，用以引导返回目录页。

8）在标题幻灯片上插入一段背景音乐，选择幻灯片放映时自动播放声音。

9）设置每章幻灯片的动画和切换效果。

实验七　交互型课件的设计与制作

结合自己的专业自选某一主题，利用 Flash 软件设计与制作一个简单的基于时间轴的交互型课件。要求如下。

1）自己制作所使用的元件，并设置简单的动作命令。

2）具有简单的场景内和场景间的交互。

3）测试并修改所做的课件，并发布成.swf 格式的文件。

一、实验要求

本实验要求学生学习和实践以下内容。

1）掌握利用 Flash 制作基于时间轴课件的基本方法。

2）着重掌握场景内与场景间交互的制作方法。

二、实验环境（设备）

硬件设备：多媒体计算机。

软件环境：Windows 操作系统、Macromedia Flash 软件等。

三、实验步骤

1）认识 Flash 的工作界面。

2）制作所用元件，并引用这些元件，若是按钮元件，对其设置简单的动作命令。

3）利用按钮，实现场景内的交互。

4）利用按钮，实现场景间的交互。

5）在编辑 Flash 文件时，发布同名的.swf 格式文件。

具体方法：按组合键“Ctrl＋回车”，可以在原 Flash 文件的同一目录下创建一个同名的.swf 格式文件。若要对影片发布的各种控制参数进行精确设置，可选择“文件→导出→导出影片”命令。此时用户可以根据需要将 Flash 文件保存为.gif、.avi、.mov 等各种动画文件格式。

实验八　视频型课件的设计与制作

结合自己的专业自选某一主题，录制一段视频，制作一个带有图片和字幕的视频型课件。

一、实验要求

本实验要求学生学习和实践以下内容。

1）掌握利用普通视频的录制方法及屏幕录像专家的使用方法。

2）熟悉会声会影软件的界面，着重掌握在覆叠轨上插入图片和字幕的方法及步骤。

二、实验环境（设备）

硬件设备：多媒体计算机。

软件环境：Windows 操作系统，屏幕录像专家、会声会影、Sayatoo 字幕软件。

三、实验步骤

1）自选主题，用 DV 录制一段视频，或者用屏幕录像专家录制一段视频。

2）准备需要插入视频的图片素材。

3）准备需要叠加视频的字幕文件 TXT 文档，并用 Sayatoo 制作.kaj 格式的字幕文件。

4）浏览视频，在需要插入图片的位置插入图片，并设置图片的延续时间。

5）将字幕文件叠加到覆叠轨上。

6）生成视频。

参考文献

蔡跃．2014．微课设计与制作教程［M］．上海：华东师范大学出版社．

陈传锋．1999．微格教学［M］．广州：中山大学出版社．

邓九英．2001．现代教育技术与多媒体辅助设计［M］．广州：广东科技出版社．

韩志坚，封昌权．2004．现代教育技术（修订本）［M］．北京：人民邮电出版社．

何克抗．1999．论现代教育技术与深化教育改革（下）［J］．电化教育研究，（2）．

何克抗．2000．“主导—主体”教学模式的理论基础［J］．电化教育研究，（2）．

何克抗．2001．计算机辅助教育［M］．北京：高等教育出版社．

何克抗．2009．我国数字化学习资源建设的现状及其对策［J］．电化教育研究，（10）．

何克抗，林君芬，张文兰．2006．教学系统设计［M］．北京：高等教育出版社．

何克抗，郑永柏，谢幼如．2002．教学系统设计［M］．北京：北京师范大学出版社．

胡铁生．2013．我国微课发展的三个阶段及其启示［J］．远程教育杂志，（4）．

黄荣怀．2003．论教育信息化与信息技术教育［J］．中国电化教育，（1）．

黄威荣，刘军，卓毅．2015．教育技术应用［M］．北京：教育科学出版社．

黄映玲，江朝进．2005．现代教育技术技能训练教程［M］．广州：华南理工大学出版社．

蒋家傅，董武绍．2004．现代教育技术［M］．北京：电子工业出版社．

金聪，刘金安．2006．人工智能技术在计算机辅助教学中的应用与实现［J］．计算机与信息技术，（7）．

孔庆岩．2014．高中信息技术学科微课程的设计与应用研究［D］．北京：首都师范大学．

黎加厚．2005．2005 AECT 教育技术定义：讨论与批判［J］．现代远程教育研究，（1）．

李克东．2002．新编现代教育技术基础［M］．上海：华东师范大学出版社．

李克东．2007．数字化学习：信息技术与课程整合的核心［J］．教育技术学报，（1）．

李芒．2004．信息技术与课程整合的含义、意义及原则［J］．电化教育研究，（5）．

李文联，杨绍先．2007．摄影摄像基础［M］．北京：高等教育出版社．

李艺，司金贵．2000．教育技术教程［M］．济南：山东大学出版社．

李兆君．2004．现代教育技术［M］．北京：高等教育出版社．

刘成新，李兴保．2005．信息化教学理论与方法［M］．北京：电子工业出版社．

刘延章．2007．面向网络信息：数据库与搜索引擎．西安：西北工业大学出版社．

马宁，余胜泉．2002．信息技术与课程整合的层次［J］．中国电化教育，（1）．

孟祥增，刘兴波．2008．现代教育技术［M］．北京：电子工业出版社．

南国农．2004．信息化教育概论［M］．北京：高等教育出版社．

南国农，李运林．1995．教育传播学［M］．北京：高等教育出版社．

冉新义，刘冰．2012．现代教育技术［M］．厦门：厦门大学出版社．

孙淑艳，营光宾．2005．网络课程设计［J］．天津电大学报，（2）．

王洪录．2004．现代教育技术［M］．北京：高等教育出版社．

王琴，等．2003．信息技术与课程整合的三种模式［J］．电化教育研究，（9）．

王友社，等．2004．现代教育技术［M］．合肥：安徽大学出版社．

魏志慧，陈丽，希建华．2004．网络课程教学交互质量评价体系的研究［J］．开放教育研究，（6）．

乌美娜．1994．教学设计［M］．北京：高等教育出版社．
吴疆，陈瑛．2003．现代教育技术教程（二级）［M］．北京：人民邮电出版社．
谢幼如，刘铁英．2003．网络课程的内容分析与评价研究［J］．电化教育研究，（11）．
徐朝军．2008．教育技术综合实践教程［M］．北京：电子工业出版社．
徐万胥．2003．信息技术与课程整合的理念与策略［J］．电化教育研究，（2）．
杨佳．2014．中职"多媒体技术应用"微课程资源的设计与建设［D］．成都：四川师范大学．
杨晓宏，梁丽．2005．全面解读教育信息化［J］．电化教育研究，（1）．
杨晓宏，刘毓敏．2005．电视节目制作系统［M］．北京：高等教育出版社．
余胜泉，吴娟．2005．信息技术与课程整合：网络时代的教学模式与方法［M］．上海：上海教育出版社．
张剑平．2006．现代教育技术：理论与应用［M］．2版．北京：高等教育出版社．
张剑平．2013．现代教育技术［M］．北京：高等教育出版社．
张静然．2012．微课之综述［J］．中国信息技术教育，（11）．
赵呈领，杨琳，刘清堂．2015．信息技术与课程整合［M］．2版．北京：北京大学出版社．
赵国栋．2014．微课与慕课设计初级教程［M］．北京：北京大学出版社．
赵永军．2006．培养师范生现代教育技术能力的思考［J］．延安教育学院学报，（3）．
郑旭东，孟红娟．2005．对AECT 2005教育技术定义的批判分析与思考［J］．电化教育研究，（6）．
祝智庭，闫寒冰．2015．中小学教师信息技术应用能力标准（试行）解读［J］．电化教育研究，（9）．
K12网：http://www.K12.com/.
中国中小学教育教学网：http://k12.com.cn/.
北师大网络教育：http://web.sne.bnu.edu.cn/.
电大在线：http://www.openedu.com.cn/.
华南师大国家级精品课程"现代教育技术"：http://jpkc.gdou.com/jyjs.
江南大学国家级精品课程"教育技术学"：http://course.cmjnu.com.cn/courses/15026A/web/login.jsp.
南京师大现代教育技术中心：http://metc.njnu.edu.cn/.
教育技术通讯：http://www.etc.edu.cn/.
美国国际教育技术协会：http://www.iste.org/.
美国教育传播与技术协会：http://aect.site-ym.com/.
美国教育技术办公室：http://tech.ed.gov/.
美国远程教育协会：http://www.usdla.org/.
陕西师范大学国家级精品课程"现代教育技术"：http://edutech.snnu.edu.cn/.
惟存教育网：http://www.being.org.cn/.
信息技术教育网：http://www.ictedu.cn/.
亚洲开放大学协会：http://www.ouhk.edu.hk/~AAOUNet/.
英联邦共同体学习联盟：http://www.col.org/.
在线教育资讯网：http://www.online-edu.org/.
中国教育技术网：http://www.etr.com.cn/.
中国教育和科研计算机网：http://www.edu.cn/.
中国教育信息化网：http://www.ict.edu.cn/.
中国教育在线：http://www.teacher.edu.cn/.
中华在线：http://www.onlinecn.net/.
中国基础教育网：http://www.cbe21.com/.

中小学电教网：http://xxdj.qikan.com/.

中小学信息技术教育网：http://www.nrcce.com/.

中小学信息技术教育：http://www.itedu.org.cn/index/.

中央电化教育馆：http://www.ncet.edu.cn/.